명문
신서

어떻게 번민을 극복하고 새 삶을 시작할 것인가

데일 카네기 채혜원 옮김

"어제에 발목 잡히지 말고 내일을 걱정하지 말라.
오로지 오늘에 최선을 다하라!"

책머리에

삶의 양식과 그 경영

— 고민을 극복하고 새로운 삶을 갈망하는 이들에게

이 책은 생활의 양식(良識)을 위한 하나의 지침서이다. 이른바 처세의 방도에 대해서는 일찍부터 많은 금언(金言)이 있어 왔지만, 이 책은 그러한 처세법의 개념적인 명언집이 아니라, 보다 생생한 실생활에 근거하여 서술된, 실로 산 처세법의 교본이다.

저자 데일 카네기는 「처세술」에 대한 저작품으로 우리에게 일찍부터 알려져 있다. 이 책(How to Stop Worring and Start Living)은 그의 「처세술」에 대한 저작품을 능가하는 탁월한 양식의 결정체라는 것은 이 책을 읽은 사람만이 알 일이지만, 실제로 이 책이 처음 미국에서 발간되었을 때 문자 그대로 선풍적인 인기가 미국 전토를 휩쓸었다. 초판이 무려 55만 부가 팔려 나갔고, 지금까지 1,000여만 부가 팔렸으며, 현재 러시아와 동유럽 등 사회주의 국가들이 개방화의 물결을 타고 카네기의 저작물이 날개 돋친 듯 팔리고 있다고 한다.

도대체 인간은 왜 「고민」을 할까? 무릇 인간은 누구나 사물을 판단할 수 있는 정신연령이 되면 크든 작든 화려한 「꿈」을 갖게 마련이다. 그러나 차가운 현실에 부딪칠 때 그 「꿈」은 하나하나 깨어지게 마련이다. 사람이 「고민」하는 것은 바로 이때인 것이다. 따라서 고민은 언제나 꿈과는 상반되기 일쑤다. 그렇다고 꿈이 깨진다는 것이 환멸인가 하면, 반드시 그렇지만은 않다. 가난한 사람은 가난한 대로, 넉넉한 사람은 넉넉한 대로 고민은 있는 것이므로, 어쩌면 고민은 삶을 향유하는 인간에게는 불가피한 것인지도 모른다. 그런 까닭에 인생을 고해(苦海)라고도 하지 않는가.

그렇다면 고민은 인간에게 어떻게 작용하는 것일까? 그것은 비단 정신뿐만 아니라 우리의 육체마저 병들게 한다. 에너지를 소모시키고 사고력을 둔화시키며, 공명심마저 소실시켜 버린다. 그러나 문제는 우리가 이 고민을 어떻게 처리하느냐에 있는 것이다.

이 문제에 해답을 준 것이 바로 카네기의 이 책 《어떻게 번민을 극복하고 새 삶을 살 것인가》이다. 여기서 카네기는 누구나가 납득할 수 있고 노력만 하면 이룩할 수 있는 「상식 속의 양식」을 우리에게 촉구하고 있다.

그러나 카네기는 저명한 철인(哲人)도 아니요, 학자도 아니다. 그는 단지 평범한 교육자이며, 한낱 저술가에 지나지 않는다. 그러기에 우리가 이 책에서 어떤 심오한 철리(哲理)를 구한다거나 학설을 바라는 것은 무리다. 그는 어디까지나 우리 주위에서 귀로 듣고, 눈으로 보고, 발로 뛰어다니며 수집한 자료에 의해서 엮은 것이다. 따라서 여기에는 탁상공론이 아닌, 서민적이고도 실천적인, 우리가 절실히 감득할 수 있는 실질적인 교훈이 담겨져 있다.

이 책이 독자에게 친근감을 주고, 그로써 공전의 베스트셀러가 된 것도 그런 이유 때문이라 하겠다.

카네기는 이 책에서 「오늘 하루를 실천에 살기」를 역설했다. 하루가 일생이라는 그의 견지인 것이다. 그러면서도 그는 또한 「불가피와 불가항력에 대해서는 무모한 저항을 일삼지 말고, 그것을 포기함으로써 보다 합리적으로 그에 순응하기」를 권고하고 있다. 그렇다고 그가 패배주의적인 운명론자인가 하면, 그는 오히려 감투주의자이며 성공주의자다. 「합리적」이야말로 카네기 생활철학의 중추를 이룬다 하겠다.

이 책은 각계각층의 사람들이 겪은 체험담이 수록되어 있기에, 각인각설—다소의 모순도 없지 않을 것이다. 그러나 전편에 흐르는 정신은 어디까지나 건강한 사유(思惟)이며, 신앙의 향기조차 넘치고 있다.

인생은 인간에게 주어진 단 한 번의 찬스이다. 이것을 무위(無爲)로 허비한다는 것은 애석한 일이 아닐 수 없다. 인간의 「업(業)」이라고도 할 수 있는 번민을 극복하고 새로운 삶을 갈망하는 사람들에게 이 책을 권한다. 생활인의 인생경영과 그 양식을 위하여.

— 옮긴이

차 례

8

PART 1.
번민의 기본적 사실

제1장

오늘이라는 테두리 속에 살라

1871년 봄, 한 청년이 책을 읽던 중 몹시 마음에 끌리는 구절을 발견했는데, 이 한 구절이 훗날 그의 장래에 커다란 영향을 주었다.

그는 몬트리올 종합병원의 의학도였다. 흔히 그렇듯 이 청년 역시 졸업시험을 앞두고 걱정이 태산 같았다. 다행히 시험에 통과할는지, 만일 떨어지게 되면 무엇을 할 것이며, 개업은 어떻게 해야 좋을지, 그리고 장차 어떻게 생활할 것인지에 대해서 고민을 했다.

그런데 이 젊은 의학도가 읽은 책 한 구절이 그를 당대의 가장 유명한 의사로 만들었던 것이다. 그는 세계적으로 이름 있는 존스 홉킨스 의학교를 창립했고, 마침내는 영국의 의사로서는 최대의 명예라고도 할 수 있는 옥스퍼드 대학의 명예교수가 되었다. 영국 왕실로부터는 그에게 경(卿)이라는 칭호가 수여되었으며, 그가 죽은 뒤에는 1,500쪽에 달하는 두 권의 전기도 간행되었다.

그의 이름은 윌리엄 오슬러(William Osler). 그가 1871년에 읽었다는 책의 그 한 구절은 칼라일(Thomas Carlyle, 영국의 철학자·역사가)의 말이었는데, 이 한 마디로써 그는 일생 동안을 고민으로부터 해방되었던 것이다.

"우리의 중대한 임무란 먼 곳에 있는 희미한 것을 찾는 일이 아니며, 그것은 분명히 곁에 있는 것을 실행하는 일이다."

그로부터 **42**년 후, 교정에 튤립이 만발했던 어느 봄날 저녁, 윌리엄 오슬러 경은 예일대학 학생들에게 연설을 했다. 오늘날 자기는 **4**개 대학의 교수가 되었고 평판 있는 저서도 내놓았으니, 남들이 알기에는 특별한 두뇌의 소유자인 것처럼 생각할 수도 있겠으나, 그것은 잘못이라는 것이다. 가까운 친구들은 자기가 「가장 평범한 두뇌의 소유자」에 불과하다는 것을 잘 알고 있다고 말했다. 그렇다면 그의 성공비결은 무엇이었던가.

그것은 「오슬러가 현재에 살았던」 때문이었다.

예일에서 연설하기 두서너 달 전, 그는 기선을 타고 영국에서 대서양을 건너 미국에 왔는데, 그 배에서는 선장이 버튼 하나만 누르면 즉시 기계가 움직이고 배의 각 부분은 차례로 닫혀져서 커다란 방수실(防水室)로 되는 것이었다.

오슬러 박사는 예일의 학생들에게 말했다.

"그렇다면 여러분은 이 여객선보다 훨씬 훌륭한 조직체이므로 보다 긴 항해를 해야만 한다. 내가 여러분에게 권하고 싶은 것은 여러분이 항해를 편안히 할 수 있는 방법으로서, 반드시 오늘이라는 구획을 정하여 살아 나가도록 기계를 조절하는 법을 배우라는 것이다. 갑판에 올라가 보면 배를 움직이는 모든 기관이 질서정연하게 되어 있는 것을 알 수 있을 것이다. 버튼을 눌러 보라. 여러분의 인생은 모든 평면(平面)으로서 과거를 닫게 되고, 이미 소용없이 된 어제를 잠그는 철문 소리가 들릴 것이다. 그리고 또 하나의 버튼을 눌러라. 그것은 미래, 아직도 시작되지 않은 내일을 금속의 커튼이 잠그게 될 것이다. 그래야만 여러분은 오늘이 안전할 것이리라……. 모름지기 과거를 폐쇄하라. 지나간 일로써 과거를 매장하라……. 똑똑하지 못한 자들에게 비열한 죽음에의 길을 밝혀 주던 어제를 덮어버려라. 내일의 길은 가장 강한 사람을 낭패시킨다. 그러니 미래도 역시 과거와 마찬가지로 굳게 잠그라. 미래라는 것은 바로 오늘이며, 우리에게 내일은 없다. 인간 구제의 날은 바로 오늘이다……. 정력의 낭비, 정신적 고민, 번민은 내일의 일을 생각하고 주저하는 사람들에게 달라붙는다……. 그러니 금후의 장벽을 닫아버리고 뚜렷한 오늘이라는 테두리에서의 생활습관을 익히도록 명심해야만 한다.”

그렇다면, 오슬러 박사는 우리들이 내일에의 준비에 아무런 노력도 할 필요가 없다고 말한 것일까? 그것은 결코 아니다. 그는 내일을 위한 최선의 준비 방법은 오늘의 일을 오늘 하기 위해서 최대한의 지성과 모든 정열을 집중해야 된다고 말했던 것이다. 이것이야말로 내일을 위해서 우리가 준비할 수 있는 유일한 방법이다.

오슬러 박사는 또 그리스도의 기도, 「오늘날 우리에게 일용할 양식을 주시고……」로써 하루의 일과를 시작할 것을 권했다. 그런데 이 「주 기도문」 가운데의 기도는 다만 오늘의 양식만을 구하고 있다는 것을 잊어서는 안 된다. 그것은 어제 먹은 묵은 빵에 대해서 불평을 말하는 것도 아니며, 또 이런 의미도 아니다.

「오! 주여. 이번 가뭄으로 저희 논에 물이 말랐습니다. 그런데 비는

올 것 같지가 않군요. 이대로 가다간 내년에 먹을 양식은 어찌되겠습니까? 또 만일 제가 실직을 하게 되면……. 오! 주님이시여, 저는 그때 어떻게 빵을 구해야 합니까?」

주기도문에서의 이 기도는 오늘만의 양식을 주십사고 바랄 것을 가르치고 있는데, 그것은 오늘의 빵이야말로 우리가 입에 넣을 수 있는 유일한 양식인 때문이다.

그러나 많은 사람들은 「내일의 일을 걱정하지 말라」 고 했던 그리스도의 말씀을 거부했다. 그들은 말하기를, 이 말은 실행 불가능한 이상이며 동양의 신비주의라는 것이다.

"나는 내일 일을 생각하지 않으면 안 된다. 가족을 보호하기 위해서는 보험에 들어두지 않으면 안 된다. 만년(晩年)의 일을 생각해서는 저축을 해두지 않으면 안 된다. 입신출세를 위해서는 장래를 계획하고 준비해 두어야만 하지 않겠느냐."

물론 그래야만 할 것이다. 더구나 벌써 3백여 년 전 제임스 왕조 때 번역되었던 이러한 그리스도의 말씀의 의미가 오늘날의 의미와 통할 리는 없다. 지금부터 3백여 년 전에는 「생각」 이라는 단어가 곧잘 「걱정, 불안」 이라는 의미로 쓰였다. 그래서 근대의 개역 성서에는, 「내일에의 불안을 갖지 말라」 로 되어 있다.

확실히 내일의 일을 용의주도하게 생각하고, 준비하고, 계획은 해야 하겠으나, 이에 대하여 불안을 가져서는 안 될 것이다.

제2차 대전 중에 미국의 군사지도자들은 모름지기 내일을 위해서 계획했다. 그러나 그들이 불안을 느낄 여유는 없었다. 그 당시 미 해군을 지휘하던 어니스트 J. 킹 제독은 이런 말을 했다.

"나는 가장 우수한 군대에게 최상의 장비를 공급했다. 그리고 가장 현명하다고 생각되는 사명을 그들에게 주었지만, 이것은 내가 할 수 있었던 일의 전부였다." 그는 계속해서 이렇게 말했다. "가령 배가 격침당했을 때 그 침몰을 막는다는 것은 불가능한 일이다. 그러므로 어제 있었던 사건으로 고민하기보다는 내일의 문제에 대하여 생각하는 편이 훨씬 보람있는 시간 이용법이다. 더구나 지나간 일을 가지고 공연히 주저하다가는 어차피 체력이 감당해내지 못한다."

어느 때를 막론하고 현명한 사고와 무익한 사고의 차이는 다음과 같다. 즉 현명한 사고는 원인과 결과를 다루며, 논리적이고 건설적인 계획과 통한다. 그 반면에 무익한 사고는 긴장과 신경쇠약을 초래하기 십상이다.

나는 최근에 《뉴욕 타임스》 발행인 아더 헤이스 살즈버거와 회견했는데, 그는 말하기를, 제2차 세계대전의 불길이 유럽을 덮었을 때는 실로 놀랐으며, 앞날에 대한 초조와 불안 끝에 불면증에 걸려 있었다고 한다. 그래서 그는 한밤중에 일어나 거울 앞에 앉아서는 자신의 초상화를 그리려 했다는 것이다.

그림에 대해서는 붓을 잡아 본 일도 없는 그였지만, 불안한 생각을 물리치고자 그림을 그렸다고 한다. 하지만 그는 자신을 가다듬기 위해서 다음과 같은 찬송가의 1절을 찾기까지는 실로 마음의 평화를 이룰 수가 없었다는 것이다.

끝없이 영묘(靈妙)한 빛이여
저 먼 앞길 그 멀리까지
보기 원치 않노니,
주여! 내 허약한 다리 지켜 주시어,
한 걸음 또 한 걸음
앞길 밝혀 주소서.

그 무렵, 유럽 전선에 종군 중이던 어느 청년 하나도 이와 똑같은 교훈을 배웠다. 그는 메릴랜드 주 볼티모어 출신으로, 테드 벤저미노라는 사람인데, 그도 역시 전선에서 흔히 볼 수 있는 극도의 피로병에 걸렸다.

"1945년 4월, 나는 극심한 오뇌(懊惱) 끝에 경련성 횡단결장(橫斷結腸)이라는 격통을 앓았다. 만일 이 무렵 전쟁이 끝나지 않았다면 나는 완전히 육체적 폐인이 되었을 것이다."

그는 이렇게 말하면서 그때의 정상을 다음과 같이 기록하고 있다.

"나는 말할 수 없이 피로했다. 나는 94 보병사단에 소속한 전상병 기록계 하사관이었는데, 전사자, 행방불명자, 병원 후송자의 명단을 기록하는 일이 임무였다. 그리고 또 아군 적군 가릴 것 없이 전투 중에 서둘러 적당히 매장해 버렸던 병사들의 시신을 발굴하는 일도 거들어야만 했다. 나는 전사자들이 남긴 유품을 정리해서는—이것들에 대해서 깊은 애착을 느낄 것이 분명한—그들의 유가족에게 보내주지 않으면 안 되었다. 그러면서도 난 유물들이 서로 뒤바뀌는 착오가 없도록 각별한 주의를 했으며, 한편으로는, 다행히 내가 살아 돌아가서 여태껏 상면도 못한 생후 16개월 난 어린 자식을 안아보게 될 것인지 걱정을 했다. 그러자니 몸은 바짝 말라 갔다. 체중은 34파운드나 줄었다. 나는 극도의 번민으로 말미암아 반미치광이가 되었고, 이러다가는 폐인이 되어 귀국할지도 모른다고 두려워했다.

나는 기진맥진하고 말았으며 어린애처럼 흐느껴 울었다. 마음이 약해져서 그런지는 몰라도 혼자 있게 되면 저절로 눈물이 나왔고, 이제는 두 번 다시 전처럼 성한 사람이 될 수 없으리라는 생각도 들었다.

그런데 이 같은 불안이 군 진료소에서 감쪽같이 사라져 버렸다. 그때 어느 군의관의 말이 내 삶의 전기(轉機)가 되었던 것이다. 그는 조심스럽게 나를 진찰하더니, 내 병은 정신적인 것이라고 단언하면서 이런 말을 했다.

'테드! 자넨 자네의 일생을 모래시계라고 생각해 보게. 모래시계의 맨 꼭대기에는 수없이 많은 모래가 담겨 있네. 그런데 이것이 천천히 일정한 간격을 두고 중앙의 가늘고 긴 홈을 타고 통과하는 걸세. 그러나 한 알 이상을 통과시키려다가는 시계는 고장이 나고 말 것이 아니겠나. 우리는 모두 이 모래시계와 같은 거야. 아침에 우리가 생각하기에는 그 날 중에 해야만 할 일이 태산같이 많다 하겠으나, 그것을 차례로 하나씩 하지 않고 한꺼번에 하려 들다가는 마치 모래시계의 모래알처럼 우리의 육체나 정신은 파괴되고 마는 거지.'

그래서 나는 이 말을 들은 날부터 오늘까지 이 철학을 실천하고 있다. 「한 번에 한 알의 모래⋯⋯한 번에 한 건의 일」 이 충고로써 나는 전쟁 중에 정신적으로나 육체적으로 구원을 받았으며, 현재는 인쇄 회사의 선전 광고부장으로 있으면서도 이 충고가 도움이 되고 있다. 지금도 전장(戰場)에서와 마찬가지로 할 일이 잔뜩 밀려서 시간이 없다. 재고품의 결핍, 새로운 기술의 도입, 거래 명부의 개정, 지점의 개폐, 기타 등등……. 그러나 나는 조급하게 서두르지 않는다. 그 군의관이 하던 말대로 「한 번에 한 알의 모래, 한 번에 한 건의 일」을 잊을 수 없었기 때문이다. 이것을 끊임없이 되풀이함으로써 나는 전장에서의 혼란으로부터 해방되었고, 착착 일을 해내고 있다."

오늘날 우리 현대인의 생활에 대한 가장 놀라운 비판의 하나는, 병원 침대의 절반이 퇴적된 과거와 불안스러운 미래라고 하는 무거운 짐에 억눌려 신경적, 정신적 장애를 앓는 사람들로 차 있다는 사실이다.

그러나 만일 이들의 대부분이 「내일의 일을 걱정하지 말라」는 그리스도의 말씀이나, 오슬러 박사의 「오늘에 살라」고 한 말에 귀를 기울였다면 오늘날 행복하고 유익한 생활을 보낼 수가 있을 것이다.

우리들은 지금 두 개의 영원이 서로 합쳐지는 순간에 서 있다. 즉 영원을 지속시켜 온 방대한 과거와, 이미 작정된 때의 최후의 음절까지 돌진하는 미래 사이에 위치하고 있다. 그러나 우리는 이러한 두 영원의 어느 쪽에도 머무를 수는 없다. 한 찰나일지라도 그럴 수는 없는 것이다. 만약 그렇게 하려다가는 우리의 육체와 정신은 파괴되고 말 것이다.

그러니까 우리가 머무를 수 있는 현재라는 유일한 시공(時空)에서 만족해야 할 것이 아닌가. 지금으로부터 깊은 잠에 들기까지…….

영국의 소설가 스티븐슨은 어느 글 가운데서 이런 말을 했다.

"아무리 무거운 짐이라도 밤까지는 운반할 수가 있다. 또 아무리 어려운 일이라도 하루 동안이면 할 수 있다. 해가 지기까지는 누구든지 즐겁게, 참을성 있게, 청결하게 생활할 수는 있다. 그리고 이것이야말로 참으로 인생이 의미하는 전부인 것이다."

그렇다. 이것이 인생으로서의 우리에게 요구되는 전부가 아니랴. 그런데 미시간 주의 셰일드 부인은 자살 직전에 이것을 터득했던 것이다. 그녀는 나에게 이런 말을 했다.

"1937년, 저는 남편을 잃고 절망에 빠지고 말았습니다. 게다가 수중에는 무일푼이었답니다. 저는 전에 다니던 캔자스 시의 모 회사에 부탁해서 복직이 되었습니다. 저는 전에 각종 책들을 지방의 학교에다 팔아 가며 생활을 했는데, 2년 전에 남편이 병으로 눕게 되자 차를 팔아 버렸습니다. 그러나 그 후 빚을 내서 중고차를 사가지고 다시 책장사를 시작했지요. 이렇게 밖으로 나다니게 되면 다소나마 마음을 잡을 수가 있으리라고 생각했지만, 혼자서 차를 몰아야 되고, 혼자서 식사를 한다는 것은 여간 고통스런 일이 아니었습니다. 그 무렵 시골에서는 장사도 되지 않았고, 많지는 않았지만 자동차의 불입금도 치르자니 고생이 말이 아니었습니다.

1938년 봄, 저는 미주리 주 버사일스 근방에서 일하고 있었지만, 책을 사줄 학교에는 돈이 없고, 도로는 험했습니다. 저는 고독과 실망 끝에 자살을 결심한 일도 있었습니다. 어차피 성공은 불가능해졌으며, 사는 목적을 잃었으니까요. 저는 매일 아침 나다니며 사람을 만난다는 것이 두려웠습니다. 차의 불입금을 못 내게 되지나 않을까, 집세가 밀리면 어쩌나, 먹을 것이 떨어지면 어찌할 건가, 이런 따위의 근심을 하다 보니 점점 몸이 쇠약해져 갔지만, 의사를 찾아가 볼 비용도 없었으며, 이렇듯 매사가 걱정거리뿐이었습니다. 저는 몇 번이고 자살하려 했으나 그것도 여의치 못했던 것은, 제가 죽으면 동생이 슬퍼할 일과 내 자신의 장례비용조차도 없었던 때문입니다.

그러던 어느 날, 우연히 책 한 권을 뒤적이다가, 그 중의 한 구절에서 살아갈 용기를 얻었습니다. 저는 지금껏 그 문구에 대해서 감사하고 있어요. 그것은 「현명한 사람이라면 하루하루가 새로운 생활이리라」는 말이었습니다. 저는 이 구절을 타이핑해서 아무 때나 볼 수 있도록 제 차의 앞유리창에 붙였습니다. 어쨌든 하루하루를 살아간다는 것은 그렇게 어려운 일만은 아니라는 것을 알게 되었어요. 저는 지나간 어제 일을 잊고 내일 일을 생각하지 않도록 하는 것을 배웠습니다. 매일 아침 저는 '오늘은 새로운 인생이다.'라고 혼잣말을 했습니다.

저는 고독의 공포, 결핍의 공포를 극복하기에 성공했습니다. 지금 저는 행복하며, 제법 성공한 셈입니다. 인생에 대해서도 정열과 애정을 느끼고 있으니까요. 그리고 앞으로의 생활이 어찌 되든 두 번 다시 겁내지는 않을 것입니다. 이제는 내일을 걱정할 필요가 없어요. 저는 한 번에 하루만을 살고—「현명한 사람이라면 하루하루가 새로운 인생」이라는 것을 알게 되었습니다."

행복이 깃들리라
홀로 있으면서도

오늘을 내 것이라고 노래하는 사람아
내일은 최악일지라도 그것이 대체 무엇이냐
오늘 나는 충실한 삶을 누렸도다.
평화로운 마음으로 이렇게 노래하는 사람은
진정 행복하리라.

위의 시구는 근대의 것이라고 생각되기 쉬우나, 그리스도 탄생 30년 전 로마의 시인 호레이스(Horace)에 의해서 써진 것이다.

어쨌든 인간의 성질 중에서 가장 비극적인 것의 하나는 우리 자신이 생활을 도피하려고 드는 일이다. 우리는 모두 지평선 저쪽의 마법의 장미꽃밭을 꿈꾸면서도 오늘 자기 집 창 밖에 피어 있는 장미꽃은 거들떠보려 하지 않는다.

그렇다면 왜 우리는 이처럼 현명하지 못하며, 비극적인 바보인가?

스티븐 리코크는 그의 저서 가운데서 다음과 같이 말했다.

"우리 삶의 진행은 실로 기묘하다. 어린아이들은 '지금 내가 훨씬 커진다면' 하고 말한다. 참으로 이상한 일이다. 청년들은 '지금 내가 어른이 된다면' 좋겠다는 것이다. 그리고 나서 어른이 되면 '이제 결혼만 한다면' 하고 말한다. 그러나 결혼했다고 해서 어떻게 된다는 건가. 다음에는 '은퇴할 때가 온다면' 하고 회한에 찬 말을 꺼내기 시작한다. 그러다가 결국 은퇴할 무렵이 되면, 그는 이미 지나가 버린 자신의 모습을 돌이켜본다. 그러면 찬바람이 스쳐 갈 것이다. 그가 그 과거라는 풍경을 제대로 보지 못했다는 생각이 떠오르게 될 때는 어느 사이에 이미 모든 것이 보이지 않게 되고 만다. 인생이란 그날 그 시각의 연속을 살아가는 것이라고 뉘우치게 될라치면 이미 때는 늦어버리고 만다."

디트로이트의 고 에드워드 S. 에반스는 오뇌의 고통으로 말미암아 사경에 이르렀으나, 위에서 말한 「인생이란 그날 그 시각의 연속을 살아가는 것」 뿐이라고 깨달았기 때문에 구원을 받았던 것이다. 원래 가난한 집안에 태어난 그는 신문배달원으로부터 잡화상의 점원이 되었고, 그 후 도서관원 조수로서 일곱 식구를 부양했다. 급료는 아주 적었지만, 그 일을 그만둘 용기가 없었다. 그런데 이로부터 8년 후에 가서야 그는 겨우 독립해 볼 기회를 얻었다.

그는 55달러의 보잘것없는 자본금으로 시작해서 마침내는 연 수입 2만 2천 달러의 사업을 쌓아올릴 수가 있었다. 하지만 이 무렵 커다란 불경기가 닥쳐왔다. 그는 친구를 위해서 거액의 어음에 보증을 섰는데, 그 친구가 그만 파산하고 말았다. 그의 전 재산을 예금한 은행이 망하고 만 것이다. 그는 어렵게 모은 전 재산을 잃었을 뿐만 아니라, 1만 6천 달러의 빚마저 걸머지게 되었다. 그는 기진맥진한 끝에 다음과 같이 말했다.

"나는 잠도 오지 않고, 식욕도 떨어지고, 이상한 병에 걸렸다. 그것은 극도의 번민 때문이었다. 나는 어느 날 길을 걷다가 정신을 잃고 쓰러지고 말았으며, 자리에 눕게 되는 몸이 되었는데 열이 끓고 격통은 참을 수가 없었다. 나는 나날이 쇠약해져 갔다. 그래서 결국 의사는 앞으로 2주일을 넘기기가 어렵다는 것이었다. 나는 눈앞이 캄캄했다. 그래서 나는 유언장을 썼고, 병상에 누워 닥쳐오는 죽음만을 기다렸다. 이제는 아무리 발버둥쳐도 소용없다는 체념감에 마음을 진정시키고 잠을 청하려 했다. 그러던 요 수주일 동안은 불과 두 시간을 계속해서 잠들어 본 일이 없었으나, 이승의 노고가 이제 막 끝나갈 무렵, 나는 갓난애처럼 깊은 잠에 빠져들 수가 있었다. 그런데 웬일인지 이때부터 피로감이 사라지기 시작했으며 식욕도 나고 체중도 늘어 갔다. 2, 3주일이 지나자 나는 지팡이를 짚고 걸을 수 있게 되었으며, 6주일 후에는 전처럼 다시 일을 시작할 수가 있었다. 그 동안 나는 1년에 2만 달러를 벌어 왔지만, 지금에 와서는 겨우 주급 30달러의 일을 맡게 되었다. 내가 하는 일이란 자동차를 선적할 때, 차량의 뒤를 받치는 대목(臺木)을 판매하는 것이었다. 나는 완전히 지금까지의 혼미에서 깨어났다. 이제 내게는 고민이 없다. 과거에 있었던 일에 대해서 후회도 없으며, 앞날을 두려워할 것도 없다. 나는 자신의 시간, 에너지, 정열의 전부를 내가 하는 일에 집중할 수가 있었다."

그때부터 에반스는 놀라울 만큼 향상했다. 수년 후에 그는 에반스 프로덕스 컴퍼니의 사장이 되었는데, 이 회사의 주가는 다년간에 걸쳐 뉴욕 주식거래소에서 수위를 차지하고 있으며, 지금 그린란드에는 그의 이름자를 붙인 비행장도 있다. 아무튼 두말할 것도 없이 에반스의 성공은 그가 「오늘에 산다」는 법을 체득한 때문이다.

이에 대해서는 일찍이 프랑스의 대철학자 몽테뉴까지도 착오를 범했다. 그는 말하기를,

"나의 생애는 무서운 불행에 충만해 있는 것으로 생각되었으나, 그

대부분은 결코 일어나지 않았다.”

우리도 이처럼 생각하기 쉽다. 그런데 단테는 다음과 같이 말했다.

“오늘이라는 날은 두 번 다시 오지 않는다는 것을 잊지 말라.”

인생은 참으로 놀라운 스피드로 지나간다. 우리는 매초 31킬로미터라는 속도로 공간을 질주해 간다. 그렇다면 오늘이라는 것은 우리의 가장 귀중한 소유물이 아닐까.

“그것은 분명코 우리에게 허락된 단 하나의 확실한 소유물이다.”

이것은 로우얼 토머스의 철리(哲理)였다. 최근에 나는 그의 농장에서 주말을 보낸 일이 있는데, 그의 방송실 벽에는 다음과 같은 구절이 걸려 있었다.

오늘은 하나님이 창조하신 것
우리는 그 안에 사는 안락한 주민

존 러스킨의 책상에는 오늘이라는 단어를 새긴 돌이 놓여 있었다. 나는 윌리엄 오슬러 경이 언제나 책상 위에 적어 놓았다는 고대 인도의 희곡작가 칼리다사(Kalidasa)의 시를 매일 아침 면도할 때마다 쳐다보는 거울에 붙여두고 있다.

새벽을 위한 인사

보라, 오늘을!
오늘은 생명이다, 생명의 생명,
오늘의 짧은 행로에는

그대 존재의 온갖 진실과 현실이 담겨 있나니.

　성장의 기쁨,

　행동의 영광,

　화려한 성공,

어제는 단지 꿈에 지나지 않고

내일은 다만 환상일 뿐,

그러나 충실한 오늘은

어제를 행복한 꿈이게 하고,

내일은 희망이 넘치는 환상이게 한다.

그대여, 보라, 오늘을 인식하라!

새벽을 위한 인사를 하라.

그러므로 여러분이 고민에 관해서 알아두어야 할 첫 번째 사항은 다음과 같다. 즉 인생으로부터 고민을 몰아내고 싶다면, 오슬러 박사가 실천한 대로 실행할 일이다.

　과거와 미래를 철문으로 닫아버리고 오늘이라는 테두리 속에 살라.

아래와 같은 자문자답을 기술해 보는 것도 좋다.

1. 나는 장래를 걱정하거나, 요원한 피안(彼岸)의 마법의 장미꽃밭을 동경한 나머지, 현실을 도피하려 하지는 않는가.

2. 나는 과거에 있었던 일을 후회함으로써 현재를 괴롭히고 있지는

않은가.

3. 매일 아침마다 「오늘을 파악하리라」 오늘이라는 24시간을 최대한으로 활용하리라고 결심하고 있는가.

4. 「오늘에 산다」는 것으로써 인생으로부터 보다 많은 보람을 거둘 수가 있는가.

5. 이것을 언제부터 시작할까? 내주?……내일?……오늘?

제2장
고민 해결의 마술적 공식

여러분은 이 책을 더 읽어 나가기 전에 빨리 고민을 처리하기 위한 확실한 처방을 알고 싶을 것이다.

그렇다면 에어컨디셔너 공업을 창시한 기사이며 현재 뉴욕의 캐리어 코퍼레이션의 사장인 윌리스 H. 캐리어가 실행했던 방법을 소개하기로 하자. 이것은 내가 직접 그에게서 들은 이야기다.

캐리어 씨의 경험담은 이렇다.

"내가 버펄로의 주물회사에 근무하고 있을 때, 한번은 크리스털 시에 있는 판유리 공장으로 가스 정화장치를 하러 갔다. 가스에서 생기는 불순물을 제거하여 엔진에 고장이 없도록 하기 위한 것이다. 가스를 정화하는 방법은 아주 새로운 것으로서, 지금껏 한 번밖에 다른 조건 하에서는 시험되지 않았었다. 그래서 내가 한 일에 뜻하지 않은 곤란이 일어났다. 장치는 어느 정도까지는 기능을 발휘하나 우리가 보증했던 것과는 차이가 있었다. 나는 기술자로서의 자존심을 여지없이 꺾이고 말았다. 나는 머리를 한 대 얻어맞은 듯한 실패감에 사로잡혔으며, 번민 끝에 잠을 이룰 수가 없었다.

그러나 이러는 동안 나는 어물어물해 보았자 아무런 소용이 없다는 생각이 들었다. 그래서 결국 문제를 처리하는 방법을 생각해 냈다. 그런데 다행히 이것이 들어맞았다. 나는 그 후 30년 동안이나 이 방법을 써 오고 있지만, 이것은 누구나 할 수 있는 실로 간단한 것으로서, 아래와 같은 3단계로 성립된다.

첫째, 우선 상황을 냉정하게 분석하고 그 실패의 결과로 일어날 수 있는 최악의 경우를 예측해 보았다. 아무도 나를 투옥하거나 사살하려 들지는 않는다. 그 점만은 분명하다. 나는 실직할는지도 모른다. 내 고용주는 여태껏 내가 애써 손질하던 기계를 떼어버리고 지금까지 지불해온 2만 달러의 비용을 손해 볼지도 모른다.

둘째, 만일의 경우가 일어날는지도 모른다. 최악의 조건을 예측해 본 후 나는 그것을 감수하기로 했다. 나는 스스로 말하기를—이번 실패는 나의 이력에 오점을 남길지도 모른다. 나는 실직할는지도 모른다. 그러나 실직한다면 고용조건은 지금보다 나쁠지 모르나 새로운 일자리를 구하면 된다. 또 고용주 측은 가스의 불순물을 제거하는 새 방법을 실험하고 있을 테니까, 2만 달러는 실험에 소용된 연구비로 따진다면 그만인 셈이다. 최악의 경우를 예측하고 이것을 감수하기로 결정한 순간 실로 중대한 변화가 일어났다. 나는 한결 마음이 홀가분해졌으며 깊은 안도감을 맛볼 수가 있었다.

셋째, 그 후부터 나는 이미 정신적으로는 받아들인 최악의 사태를 다소나마 완화시키기 위해서 조용한 마음으로 시간과 정력을 집중했다. 그리고 나는 당면한 2만 달러의 손실을 조금이라도 덜 수 있는 방법을 찾으려고 노력했다. 난 여러 가지로 테스트한 끝에, 다시 5천 달러를 부속장치에 들인다면 잘 될 것이라고 판단했다. 그래서 이를 실행한 결과 2만 달러를 손해 보기는커녕 오히려 1만 5천 달러를 벌어들였다.

만일 내가 더욱 번민을 계속하였다면 아마 이렇게 되지는 않았을 것이다. 왜냐하면 고민의 가장 해로운 특징의 하나는 일에 집중하는 능력을 방해하는 때문이다. 즉 우리가 어떤 일로 고민할 때는 우리의 마음은 끊임없이 동요해서 결단력을 잃고 만다. 그러나 우리가 최악의 사태에 당면하여 그것을 정신적으로 받아들일 것을 이미 결심했다고 하면, 우리는 온갖 불투명한 상상을 배제하고 침착한 마음으로 그 문제에 정신을 집중할 수 있는 상태가 된다.

위의 이야기는 벌써 오래 전의 일이지만 실로 큰 도움이 되었기에 나는 언제나 이를 매사에 적용하고 있다. 그 결과 나의 생활은 완전히 고민으로부터 해방되고 있다."

그러면 어째서 캐리어 씨의 마술적인 공식은 심리적으로 말해서 그렇듯 귀중하며 실제적인 것일까? 그것은 우리가 고민으로 말미암아 눈이 어두워졌고, 손으로 더듬던 회색 구름 속으로부터 느닷없이 떨어진 탓으로, 대지에 잔뜩 발목이 묻혀 옴짝달싹 못하는 때문이다. 우리는 자신의 입장을 잘 알고 있다. 만일 발밑에서 지면이 받쳐주지 않았다면 어떻게 생각을 정리할 수가 있겠는가?

응용심리학의 아버지로 일컬어지는 윌리엄 제임스 교수가 별세한 지는 이미 오래 전이지만, 만일 그가 지금 생존해서 이 최악에 임하는 공식을 들었더라면 그는 진심으로 찬사를 보내기에 주저하지 않았을 것이다.

어째서 그것을 입증할 수 있는가 하면, 그는 제자들에게 이런 말을 했기 때문이다.

"일단 일어나버린 일을 받아들인다는 것은 온갖 불행의 결과를 이겨내는 첫걸음이다."

중국의 석학 임어당(林語堂)도 이와 같은 의견을 그의 저서 《생활의 발견》 속에서 말하고 있다.

"참다운 마음의 평화는 최악의 사태를 감수하는 데서 얻어지며, 이는 또 심리학적으로 에너지의 해방을 의미한다."

확실히 그렇다! 심리학적으로 보면 그것은 에너지의 새로운 해방을 의미한다. 우리가 일단 최악을 받아들이고 보면, 그 이상의 사태는 일어나지 않을 것이다. 다시 말하면, 이는 곧 모든 것이 그 전보다는 나아진다는 요건이기도 하다.

캐리어도 "최악에 직면한 후 나는 한결 마음이 홀가분해졌으며, 오랫동안 맛보지 못했던 안도감을 만끽했고, 그 후부터는 사물을 제대로 생각할 수가 있었다."고 말하고 있다.

그러나 많은 사람들은 분노의 와중에서 그들의 일생을 학대해 왔다. 왜냐하면 최악의 사태를 받아들일 것을 거부한 때문이며, 그것을 조금이라도 개선하려는 노력을 거부한 까닭이다. 다시 말하면 인생의 난파선으로부터 가능한 한도의 것을 구출하려 들지 않았기 때문이다. 그들은 운명을 재건해 보겠다고는 하지 않고서 「경험과의 치열한 경쟁」에 몰두한 나머지 멜랑콜리라고 불리는 우울증의 포로가 되어버린 탓이다.

그러면 이번에는 캐리어 씨의 공식을 적용한 뉴욕의 어느 석유상의 실례를 들어 보기로 한다. 그는 내 클래스에 있던 사람인데, 자기의 경험을 아래와 같이 말하고 있다.

"나는 무서운 공갈 협박을 받았다. 대체 공갈이라면 영화에서나 있는 것으로 알았는데, 정말로 공갈을 당한 것이다. 사건의 전말은 이러하다. 내가 경영하는 석유회사에는 여러 대의 배달용 트럭과 운전기사들이 있었다. 그 당시의 물가관리국 조례는 워낙 엄중했기 때문에 거래처에 주는 배급량은 제한되어 있었다. 그런데 나도 모르는 사이에 일부의 운전기사가 거래처에 줄 배급량을 속이고는 그것을 횡령했던 것이다.

내가 이러한 부정 사실을 알게 되기는, 어느 날 이 계통의 감독관이라고 자처하는 사람이 찾아와서는 사건을 적당히 묵인해 줄 테니 사례금을 내라고 협박한 때였다. 이 자는 운전기사가 횡령한 증거 서류를 내보이면서, 돈을 내놓지 않으면 지방검사에게 고발하겠다고 나를 위협하는 것이었다.

나에게는 아무런 잘못도 없었으나, 법률상으로는 사용인의 행위에 대해서는 회사가 책임을 지는 것이 당연했고, 더구나 만일 이 사건이 표면화되어 신문에라도 떠들게 되면 회사의 신용은 말이 아닐 것이며, 결국 회사는 도산하고 말 것이다. 24년 전에 선친이 창립했던 자랑스러운 가업이…….

나는 극도로 고민했다. 사흘 밤낮을 침식을 잊었고, 넋 빠진 사람처럼 방안을 빙빙이질치면서 안절부절못했다. 그 자에게 5천 달러를 줄 것인가, 그렇지 않으면 마음대로 하라고 버텨 볼 것인가? 이 두 갈래 길 중에서 어느 쪽을 택해야 할지 몰라 망설임으로써 악몽에 쫓기는 듯한 기분이었다.

그러던 일요일 밤의 일이었다. 나는 우연히 카네기 씨의 클래스에 다닐 때 얻었던 《고민을 극복하는 법》이라는 책을 들추게 되었는데, 여기서 캐리어 씨의 「최악에 직면하라」는 말을 대하게 되었다. 나는 스스로 묻기를 '만약 내가 돈을 주지 않아서 그 자가 지방검사에게 고발한다면, 최악의 경우는 어찌될 것인가?' 그 대답은—'회사가 망한다. 그것이 최악이다. 감옥에 들어갈 리는 없다. 업계에서 신용을 잃고 회사가 문을 닫게 될 뿐이다.' 다음은 '별수 없지, 회사는 망한다. 그건 그렇다 치고 그 다음은 어떻게 될까?'

회사가 문을 닫게 되면, 아무튼 일자리를 찾지 않으면 안 된다. 그것도 하는 수 없다. 나는 석유에 관한 일이라면 무엇이든지 자신이 있다. —취직을 부탁하면 기분 좋게 나를 써줄 회사는 몇 군데 있을 법하다……. 이런 생각을 하자 나는 마음이 홀가분해졌다. 사흘 밤낮을 두고 나를 괴롭히던 수심의 안개는 걷히고 마음을 진정시킬 수가 있었다. ……그런데 한 가지 놀라운 것은, 앞일을 생각할 수가 있게 되었다는 것이다.

이제 나는 제3단계인 「최악을 보다 완화하라」는 데까지 직면할 수 있을 만큼 머리가 또렷해졌다. 그래서 해결법을 모색하는 동안에 전연 새로운 생각이 떠올랐다. 즉, 어쨌든 한번 변호사를 찾아가서 전후의 사실을 털어놓는다면 내가 모르고 있던 해결법을 일러줄지도 모른 다는 것이었다.

지금껏 생각이 여기까지 미치지 못했다는 것은 이상한 일이었지만, 사실은 아무것도 아닌 것을 가지고 골치를 앓았던 것이다. 그럼 내일 아침에는 만사 젖혀놓고 변호사한테 가 보리라—나는 이렇게 결심하고 야 깊은 잠에 들 수가 있었다.

그 결과는 어찌 되었던가? 다음날 아침 변호사는 말하기를, 검사를 찾아가서 사실을 그대로 말하라고 했다. 나는 그것을 실행했다. 검사는 내 이야기를 다 듣고 나더니, 이런 공갈사건은 전부터 자주 있었으며, 이 계통의 「감독관」이라고 사칭하는 사나이는 수배 중인 상습범이라 는 것이었다. 나는 이 말을 듣고 깜짝 놀랐다. 그런 나쁜 놈에게 5천 달러를 내주려고 망설이면서 사흘 동안을 줄곧 고민하다가 이런 말을 들었을 때는 정말 속이 후련했다.

이는 비록 어리석었던 일이기는 하나, 이 경험은 나에게 잊힐 수 없 는 교훈을 주었다. 나는 자신을 괴롭힐 것 같은 난처한 문제가 생기면 언제나 윌리스 H. 캐리어 씨의 공식을 적용하기로 했다."

그러나 캐리어 씨 이상으로 고민한 사람도 있다. 이번에는 매사추세 츠 주 윈체스터 시의 알 P. 하네 씨의 실화를 적어 보기로 한다.

"나는 오래 전부터 몹시 고민해 온 탓으로 위궤양 증세가 나타났 다. 어느 날 밤, 나는 다량의 피를 토하고 시카고의 노스웨스턴 대학 부속병원에 입원하는 몸이 되었다. 체중은 175파운드에서 90파운드로 줄었다. 내 병세는 위독해서 손을 움직여도 안 된다는 것이었다. 세 사

람의 의사가 나를 「불치」라고 진단했다. 한 시간마다 먹는 음식이라
야 알칼리성의 분말과 반 숟가락 정도의 밀크에다 크림뿐이었다. 간호
사는 아침저녁으로 위에다 고무관을 집어넣고 뱃속의 것을 빨아냈다.

　이러기를 몇 달이 계속되었다. ……결국에 가서 나는 이런 생각을
했다. '알 하네여, 만일 네가 죽음 이외에 아무것도 기대할 것이 없다
면, 이제부터 남겨진 시간을 최대한으로 이용함이 어떤가. 너는 살아생
전에 세계일주 여행을 원했으니까, 지금이야말로 그것을 실행해서 좋
을 것이다.'

　그래서 내가 의사에게 세계일주 여행을 나서 보겠다고 말하자, 그들
은 깜짝 놀라는 것이었다. 어림없는 소리! 그것은 광기의 탓이다, 세계
일주 여행 따위를 나섰다가는 바다에서 장사지내게 된다는 것이었다.
그러나 나는 주저하지 않았다.

　'아니다. 나는 네브래스카 주의 브로컨 보우에 있는 선산에 묻어
줄 것을 친척들에게 다짐해 놓았었다. 그러니 나는 관을 지고라도 간
다.'

　나는 관을 준비하여 배에 싣고서, 내가 죽으면 시체는 냉동 보관하
였다가 본국으로 보내주기를 기선회사와 계약해 두었다. 나는 마치 노
시인 호머(Homer)와도 같은 심정으로 미국을 출발했다.

　아, 남겨진 시간을 마음껏 이용하라.
　우리 죽어서 흙 속에 묻히기 전에,
　티끌은 티끌대로, 혹은 그만도 못한 것,

술도 없고, 노래도 없고, 시인도 없다.
그렇다고 행여 종말도 없나니.

로스엔젤리스에서 프레지던트 아담스 호에 승선하여 동양으로 향하게 되자, 나의 마음은 한결 가벼워졌다. 이때부터 나는 서서히 알칼리성 분말의 복용이라든가, 위장을 씻어내는 일을 그만두어 갔다. 그리고는 온갖 종류의 음식—내게는 먹어서 극히 해롭다는 이국의 낯선 음식까지 거리낌 없이 먹기 시작했다. 수주일 후에는 독한 잎담배까지 피웠고, 하이볼도 마시게 되었다. 나는 정말로 오래간만에 즐거운 나날을 보냈던 것이다. 배를 타고 수억만리 길을 여행하는 동안에 우리는 심한 풍랑과 태풍도 만났지만, 설마 공포 끝에 죽으랴 하는 야릇한 모험심에 끌려 유쾌한 흥분까지도 느껴보는 것이었다.

나는 배 안에서 여러 가지 게임도 즐겼고 노래도 불렀다. 새로 사귄 친구들과 어울려서는 밤을 새운 일도 있다.

그러자 중국과 인도에 도착했을 때, 나는 본국에서 직면해 온 사업상의 고통 따위는 동양의 빈곤과 기아에 비한다면 지상천국이었다는 것을 알게 되었다.

이때부터 나는 부질없는 걱정을 잊을 수가 있었으며, 실로 내가 쏘다닌 외유는 즐거웠다. 그러다가 미국에 돌아왔을 때, 나의 체중은 90파운드나 늘어 있었고, 위궤양 따위는 언제 앓았더냐 싶었다. 건강이 좋아진 것은 말할 것도 없었고, 나는 그전처럼 사업에 전념할 수가 있었다. 그런 이래로 나는 지금까지 한 번도 병을 앓는 일이 없다."

하네 씨는 나에게 말하기를, 자기는 은연중에 캐리어의 고민을 극복하는 공식을 실천했다는 것이다.

"첫째, 일어날 수 있는 최악의 일이란 무엇인가" 라고 자문했다. 그 대답은 죽음이었다."

"둘째, 나는 죽음을 받아들일 마음의 준비를 했다. 그 밖에는 별 도리가 없었기 때문이다. 의사는 내 병을 고칠 수가 없다고 단언했다."

"셋째, 나는 남겨진 짧은 시간을 되도록이면 즐겁게 보냄으로써 사태를 보다 나은 방향으로 이끌어 보려고 노력했다. ……만약 내가 배를 타고서까지도 고심하기를 계속했더라면 관 속에 누워 시신으로 돌아왔을 것이 분명하다. 그러나 나는 초조해 하지 않았고 온갖 번민을 잊었다. 이와 같은 정신의 안정이 나에게 새로운 힘을 주었으며, 그것이 내 목숨을 건져주었던 것이다."

그러면 여기서, 만일 여러분에게 어떤 고민이 있다면, 다음의 세 가지 사항을 실행해 보는 것이 유익하다. 캐리어의 마술적 공식을 적용하여 보라.

1. 「일어날 수 있는 최악의 사태는 무엇인가?」 라고 스스로에게 묻는다.

2. 그것이 도저히 피할 수 없는 일이라면, 최악의 사태를 받아들일 준비를 한다.

3. 그런 뒤에는 침착하게 그 최악의 사태를 개선해 나간다.

———··———··— 제3장 ———··———··———

고민이 인간에게 끼치는 영향

어느 날 저녁, 이웃사람이 찾아와서는 우리 집 가족들도 천연두 예방을 위해 종두를 접종해야 한다고 경고를 했다. 이러한 사람들의 경고로서, 뉴욕 시내에는 가는 곳마다 종두를 맞겠다는 사람들의 행렬이 늘어섰다. 종두 접종은 병원에서뿐 아니라 소방서, 경찰서, 공장에서도 실시되었다. 2천 명 이상의 의사와 간호사가 주야로 동원되어야 했다. 그러면 대체 이 소동의 원인은 무엇인가?

이 무렵, 뉴욕 시내에서는 8명의 천연두 환자가 발생하여 두 명이 사망했다. 약 8백만의 인구 중에서 불과 두 사람의 희생자로 이런 소동이 일어났던 것이다.

나는 근 40년 동안을 뉴욕에서 살아 왔지만, 지금까지 어느 누구도 고민이라는 정신적 질병―그간에 천연두의 수천 배, 수만 배에 달하는 손해를 끼치고 있는―에 대하여 경고를 해준 이는 없다. 미국에 살고 있는 사람 중 10퍼센트가 고민이라든가, 감정적 갈등으로 말미암아 신경쇠약증에 걸릴 것이라는 사실을 나에게 경고해 준 사람은 없다. 그래서 나는 지금 여러분에게 이것을 경고하려는 것이다.

노벨 의학상 수상자인 알렉시스 카렐 박사는 말하기를, "고민과 싸우는 방법을 모르는 사업가는 단명한다."고 했다. 이 말은 비단 사업가에게뿐만 아니라 가정주부, 의사, 노동자에게도 적용된다.

수년 전 나는 산타페 철도회사의 의무실에 근무하는 고버 박사와 함께 텍사스에서 뉴멕시코까지 여행한 일이 있었다. 그때 우리는 「고민의 영향」에 대해서 이야기를 주고받았는데 그는 이런 말을 했다.

"병원을 찾아오는 환자의 70퍼센트는 고민과 공포감에서 벗어날 수 있기만 하면 완쾌한다. 그렇다고 그들의 병이 단순히 기분에 좌우된다는 것은 아니다. 심한 치통이라든가, 중증의 병 따위는 결코 마음만으로 이겨낼 수는 없다. 신경성 소화불량, 어떤 경우의 위궤양, 심장병, 불면증, 두통, 그리고 모종의 마비 등도 확실히 상상만은 아니다. 이러한 병들은 현실적으로 고통을 가져온다. 나 자신도 12년 동안이나 위궤양을 앓았기 때문에 잘 알고 있다. 그러나 공포는 고민의 원인이 된다. 고민은 인간을 긴장시키고, 혼돈을 가져오며, 위 신경을 자극하여 위액의 분비에 이상을 주고, 때로는 위궤양으로까지 발전시킨다."

이에 대해서는 조셉 F. 몬타규 박사도 그의 저서 가운데서 같은 말을 하고 있다.

"위궤양의 원인은 음식에 있는 것이 아니고, 인간의 마음을 좀먹는 것이 원인이다."

또한 알바레스 박사는 말하기를, "궤양은 때때로 감정적 긴장의 강약에 따라 일어나기도 하고 가라앉기도 한다."고 했다.

이 보고는 마요 진료소에서 위장 진찰을 받은 1,500명의 환자에 대해서 연구한 결과이다. 그런데 평균 다섯 사람 중에 네 사람은 아무런 육체적인 원인을 발견할 수가 없었다. 말하자면, 심리적인 공포, 불안, 증오, 극단의 이기주의, 현실사회에 적응할 수 없는 무능이 그들의 위장병의 원인이었다. 그 당시로서 위궤양은 난치병이다. 잡지 《라이프》에 의하면, 위궤양에 의한 사망자 수는 전체 사망자 순위에서 제10위를 차지하고 있다는 것이다.

미국의 산업계에 관계하고 있는 의사들의 연차 연합회에서 마요 진료소의 해롤드 C. 해버인 박사는 다음과 같은 보고를 하고 있다. 그가 평균 연령 43, 4세의 중역급 176명을 진찰한 결과에 의하면, 그 중의 3분의 1 이상이 이른바 고도의 긴장생활에서 오는 특유한 질환, 말하자면 심장병, 위궤양, 고혈압에 걸려 있다는 것이다.

이 점으로 볼 때, 실업계 중역들의 3분의 1이 그 나이 45세도 되기 전에 심장병, 위궤양, 고혈압으로 자신들의 육체가 좀먹어 가고 있다는 것은 사람의 성공이 얼마나 값비싼 것인가를 반증해 주는 것이 아니겠는가!

전 세계를 온통 내 것으로 만든다 해도 건강 없이는 무슨 소용이겠는가? 온 천하를 그 수중에 넣었다 한들 그의 침대는 하나로 족할 것이며, 하루에 세 끼를 먹을 뿐이다. 이것은 시궁창을 파는 노동자라서 다를 것이 없다. 오히려 이들은 중역님네들보다 깊은 잠을 잘 수 있고, 밥맛도 좋을 것임에 분명하다. 솔직히 말해서, 나라면 철도회사나 담배공장을 경영하다가 마흔다섯 살에 건강을 망치기보다는 밴조를 울러매고 앨라배마에서 농사꾼 노릇을 하는 편이 나을 것이다.

마침 담배라는 말이 나와서 생각이 떠오르는데, 최근에 세계에서도 가장 유명한 담배 제조업자가 캐나다의 산 속을 산책하다가 별안간 심장마비로 사망했다. 그는 막대한 부를 누리면서도 61세로 급사했다. 어쩌면 그는 「사업상의 성공」과 자신의 수명을 맞바꾼 셈이다.

내가 보기에는 그 백만장자인 담배회사의 중역보다는 무일푼으로 81세에 돌아가신 미주리 주의 농부였던 내 아버지의 성공이 훨씬 보람 있었다고 생각된다.

유명한 마요 형제는 국내에 있는 병원 침대의 과반수는 신경병 환자로 차 있다고 발표했다. 그러나 이러한 사람들의 신경을 시신 해부 시에 정밀한 현미경으로 조사해 본 결과, 대개의 경우는 건강한 사람의 그것과 다를 바가 없었다. 그들의 「신경의 고장」은 신경의 물리적 퇴화에 의한 것이 아니고, 무익·실패·오뇌·공포·패배·절망 등의 감정에서 일어난 것이었다.

플라톤은 말하기를, "의사가 범하는 최대의 잘못은 우선 마음을 치료하려 하지 않고 육체를 고치려 하는 데 있다. 그런데 사람의 마음과 육체는 하나인 것으로서 그것을 따로 취급할 것은 못된다."고 했다.

어쨌든 의학이 이 위대한 진리를 인식하기까지는 2,300년이나 걸렸으며, 최근에 와서야 정신신체의학이라고 불리는 새로운 의학이 발달하게 되었다. ―이것은 정신과 육체를 일체로 취급하는 의학이다.

종래의 의학은 물질적인 병균에 원인하는 질병―천연두·콜레라·황열병(黃熱病, yellow fever), 그 밖의 무수한 사람들을 죽음으로 몰아넣은 질병을 박멸할 수는 있었으나, 병균 때문이 아닌 오뇌·공포·증오·절망 등의 감정에 의해서 일어나는 정신적 육체적 폐인을 구제할 수는 없었다. 그런데 더구나 이러한 감정적 질환에 의한 사망률은 놀라운 속도로 증대하고 있다.

의사의 말로는 현재 미국인의 20명 중 한 사람 꼴은 일생에 한 번은 정신병원을 찾아가기로 되어 있다는 것이다. 또 제2차 대전 중에 징집된 청년으로 6명 중의 한 사람은 정신질환자로서 판명되었다.

그러면 정신이상의 원인은 무엇인가? 이에 대한 뚜렷한 해답은 아무도 모른다. 그러나 대부분의 경우는 공포와 오뇌가 그 요소로 되고 있는 것 같다. 즉 냉정한 현실세계와의 싸움에서 패배하고 의기를 꺾인 사람들은 그의 환경과 인연을 끊고서 자기 스스로가 만든 자기만의 꿈의 세계로 도피하고 만다. 그리고는 그것으로써 자신의 고민은 해결되었다고 자처한다.

지금 내 책상에는 에드워드 표도르스키 박사의 《번민을 중단하고 개선하라》라는 제목의 책이 놓여있는데, 그 중에는 다음과 같은 제목들이 있다.

번민이 심장에 미치는 영향
고혈압은 번민에 의해서 일어난다
류머티스는 번민에 의해서 생길 수 있다
위장을 위해서는 번민을 적게 하라
번민은 어째서 감기의 원인이 되나
갑상선(甲狀腺)과 번민
번민하는 당뇨병 환자

「마요 형제」로 유명한 칼 메닝거 박사의 《자기를 배반하는 인간》이라는 저서에는, 번민을 벗어나는 방법에 대한 기술은 없으나, 불안·실의·증오·원한·반항·공포 등에 의해서 어떻게 인간의 육체가 파괴되는가를 여실히 증언하고 있다. 나는 이 책의 일독을 여러분에게 권한다.

오뇌는 아무리 건강한 사람에게도 병을 가져온다는데, 그랜트 (Ulysses Simpson Grant) 장군은 남북전쟁이 끝날 무렵에 가서야 이 사실을 깨달았다.

그랜트는 9개월에 걸쳐 리치먼드를 포위하고 공격했다. 리(Robert E. Lee) 장군 군대는 굶주림에 지쳐 패배하였고, 전군은 도망칠 길을 찾아 혼비백산이었다. 남은 병사들은 텐트 안에서 기도회를 열고 울부짖으며 광란상태에 빠져 있었다. 최후가 목전에 박두했던 것이다. 리 장군의 부하들은 리치먼드의 면화창고와 담배창고에 불을 지르고, 병기고를 불태우고는, 밤하늘에 뻗치는 불길을 뒤로 하고 도망했다. 그랜트의 군대는 사방에서 맹렬히 남군을 추격했다. 한편, 세리단이 인솔하는 기병대는 적의 퇴로를 차단하고 철도를 파괴하여 군수물자를 적재한 열차를 포획했다.

그런데 그랜트 장군은 격심한 두통에 못 이겨 하는 수 없이 대열에서 벗어나 어떤 농가에서 휴식을 했다는데, 그의 회고록에는 아래와 같이 씌어 있다.

"나는 밤새도록 겨자 탕에 발을 담그고 있었으며, 손목과 목 뒤에는 겨자 고약을 붙이고서 아침까지는 나을 것으로 믿었다."

이튿날 아침, 그는 말끔히 완쾌되었다. 그러나 겨자 고약의 효력은 아니었다. 그것은 리 장군의 항복문서를 지참한 전령이 온 탓이었다. 그랜트는 그 때의 일을 이렇게 기록하고 있다.

「전령이 도착했을 때, 나는 여전히 심한 두통을 앓고 있었지만, 그 문서의 내용을 보자 즉석에서 두통은 사라지고 말았다.」

확실히 번민과 긴장이 그랜트 장군을 병나게 했던 것이다. 그런데 그의 감정이 자신감·성공·승리의 빛으로 바뀌기 시작하자 대번에 완쾌었던 것이다.

그로부터 70년 후, 프랭클린 루즈벨트 내각의 재무장관 헨리 모겐소는 번민이 사람의 기분을 해치고 현기증의 원인이 된다는 것을 알았다. 그의 일기에는 대통령이 밀 가격을 인상하기 위해서 하루에 440만 부셸의 밀을 사들일 때, 그는 몹시 난처했었다고 적혀 있다.

"나는 그런 일이 시작되었을 때 머리가 아찔했다. 그래서 집에 돌아와서는 점심을 먹고 두 시간이나 자리에 누웠다."

번민이 사람에게 미치는 영향을 알고 싶다면, 나는 달리 도서관이나 의사를 찾아갈 필요가 없다. 왜냐하면 이 책을 쓰고 있는 내 집의 유리 창을 통해서 그것을 볼 수 있기 때문이다. 지금 내가 살고 있는 거리의 이웃에는 번민으로 말미암아 심한 신경쇠약증에 걸려 있는 사람이 있는가 하면, 당뇨병을 앓는 집도 있다. 후자는 주가가 폭락했기 때문에 혈액 중의 당(糖)이 상승한 탓이다.

위대한 프랑스의 철학자 몽테뉴가 그의 고향 보르도의 시장으로 뽑혔을 때, 그는 시민들에게 이런 말을 했다.

"나는 여러분들의 어려운 일에 대해서는 기꺼이 손을 빌려드릴 생각입니다만, 그것을 나의 간장이나 심장에까지 미치게 하고 싶지는 않습니다."

내 이웃의 어떤 사람은 주식시장의 문제를 가지고 어찌나 자신의 속을 썩였는지 하찮은 일로 죽음에까지 이르렀다.

번민이 우리 인간에게 어떠한 작용을 미치는가, 이것을 알고 싶다면 달리 이웃을 들출 필요도 없으며, 지금 내가 글을 쓰고 있는 이 방을 보는 것으로도 족하다. 이 집의 원 주인은 번민하던 나머지 아직도 일할 만한 한창 나이에 무덤길을 재촉했던 것이다.

또 번민으로 말미암아 사람들은 관절염이나 뇌졸중에 걸려 반신불수가 되는 일도 있다. 코넬 의과대학의 러셀 L. 세실 박사는 뇌졸중의 세계적 권위자인데, 그는 뇌졸중의 가장 큰 원인으로 다음의 네 가지를 들고 있다.

1. 결혼의 실패
2. 경제적 재난과 비관
3. 고독과 오뇌
4. 오랜 동안 쌓인 원한

물론 이상의 네 가지 감정적 조건만이 뇌졸중의 주된 원인은 아니다. 뇌졸중에도 여러 가지의 원인에서 오는 갖가지 종류가 있다. 그렇지만 뇌졸중을 일으키는 가장 보편적인 조건은 세실 박사가 열거한 네 가지가 원인이다.

이를테면, 내 친구 중 한 사람은 불경기로 말미암아 심한 타격을 받았다. 가스 회사는 가스를 끊었고, 은행은 가옥을 차압했다. 그러자 그의 부인은 갑자기 심한 뇌졸중에 걸렸다. 온갖 약을 써 보아도 아무런 효과가 없었다. 그런데 이 병은 남편의 경제상태가 회복될 때까지 계속되었던 것이다.

그리고 또 번민은 충치의 원인이 되기도 한다. 윌리엄 맥니글 박사가 미국 치과학회에 보고한 바에 의하면, "고민·공포·잔소리 등에서 오는 불쾌한 감정은 신체에 칼슘의 밸런스를 잃게 하여 충치의 원인이 된다."고 했다. 박사를 찾아온 어떤 환자는, 그의 부인이 병에 걸리기 전까지는 완전한 치아였는데, 부인이 한 달 동안 입원한 사이에 아홉 개의 충치가 생겼다는 것이다.

이것은 확실히 고민이 그 원인이었다.

여러분은 갑상선에 이상이 생긴 사람을 본 일이 있는가. 내가 본 경험에 의하면, 그들은 부들부들 떨면서 금세 죽을 것 같은 모습을 하고 있었다. 이것은 신체를 조절하는 갑상선의 불균형 때문이다. 심한 발작으로 말미암아 전신은 마치 통풍 조절장치를 떼어버린 난로처럼 이글이글 타고 있는 것이다. 수술이든 무슨 방법으로라도 이것을 저지하지 않는 한, 까맣게 타버리고 말 것이다.

얼마 전에 나는 이런 병에 걸린 친구와 함께 필라델피아에 갔었다. 그래서 이 방면의 명의라고 알려진 이스라엘 부람 박사의 진찰을 받기로 했다. 병원 대기실에는 커다란 액자에 넣은 다음과 같은 경구가 걸려 있었다.

휴양과 오락

사람의 마음을 가장 부드럽게 하여 주며 영기(英氣)를 길러주는 힘은 건전한 종교·수면·음악·웃음이다.

하나님께 신뢰를 바쳐라—깊은 잠에 들라—.

음악을 즐겨라—그리고 인생의 익살스런 면에도 눈을 돌려라—.

그러면 건강과 행복이 얻어지리라.

박사가 내 친구에게 물어본 첫 질문은 "어떤 감정적 고민에서 이런 증상이 일어났습니까?" 하는 것이었다. 그는 경고하기를, 만일 이대로 고민을 계속한다면 심장병·위궤양·당뇨병까지도 병발할지 모른다고 했다. 「이러한 병들은 서로 친척간」이라는 것이었다. 내가 알기에도 그 말대로일 것이다. 영화배우 말 오베론은 내게 이런 말을 했다.

"저는 결코 우물쭈물하지 않기로 했습니다. 괜히 우물쭈물하다가는 스크린에서의 연기도 잡치게 되고, 얼굴에 주름살만 생길 테니까요. 제가 처음으로 영화계를 지망했을 무렵에는 걱정 때문에 어쩔 바를 몰랐습니다. 저는 인도에서 온 풋내기였기 때문에 런던에는 아는 이가 한 사람도 없었어요.

저는 두서너 분의 제작자를 찾아갔습니다만, 아무도 저를 채용해 주지 않는데다 수중의 돈마저 점점 떨어져 갔습니다. 저는 2주일 동안을 과자와 맹물만으로 지냈습니다. 그러자니 걱정뿐만 아니라 몸도 성할 리가 없었습니다. 저는 자신에게 말하기를, '너는 아직도 정신을 차리지 못하고 있는지도 모른다. 가당치도 않게 영화계에 뛰어들려 하다니. 경험도 없고 연기라고는 해본 일도 없지 않은가—겨우 얼굴 하나 좀 반반할 뿐이 아닌가?'

저는 거울 앞에 서 보았습니다. 거울을 들여다보자 수심이 제 얼굴을 뒤덮고 있다는 것을 알았습니다. 지금까지 없었던 주름살과 겁에 질린 표정을 역력히 찾아볼 수가 있었습니다. 그래서 저는 자신에게 타일렀습니다. '이런 짓은 단연코 그만두지 않으면 안 된다. 언제까지나 번민하고 있을 수만은 없다. 단 하나의 밑천인 얼굴마저 망쳐 버리고 마는 것이 아닌가!' 하고 말이에요."

우리가 알기에, 번민처럼 빨리 여자를 늙게 만들고 추하게 하며 마음을 어지럽히는 것은 없다. 번민은 표정을 굳게 하며, 턱의 곡선을 억세게 만들고, 얼굴에 주름살을 만든다. 그뿐만이 아니라 흰 머리를 늘게 하고 탈모증의 원인이 되기도 한다. 또 얼굴의 윤기를 거칠게 하는 데다가, 온갖 종류의 분비물이나 여드름의 원인이 되기도 한다.

오늘날 심장병은 미국에서 제1위를 차지하는 죽음에 이르는 병이다. 제2차 대전 중에 전사한 미군의 수는 약 30만 명가량이지만, 같은 시기에 심장병으로 사망한 사람의 숫자는 2백만 명이나 된다. 그 중에서 백만 명은 번민과 고도의 긴장이 원인이었다. 카렐 박사가 "번민과 싸우는 방법을 모르는 실업가는 단명한다."고 말한 이유의 하나로도 이 심장병을 꼽을 수가 있다.

남부의 흑인이라든가 중국인은 무슨 일을 하든 주저하지 않기 때문에 번민으로 인한 심장병은 거의 걸리지 않는다. 또한 통계에 의하면, 심장병으로 죽는 의사의 수는 공장노동자 사망률의 20배에 달하고 있다. 말하자면 의사들은 정신적으로 긴장된 생활을 하기 때문에 단명한다고 할 수가 있다.

"하나님은 우리들의 죄를 용서해 주실지 모르나, 신경계통에서는 그렇지가 않다."

유명한 소설가 헨리 제임스가 한 말이다. 그런가 하면, 또 전연 믿을 수 없는 놀라운 사실이 있다. 즉 매년 가장 많은 전염병으로 죽는 미국인의 숫자보다 자살자의 수가 많다는 것이다.

왜 죽는가? 이 대답에는 대개의 경우가 「번민」인 것이다.

잔인한 중국의 장군이 포로를 고문하는 방법은 이러했다. 우선 포로의 손발을 묶어서는 주야로 끊임없이 물방울이 똑똑 떨어지는 물주머니 밑에 놓아둔다. 똑…똑…똑… 밤낮을 가리지 않고 똑…똑… 한 시도 그칠 사이 없이 머리맡에 떨어지는 물방울은 마침내는 해머를 치는 소리처럼 들리며—포로는 얼마 안 가서 정신이 혼돈해지고 만다. 이러한 고문법은 스페인의 종교재판, 히틀러 치하의 독일의 강제수용소에서도 사용되었다.

번민은 끊임없이 떨어지는 물방울과 같은 것이다. 한 번도 쉬지 않고 똑…똑… 떨어지는 그것은 사람을 미치게 하고 자살의 구렁으로 몰아넣기도 한다.

내가 미주리 주의 시골에 살던 어렸을 때, 빌리 선디의 《지옥불》 이야기를 듣고 몸서리친 일이 있다. 그러나 내게 그 얘기를 해준 사람은 이승에서의 번민 때문에 많은 사람들이 치르게 되는 육체적 고통의 업화(業火)에 대해서는 한 마디도 비치지 않았다.

이런 경우 협심증이라는 고통에 사로잡힐는지도 모른다. 그렇게 되면 당신은 괴로움에 못 이겨 신음할 것이다. 당신의 울부짖음에 비한다면, 단테의 《신곡(神曲)》 지옥 편에 나오는 아비규환도 어린애들의 장난 같은 울음소리 정도로밖에 생각되지 않을 것이다.

그리고 당신은 "오, 하나님! 이 병만 낫는다면 무슨 일이 있어도 결코 번민하지 않겠습니다."라고 스스로 말할 것임에 틀림없다. (내 말을 지나친 과장이라고 여긴다면 당신의 가족에게나 의사한테 물어보시라)

당신은 진실로 인생을 사랑하는가? 그리고 장수를 하여 건강을 즐기기를 바라는가?

이 말에 싫다고 대답할 사람은 아무도 없을 것이다. 그렇다면 이에 대한 좋은 방법이 있다. 나는 다시 카렐 박사의 말을 인용하기로 한다.

"현대 도시의 혼란 속에서도 편안한 정신생활을 유지할 수 있는 사람은 정신적 질환에 걸릴 염려가 없다."

그렇다면 당신은 어떠한가. 당신이 정상인이라면, 그 대답은 「예스」일 것이다. 아니, 단연 「예스」인 것이다. 우리들의 대부분은 자신이 생각하고 있는 것보다 강하다. 적어도 우리는 지금까지 한 번도 사용하지 아니한 정신적 자원을 지니고 있다. 헨리 데이비드 소로의 불멸의 명저 《월든》(숲속의 생활, Walden, or Life in the Woods) 가운데 이러한 구절이 있다.

「인간이 의식적인 노력으로 그의 생활을 향상시키고자 하는 놀라운 능력만큼 믿음직한 것은 없다. 만일 인간이 자기의 뜻하는 방향으로 확신을 가지고, 나아가서 그가 바라던 인생을 누리기로 노력한다면 보통으로는 기대할 수 없는 성공에 이르게 될 것이다.」

이 책의 독자 대부분은 올가 자비에 못지않은 의지력과 정신적 자원을 가졌으리라고 생각된다. 그녀는 아이다호의 커르 달렌에 살고 있다. 그녀는 누구보다도 비극적인 환경에 처해서도 번민은 극복될 수 있다는 것을 깨달았던 것이다.

내가 이 책에서 재삼 설명하고 있는 진리를 적용하면 누구나 할 수 있다. 올가 씨가 내게 들려준 이야기는 이러하다.

"8년 반 전, 저에게는 암이라는 의사로부터의 사형선고가 내려졌습니다. 저는 아직도 젊은 나이에 죽고 싶지가 않았어요. 그래서 주치의에게 전화를 걸고는 마음속의 절망감을 호소했습니다. 그러자 그는 다소 쌀쌀하게 저를 꾸짖는 것이었습니다. '어쩌자고 그러세요, 올가 씨. 당신에게는 그만한 참을성도 없습니까? 울고만 계시다간 정말 큰일 납니다. 지금 당신의 병세는 확실히 악화되고 있어요. 그러니 마음을 굳게 먹고 현실과 싸워야 합니다. 속을 태우시면 몸에 해로워요. 어쨌든 최선을 다해야 되지 않겠어요?' 이 말을 듣고 저는 그 즉석에서 두 손을 움켜쥐고 마음속으로 다짐했습니다—. '나는 더 이상 번민하지 않겠다. 울지도 않을 것이다. 만일 물질보다 우세한 정신력이라는 것이 있다면 나는 이겨내 보리라. 나는 결코 죽지는 않는다!'

방사선 치료에 있어서, 방사선을 쬐는 보통 량은 30일간으로서 하루에 10분간이지만, 저는 49일 동안을 하루에 14분 30초씩 쬐었습니다. 저의 위는 만신창이가 되어 말라빠진 뱃가죽으로 솟아 나왔으며, 다리는 납덩이처럼 무거웠으나, 저는 결코 낙망하지 않았습니다. 한 번도 눈물을 흘리지 않았습니다. 오히려 명랑했어요. 억지로라도 미소를 지었습니다.

하기야 아무리 명랑해진다 해도 암이 나을 리야 없겠으나, 명랑한 정신적 태도야말로 몸이 병을 감당해내는 데 보탬이 되리라고 믿었던 것입니다. 어쨌든 저는 암의 기적적인 치료를 경험했습니다.

근래 수년 동안에 저는 전보다도 더 건강해졌는데, 이것은 모두 「현실과 대결해야 한다! 번민을 걷어 치워라! 그리고 어쨌든 노력해 보는 것이다!」라는 격려의 덕분이었습니다."

나는 카렐 박사가 말한 「번민과 싸우는 방법을 모르는 실업가는 단명한다」는 충고를 되풀이함으로써 이 장을 끝마치고자 한다.

예언자 마호메트의 신자들은 그들의 가슴에다 코란의 성구를 문신하고 있다. 나는 이 책의 독자 모두의 가슴에 이 장의 타이틀을 새겨 주고 싶은 것이다.

「번민과 싸우는 방법을 모르는 실업가는 단명한다.」

카렐 박사는 대체 누구를 향해서 이 말을 한 것일까? 그것은 바로 당신을 두고 한 말이다.

PART 1 요약

번민에 대하여 알아두어야 할 기본적 사실

첫째 만일 번민을 피하고 싶다면, 윌리엄 오슬러 경이 역설한 대로 실행하라.—즉 「오늘에 산다」는 것. 미래에 대해서는 마음을 두지 말 것.

취침할 때까지, 다만 그날 하루의 생활을 누릴 것.

둘째 번민에 사로잡혀 헤어날 수 없다면, 윌리스 캐리어의 마술적 공식을 적용할 것.

(1) 스스로 묻기를, "만일 그 문제를 해결할 수 없을 경우에 일어날 수 있는 최악의 사태는 무엇인가?"

(2) 그것을 막을 수 없을 때에는 최악에 부닥칠 태세를 갖춘다.

(3) 그 다음에는 이미 마음속에 받아들인 최악을 조금이라도 개선하도록 노력한다.

셋째 건강이라는 이름으로써, 번민에 대해서 지불하고 있는 가외의 대상(代償)을 생각하라. 「번민과 싸우는 방법을 모르는 실업가는 단명한다.」

54

PART 2.

번민 분석의 기본적 기법

─ ─·─ ─··─ ··─ 제4장 ─··─ ·─··─ ─ ─
번민의 분석과 그 해결법

나는 여섯 명의 충복을 가지고 있다.
(내가 알고 있는 것은 전부 그들이 가르쳐준 것이다)
그들의 이름은 「무엇·왜·언제·어떻게·어디서·누가」 이다.
                        ─ 키플링(Joseph Rudyard Kipling) ─

제1부 제2장에서 서술한 윌리스 H. 캐리어의 마술적 공식은 모든 번민을 해결해 줄 수 있는가? 물론 그것은 아니다.

그렇다면 그 대답은 무엇인가? 그것은 온갖 종류의 번민을 처리하기 위해서 우선 문제 분석의 세 가지 기본적 단계를 알아둘 준비가 되어 있어야 한다.

1. 사실을 파악하라.

2. 사실을 분석하라.

3. 결정한다─그리고 그것을 실행하라.

이 말은 너무 싱거운 것일지도 모른다. 물론 그렇다. 그러나 아리스토텔레스도 그것을 가르쳤고, 그것을 실천했다. 그래서 우리들도 우리를 괴롭히고 우리의 나날을 지옥 속으로 몰아넣는 그러한 문제를 해결하고 싶다면 이대로 실천하지 않으면 안 된다.

먼저 제1단계로 「사실을 파악하라」는 것이다. 우리가 사실을 파악한다는 것은 어째서 그렇게 중요한 것일까? 그것은 즉, 만일 우리가 그렇게 하지 않는다면 문제를 지적(知的)으로 해결해 보려는 것이 불가능한 데다, 말하자면 사실이 없고서야 우리는 혼란 중에서 방황만 할 뿐이기 때문이다.

이것은 나 개인의 의견이 아니고, 콜롬비아 대학 학장이었던 허버트 E. 헉스 씨의 의견이다. 그는 일찍이 번민하는 20여만 학생들의 문제 해결을 지도했다. 그는 나에게 말하기를, 어쨌든 「혼란은 번민의 주요한 원인」이라고 했다. 이에 따르면―,

"이 세상 번민의 절반은, 결단의 근거가 되는 지식을 충분히 갖추지 않고서 결단을 내리려고 서두르는 사람들에 의해서 일어난다. 가령 나에게 다음 주 화요일 3시에 닥쳐올 문제가 있다고 하자. 나는 화요일이 되기까지는 그 문제에 대해서 결단을 내리려 들지는 않는다. 그렇다고 결코 우물쭈물하지는 않는다. 골치를 앓거나 불면증에 걸리지도 않는다. 우선 그 동안 이 문제에 관계가 있는 온갖 사실을 파악하기에 전념할 뿐이다. 그리고 화요일까지 사실을 파악해 두면 문제는 자연적으로 해결된다."

나는 헉스 학장에게, 그렇다면 당신은 번민으로부터 완전히 해방되었느냐고 물었다. 그의 대답은 「예스」였다.

"나는 완전히 번민으로부터 해방되었다고 단언할 수 있습니다. 누구든지 공평한 객관적인 입장에서 사실을 파악하기에 시간을 소비한다면 온갖 번민은 지식의 빛을 받고 증발해 버리고 만다는 것을 발견할 것입니다."

되풀이하면 「누구든지 공평한 객관적인 입장에서 사실을 파악하기에 시간을 소비한다면 온갖 번민은 지식의 빛을 받고 증발하고 만다는 것을 발견할 것이다.」

그러나 사실에 관심을 기울였을 때, 우리들의 대부분은 어떠한가?

"인간은 사고의 노력을 회피하며, 온갖 수단에 의뢰한다."

이것은 토머스 에디슨이 한 말이지만, ─우리들은 기왕에 생각하고 있던 것을 지지하는 사실만을 추구하며, 다른 것은 전부 무시하고 있다. 우리는 자기의 행동을 정당화하는 사실, 희망적인 생각과 일치하는 사실만을 구함으로써 미리부터 생각해 두었던 편견을 정당화하려고 한다.

이에 대해서 프랑스의 작가 앙드레 모르와는 이렇게 말하고 있다.

"우리의 개인적인 욕망에 일치하는 것들은 전부 진실 된 것으로 생각하지만, 그렇지 않은 것은 우리를 노하게 만든다."

그렇다면 우리들의 문제에 대해서 해답을 얻는 길이 얼마나 어려운지는 알고도 남음이 있을 것이다. 둘 더하기 둘이 다섯(2+2=5)으로 된다는 가정에 이르게 되면, 이와 같은 단순한 계산의 문제일지라도 다분히 까다로워질 수밖에 없다.

그런데 세상에는 둘 더하기 둘은 다섯, ─때로는 500이라고 우기는 바람에 자타의 생활을 지옥화하고 있는 이가 적지 않다.

우리는 이 일을 어쩌면 좋을 것인가? 그것은 우리의 사고를 감정과 구분하는 것이다. 그리고 헉스 학장이 말한 대로 공평한 객관적인 방법으로써 사실을 파악해야 한다.

그러나 우리가 번민하고 있을 때, 이렇게 한다는 것은 용이한 일이 아니다. 왜냐하면 번민은 감정을 날카롭게 만들기 때문이다. 그런데 여기에 문제를 벗어나서 사실을 또렷이 객관적으로 관찰하는 데 도움이 되는 두 가지 아이디어가 있다.

1. 사실을 파악하려 할 때는, 그것은 자신을 위해서가 아니라 다른 남을 위해서 자료를 수집하고 있는 것이라고 생각하라. 그러면 사실을 냉정 공평하게 관찰할 수 있으며, 감정을 배제할 수가 있다.

2. 자신을 괴롭히고 있는 어떤 문제에 대해서 사실을 수집할 때는, 나와는 반대쪽에서 변론을 준비하고 있는 변호사의 입장이 되어보라. 결국은 나에게 불리한 사실, 내가 부닥치고 싶지 않은 사실을 뚜렷이 해주며, 그리고 나서는 자기 쪽의 사실과 상대방의 사실을 비교해 본다. 대개의 경우, 진실은 이 두 가지의 상반된 극단의 중간에 있다는 것을 알게 된다.

내가 말하고자 하는 요점은, 당신도 나도, 아인슈타인도, 합중국의 최고재판소일지라도 우선 사실을 파악하지 않고서는 어떠한 문제에도 현명한 판단을 내릴 수 없다는 것이다. 그런데 토머스 에디슨은 그것을 알고 있었다. 그가 죽었을 때 그가 남긴 2,500권의 노트에는 그가 직면했던 문제에 대한 사실들이 가득히 적혀 있었다.

그러므로 문제해결의 첫 단계는 「사실을 파악」 하는 데 있다. 헉스 학장이 한 것을 실천하는 일이다. 우선 공평한 태도로써 사실을 수집한 다음 문제해결에 착수해야 한다.

그러나 온갖 사실을 분석하고 해명하기 전에는 그것을 모으는 것만으로는 아무 소용도 없다.

나는 귀중한 경험의 보람으로 사실을 기록하고 나서 분석하는 편이 훨씬 용이하다는 것을 알았다. 실제로 문제를 종이 위에 쓴다는 것은 현명한 결정에의 기초가 된다.

"문제를 정확하게 기술한다는 것은 문제의 절반은 해결한 것이 된다."라고 찰스 케터링은 말했다.

그렇다면 이것이 실제로 어떠한 도움이 되는지를 설명해 보기로 한다. 일찍이 중국인들은 말하기를, "한 폭의 그림은 일만어(一萬語)의 문자에 비할 만하다."라고 했는데, 나는 여기서, 한 인간이 어떻게 함으로써 우리가 지금 말하고 있는 것을 실천에 옮길 수 있었는지를 그림으로 보여주기로 하겠다.

이것은 동양에서도 가장 성공했던 미국인 가운데 한 사람인 갈렌 리치필드의 사실담이다. 1942년 그가 중국에 있었을 때, 일본군이 상하이를 침략했다. 다음 이야기는 그가 우리 집을 찾아 들려준 것이다.

"일본군은 진주만을 공격하고 나서 얼마 안 있다가 상하이로 밀어닥쳤다. 나는 그 무렵, 상하이의 아시아 생명보험회사의 지배인으로 있었는데, 일본군은 「군대 청산인(淸算人)」 ― 그는 현역 해군대장이었다―을 우리에게 보내왔다. 그리고 나에게는 이 사람에게 협력해서 회사의 자산을 청산하라는 명령이 내려졌다. 내게는 선택의 여지가 없었다. 협력이냐, 아니면 총살이냐 하는 판국이었다.

나는 그들이 명령하는 대로 행동했다. 왜냐하면 달리는 뾰족한 수가 없었기 때문이다. 그러나 75만 달러에 상당하는 일부 증권만은 일본군에게 넘겨주는 자산표에서 제외해 두었다.

이 증권은 홍콩지점에 소속한 것으로서, 본사의 자산이 아니라고 판단했던 것이다. 그러면서도 나는 만일 이것이 발각되면 어쩌나 하고 몹시 불안했는데, 결국 들키고 말았다.

이 사실이 발각되었을 때 나는 마침 없었고, 사무실에는 경리과장이 있었다. 나중에 그의 말에 따르면, 일본군 제독은 노발대발 발을 구르고 야단이었던 모양이다. 그리고 나를 두고 '도둑놈! 반역자! 일본군을 모독하다니!' 하면서 갖은 욕설을 퍼붓더라는 것이다. 그렇다면 분명 브리지 하우스에 끌려갈 판이다.

브리지 하우스! 이것이야말로 일본의 게슈타포 고문실 아닌가! 내 친구 중 하나는 그곳으로 연행되기에 앞서 자살한 일도 있다. 심지어는 그곳에 10일간을 갇혀 있던 끝에 죽은 친구들도 적지 않았다. 그런데 지금 내가 그 속으로 끌려 들어가려는 것이다.

그래서 나는 어찌했던가? 내가 사건의 내막을 듣게 된 것은 일요일 오후였다. 이때 만일 내가 문제를 해결하기 위한 명확한 기법을 몰랐더라면 나는 공포로 말미암아 당황했을 것이 분명했다. 그러나 나는 오래전부터 무슨 고민거리가 있기만 하면 타이프라이터 앞에 앉아 다음과 같은 두 가지 질문과 그 대답을 기록해 왔다.

1. 나는 무엇을 고민하고 있는가?
2. 나는 그것을 어떻게 하면 좋은가?

나는 얼마 전까지만 해도 문제를 기록하는 일이 없이 그 해답을 얻고자 했었다. 그러나 나는 몇 해 전부터 그러기를 중지했다. 그것은 문제와 해답을 함께 기록하는 편이 훨씬 사고를 명확하게 한다는 것을 알게 되었기 때문이다.

그래서 그날, 일요일 오후에 나는 대뜸 기독교 청년회의 내 방으로 가서 타이프라이터로 다음과 같이 기록했다.

1. 나는 무엇을 고민하고 있는가?

나는 내일 아침, 브리지 하우스에 갇히게 되지나 않을까 두려워하고 있다.

그리고 나서 나는 제2 질문을 타이핑했다.

2. 나는 그것을 어떻게 하면 좋은가?

나는 몇 시간을 두고 생각한 끝에, 실행할 수 있는 네 가지의 경우를 적어 보았다.

(1) 나는 일본군 제독에게 자초지종을 설명할 수가 있다. 그러나 그는 영어를 모른다. 만일 통역을 시켜서 설명한다면 다시 한 번 그를 노하게 만들 염려가 있다. 그것은 죽음을 의미한다. 그는 잔인한 사람이니까 귀찮은 변명 따위를 듣기보다는 나를 브리지 하우스에 집어넣을는지도 모른다.

(2) 나는 도망칠 수도 있다. 그러나 그것은 불가능하다. 그들은 언제나 나의 일거일동을 감시하고 있기 때문에, 만일 도망하다가 붙잡히면 총살당할 것이다.

(3) 나는 이 방에 있으면서 사무실에는 나가지 않고 지낼 수도 있다. 만일 그렇게 한다면, 나는 일본군 제독에게 의심을 살 것이다. 그는 나

에게 변명할 기회도 주지 않고 병사들로 하여금 나를 브리지 하우스에 집어넣게 할 것이다.

(4) 나는 월요일 아침에 여느 때처럼 사무실에 출근할 수도 있다. 일본군 제독은 언제나 바쁘기 때문에, 내가 한 일을 생각해 내지 못할지도 모른다. 만일 생각해 낸다 할지라도, 그 때는 그가 냉정해졌을 테니까, 어쩌면 나를 괴롭히지 않을는지도 모른다. 일이 그렇게만 된다면 다행이겠으나, 설령 그가 나를 괴롭힌대도, 그때는 자초지종을 설명할 찬스가 있게 될 것이다. 그러니 월요일 아침에는 보통 때와 마찬가지로 출근해서 아무 일도 없었던 것처럼 행동한다는 것은 브리지 하우스를 모면할 두 번의 기회를 갖는 셈이 된다.

나는 이렇게 마음을 먹고서 네 번째의 계획을 받아들일 결심을 하니까 기분이 한결 홀가분해졌다. 이튿날 아침, 내가 사무실로 들어섰을 때, 일본군 제독은 담배를 입에 물고 의자에 앉아 있었다. 그는 여느 때와 마찬가지로 나를 유심히 노려보았지만 아무 말도 없었다.

그러자 6주일 후 그는 도쿄로 돌아갔고, 나의 번민도 여기서 끝났다.

위에서 말한 바와 같이, 그날 일요일 오후에 책상 앞에 앉아서 내가 할 수 있는 갖가지 수단과 그 결과를 기록함으로써 냉정하게 사리를 판단하였기 때문에 나는 죽음에서 구출되었던 것이다. 만일 그렇게 하지 않았더라면 허둥지둥 당황하다가 실수를 저질렀을지도 모른다. 심사숙고한 끝에 결단을 내리지 않았더라면 일요일의 오후를 번민 속에 보냈을 것이다. 어쩌면 그 밤을 뜬눈으로 새웠을지도 모른다. 그리고 월요일 아침에는 초조한 얼굴로 사무실에 나갔을 것이다. 그랬더라면 아마도 일본군 제독은 의혹을 품고 무슨 조치를 했을지 모른다.

여러 차례의 경험으로써 나는 결단에 도달하는 일이 얼마나 중요한지를 알게 되었다. 일정한 목적에 이르지 못하고 어쩔 줄 몰라 하다가 그것을 막는 힘을 잃는다는 것은 인간을 신경쇠약증에 걸리게 하며 생지옥으로 몰아넣는다.

나는 내 고민의 50퍼센트는 일단 내가 명확한 결단을 내림과 동시에 소멸되며, 나머지 40퍼센트는 그 결단을 실행에 옮김으로써 사라져 버린다는 것을 발견했다.

그러므로 나는 다음의 4단계로써 번민의 90퍼센트는 물리칠 수 있다고 생각한다.

1. 무엇에 대해서 고민하는지를 자세히 기록한다.
2. 그것에 대해서 내가 취할 수 있는 방법을 기록한다.
3. 무엇을 할 것인지를 결정한다.
4. 그 결단을 즉시 실행에 옮긴다.”

갈렌 리치필드는 현재 스타 파크 앤드 프리만 회사(뉴욕의 보험업 투자업계에서 손꼽히는 회사)의 동양지역 담당 이사인데, 그는 내게 말하기를, 자기 성공의 태반은 위에서 말한 번민 분석법과 그 실천법의 덕분이었다고 고백하고 있다.

그러면 어째서 그의 방법은 그렇게 훌륭한 것이었는가? 그것은 그 자체가 효과적이고 구체적이며 문제의 핵심을 꿰뚫었던 때문이다. 그리고 더구나 제3의 불가결의 법칙, 즉 「그것에 대해서 최선을 다한다」는 데 중점을 두고 있기 때문이다.

만일 우리가 아무런 행동을 취하지 않는다면 온갖 사실 발견과 그 분석은 공염불일 것이며 정력의 낭비에 불과할 것이다. 윌리엄 제임스는 이런 말을 하고 있다.

"일단 결정이 내려져서 그 실행만이 남아 있을 때는 그 일의 결과에 대한 「책임」과 「걱정」은 완전히 버려라."

(이 경우에서, 윌리엄 제임스는 「걱정」과 「불안」을 동의어로 사용한 것 같다.)

그는 아마도—일단 사실에 부딪쳐서 결단이 내려졌으면 실천에 옮겨라. 재고할 여지는 없다. 이것저것 생각에 주저하지 말라. 뒤따라 일어나는 의혹에 끌리지 말라. 어깨 너머로 뒤돌아보지 말라—고 설파한 것 같다.

나는 언젠가 한번 오클라호마에서도 손꼽는 대 석유업자 웨이트 필립스 씨에게, 당신은 어떻게 해서 결단을 실행에 옮기느냐고 물어보았더니, 그는 이렇게 대답했다.

"나는 어떤 문제에든지 일정한 한도 이상으로 생각을 계속한다는 것은 혼란과 번민거리만 자아낸다는 사실을 발견했다. 또 때로는 정도 이상의 궁리나 사고(思考)는 오히려 해로울 수도 있으며, 어느 때는 결단하여 행동하고 뒤돌아보아서는 안 될 경우도 흔히 있다."

여러분도 이제는 갈렌 리치필드의 기법을 자신들의 번민에다 적용하여 봄이 어떤가?

제5장

사업상 번민을 반으로 줄이는 법

당신이 사업가라면, 당신은 아마도 이렇게 혼자 중얼거릴 것이다.

"이 문장의 타이틀은 우스꽝스럽다. 나는 이미 19년 동안이나 사업을 계속해 왔지만, 남들이 해결할 수 있는 것이라면 나도 할 수 있다. 사업상 번민의 50퍼센트를 제거하는 법을 가르쳐 준다고? 그런 맹랑한 것이 어디 있담!"

확실히 나 자신도 4, 5년 전에 이런 제목을 대했더라면 이와 똑같은 느낌이었을 것이다. 그것은 중대사를 보증하고 있으나―보증이란 사실 무가치한 것이다.

정직하게 말해서, 나는 당신의 사업상 번민의 절반을 제거해 줄 수 없을는지도 모른다. 결국 아무도 해줄 수 없으며, 그것을 할 수 있다면 오로지 당신 자신뿐일 것이다. 여기서 다만 내가 할 수 있는 것은 세상 사람들이 어떻게 그러한 번민을 극복해 왔는지를 전해줄 따름이다. ― 그리고 나서의 나머지는 당신에게 달려 있다.

당신은 우선 내가 앞서 인용한 알렉시스 카렐 박사의 "번민과 싸우는 방법을 모르는 사업가는 단명한다."는 말을 상기해 주기 바란다.

번민이란 그처럼 중대한 것이기 때문에, 우선 내가 당신이 가진 번민의 10퍼센트만이라도 경감하는 데 도움이 되어 줄 수 있다면 만족할 일이 아니겠는가. 그렇다면 어떤 회사의 중역 한 사람이 영업상의 문제 해결에 노력하여 그 번민의 절반을 제거하고, 회의에 허비했던 시간의 65퍼센트를 절약할 수 있었던 이야기를 들려주겠다.

레온 심킨은, 여러 해 동안 사이먼 슈스터 인쇄회사의 중역으로 있었으며, 현재는 뉴욕의 포켓북 발행 출판사의 사장직에 있는 사람이다.

다음은 그가 말한 그 자신의 체험담이다.

"15년 동안 나는 매일같이 반나절씩을 회의나 토론으로 보냈다. 이 것을 할까 저것을 할까, 혹은 아주 그만둬 버릴까……. 우리는 자못 흥 분했으며, 의자에서는 몸을 꼬았고 온 방안을 서성거렸다. 의논은 꼬리 를 물고 잇달았으며 아무리 해도 끝이 없었다. 그러다가 밤이 되면 나 는 말할 수 없이 피로해지는 것이었다. 죽을 때까지 이런 상태가 계속 될 것인가 하는 끔찍한 생각도 들었다. 무려 15년 동안이나 이런 일을 해오면서도 달리 좋은 방법이 있으리라고는 미처 생각해 내지 못했던 것이다.

이때 만일 누가 나에게, 쓸데없이 회의에 소비하고 있는 시간의 4분 의 3과 신경 긴장의 4분의 3을 제거하는 방법이 달리 있을 것이라고 말했더라면 나는 그 사람을 일러, 주제넘게 아는 체하는 녀석이라고 욕 했을 것이 분명하다.

그런데 나는 그것을 실행할 계획을 생각해 냈던 것이다. 이제는 벌 써 8년 동안이나 이 방법을 실시해 왔다. 그것은 능률·건강·행복에 대해서 실로 놀라울 만한 성공을 거두고 있다.

대뜸 이렇게 말하면, 마술 같은 이야기로 들릴지 모르나—온갖 마술처럼 이것도 트릭을 알게 되면 지극히 간단하다. 그 비결은 이러하다.

첫째로, 15년 동안 회의 개최에 써 왔던 수속을 전폐했다. —우선 동료 임원들이 실패했던 사항을 상세히 보고받고 나서, "그러면 어떻게 할 것인가?"라는 한 마디 말로 회의를 종결시킨다.

둘째로, 나는 새로운 규칙을 만들었다. 즉 나에게 문제를 제출할 사람은 우선 다음의 네 가지 물음에 대답할 수 있는 메모를 미리 만들어 제출하라는 것이다.

제1문, 그 문제란 무엇인가?

— 종전에 우리들은 문제의 본질을 구체적으로 알지 못한 채 한 시간이든 두 시간이든 무모한 토론을 계속했다. 우리들은 문제의 핵심을 분명하게 적어두어야 했건만, 그렇게 하지를 않고서 문제에 대하여 갑론을박 논쟁만 했던 것이다. —

제2문, 문제의 원인은 무엇인가?

— 지난 경력을 돌이켜 볼 때, 나는 문제의 근본이 되고 있는 조건을 분명히 파악하려 하지 않고서 그릇된 회의로만 시간을 허비했다. 그 일을 생각하면 몸서리쳐진다. —

제3문, 그 문제에 대한 온갖 가능한 해결법은 무엇인가?

— 종전에는 어떤 한 사람이 하나의 해결책을 제시하면, 다른 한 사람이 나서서 이에 대한 반대를 주장했다. 그러다 보면 모두 열을 올리고 만다. 때로는 논의의 주제에서 이탈하는 일도 없지 않았다. 회의가 끝나고 보면 문제 해결에 필요한 사항은 하나도 기록해서 남긴 것이

없는 형편이었다. ―

제4문, 당신이 제안하는 해결법은 무엇인가?

― 지금까지 나는 어떤 문제에 대해서 공연한 번민을 계속하여 왔을 뿐이며, 조금도 이에 대해서는 사고하지 않으면서, 「내가 제안하는 해결법은 이렇다」고 한 번도 기록해서 제출하는 일이 없는 사람들과 회의에 참석해 왔던 것이다. ―

그런 뒤 부하 직원들은 어떤 문제를 가지고서 나를 찾아오는 일은 거의 없어졌다. 왜냐하면 그들이 이러한 네 가지의 질문에 대답하기 위해서는 온갖 사실을 파악하고, 그 문제를 충분히 검토하지 않으면 안 되었기 때문이다. 또 그것을 다 마친 후라면 대개의 경우는 나에게 찾아와서 달리 의논할 필요가 없었다. 왜냐하면 적당한 해결법은 마치 토스터에서 빵이 튀어나오듯이 안출되었기 때문이다.

가령 상담이 필요한 경우일지라도 피차의 토론은 종전의 3분의 1로 족했다. 그것은 순서 있게 논리적인 방법을 거쳐 타당한 결론에 도달하니까 말이다.

이제 우리 회사에서는 무엇이든 잘못되었다고 생각되는 데 대해서 머리를 쓰거나 상담하는 데 있어 긴 시간을 소비하지 않는다. 모든 일을 바르게 하기 위해서는 상담보다도 실천에 중점을 두기 때문이다.

지금 미국의 보험업계에서 손꼽히는 나의 친구 프랭크 베트거도 이와 같은 방법으로 사업상의 고민을 해소하여 수입을 두 배 가량이나 늘였다는 것이다.

"수년 전, 내가 처음으로 보험증서를 팔기 시작했을 때, 나는 이 사업에 대해서 무한한 정열과 애착을 지니고 있었다. 그런데 뜻하지 않은 일이 일어났다. 나는 실망한 나머지 사업에 의욕이 나지 않아 그만두려 했다. 만일 어느 일요일 아침에 생각났던 번민의 근원을 파악하려는 아이디어가 떠오르지 않았더라면 아마도 그만두었을 것이 분명하다.

1. 우선 나는 스스로에게 물었다. '대체 무엇이 문제란 말인가?' 그것은 내가 발이 닳도록 쏘다니는데도 불구하고 실적이 이에 따라주지 않는다는 것이었다. 면담할 때는 곧잘 되다가도, 막상 계약을 할라치면 '그런데, 좀 더 생각해 봐야겠습니다. 다음에 다시 한 번 와주십시오.'가 되는 것이다. 이리하여 몇 번이나 헛걸음질 치게 되는 것이 점차 싫어져 갔다.

2. 나는 스스로 물었다. '어떻게 해결하는 방법은 없을까?' 그러나 이 대답을 얻기 위해서는 우선 사실을 연구하지 않으면 안 되었다. 나는 최근 1년간의 장부를 내놓고서 연구해 보았다. 그런데 나는 여기서 놀랄 만한 사실을 발견했다. 내 거래처의 70퍼센트는 단 한 번의 면담으로써 성공했다는 사실이다. 그리고 나머지 23퍼센트는 두 번을 찾아가서 거래가 성립되어 있었다. 세 번, 네 번, 다섯 번씩 내게 시간낭비를 시키고서 가까스로 성사된 것은 겨우 7퍼센트에 불과했다. 다시 말하면 나는 하루의 절반 이상을 매상고의 7퍼센트 때문에 낭비했던 셈이다.

3. 「대답은 무엇인가?」 그것은 명백했다. 나는 한 곳에 두 번 이상을 방문하지 않기로 하고, 그 시간을 새로운 고객을 찾는 일에 돌리기로 했다. 그 결과는 실로 놀랄 만했다. 얼마 안 가서 나는 1회

방문의 환산가치를 2달러 80센트에서 4달러 20센트로 증가시킬
수가 있었다."

위에서 말한 바와 같이, 프랭크 베트거는 미국의 생명보험업계에서
가장 유명한 세일즈맨으로 매년 수백만의 보험계약을 성립시키고 있으
나, 그도 한때는 보험업에서 발을 빼려고 했던 것이다. 그는 실패를 수
긍하고 문제점을 분석함으로써 성공에의 길로 전환하게 되었던 것이
다.

당신은 사업상의 문제에다 이러한 문답을 적용할 생각은 없는가?

나는 단언하기를, 반드시 50퍼센트는 당신의 번민을 해소해 주리라
고 본다. 그렇다면, 다시 한 번 기록해 두겠다.

1. 문제는 무엇인가?
2. 문제의 원인은 무엇인가?
3. 문제에 대한 온갖 가능한 해결법은 무엇인가?
4. 당신은 어떤 해결법을 제시할 것인가?

PART 2 요약

번민을 분석하기 위한 기본적 기법

첫째 사실을 파악하라. 헉스 학장이 한 말을 기억하라 "이 세상 번
민의 절반은 결단의 근거가 되는 지식을 충분히 갖추지 않고서
결단을 서두르는 사람들에 의해서 일어난다."

둘째 온갖 사실을 용의주도하게 고찰한 뒤에 결단하라.

셋째 일단 결단이 내려진 이상, 실행하라! 결단은 즉시 행동에 옮긴
다. —그 결과에 대해서는 불안을 갖지 말라.

넷째 당신이 어떤 문제에 대해서 번민하게 될 경우에는 다음의 물음
에 그 대답을 기록해 보라.

(1) 문제는 무엇인가?

(2) 문제의 원인은 무엇인가?

(3) 문제의 가능한 해결 방법은 무엇인가?

(4) 최선의 해결법은 무엇인가?

이 책에서 최대한의 것을 얻기 위한 아홉 가지 제안

1. 만일 당신이 이 책에서 되도록 많은 도움을 얻기 원한다면 어떠한 규칙이나 테크닉보다도 없어서는 안 될 한 가지 필수 조건이 있다. 당신은 이 기본적인 요소를 갖추지 않는 한 백 가지 천 가지의 연구법이 있다 해도 아무런 소용이 없을 것이다.

    그러나 만일 당신이 이에 대한 기본적 재능을 가지고 있다면, 굳이 이 책에서 많은 것을 섭취하기 위한 제안 같은 것은 읽지 않아도 놀라운 성공을 거두게 될 것이다.

    그렇다면 이 마술적 필요조건이란 무엇인가? 그것은 번민을 해소하고 새로운 삶을 시작하리라는 굳은 의지와 그것을 배우겠다는 용기이다.

    그러면 우리가 어떻게 하여 이와 같은 충동을 발전시킬 수가 있겠는가? 그것은 이러한 원칙이 얼마나 중요한가를 항상 기억하는 데 달려있다. 이와 같은 적극적인 의지는 당신의 생활을 보다 풍부하게, 보다 행복하게 모든 면에서 조력하고 있다는 것을 상기하라. "내 마음의 평화, 나의 행복, 나의 건강, 나의 수입까지도 이 책에서 말하고 있는 진리를 적용하느냐 않느냐에 달려 있다." 라고 끊임없이 자기 자신에게 되뇐다.

2. 처음에는 이 책의 개요를 파악할 수 있도록 단숨에 각 장을 독파

하라.

그러면 금세 다음 장을 들추고 싶어지겠지만, 심심풀이로 읽는다면 이야기는 달라지거니와, 결코 그렇게 해서는 안 된다.

다시 말하자면, 당신도 번민을 해결하고 새로운 삶의 시작을 진정으로 원하면서 이 책을 읽는 것이라면, 다시 한 번 돌이켜 각 장을 정독(精讀)해 주기 바란다. 결국은 그러는 편이 시간절약도 되며 성과를 올리게 된다.

3. 이 책을 읽어 가면서 가끔 자기가 읽고 있는 것에 대해서 검토해 보라. 어떻게 하여, 언제 이러한 제시를 적용할 것인지를 자문한다. 이와 같은 독서법은 사냥개가 토끼를 쫓듯이 맹렬히 달리는 것보다 훨씬 당신에게 유익할 것이다.

4. 붉은 색연필이나 볼펜을 손에 들고 읽을 것. 나중에 도움이 되리라고 생각되는 제시(提示)를 대하게 될 때는 그 밑에 줄을 쳐라. 또 그것이 중요한 제시라면, 전문(全文)에 선을 긋든가 ☆표를 해 두라. 책에 ☆표를 한다거나 선을 긋는다는 것은 그 책을 한층 더 흥미 깊게 하며, 다시 읽을 때에도 아주 편리하다.

5. 나는 15년간을 어느 대 보험회사의 지배인으로 있는 사람을 알고 있는데, 그는 매달 한 번씩 자기 회사가 발행한 보험 계약서를 전부 들추어 본다. 물론 한 달도 빼놓지 않고 해마다 똑같은 보험계약을 들추어 읽는다.

왜냐하면, 그렇게 하는 것이 그들의 계약을 분명히 기억하는 유일한 방법이라는 것을 알았기 때문이다.

나는 전에 퍼블릭 스피킹에 관한 책 한 권을 집필하는 데 2년이나 걸린 일이 있다. 그러면서도 가끔 무엇을 썼는지를 확인하기 위해서는 전에 기록했던 것을 다시 읽어야만 했다. 사실 나뿐만이 아니라 인간의 건망증은 놀랄 만하다.

그러므로 만일 당신이 진정으로 이 책에서 이익을 얻고자 한다면 한 차례 읽어 넘긴 것으로만 충분하다고 생각해서는 안 된다. 이 책을 끝까지 독파한 후에도, 매달 이것을 복습하는 데 4, 5시간은 할애해야 할 것이다. 언제나 책상 위에 두고서 가끔 들추어야 한다.

멀리 피안(彼岸)에의 풍부한 향상의 가능성을 언제나 당신의 신변에 인상을 주도록 노력해야 한다.

이러한 원칙의 행사는 성의 있는 복습과 적용을 반복함으로써 습관이 되는 것이며, 무의식화한다는 것을 잊어서는 안 된다. 이 밖에 달리는 방법이 없다.

6. 버나드 쇼는 이런 말을 했다.

"만일 당신이 남에게 무엇을 가르치려 든다면, 그는 결코 배우지 않을 것이다."

쇼의 이 말은 지당하다. 우리가 무엇을 배운다는 것은 적극적인 과정이다. 즉 우리는 행동으로 배우는 것이다. 그러므로 만일 당신이 이 책에서 배우고 있는 원칙을 마스터하기 바란다면 그것을 실행하지 않으면 안 된다.

또 이런 법칙은 모든 기회에 적용해야만 한다. 그러지 않고서는 바로 그것을 잊어버릴 것이다. 행사할 수 있는 지식만이 마음에 남는 법이다.

그러나 내가 알기에 당신은 이러한 제시를 언제나 적용한다는 것은 곤란할지도 모른다. 왜냐하면 이 책을 저술한 나 자신도 여기서 주장하고 있는 것들을 전부 적용한다는 것은 어려운 줄로 알고 있기 때문이다.

그러므로 이 책을 읽을 때는 단지 지식만을 얻고자 함이 아니라는 것을 기억해 주기 바란다. 당신은 새로운 습관을 기르는 것이 목적이다.

그렇다! 당신은 인생의 새로운 길을 나아가려는 것이다. 그러기 위해서는 시간과 인내력과 부단한 적용이 요구되지 않겠는가.

그러면 가끔 이 책을 펼쳐보라. 이것은 번민을 극복하기 위해서 만들어진 편리한 핸드북이라고 생각하라. 그리고 걱정스런 문제가 일어났을 때에도 결코 흥분하지 말라. 분별이 없는 충동적인 행동은 금물이다. 충동적인 행동은 항상 좋지 않은 결과를 낳는다. 그러한 때에는 이 책을 펼쳐 들고 줄을 쳐 놓은 곳을 다시 한 번 읽어 보라. 그리고 나서 이 새로운 방법을 적용하여 그 불가사의를 감지하도록 하라.

7. 이 책에 제시된 원칙 가운데 하나라도 당신이 범하는 것을 친구(혹은 부인)에게 들켰다면 당장에 상당한 벌금을 내도록 하라. 그러면 그가 당신을 격려할 것이다.

8. 이 책 제 21장의 첫머리를 보라. 월 가(街)의 은행가 H. P. 하웰과

벤 프랭클린이 어떻게 해서 그들의 과오를 고쳤는지를 읽어보라.
이 책에 기록된 원칙의 적용을 시험하기 위해서 당신도 하웰이나
프랭클린의 수법을 써보는 것이 어떤가?

당신이 시험해 보면 두 가지 결과가 나오게 될 것이다.

첫째로, 당신은 흥미가 있고 비용이 들지 않는 교육과정에 종
사하고 있다는 것을 알게 될 것이다.

둘째로, 당신은 번민을 해소하고 살아 나가는 능력이 월계수처
럼 자라서 번성하고 있다는 것을 알게 될 것이다.

9. 일기를 써라. 이 원칙들이 순조롭게 실행되어 가는 것을 상세하게
기록하라. 인명·날짜·결과 등—.

이와 같은 기록을 남긴다는 것은 보다 유익한 노력에로 당신
을 고무시킨다. 이제부터 먼 훗날에 가서 우연히 그것을 들출 때
는 즐거움이 될 것이다.

개 요

이 책에서 최대한의 것을 얻기 위한 아홉 가지 제안

1. 번민 극복의 원칙을 습득하겠다는 강한 욕구를 배양한다.

2. 다음 장을 읽기 전에 각 장을 두 번씩 읽는다.

3. 가끔 읽는 것을 멈추고, 어떻게 하면 이 제시를 적용할 수 있는지를 생각해 본다.

4. 중요한 아이디어마다 밑줄을 그어 둔다.

5. 매달 한 번은 다시 읽는다.

6. 온갖 기회에 이 원칙들을 적용한다. 그날의 문제를 해결하기 위한 좌우명을 담은 핸드북으로 삼는다.

7. 당신이 이 원칙 중 하나를 범한 것을 발견한 사람에게는 매번 상당한 벌금을 지불함으로써 실행에 보다 적극적인 자극을 가하라.

8. 매주 경과를 검토해 본다. 어떤 과오를 범했는가, 어느 정도 진보했는가, 장래에 대해서 어떤 교훈을 얻었는가 등—.

9. 이 원칙들을 어떻게, 언제, 적용했는지를 날짜에 따라 일기로 기록해 둔다.

PART 3.

번민의 습관화 전에
그것을 물리치는 법

—·—·—·—·— 제6장 —·—·—·—·—

마음속에서 번민을 몰아내는 법

나는 수년 전 어느 날 밤의 일을 결코 잊을 수가 없다. 나의 클래스에는 마리온 J. 더글러스라는 사나이가 있었다. (여기서는 본인의 개인적인 사정으로 부득이 익명으로 한다.)

다음 이야기는 그가 나의 성인(成人) 클래스에 있을 때 직접 내게 들려준 그 자신의 이야기인데, 그의 가정에는 연거푸 두 번씩이나 커다란 불행을 겪었다.

처음에 그는 다섯 살 난 귀여운 딸을 잃었다. 이것은 실로 이들 부부에게 견딜 수 없는 상처였지만, 10개월 후에 다시 딸 하나가 태어났다. —그런데 그 어린 딸마저 생후 닷새 만에 죽었다. 이 겹친 불행은 이들 부부에게 견딜 수 없는 고통을 안겨주었다. 그 때의 심경을 그는 이렇게 말하고 있다.

"나는 도무지 일이 손에 잡히지 않았다. 잠을 잘 수도 없고, 음식을 먹을 수도 없고, 마음을 가라앉힐 수도 없었다. 나는 완전히 의기를 상실했고 매사에 자신을 잃었다."

그래서 결국 그는 의사를 찾아갔다. 어느 의사는 안정제를 주었고, 또 어떤 이는 그에게 여행을 권했다.

그는 이 두 가지를 다 해보았지만 효과는 없었다.

"나의 몸뚱이는 어떤 커다란 집게에 잔뜩 물려서 그 양쪽 턱이 점점 죄어드는 것 같았다."

비탄의 긴장―슬픔에 사로잡힌 일이 있는 사람이라면 그의 심정을 짐작할 것이다.

"그런데 하나님께 감사할 것은, 나에게는 아직 네 살 난 아들 하나가 남아 있다는 사실이었다. 이 녀석이 나의 문제를 해결해 주었던 것이다. 어느 날 오후, 내가 넋을 잃고 앉아 있자니까, 아들 녀석이 곁에 와서는 '아빠, 보트를 만들어 줘요.' 하면서 졸라대는 것이었다.

나는 보트 따위가 문제가 아니었다. 세상만사가 귀찮았다. 그러나 아들놈은 고집통이었다. 결국 내가 지고 말았으니까.

그 장난감을 만드는 데 소비한 세 시간은 근래 수개월 동안에 내가 처음으로 맛본 정신적인 휴식이며 평화였던 것이다.

나는 이것을 발견함으로써 지금까지의 허탈상태에서 벗어나 정상적인 사고력을 회복할 수가 있었다.

그리고 무엇이든 기획이나 사고를 필요로 하는 일에 전념하는 동안은 번민하고 있을 수가 없다는 것을 알게 되었다. 내 경우에는 보트를 만드는 일이 번민을 몰아내 준 것이다. 그래서 나는 항상 바빠야 되겠다고 결심을 했다. 저녁마다 나는 온 집안을 돌아보면서 해야 될 일의 목록을 만들었다. 책장・계단・덧문・들창・차양・손잡이・자물쇠・구멍 난 홈통 등 수선해야 할 것은 얼마든지 있었다. 그 결과 놀랍게도 두 주일 동안에 손대야 할 일감을 242건이나 찾아냈던 것이다.

어쨌든 최근 2년 동안에 나는 이 일을 거의 완성했다. 그러면서도 나는 연일 분주한 일과를 보냈다. 지금도 1주일에 두 번씩은 뉴욕의 성인 클래스에 출석하고 있다. 또 내가 살고 있는 고장에서도 시민활동에 참가하고 있으며, 현재는 교육위원회 의장직을 맡고 있다.

이 밖에도 나는 여러 회합에 출석하고 있으며, 적십자사를 비롯한 여러 공공사업을 위한 모금을 돕고 있다. 그래서 나는 몹시 바쁜 탓으로 번민하고 있을 시간 같은 것은 없게 되었다."

번민할 시간이 없다! 이것이야말로 윈스턴 처칠 경이 2차 대전의 절정일 무렵, 하루 열여덟 시간을 일하던 때에 한 말과 흡사하다.

"나는 너무도 바쁘다. 나에게는 번민할 시간이 없다."

이 명언은 그의 책임이 중대함을 위로하는 나머지 번민하는 일이 없느냐는 질문에 대답한 처칠의 말이다.

찰스 케터링도 자동차용 오토 스타터 발명에 착수하였을 때 위의 경우와 같은 처지에 있었다. 그는 최근에 와서 은퇴할 무렵까지 제너럴 모터스의 부사장으로서 제너럴 모터스 리서치 코퍼레이션을 주재해 온 인물이다.

그러나 한때는 그도 몹시 가난했던 까닭에 창고의 일부를 실험실로 사용했으며, 식료품을 사기 위해서 부인이 피아노 레슨으로 모은 1,500달러를 쓰지 않으면 안 될 정도였다. 그 후에도 그는 생명보험 불입금에서 500달러를 차용한 일까지 있었다.

나는 그의 부인에게 묻기를, 이런 때에 고민하지 않았느냐고 했더니, 그녀는 이렇게 말했다.

"네, 저는 이루 말할 수 없이 걱정이 되어 잠도 제대로 잘 수 없었습니다. 하지만, 남편은 그렇지 않았어요. 그이는 일에 열중해서 번민할 여가가 없었습니다."

프랑스의 화학자 파스퇴르(Louis Pasteur)는 「도서관과 실험실에서 찾을 수 있는 평화」에 대해서 말했다. 그러면, 어째서 그 곳에서 평화를 찾을 수 있는가?

그것은, 도서관과 실험실에 있는 사람들은 연구에 몰두하는 까닭에 번민할 여가가 없기 때문이다. 연구에 전념하는 사람은 거의 신경쇠약에는 걸리지 않는다. 그들에게는 그런 사치스런 시간이 없다.

분주해야 한다는 이런 간단한 일이 어째서 불안의 해소에 도움이 되는 것일까?

그것은 심리학으로써 밝혀진 가장 기본적인 법칙이다. 그런데 그 법칙에 의하면, 인간의 마음은 아무리 대단한 것일지라도 한 번에 한 가지 이상의 것을 생각한다는 것은 불가능하다는 것이다.

당신은 그것을 믿을 수 없을지 모른다. 그렇다면 실험해 보기로 하자.

지금 당장 의자에 깊숙이 기대앉아 눈을 감아라. 그리고 「자유의 여신상」과 내일 아침에 당신이 하려고 마음먹은 것과를 동시에 생각해 보라. (빨리 그렇게 해보라.)

당신은 아마 번갈아가면서라면 두 가지의 일을 생각할 수 있겠으나, 동시에는 그렇게 할 수 없다는 것을 알 것이다.

그런데 그것은 감정의 분야에서도 마찬가지다. 한쪽에서는 마음이 내키는 일에 종사하면서, 동시에 다른 한쪽에서는 번민에 휘말린다는 일은 있을 수 없다.

하나의 감정은 다른 감정을 몰아낸다. 이 단순한 발견으로써 대전 중에 정신과 군의관들은 기적을 이뤄냈다.

전장에서의 무서운 경험에 질려 후송된 장병들에게는 대체로 「정신신경증」이라는 진단이 내려졌는데, 군의들은 「그들을 분주하게 만들어주는 것」이 가장 좋은 치료법이라고 말했다.

정신에 변조를 일으킨 사람들의 수면 이외의 시간은 활동의 연속이었다. —낚시질·사냥·야구·골프·사진·정원 가꾸기·댄스 등 주로 옥외활동이었다.

그들에게는 지난날의 무서운 경험을 들추어 번민할 만한 여가가 주어지지 않았던 것이다.

「직업에 의한 치료법」 —이것은 마치 직업이 무슨 약제(藥劑)인 것처럼 처방될 때 정신병학에서 쓰이는 술어다. 그렇다고 이것은 조금도 새로운 것이 없다. 고대 그리스의 의사들은 기원 전 500년에 벌써 이것을 주장했던 것이다.

퀘이커 교도는 벤 프랭클린 시대에 필라델피아에서 이 요법을 사용했다. 1774년 퀘이커 교도의 요양소를 방문한 어떤 사람은 정신병 환자들이 그곳에서 분주하게 아마(亞麻)로 길쌈을 하는 것을 보고 놀랐다고 한다.

그는 퀘이커 교도들로부터 환자들은 얼마간의 일을 하는 편이 병 치료에 좋다는 말을 듣기까지는, 불쌍한 그들이 착취당하고 있는 것으로 알았다. 그런데 결국 일에 열중한다는 것은 신경을 가라앉히는 것이었다.

이에 대하여 정신병 전문의는 환자들에게 일을—그것도 분주하게—시키는 것이 신경병에는 제일 좋은 대증요법이라고 설명해 줄 것이다.

시인 헨리 롱펠로도 젊은 아내를 잃었을 때 이 사실을 발견했다.

그의 부인은 어느 날, 촛불로 봉랍(封蠟)을 녹이다가 불이 옷에 옮겨 붙었다. 롱펠로는 그녀의 비명을 듣고 달려갔으나 이미 때는 늦어, 그녀는 화상으로 말미암아 세상을 떠나고 말았다.

그 후 얼마 동안 롱펠로는 그때의 무서운 경험이 생각나서 번민했으며 거의 실신할 지경이었다. 그러나 불행 중 다행이었던 것은, 그에게는 그의 보호를 필요로 하는 세 어린 자식이 있었다.

그는 자기 자신의 슬픔을 초월하여 자식들에게 아버지와 어머니 노릇을 해야 했다. 그는 아이들 손목을 잡고 함께 공원을 거닐었으며, 이야기를 들려주고 같이 놀아주었다.

그들 부자의 사랑은 그의 시 〈아이들의 시간〉과 함께 영원히 남을 것이다. 롱펠로는 또 아이들을 위해서 단테의 《신곡(神曲)》을 번역했다.

이처럼 그는 여러 가지 일로 분주했기 때문에 자신의 비탄을 잊어버렸으며, 마음의 평화를 회복했던 것이다.

영국의 시인 알프레드 테니슨은 그의 친구 아더 할람을 잃었을 때 이렇게 말했다.

"나는 일에 몰두하여 나 자신을 잊어야 한다. 그렇지 않으면 절망

속에 위축되고 말 것이다."

우리들의 대부분은 매일 쉴 사이 없이 일하고 있기 때문에 「일에 몰두」하기란 어렵지 않으나, 그 일이 끝난 후의 시간이 위험한 것이다. 자유롭게 자기의 시간을 즐기고, 가장 행복해야만 할 때에 「번민」이라는 이름의 마귀가 우리들을 공격해 오는 것이다.

우리의 생활은 조금씩 향상되고 있는가? 제대로 궤도에 올라 있는 것일까? 부장이 묘한 말을 하던데, 그것은 대체 무슨 뜻이었을까? 더구나 이제는 머리가 조금씩 벗어지고 있는 것은 아닐까? 등등─.

원래 사람의 마음이란 한가로울 때면 진공(眞空)에 가까운 상태에 빠지기 쉽다. 물리를 배운 사람이라면 누구나 「자연은 진공을 싫어한다」는 것을 알고 있을 것이다.

우리가 자주 볼 수 있는 것으로서 가장 진공에 가까운 것은 백열전구의 내부이다. 전구를 깨뜨려 보라. 자연은 그 이론적 진공의 공간에 공기를 채울 것이니까.

자연은 또 공허한 마음까지도 채우려고 돌입한다. 그렇다면 무엇을 가지고 그러는 걸까?

대개는 감정으로써 충만시키려 든다. 왜냐하면 그것은 번민·공포·증오·질투·선망 등의 감정이 원시림 시대의 다이내믹한 에너지와 원시적 활력에 의해서 추진되기 때문이다.

이러한 감정들은 맹렬하게 우리의 마음속으로부터 평화롭고 행복한 온갖 사상과 감정을 몰아내려 든다.

콜롬비아 대학의 교육학 교수 제임스 L. 머셀은 이 사실을 교묘하게 설파하고 있다.

"번민은 인간이 행동할 때는 자취를 감추고 있다가, 하루의 일과가 끝날 무렵이면 가장 심하게 내습한다. 우리의 상상력은 이때에 분방하며, 온갖 종류의 그릇된 가능성을 불러들여 아무것도 아닌 실책을 확대시킨다. 그리고 이와 동시에 마음은 짐을 싣지 않고 달리는 모터카처럼 질주하다가 축바퀴를 태우든지 부숴버리고 말 염려가 있다. 그러므로 번민에 대한 치료법은 어떤 건설적인 일에 몰두하는 것이다."

그러나 이 진리를 깨닫고 실행에 옮기는 일은 굳이 대학교수이어야 되는 것만도 아니다.

2차 대전 중에 나는 시카고에서 온 어느 주부를 만난 일이 있는데, 그녀는, 「번민에 대한 치료법은 무엇이든 건설적인 일에 몰두하는 것」이라는 사실을 깨닫게 된 자초자종을 나에게 들려주었다.

이때 나는 뉴욕에서 미주리 주의 농장으로 가는 도중이었는데, 마침 식당차에서 이 부인 부부와 만났다. (나는 언제나 만나는 사람의 주소 성명을 명기하고 있지만, 그들의 이름을 알아두지 못한 것은 실로 유감스럽다.)

그들의 말에 의하면, 자기네 아들은 진주만 공격이 있던 바로 다음 날 입대했다고 한다. 그래서 부인은 이 외아들의 일이 너무 걱정되어 아들은 어디 있을까, 몸은 무사한가, 지금쯤 전쟁을 하고 있을까, 부상 당하지나 않았나, 전사하지는 않았을까? 등등——.

그래서 번민을 어떻게 극복하였느냐고 물었더니, 그녀는 "몸을 놀리지 않았다.”고 대답했다.

그녀는 우선 하녀에게 휴가를 주어 보내놓고 가사(家事)를 손수 함으로써 몸을 놀리지 않았다는 것이다. 그러나 이것은 별반 도움이 되지 않았다고 한다.

“그도 그럴 것이, 집안일이라야 거의 매일 같은 일들의 연속으로 모두 기계적으로 되니까 머리를 쓸 필요가 없었던 때문입니다. 침대를 정리하고, 설거지를 하는 동안에도 번민은 계속되었습니다.

그래서 저는 하루 종일 정신적으로나 육체적으로 바빠질 수 있는 어떤 새로운 일이 필요하다는 생각이 들었습니다. 그러다가 저는 어느 백화점의 점원이 되었습니다. 생각했던 대로 그날부터 분주한 나날이 계속되었습니다.

저는 활동의 소용돌이 속에 있는 나 자신을 발견했습니다. 가격이라든지 치수, 빛깔을 묻는 수많은 손님에 시달리고 말았으니까요. 저는 눈앞의 것 이외의 일을 생각할 틈은 단 1초도 없었습니다. 그러다가 밤이 되면 피곤한 다리를 빨리 쉬게 해줄 생각밖에 나지 않았습니다.

어쨌든 저녁식사만 하고 나면 바로 침대에 쓰러져 코를 골게 되는 것이었습니다. 저는 번민할 여가나 기력이 없었습니다.”

그녀는 존 쿠퍼 포이스가 《불안을 망각하는 기술》이라는 저서 속에서 다음과 같이 말했던 것을 체득했던 것이다.

“온갖 즐거운 행복감이나, 어떤 깊은 내면적 평화라든지, 행복한 마비상태 등은 일정한 사업에 몰두하는 인간의 신경을 진정시킨다.”

이것은 인간에게 있어 실로 다행한 일이다. 나는 세계에서 가장 유

명한 부인 탐험가 오사 존슨에게서, 그녀가 번민과 슬픔으로부터 해방
되었던 실화를 직접 들은 일이 있다.

《나는 모험과 결혼했다》는 그녀의 저서는 너무도 유명하지만, 사
실 이 책의 제목대로 그녀는 모험과 결혼한 여자였다.

그녀는 열여섯 살 때 마틴 존슨과 결혼했다. 그리고 나서 캔자스에
서 비행기로 출발하여 보르네오의 밀림에 착륙한 후, 그로부터 25년
동안 이 부부는 세계를 두루 탐험했다.

그리고 아시아와 아프리카에서 사라져 가는 야생생활을 영화화했
다. 이들은 9년 전에 미국으로 돌아와서 이러한 영화들을 상영하며 강
연을 다녔다. 그런데 덴버에서 태평양 연안으로 향하던 도중, 그들이
탄 비행기가 산에 충돌하여 마틴 존슨은 즉사하고 말았다.

의사는 오사도 재기불능이라는 진단을 내렸다. 그러나 그들은 오사
존슨이라는 인간을 몰랐던 것이다.

3개월 후 그녀는 바퀴달린 의자에 앉혀져 수많은 청중 앞에서 강연
을 했다. 사실 그녀는 이 무렵에 백 회 이상이나 강연을 했던 것이다.
그녀는 이렇게 말했다.

"나는 슬퍼하거나 번민할 시간을 갖지 않기 위해서였어요."

오사 존슨은 백 년 전에 테니슨이 노래한 「나는 활동에 몰두하지
않으면 안 된다. 그렇지 않으면 나는 위축되고 말 것이다.」라는 진리
를 깨달았던 것이다.

버드 제독이 다섯 달 동안, 남극을 뒤덮고 있는 대 빙하기의 만년설
에 묻힌 오두막 속에서 고독한 생활을 보낼 때, 그 또한 이 진리를 터득

했다.

그는 다섯 달 동안을 그곳에서 고독하게 지냈다. 주위 백 마일 이내에는 샘물이라고는 찾아볼 수가 없었다. 혹한이 얼마나 심했든지, 바람이 불면 자신의 입김이 얼어붙는 소리를 들을 수가 있을 정도였다.

그의 저서 《혼자서》에서 그가 경험한, 사람을 당황하게 만들고 정신을 약화시키는 암흑에 대해서 기술하고 있다. 낮은 밤과 마찬가지로 어두웠다. 그는 정신을 잃지 않기 위해서 언제나 바빠야만 했다.

"밤에도 등불을 끄기 전에, 나는 다음날 아침의 일을 계획하는 습관을 만들었다. 이를테면—대피용 터널을 만드는 데 한 시간, 눈 치우기에 30분, 연료 드럼의 정비에 한 시간, 식료품 터널의 벽에다 책꽂이를 만드는 데 한 시간, 썰매의 브리지를 갈아 끼우는 데 두 시간…….

이와 같이 시간을 할당하는 것은 참으로 놀라운 일이었다. 이로써 나는 자제심을 유지할 수가 있었다.

만일 이런 일이 없었더라면, 하루하루를 보내는 목적이 없어졌을 것이다. 그리고 목적이 없는 나날이 계속되는 한, 생활은 붕괴되지 않을 수 없었을 것이다."

여기서, 「목적이 없는 나날이 계속되는 한……」이라는 구절은 반드시 기억해 주기 바란다.

만일 우리의 마음속에 걱정이 생겼다면 예전부터의 풍습대로 일을 약처럼 사용해야 할 것이다.

하버드 대학의 임상학 교수였던 고 리처드 C. 캐보트 박사는 《인간은 무엇으로 사는가?》라는 저서에서 이렇게 말하고 있다.

"나는 한 사람의 의사로서, 의혹·주저·동요(動搖)·공포로부터 일어나는 영혼의 마비상태 때문에 번민하는 대다수의 사람들이 일을 함으로써 치유된 실례를 목격할 수가 있었던 것을 다행하게 생각한다. 일을 함으로써 우리에게 주어지는 용기는, 일찍이 철학자이며 시인인 랠프 에머슨이 영원히 빛나는 것으로 간직했던 자신(自信)과 흡사한 것이다."

트램퍼 롱맨이라는 나의 성인 클래스의 학생 이야기를 들어보자.

그가 번민을 극복할 수 있었던 이야기가 대단히 인상적이며 재미있었기에 나는 그를 만찬에 초대했다. 그리고 밤늦게까지 그의 경험담을 들을 수가 있었다.

"10년 전, 나는 격심한 번민 끝에 불면증에 걸렸다. 나는 극도로 긴장했으며, 안절부절못한 나머지 신경과민이 되고 말았다. 그야말로 나는 신경쇠약 증세가 시작되는 것 같았다.

그런데 나에게는 그럴 만한 까닭이 있었다. 나는 뉴욕에 있는 한 과일 통조림 회사 경리직원이었다. 회사는 통조림 딸기에다 50만 달러를 투자하고 있었다. 이미 20년 동안이나 이러한 통조림을 아이스크림 제조업자에게 팔아 왔다.

그런데 갑자기 이 거래가 끊어졌다. 대규모 아이스크림 제조업자들이 다량의 딸기를 사들여 생산을 증대시킴으로써 돈과 시간을 절약하기 시작했던 것이다.

이렇게 되자 우리는 50만 달러에 해당하는 딸기가 수중에서 녹아나게 되었을 뿐만 아니라, 금후 1년간 백만 달러 상당의 딸기를 매입한다는 계약이 되어 있었다.

우리는 그 동안에 35만 달러를 은행에서 빌려 쓰고 있었지만, 이제는 그것을 갚기도 어려워졌고, 지불 기한을 연기받기도 곤란해진 것 같았다.

사태가 이쯤 되자, 내가 번민하게 된 것은 무리가 아니다.

나는 공장 소재지인 캘리포니아로 달려갔다. 그래서 사장에게 사정이 돌변했다는 것과 회사가 파산에 직면했다는 것을 보고하려 했다. 그런데 그는 내 말을 믿지 않고서 책임은 뉴욕 사무소의 무능함에 있다고 탓하는 것이었다.

여러 날을 두고 설득한 끝에 이 이상 딸기 통조림을 만들지 않기로 하고 나머지는 생채로 샌프란시스코의 과일시장에 팔기로 했다. 이로써 문제는 거의 해결되어, 나의 번민도 당연히 해소될 것이었지만 실상은 그렇지가 않았다.

번민은 습관이다. 그래서 나는 그 습관을 갖게 된 것이었다. 나는 뉴욕으로 돌아와서도 갖가지 일에 신경을 쓰게 되었다. 이탈리아에서 사들이고 있던 버찌, 하와이에서 매입하는 파인애플 등등——.

나는 극도로 긴장했으며, 안절부절못하여 잠을 잘 수가 없었다. 나는 앞서도 말했지만, 신경쇠약증에 걸리게 되었다.

그러나 결국 나는 절망 끝에서야 새 생활을 발견했다. 이것이 나의 불면증을 고쳐 주었고 번민을 풀어 주었다. 나는 나의 전 능력을 요구하는 문제의 처리에 몰두했다. 어물어물할 여가 같은 것은 없었다. 지금까지는 하루에 일곱 시간을 일해 왔지만, 그 후부터는 하루에 15, 6

시간이나 일을 했다. 매일 아침 여덟 시에 출근하여 밤늦게까지 사무실에 있었다.

나는 새로운 직무와 책임을 맡았던 것이다. 그러다가 밤늦게 집으로 돌아올 때에는 피로에 지쳐서 자리에 눕자마자 잠들어 버렸다.

나는 이러한 프로그램을 무려 3개월이나 계속했다. 그리하여 나는 번민하는 습관으로부터 완전히 벗어났으며 그 후부터는 정상대로 7, 8시간을 일할 수가 있었다. 이것은 벌써 18년 전의 일이지만, 지금까지 나는 불면증이나 번민으로 인해서 걱정해 본 때는 없다.

영국의 극작가 조지 버나드 쇼의 말은 타당하다. 그는 단지 몇 마디로써 이 이치를 설파하고 있다.

"괴로워지는 비결은 자신이 행복한지 불행한지 따위를 생각하는 여유를 갖는 데 있다."

그러므로 우리는 엉뚱한 생각에 몰두하지 말아야 하며, 몸을 놀려서는 안 된다. 이 말대로만 하면 혈액순환이 좋아질 것이고, 머리가 활동을 시작해 생명의 힘찬 분류가 마음속으로부터 번민을 몰아낼 것이다.

몸을 놀리지 말고, 언제나 바쁘도록 하라. 이것이야말로 이 세상에 있는 모든 약 중에서 가장 값싸며 가장 효험이 있는 것이다.

― 번민의 습관을 타파하기 위한 첫 번째 법칙 ―

항상 바쁘게 일할 것. 번민이 있는 사람은 일에 몰두하라. 그러지 않고서는 위축되고 말 것이다.

───·──·────·── 제7장 ──·──·───·──

인생은 작게 살기에는 너무도 짧다

나에게는 일생을 두고 잊을 수 없는 극적인 이야기가 있다. 그것은 뉴저지의 로버트 무어 씨로부터 직접 들은 이야기다.

"1945년 3월, 나는 지금까지의 생애를 통해서 가장 큰 교훈을 배웠다. 그것은 인도네시아 해안의 바다 속 200피트나 되는 해저에서의 일이었다. 나는 잠수함 베이어 호에 탑승했던 88명 중의 한 사람이었다.

우리는 레이더로 소수의 일본군 호위 선단이 이쪽으로 오고 있는 것을 발견했다. 먼동이 틀 무렵이 되자, 우리는 공격하기 위해서 잠항을 했다.

잠망경을 통하여 보니, 일본군의 구축함, 유조선, 기뢰 부설함 등이 가까이 오고 있었다. 우리는 구축함을 겨냥해 세 발의 어뢰를 발사했으나 명중하지 않았다. 어뢰 발사장치가 고장 난 때문이었다. 그런데 적의 구축함은 공격을 받은 것도 알아차리지 못하고 항진을 계속했다. 그래서 우리는 맨 뒤의 기뢰 부설함을 공격할 준비를 시작했다.

그러나 이때, 별안간 기뢰 부설함은 방향을 바꾸어 일직선으로 우리가 있는 쪽으로 다가오는 것이었다. (이것은 일본군의 비행기가 바다

속 60피트에 있던 우리를 발견하고 무선으로 우리의 위치를 알려준 때문이다.)

우리는 적에게 발견되지 않기 위해서 150피트까지 잠수했다. 그러고 나서 적의 수중 폭뢰에 대비한 준비에 착수했다. 우리는 승강구에다 여분의 볼트를 장치하여 배가 소리를 내지 않게 하였고 선풍기, 냉방장치 그 밖의 온갖 전기장치를 정지시켰다.

그러자 3분 후에는 이 세상의 지옥경이 벌어졌다. 여섯 개의 폭뢰가 우리의 주위에서 폭발했고, 우리는 276피트의 해저로 가라앉고 말았다. 탑승원들은 모두 공포에 떨었다.

잠수함은 천 피트 이내에서 공격을 당하면 위험하고, 500피트 이내에서라면 우선 치명적이다.

그런데 우리는 수심 500피트의 절반 남짓한 깊이에서 공격을 받은 것이다. 안전도로 말하면, 겨우 무릎이 감추어질 정도의 깊이에서 당한 것이었다. 이때부터 열다섯 시간 동안 일본의 기뢰 부설함은 폭뢰를 투하했다.

폭뢰가 잠수함과의 15피트 이내의 거리에서 터지면 그 진동으로 말미암아 배에 구멍이 나고 만다. 그런데 대부분의 폭뢰는 우리로부터 50피트 정도의 거리에서 폭발했다. 우리는 침대에서 꼼짝 말라는 명령을 받았다. 나는 공포에 질려 숨도 못 쉴 지경이었다.

"이것이 마지막이다! 이제는 최후다!" 하고 탄식을 되풀이했다.

선풍기라든가 냉방장치가 모조리 끊어져 있었기 때문에 함 내의 기온은 화씨 백 도를 넘었다. 그렇지만 나는 공포에 떨려서 스웨터에 모피 재킷을 입고 있었으나 그래도 몸이 부들부들 떨리는 것이었다. 이를 악물어도 턱이 흔들렸으며, 식은땀이 절로 흘러내렸다. 적의 공격은 열다섯 시간이나 계속되었다. 그러더니 갑자기 조용해지는 것이었다. 일본군의 기뢰 부설함은 폭뢰를 모조리 쏟아 붓고 가버린 것 같았다.

우리가 공격을 받은 열다섯 시간은 그야말로 천 5백만 년처럼 생각되었다. 이러는 동안에 나의 과거 생활이 눈앞에 펼쳐지는 것이었다. 내가 저지른 악행을 비롯하여 공연히 속을 태웠던 어리석은 일들까지 모조리 생각나는 것이었다.

나는 해군에 입대하기 전에는 은행원이었지만, 근무 시간은 길었고 급료는 박한데다가 진급할 가망은 없기 때문에 번민하고 있었다. 그것도 그럴 것이 집 하나 지니지 못하고 새 차도 살 수 없으며, 아내에게는 반반한 옷 한 벌 사줄 수도 없는 형편이었다.

또 언제나 잔소리만 늘어놓는 늙은 계장을 대하기도 진저리가 났다. 그러다가 밤늦게 기분이 언짢아져서 돌아오면 대수롭지 않은 일로 아내와 다투던 기억은 지금도 생각난다. 더구나 이 무렵에 자동차 사고로 얼굴을 다친 상처에 대해서도 번민을 했다.

몇 해 전까지만 해도 이러한 것들이 얼마나 큰 걱정거리였는지 모른다.

그러나 폭뢰가 나를 산산조각으로 날려 보내지나 않을까 떨고 있을 때 이런 일들은 참으로 어리석게만 생각되었다.

나는 그 때 그 자리에서 이렇게 맹세했다. 만일 두 번 다시 햇빛을 보게 된다면 다시는 결코 번민 같은 것은 하지 않겠다고. 나는 이 잠수함 안에서의 공포에 떨던 열다섯 시간 동안, 대학에서 4년간 배운 것보다 훨씬 많은 인간의 사는 법을 배웠던 것이다."

우리는 인생의 커다란 재난에는 용감하게 직면하지만, 그러면서도 대단치 않은 작은 일에 부딪쳐서는 넘어지고 만다. 이를테면, 영국의 작가 새뮤얼 피프스의 《일기(日記)》 중에는 할리 반 경이 목을 잘리던 것을 구경했다는 기록이 있다.

할리 경은 처형대에 올라갔을 때, 처형인에게 목숨을 살려 달라고 하지는 않았으나 턱의 부스럼을 다치지 말아 달라고 애원했다는 것이다.

버드 제독이 극지(極地)의 암흑과 혹한 속에서 발견한 것도 이와 마찬가지다. 부하 대원들은 중대한 사항에서라기보다 실로 대단치 않은 일로 야단법석이었다.

그들은 위험과 곤란, 때로는 영하 80도에 달하는 극한상황에서도 태연하게 참았다.

그러나 버드 제독은 말하기를,

"베개를 나란히 하고 이야기를 주고받던 두 사람의 동료가 갑자기 입을 다무는 것이다. 왜냐하면 서로 상대방이 자기의 이부자리에 침입한 것으로 의심하는 까닭이다. 또 어떤 사람은 음식을 스물여덟 번이나 씹어 삼키기로 한 완전 저작주의자(詛嚼主義者)가 보는 앞에서는 음식이 목구멍으로 넘어가지 않는다는 것이다. 극지의 캠프에서는 이와 같이 사소한 일에 대해서 잘 훈련된 사람일지라도 광기(狂氣)의 일보 직전까지 밀려난다."

하지만 버드 제독이나 당신은 이에 더하여, 결혼생활에 있어서의 사소한 일이 많은 사람들을 광기의 일보 직전까지 밀어내며, 이 세상 번민 절반의 원인이 되고 있다는 것을 부언했어야 한다. 어쨌든 이에 대해서는 여러 권위자들이 의견을 같이하고 있다. 가령, 시카고의 조셉 새버스 판사는 4만 건 이상의 불행한 결혼의 조정을 처리한 사람이지만 이렇게 단언하고 있다.

"결혼생활에 있어서 불행의 원인이 되는 것은, 대개의 경우는 참으로 사소한 일 때문이다."

또 뉴욕의 지방검사 프랭크 S. 호건은 다음과 같은 말을 했다.

"형사재판 사건의 과반수는 사소한 원인 때문이다. 술집에서의 주정, 가정에서의 말다툼, 모욕적인 언사, 욕설, 무례한 행동—이런 사소한 일이 폭행, 살인을 일으킨다. 말하자면 부당하게 억울한 꼴을 당했다는 것은 그리 많지가 않다. 자존심이나 허영심을 상했다든지, 멸시를 받았다든지 하는 것과 같은 사소한 일들이 이 세상 번민의 반수의 원인이다."

엘리너 루즈벨트는 결혼을 하고부터 번민을 하기 시작했다. 그것은 새로운 조리사의 요리가 입에 전혀 맞지 않는 때문이었다고 한다.

그런데 그녀는 이렇게 말하고 있다. "하지만, 지금이라면 어깨나 한번 으쓱할 뿐 아무렇지도 않다." 는 것이다. 이것이야말로 감정적인 어른에게 어울리는 몸짓이라고나 할 것이다.

한때 포학하기로 이름난 캐더린 대제(大帝, 쿠데타로 제위에 오른 러시아의 女帝)마저도, 조리사가 요리를 실패했을 때는 껄껄 웃고 말았다는 것이다.

우리 부부가 시카고에 사는 친구 집으로 만찬에 초대되어 갔을 때의 일인데, 그 친구가 고기를 자르다가 실수를 한 것 같았다. 나는 그것을 눈치 채지 못했지만, 설령 알았다 한들 잠자코 있었을 것이다. 그런데 그의 부인은 이것을 보자 대뜸 쏘아붙이는 것이었다.

"여보, 그게 뭐예요! 그렇게 되풀이 애기해도 못 고치다니!" 그러고 나서 그녀는 우리들에게 말하는 것이었다. "저이는 언제나 실수를 해요. 주의를 하려들지 않으니까요."

어쨌든 그 부인과 20년 이상을 함께 살아 온 그 친구에 대해서 나는 경의를 표하지 않을 수 없었다.

솔직하게 말해서 나는 잔소리를 늘어놓는 여자와 함께 베이징의 오리고기라든가, 상어지느러미와 같은 일품요리를 먹기보다는 안락한 분위기에서 핫도그를 뜯는 편이 훨씬 유쾌하다고 생각한다.

이런 일이 있은 직후, 우리는 몇 사람의 친구를 저녁식사에 초대했다. 그런데 손님이 도착하기 조금 전에야 아내는 준비된 냅킨 가운데 석 장이 테이블보와 맞지 않는 것을 발견했다.

나중에 아내는 나에게 이렇게 말했다.

"요리사에게 물어보니 그 석 장은 세탁소에 보냈다는군요. 손님들은 벌써 문 앞에 오셨고 해서 바꿔 깔 시간이 없었어요. 그래서 저는 '이런 실수로 하룻저녁을 불쾌하게 보내야 되겠는가?'하고 생각 했어요. 하지만 저는 생각을 고쳤어요. 아무튼 될 대로 되라고요. 그러고 나서 즐겁게 시간을 보내기로 결심하고 식탁 앞에 앉았지요. 그랬더니

다행히도 마음먹은 대로 되었어요. 저는 신경질적이고 얄미운 여자라는 인상을 받기보다는 주책없는 주부로 보이는 편이 낫다고 생각했지요. 그런데 아무도 냅킨에 대해서는 관심이 없는 것 같았어요."

「법률은 사소한 일에 관여하지 않는다」는 유명한 법률상의 금언(金言)이 있듯이, 번민으로부터 헤어나 마음의 평화를 바라는 사람은 이대로 해야 할 것이다.

누구든지 사소한 일에 얽매이지 않으려거든, 그 마음속에다 새롭고 유쾌한 인생관을 마련해야 할 것이다. 저술가인 나의 친구 호머 그로이는, 어떻게 이것을 성취하였는지에 대해서 놀라운 실례를 들고 있다.

그가 뉴욕의 아파트에서 저술에 종사하고 있을 때, 난방장치에서 나는 소리 때문에 골머리를 앓았다는 것이다. 스팀에서 「부웅―, 지익―」 소리가 날 때마다 그는 정신이 어찔어찔했다 한다. 그로이는 다음과 같이 말했다.

"이런 때는 나는 친구들과 같이 캠핑을 갔다. 그런데 모닥불을 쬐다보니까 나뭇가지들이 타는 소리가 난방장치의 스팀 소리와 흡사하다는 생각이 문득 떠올랐다. 그렇다면 어째서 한편은 유쾌한데 다른 한편은 불쾌한 것일까?

집에 돌아왔을 때 나는 말했다. '모닥불 타는 소리는 듣기에 즐거웠다. 난방장치에서 나는 소리도 이와 흡사하지 않은가.―잠자리에 들어서는 이런 소리에 신경을 쓰지 않기로 하자.' 나는 이대로 실행했다. 그런데, 2, 3일 동안은 난방장치에 마음이 쏠렸지만 그 뒤부터는 완전히 잊어버리고 말았다. 이와 마찬가지로 수많은 사소한 번민도 이러한 것이다. 우리가 그것을 마음에 두고 번민하는 것도, 말하자면 사물을 침소봉대 격으로 생각하는 때문이다……."

영국의 정치가 벤저민 디즈레일리는 말하기를, "인생은 그것을 축소하기에는 너무도 짧다."고 했다. 또 앙드레 모르와는 《디스 위크》지(誌)에서 이런 말을 했다.

"이 말은 나의 허다한 쓰라린 경험을 통하여 대단히 도움이 되었다. 우리는 가끔 하찮은 일로 당황한다……."

우리가 이 지상에 머무는 동안은 겨우 수십 년에 불과하다. 그런데도 우리는 1년 후에는 모든 사람의 기억 속에서 사라져 버릴 불평불만에 대하여 번민함으로써 많은 귀중한 시간을 허비하고 있다.

그러므로 우리는 인생을 가치 있는 행동과 감정에, 또는 위대한 사상과 진실한 애정, 영구적인 사업에 바쳐야만 할 것이다. 인생은 작게 살기에는 너무도 짧다.

루이야드 키플링과 같은 유명한 시인마저도 때로는, 「인생은 작게 살기에는 너무도 짧다」는 것을 잊었었다. 그 결과는 어떠했는가? 그와 그의 처남은 버몬트의 역사상 가장 유명한 소송으로 다투었다. 이에 대해서는 책 한 권이 나와 있을 정도이다.

그 사건의 자초지종은 이러하다.

키플링은 버몬트의 처녀 캐롤린 발레스티어와 결혼하여 버몬트의 브래틀보로에다 훌륭한 저택을 짓고서 여생을 이곳에서 보낼 작정이었다.

그러자 그의 처남 비티 발레스티어는 키플링의 친구가 되었고, 두 사람은 함께 일하면서 같이 즐겼다. 그러는 동안에 키플링은 철마다 건초를 베게 한다는 조건으로 발레스티어로부터 토지를 샀다. 그런데 어느 날, 발레스티어는 키플링이 목초장에다 화원(花園)을 만드는 것을 발견했다.

이것을 본 발레스티어는, 화원으로 말미암아 건초를 벨 수 없게 되자 화가 치밀었다.

그는 몹시 노해서 키플링에게 계약위반이라고 항의했다. 그러나 키플링도 양보하려 들지 않았다. 사태가 이쯤 되자, 버몬트의 그린 마운틴의 하늘빛마저 찌푸리는 것 같았다.

4, 5일 후, 키플링이 자전거를 타고 나서자, 그의 처남은 난데없이 마차와 말떼를 몰고 나와서 키플링의 앞길을 가로막는 바람에 그의 자전거는 도랑으로 처박히고 말았다.

"주위의 여러 사람들이 모두 자제심을 잃고 당신에게 비난을 퍼부을지라도 당신은 되도록 자제하라."고까지 기술했던 키플링이었지만, 그는 발레스티어의 체포명령을 청구했다.

그러자 센세이션을 일으킨 소송이 시작되었다. 대도시로부터는 보도진이 밀어닥쳤고 뉴스는 순식간에 온 세상으로 퍼져나갔다.

하지만 사건은 해결되지 않았다. 그리고 이 싸움으로 말미암아 키플링 부부는 그들의 여생을 미국에서 보낼 수가 없게 되었다. 지금에 와서 돌이켜 보면, 온갖 이러한 번민과 비통도 원인을 캐자면, 극히 사소한 일—건초 한 다발이 발단이었던 것이다.

고대 아테네의 정치가 페리클레스는 벌써 24세기 전에 이런 말을 했다. "우리는 사소한 일을 가지고 너무 장광설을 늘어놓는다."

사실이 그렇다! 여기에 성직자 해리 에머슨 포스틱 박사가 말한 실로 재미있는 이야기가 있다. 숲속의 거인에 대한 이야기다.

콜로라도 주 롱피크의 경사지에는 거목(巨木)의 잔해가 있다. 박물학자는, 이 나무는 4백 년이 넘었을 것이라고 한다. 일찍이 콜럼부스가 엘살바도르에 상륙했을 때, 이것은 묘목이었고 영국의 청교도들이 플리머스에 이주했을 때는 반쯤 자라 있었다. 이 나무는 긴 생애 동안 열네 번이나 벼락을 맞았다. 눈사태와 폭풍은 4세기에 걸쳐서 수없이 내습했다. 그렇지만 이 나무는 그것을 이겨 왔던 것이다.

그런데 결국 딱정벌레 떼가 몰려와 4백 년의 온갖 풍상을 견디어 온 이 나무를 순식간에 넘어뜨리고 말았다. 벌레들은 나무껍질을 파 들어가 조금씩이기는 하나 끊임없는 공격으로 수목 내부의 활력을 파괴하고 말았던 것이다.

삼림의 거인—연륜에 시들지 않고, 뇌화(雷火)에 불타지 않고, 폭풍에도 굴하지 않았던 거목—은 끝내 작은 벌레, 사람이 손끝으로 문질러 버릴 수 있는 작은 벌레로 인해 쓰러지고 만 것이다.

그리고 보면 우리 인간도 이 용감한 삼림의 거인과 흡사한 것이 아닐까? 우리는 그런 대로 사나운 폭풍과 눈사태라든가 인생의 뇌화를 참고서 살아 나가지만, 번민이라는 작은 벌레—손끝으로 문질러버릴 만큼 작은 벌레 때문에 마음이 좀먹고 있지나 않는가?

몇 해 전, 나는 와이오밍의 친구 찰스 세이프렛과 함께 티톤 국립공원으로 여행한 일이 있다.

이때 우리는 공원 안에 있는 존 D. 록펠러 기념관을 방문하기로 했다. 그런데 내 차가 마침 길을 잘못 들어 다른 차보다 한 시간이나 늦게야 그곳에 도착했다.

문의 열쇠를 맡아 가지고 있던 세이프렛 씨는 우리가 도착할 때까지 한 시간이나 모기가 극성인 숲속에서 기다려 주었던 것이다. 모기는 성자(聖者)라도 발광시킬 정도로 대단했다. 그러나 극성스런 모기떼들도 세이프렛 씨만은 굴복시키지 못했다.

그는 우리가 도착할 때까지 기다리는 동안에 버들가지를 꺾어서 피리를 만들고 있었다. 우리가 당도했을 때는 모기 따위는 아랑곳도 않는다는 듯이 유유히 피리를 불고 있었던 것이다.

나는 사소한 일에 마음을 쓰지 않는 피리를 지금껏 고이 간직하고 있다. 훌륭한 사람의 기념품으로서 그 피리를 고이 간직하고 있다.

— 번민의 습관이 당신을 망치기 전 그것을 타파하는 두번째 법칙 —

우리가 경멸해야만 하고 잊어야만 할 사소한 일에 대해서 마음을 쓰지 말라.

기억하라. 「인생은 작게 살기에는 너무도 짧다.」

─ ─·─··─·· ─ 제8장 ─ ─·· ─ ·· ─·· ─

갖가지 번민을 몰아내기 위해서

어린 시절 나는 미주리 주의 한 농장에서 자랐는데, 어느 날 어머니께서 버찌 따는 것을 도와드리고 있었을 때, 갑자기 나는 울음을 터뜨렸다.

"딜, 왜 우는 거냐?"

어머니가 묻자 나는 울면서,

"난 산 채로 매장을 당할까봐 걱정이 돼 그래요." 라고 대답했다.

그 무렵 나는 세상만사가 고통스러웠다. 비오는 날 번개가 치면 벼락을 맞아 죽지나 않을까 하고 걱정했다. 집안형편에 좀 불경기가 오면 금세 굶게 될지도 모른다고 두려워했다.

나는 또 죽으면 지옥에 가게 될까봐 걱정을 했다. 심지어는 나이 많은 소년 샘 화이트가 나의 커다란 귀를 잘라버리지나 않을까 무서워했다. 그것도 그럴 것이, 그는 언제나 그런 말로 나를 놀라게 했기 때문이다. 나는 어찌나 걱정이 많았든지, 모자를 벗고 인사를 하다가 계집아이들의 웃음거리가 될까봐서도 주저했다. 그리고 또 나와 결혼해 줄 여자는 한 사람도 없을지 모른다고 생각했으며, 결혼하면 무슨 말부터 꺼내야 좋을까 하는 것까지 걱정했던 것이다.

나는 아마도 시골구석의 교회에서 예식을 올리게 되겠지, 그리고 식이 끝나면 꽃단장을 한 사륜마차를 타고 농장으로 돌아오게 될 텐데…… . 그 때 마차 속에서는 무슨 말을 해야 되는가. 어떻게? 어떻게 그것을?

나는 밭을 갈면서 이런 중대한 문제의 해결책을 찾고자 골머리를 앓았던 것이다.

그러나 나이가 들면서부터 내가 여태껏 걱정해 온 것의 90퍼센트는 끝내 그런 일이 생기지 않았다는 것을 알게 되었다.

이를테면, 나는 그토록 벼락을 무서워했지만, 이제 와서는 1년에 벼락을 맞아서 죽는 사람이란 35만 명 중에 한 사람 정도라는 것을 알게 된 것이다.

더구나 산 사람이 생매장될지도 모른다는 걱정은 말을 꺼내기도 부끄러운 바보 같은 헛소리였다. 인간의 시체에다 방부처리를 하지 않던 시대에서도 생매장을 당한 사람은 천만 명 중의 하나가 있을지 말지 했다. 그런데 이런 것을 모르고 나는 겁에 질려 울었던 것이다.

사실 이제까지 나는 어렸을 때와 청년기의 번민에 대해서 말해 왔지만, 어른들의 번민도 캐고 보면 우스운 것이 많다.

우리는 이제라도 「평균율의 법칙」에 비추어 우리의 번민에 정당성이 있는가를 충분히 고려하여 매사에 자신을 갖게 된다면 우리 번민의 90퍼센트는 반드시 해소될 것이다.

세계에서 가장 유명한 보험회사—런던의 로이드 해상 보험회사—는 사람들이 흔히 일어나지 않는 일에 대해 번민하는 경향을 이용하여 막대한 돈을 벌고 있다. 로이드는 우리가 걱정하고 있는 따위의 재난은 결코 발생하지 않을 것이라는 소신을 갖고 내기를 걸었던 것이다. 그들은 이것을 도박이라 하지 않고 보험이라는 이름으로 호칭하고 있다. 그러나 사실 이것은 평균율의 법칙을 밑받침으로 하는 도박인 것이다.

이 대 보험회사는 창립 2백 년이 훨씬 넘지만, 인간의 성질이 변화하지 않는 한 앞으로도 50세기는 지속될 것이라고 본다. 그리고 세상 사람들이 상상하고 있는 정도만큼은 자주 일어나지 않는 재난에 대하여 평균율의 법칙을 적용함으로써 갖가지 재난에 대해 보험을 걸도록 해 갈 것임에 틀림이 없다.

지금이라도 만일 우리가 평균율의 법칙을 조사하여 본다면 우리는 여태껏 생각지도 못한 사실 앞에 놀라게 될 것이다. 가령 나는 앞으로 5년 동안에 게티즈버그의 전쟁과 같은 격전을 치러야 된다는 것을 알았다면 분명코 공포에 사로잡히고 말 것이다.

그렇게 된다면 나는 있는 돈을 다 털어 보험에 들 것이고, 유언장을 작성하고, 재산과 그 밖의 일들을 정리할 것이다.

나는 "이 전쟁에서 살아 돌아오지 못할 테니까, 남은 몇 해 동안을 마음껏 향락하자."고 말할 것이다. 그렇지만 평균율의 법칙에 의하면, 게티즈버그 전쟁에서의 위험률은 평화 시에 있어서 50세부터 55세까지 살아가는 동안의 위험률과 동일하다는 것이다.

왜냐하면, 평화 시에 50세부터 55세 사이에 죽는 사망률은 게티즈버그의 싸움에 참가했던 16만 3천 명의 장병의 사망률과 거의 같다는 것이다.

나는 이 책의 전반을 보우 호반에 있는 친구의 별장에서 집필했는데, 한여름을 이곳에서 지내는 동안에 나는 샌프란시스코에 사는 허버트 H. 살링거 부처를 만났다.

살링거 부인은 몸가짐이 침착한 여성으로 번민 같은 것은 모르고 살아 온 듯한 안온한 인상을 주는 여인이었다.

어느 날 밤, 난로 가에서 한담을 하던 중에 나는 그녀에게, 지금까지 번민으로 걱정을 해본 일이 있느냐고 물었다. 그러자 그녀는 이렇게 대답하는 것이었다.

"번민이라구요? 나는 그것으로 내 일생을 망쳤답니다. 나는 자그마치 11년 동안이나 내 자신이 만든 지옥 속에서 헤매다가 겨우 벗어났습니다. 나는 몹시 성질이 급해서 언제나 안절부절못했지요. 나는 매주 산 마테오에서 샌프란시스코까지 버스로 물건을 사러 다녔는데, 흥정을 하다가도 여러 가지 집안일들이 걱정이 되어 어쩔 줄을 몰랐습니다. 전기다리미를 켜놓지나 않았는지, 집에 혹 불이라도 나지 않았을까, 하녀가 아이들만 남겨놓고 도망가지나 않았나, 아이들이 밖에서 자전거를 타고 놀다 차에 치지나 않았는지, 걱정거리가 태산 같았습니다. 그래서 나는 물건을 사다가도 조바심이 나서 견디다 못해 집을 다시 들러보고 오는 때도 있었습니다.

지금 생각하면 나의 최초의 결혼이 불행으로 끝났다는 것도 무리가 아니었지요. 지금 나의 두 번째 남편은 변호사인데, 이분은 매사에 걱정을 하지 않는 침착하고 비판적인 성격입니다. 가끔 내가 초조하게 걱정을 하기 시작하면 이런 말을 한답니다.

'좀 침착해져 봐요. 그리고서 대체 무엇이 그렇게 걱정되는지를 곰곰이 생각해 봐야 할 것이 아니겠소. 평균율의 법칙에 비추어서, 과연 그것이 현실적으로 일어날는지를 따져 보는 것이 어떻소.'

한번은 이런 일도 있었지요. 우리가 뉴멕시코의 험한 길을 드라이브하던 때의 일인데, 도중에서 폭풍우를 만났습니다. 차는 흔들리고 미끄러지는데 걷잡을 수가 없었습니다. 나는 금방이라도 차가 도랑으로 처박혀 버릴 것만 같아서 어쩔 줄을 몰랐습니다. 그러나 남편은 이렇게 말하는 것이었어요.

'나는 태연자약하게 운전하고 있으니까 괜찮아. 설령 차가 도랑에 처박힌다 해도 평균율의 법칙으로 보아 우리는 다치지 않을 테니까.'

그의 침착성과 자신력은 나를 진정시켜 주었습니다.

또, 어느 해 여름이었습니다. 우리는 캐나디안 로키스의 토퀸 계곡으로 캠핑을 갔는데, 어느 날 밤, 해발 7천 피트 지점에서 야영을 하던 중에 폭풍을 만났습니다. 텐트는 금방이라도 절단이 나버리고 말 것 같았습니다. 텐트는 밧줄로 튼튼히 나무에 묶여 있었지만, 바깥쪽의 텐트는 바람 속에서 펄렁거리며 울리고 있었습니다.

나는 금방이라도 텐트가 찢겨져 공중으로 날아갈 것만 같아서 안절부절못했습니다. 나는 무서워서 부들부들 떨고 있는 판인데, 남편은 여전히 태연했어요.

'여보, 우리는 브루스터의 가이드와 함께 여행하고 있는 거야. 브루스터들은 이런 때에 어떻게 하면 좋은지를 잘 알고 있어요. 그네들은 60년 동안이나 이 산 속에다 텐트를 치고 살아왔다지 않아. 이 텐트도 오래 전부터 이곳에 쳐 있었겠지만 지금까지 바람에 날아가지는 않았어요. 평균율의 법칙으로 따져 봐도 오늘밤에 사고는 없을 테니까. 만일 날아간대도 다른 텐트로 옮기면 되지 않아. 그러니 걱정할 필요는 없어요.'

나는 남편의 이 말을 듣고 마음을 가라앉힐 수가 있었습니다. 그리고 그 밤을 편히 잤습니다.

몇 해 전에 소아마비가 캘리포니아의 우리 지역에 굉장히 유행한 일이 있었습니다. 아마 그전 같아서는 나는 히스테리를 일으켰을 거예요. 그러나 남편은 나를 진정하도록 타일러 주었어요. 우리는 되도록 조심을 했습니다. 아이들은 사람 많은 곳에 내보내지 않았으며, 학교를 쉬게 하고 극장에 가지 못하도록 했습니다.

그 때 위생국의 보고를 조사해 본 결과, 지금까지 캘리포니아에서 가장 심하게 소아마비가 유행하던 때에도 이 병에 걸린 아이는 전 주(州)를 통틀어 1,135명이었으며, 보통 때는 2백 내지 3백 명 정도였습니다. 물론 이것도 평균율의 법칙에 의하면, 아이들이 이 병에 걸리는 비율은 극소하다는 것을 알게 되었습니다.

어쨌든 이 '평균율의 법칙에 의하면, 그런 일은 일어나지 않을 것이다.'라는 말은, 나의 번민의 90퍼센트를 제거해 주었습니다. 그리고 과거 20년 동안의 나의 생활을 아름답고 평화로운 것으로 만들어 주었던 것입니다."

미국 역사상 최대의 인디언 파이터였던 조지 크루크 장군은 그의 자서전 속에서 "인디언에 대한 온갖 두려움과 불행의 대부분은 그들의 상상에서 생기는 것이지 현실에 의한 것은 아니다.”라고 말했다.

나도 과거를 돌이켜 보자면, 내 번민의 대부분은 이런 것이었음을 알 수가 있다. 짐 그랜트는 자기도 또한 그러했다고 한다.

그는 뉴욕의 제임스 A. 그랜트 디스트리뷰팅 컴퍼니의 경영자인데, 그는 플로리다 산의 오렌지와 그레이프프루트를 한 차례에 화차 열 대 내지 열다섯 대 분을 주문하고 있지만, 언제나 다음과 같은 번민을 해 왔다는 것이다. 혹시 열차가 전복되지나 않을까, 과실들이 선로에 쏟아지지나 않을까, 화차가 철교를 통과하다 사고가 나면 어쩌나—.

물론 화차에는 보험을 들어 두었지만, 제 때에 과일을 배달하지 못하면 거래처를 잃게 될 염려가 있는 것이다. 그는 걱정을 하던 나머지, 위암에 걸린 것 같은 생각이 들어서 의사를 찾아갔다. 진찰을 받은 결과 별 이상은 없다는 것이었다.

그는 “의사의 말을 듣고 겨우 마음을 놓았다.”고 하면서 나에게 이런 말을 했다.

“그래서 나는 내 스스로에게 묻기를, ‘여보게, 짐 그랜트. 자네에게 지금까지 몇 대 정도나 열차사고가 있었지? 글쎄, 다섯 대 가량이 아닐까?’ 여기서 나는 다시 말했다. ‘2만 5천 대 중에서 불과 다섯 대라고? 그러면 5,000대 가운데 1대의 비율이 아닌가. 실상 평균율의 법칙에 의하면, 화차 한 대가 전복하는 위험률은 겨우 5,000분의 1에 해당하지 않나, 그걸 가지고 뭘 걱정하고 있는 거야?’

그렇지만, ‘철교가 무너질지도 모르지.’ ‘잠깐만 기다리게. 여태껏 철교가 추락해서 화차의 손해가 몇 대나 있었지? 한 대도 없었어.’

또 나는 자신에게 말했다. '자넨 정말 바보로군. —한 번도 일어난 일이 없는 철교 추락이나, 5,000대 1의 위험률밖에 없는 열차전복을 걱정하다가 위암이 생긴 것이 아니냐고 속을 태우다니!'

이렇게 생각을 하다 보니까 나는 어리석었다는 것을 느꼈다. 나는 그 때부터 결심하기를, 번민에는 평균율의 법칙을 적용하기로 했다.

그런 뒤부터 나는 「위암」 같은 것으로 번민한 적이 없다!"

알 스미스가 뉴욕 지사로 있었을 때, 나는 그가 정적(政敵)의 공격에 대해서 언제나 "기록을 조사해 봅시다…… 기록을 조사해 봅시다."라고 대답하던 것을 들은 일이 있다. 그리고 나서 그는 사실을 실천하여 가는 것이었다.

이제 우리가 일어날지도 모르는 일 때문에 번민할 경우가 있다면, 그 때는 현명한 알 스미스의 충언에 따라 기록을 조사하고, 우리를 괴롭히고 있는 불안에 어느 정도의 근거가 있는지를 검토해야 할 것이다.

프레데릭 J. 말스테드는 마치 그 자신이 무덤 속에 누워 있다고 느껴졌을 때에 그 공포를 물리쳤던 것이다. 그가 우리 성인 클래스에서 들려준 이야기는 다음과 같다.

"1944년 6월 초순, 나는 오마하 비치에서 가까운 좁은 참호 속에 있었다. 나는 제 999 통신 중대의 일원으로서 노르망디에서 복무하고 있었다.

나는 좁고 긴 참호를 둘러보고는 '이건 꼭 무덤 같다.'고 말했는데, 막상 이 속에서 누워 자려니까 그것은 무덤과 조금도 다를 것이 없다고 생각되었다.

그래서 '이건 내 무덤이 될지도 모른다.'고 혼잣말을 지껄이지 않을 수 없었다. 그러다가 밤 열한 시경에 독일군의 폭격이 시작되자, 나는 공포로 말미암아 어쩔 바를 몰랐다. 처음 며칠 밤은 전연 잠을 이룰 수가 없었다. 이곳에 온 지 4, 5일 만에 나는 신경쇠약에 걸렸다. 달리 무슨 방법이 없고서는 정말 미칠 것 같았다.

그런데 이 때 문득 나는 오늘로서 5일째지만 아직도 살아 있지 않느냐는 생각이 들었다. 나뿐만이 아니라 다른 동료들도 무사했다. 단지 부상자는 두 사람이 있었는데, 이것도 독일군의 포탄 때문이 아니라 아군 고사포의 작렬탄 파편에 맞은 것이었다.

나는 무엇이든지 건설적인 일을 함으로써 번민에서 벗어나 보려고 결심했다. 그래서 참호 위에다 파편을 막기 위한 방패막이로 두꺼운 나무로 지붕을 만들었다.

나는 우리 부대가 퍼져 있는 넓은 지역을 생각해 보았다. 이 깊고도 좁은 참호 속에서 내가 죽게 될 유일한 위험은 직격탄을 맞는 것뿐이었다. 그런데 직격탄을 맞을 확률은 만에 하나나 있을까말까 한 정도이다.

이렇게 생각을 하니까 마음이 점점 가벼워지고, 2, 3일 후에는 심한 폭격 속에서도 태연히 잠을 잘 수가 있게 되었다.

합중국 해군은 장병의 사기를 올리기 위해서 평균율 법칙의 통계를 이용하고 있다. 전에 수병이었던 어떤 사람이 이런 이야기를 해주었다.

해군에 있을 때, 그와 그의 친구는 고(高)옥탄 유조선의 근무를 명령받자, 걱정은 태산 같았다.

왜냐하면, 그들은 모두 고옥탄 가솔린을 적재한 유조선이 어뢰를 맞게 되면 배는 폭발하고 전 승무원은 죽는 줄로만 믿었던 것이다.

그래서 합중국 해군은 사실이 그렇지 않다는 것을 정확한 숫자로 나타내어 공표했다. 이에 의하면, 어뢰에 명중된 백 척의 유조선 중에서 60척은 침몰하지 않았으며, 침몰한 40척도 10분 이내에 가라앉은 것은 겨우 5척에 불과하다는 것이다.

이것은 결국 배에서 대피할 수 있는 시간적 여유가 있으며 사상자는 극소수에 지나지 않는다는 것이다.

전 승무원은 용기를 되찾았다. 우리에게는 찬스가 있는 것이다. 그리고 평균율의 법칙에 의하면 대체로 전사하는 일은 없다!"

— 번민의 습관이 당신을 망치기 전 그것을 타파하는 세 번째 법칙 —

"기록을 조사해 봅시다." 그리고 스스로에게 물어보라.—"당장이라도 일어날지 모른다고 해서 번민하고 있는 그 일이 실제로 일어날 수 있을 것인가. 평균율의 법칙에 비추어 보았을 때, 어느 정도의 확률이 있는가?"

—— · —— · —— · —— 제9장 —— · —— · —— · ——

불가피함에 순응하라

어렸을 때, 나는 미주리 주에 있는 낡은 폐가(廢家)의 다락방에서 친구들과 놀고 있었다. 그런데 여기서 내려오려고 뛰어내리다가 왼손 중지에 끼었던 반지가 못에 걸려 손가락이 찢겨지고 말았다.

나는 무서워서 비명을 질렀으며, 혹시 죽을지도 모른다는 생각이 들었다. 그러나 손가락이 나은 뒤에는 한 번도 그 일에 대해서 번민해 본 적이 없다. 그렇다고 해서 무슨 도움이 되었겠는가? ……나는 불가피를 받아들였던 것이다.

지금 내 왼손에는 엄지와 세 손가락밖에 없으나, 한 달에 한 번도 그런 것을 생각한 일이 없다.

수년 전, 나는 뉴욕의 변두리에 있는 어느 빌딩에서 화물 승강기를 운전하고 있는 사람을 만난 일이 있다. 그런데 그 사람의 왼손은 손목에서부터 절단되어 있었다.

나는 그에게 묻기를, 손 하나가 없다는 사실이 괴롭지 않느냐고 했다. 그랬더니 그는 이렇게 대답하는 것이었다.

"뭐 그런 건 생각해 본 일도 없습니다. 나는 독신입니다만, 손 하나가 없다는 사실을 느낄 때는 바늘에다 실을 꿸 때뿐입니다."

인간이란 어쩔 수 없을 때에는 어떠한 상태일지라도 받아들이는 법이다. 그러고 나서 자기를 그것에 적응시켜 잊어버리고 마는 것이다.

나는 네덜란드 암스테르담에 있는 15세기 때 지은 사원의 폐허에 있던 묘비명을 잊을 수가 없다. 그것은 플랜더스 말로, "당연하니라, 달리는 방법이 없을 테니까."라고 씌어 있었다.

우리는 인생이라는 긴 항로를 가는 동안에 갖가지 어쩔 수 없는 불쾌한 상태에 부닥치게 되는데 그것은 불가피한 일이다.

다만 우리에게는 선택의 자유가 있을 뿐이다. 즉, 그것을 불가피로서 받아들이든가, 자신을 그것에 적응시키든가, 아니면 그것에 집착해서 신경쇠약에 걸려 일생을 끝마치고 마는 수밖에 없다.

여기에 내가 존경하는 철학자 윌리엄 제임스의 현명한 충고가 있다.

"그것을 액면 그대로 받아들여라. 일단 일어난 일을 받아들인다는 것은 불행한 결과를 극복하는 첫걸음이다."

오리건 주 포틀랜드의 엘리자베스 콘리는 갖은 고생 끝에 이 사실을 발견했다. 최근에 그녀가 나에게 보낸 편지를 여기서 인용하기로 한다.

"미국이 북아프리카에서의 전승(戰勝)을 축하하던 그 날, 저는 육군 성으로부터 제가 가장 사랑하는 조카가 행방불명이 되었다는 전보를 받았습니다. 그리고 얼마 있다가는 또 전사했다는 비보가 날아왔습니다. 저는 비탄에 빠지고 말았습니다. 지금까지 저의 인생은 즐거운 것이었어요. 저에게는 기꺼운 일이 있었답니다. 저는 이 조카를 키우는데 온갖 정력을 바쳐 왔습니다. 저에게는, 그가 더없이 착하고 아름다우며 이상적인 청년이었다고 생각됩니다. 그것은 마치 수면(水面)에 던진 빵이 모두 케이크로 되어 돌아오는 것과 같은 느낌이었어요! 그러던 판에 이런 전보가 날아든 것입니다. 저의 온갖 세계는 무너지고 말았습니다. 저는 산다는 목적을 잃은 것 같았습니다. 일도 손에 잡히지 않았으며 친구들도 멀리했습니다.

저는 만사를 될 대로 되라고 내버려두었습니다. 세상이 원망스러웠고, 인심이 야속해 보였으니까요. 어째서 나의 소중한 조카를 잃어야만 했던가? 어째서 희망에 찬 그런 훌륭한 청년이 죽음을 당하지 않으면 안 되었던가?

저는 이 사실을 받아들일 수가 없었습니다. 저는 비탄에 억눌려 일도 걷어치우고 눈물과 슬픔 속에 일신을 감추어 보려고까지 결심했던 것입니다.

저는 이곳을 떠날 준비를 시작했습니다. 그래서 책상을 청소하다 보니 편지 한 통이 눈에 띄었습니다. 그것은 전사한 조카가 보낸 것으로서, 3, 4년 전에 나의 어머님이 돌아가셨을 때 부친 것이었습니다.

그 편지에는 이런 말이 적혀 있었어요.

— 물론, 저희들은 모두 할머님의 서거로 쓸쓸하게 되었습니다만, 숙모님은 더욱 그러하시리라고 생각됩니다. 그러나 저는 숙모님께서 슬픔을 이겨내실 줄로 믿습니다. 숙모님의 인생관은 반드시 그렇게 되게 할 것이니까요. 저는 숙모님께서 가르쳐 주신 아름다운 진리를 잊을 수가 없습니다. "가령 어디 있든지, 아무리 멀리 떨어져 있어도 언제나 미소를 잊지 말라. 그리고 무슨 일을 당하거나 남자답게 그것을 받아들여라."고 하신 숙모님의 교훈을 기억하고 있답니다. —

저는 몇 번이고 그 편지를 되풀이해서 읽었습니다. 그러자 그는 저에게 이런 말을 하는 것 같았습니다.

'숙모님은 어째서 내게 가르쳐 준 것을 실행하지 않습니까? 무슨 일이 일어나든지 지탱해 보십시오. 숙모님의 개인적인 슬픔은 미소의 뒤에 감추시고 지탱해 보십시오.'

그래서 저는 다시 일을 손에 잡게 되었습니다. 그리고 원망을 한다든가 반항적이 되어 가던 나의 태도를 시정했습니다.

저는 마음속으로 '이미 저질러진 일이다. 그러니 내 힘으로는 어떻게 할 수 없다. 그러나 그가 나에게 기대하고 있는 바와 같이 지탱하리라.'고 끊임없이 말했습니다.

저는 일에 전심전력을 기울였습니다. 저는 군인들—다른 사람의 아들에게 위문편지를 보냈습니다. 그리고는 야간의 성인 클래스에 출석하여 새로운 지식을 배웠고 새로운 친구를 사귀었습니다. 저는 자신의 신변에 일어난 변화를 뚜렷이 믿을 수가 있었어요. 이제는 영원히 가버린 과거에 대해서 슬퍼하지 않게 되었습니다.

저는 지금 기쁨에 충만한 나날을 보내고 있습니다. —마치 조카가 저에게 기대해 주었던 것처럼.

저는 인생을 즐기고 있어요. 자신의 운명을 받아들이고 있습니다. 저는 지금 이전보다도 더욱 풍성하며 완전한 인생을 보내고 있습니다."

엘리자베스 콘리는 우리가 조만간에 배우지 않으면 안 될 것을 배웠던 것이다. 결국 우리는 불가피를 받아들이고, 그것에 대하여 협력해야만 된다는 것이다 "그것은 그런 것이다. 달리는 방법이 없을 테니까” 이것을 배우기는 좀처럼 쉬운 일이 아니다. 그러나 왕좌에 앉은 군주들까지도 이것을 마음에 새겨두지 않으면 안 된다.

조지 5세는 버킹검 궁전 도서실의 벽에다 다음과 같은 말을 걸어두었다.

「달을 보고 울지 말며, 엎질러진 밀크를 후회하지 않도록 나에게 교훈을 보여라.」

이와 같은 사상은 철학자 쇼펜하우어에 의해서도 말해지고 있다.

“충분한 단념은 인생길을 나서는 준비로서 무엇보다도 중요하다.”

확실히 환경만이 우리를 행복하게 하거나 불행하게 만드는 것은 아니다. 말하자면 우리의 감정을 결정짓는 것은 환경에 대한 반응의 방법 여하에 있는 것이라고 본다. 그리스도는 말하기를, 천국은 너희 안에 있다고 했지만, 지옥도 우리 안에 있는 것이다.

우리는 재난과 비극을 이겨내고 승리를 얻을 수가 있다. —만일 꼭 그렇게 해야만 될 것이라면 말이다. 즉, 그 당장에는 불가능하다고 생각될지 모르나, 우리가 그것을 이용하기만 한다면 수행해 낼 수 있는 강한 내부의 힘을 가지고 있는 것이다.

부스 타킹턴은 언제나 이런 말을 했다.

“나는 인생이 나에게 강요하는 것이라면 무엇이든지 참을 수가 있다. 그런데 단 한 가지 예외가 있다. 그것은 바로 무모(無謀)인데, 이것만은 참을 수가 없다.”

그런데 그가 60을 넘었을 때의 어느 날 일이다. 타킹턴이 무심코 마루 위에 깔아 놓은 융단을 내려다보자니까, 색깔이 뿌옇게 흐려 보이는 것이었다. 그리고 무늬를 분간할 수가 없었다.

그래서 그는 전문의를 찾아가 보고 나서 비장한 사실을 알게 되었다. 그는 시력을 잃고 있었던 것이었으며, 한쪽 눈은 거의 실명이 되어 있었다. 말하자면, 지금까지 그가 가장 두려워하던 불행이 닥쳐온 것이다.

그런데 타킹턴은 이 「최악의 불행」에 대하여 어떠한 반응을 보였던가. 그는 "올 것이 왔다! 나의 일생도 이것으로 마지막이다!"라고 느꼈을까?

아니다. 오히려 놀랍게도 그는 명랑한 기분이었다. 어떻게 말하면 일종의 유머러스한 감정까지도 드러낼 정도였던 것이다.

작은 반점이 그를 괴롭혔고 이것들이 그의 눈앞을 아른거리면서 시력을 감퇴시켰다. 그런데 그 중에서도 커다란 반점이 눈앞에 나타나면 그는 이렇게 말했다는 것이다.

"야! 또 영감님이 오셨군! 오늘은 날씨가 좋은데, 어딜 가시는 거야!"

설마 운명이라는 것이 이렇듯 강한 정신을 이겨낼 수 있을 것인가? 아니다. 결코 그럴 수는 없다.

두 눈이 전연 보이지 않게 되었을 때, 타킹턴은 이런 말을 했다.

"나는 자신의 시력상실을 받아들일 수 있게 되었다. 사람들이 다른 온갖 것들을 용인하듯이―. 만일 내가 오관(五官)의 감각을 전부 상실했다 하더라도 나는 마음속으로 살아갈 수가 있으리라고 본다. 왜냐하면 우리가 그것을 알건 모르건 간에 우리는 마음속에서 보며 마음속으로 살아갈 수 있기 때문이다."

그는 시력을 회복하고자 1년에 열두 번 이상이나 국부마취만으로써 수술을 받았다. 그렇지만 그는 이에 대해서 아무런 불평도 하지 않았다. 그는 모든 것이 어쩔 수 없다는 것을 알았기에, 고통을 경감하는 유일한 방법으로서 그것을 달게 받아들였던 것이다. 그는 병원에서의 특별실을 거절하고는 다른 환자와 함께 있기 위해서 일반 병실에 들었으며 그들을 격려하려고 애썼다.

그리고 그는 여러 차례에 걸쳐 수술의 고통이 어떤지를 잘 알면서도 자기는 오히려 다행한 편이라고 생각했다.

"참으로 현대의 과학은 놀랍군! 사람의 눈처럼 델리킷한 것까지 수술하는 기술을 가졌다니!"

그는 이렇게 말했다. 보통 사람으로는 열두 번이나 수술을 받고서도 여전히 눈먼 장님이라면 필연코 신경쇠약에 걸렸을 것이다.

그러나 타킹턴은 오히려 "나는 이와 같은 쓰라린 경험을 보다 행복한 경험과 바꾸고 싶지는 않다."고 말했다.

그것은 그에게 인종(忍從)을 가르쳤고, 인생으로서는 도저히 견디기 어려운 어떠한 불행도 그가 참을 수 있다는 것을 알게 했던 것이다.

그는 일찍이 《실낙원(失樂園)》의 저자인 존 밀턴이 깨달은 것처럼 "장님이 되었다고 해서 비참한 것은 아니다. 다만 눈먼 사실을 참을 수 없다는 것이 비참하다."고 했던 그 말의 의미를 터득했던 것이다.

뉴잉글랜드의 유명한 여권주의자인 마거릿 폴러는 말하기를, "나는 우주를 받아들일 수 있다."고 했는데, 이 말은 그녀의 신조였던 것이다. 누구보다도 까다롭기로 이름난 토머스 칼라일은 영국에서 이 말을 들었을 때, "그럴 거야!"라고 콧방귀를 뀌었다지만, 그러나 우리는 불가피를 받아들여야 할 것이다.

우리가 이에 대해서 반항한다거나 발버둥 친다고 해서 불가피를 변동시킬 수는 없다. 오히려 그것은 우리를 변화시킬 뿐이다. 나는 이 사실을 몸소 경험한 바가 있다.

언젠가 한번, 나는 자신이 직면한 불가피한 사태를 받아들이지 않으려고 애쓴 적이 있었다. 어리석게도 나는 그것에 대하여 반항하려 했던 것이다. 그러자 나는 매일 밤 불면지옥(不眠地獄)을 헤매게 되었고, 온갖 짜증나는 일들이 달려들었다.

결국은 1년 동안이나 자신을 괴롭히던 끝에, 나는 처음부터 변경할 수가 없으리라고 알았던 사실을 그대로 받아들이지 않을 수 없었던 것이다.

나는 진작부터 월트 휘트먼의 노래에 귀를 기울였어야 했을 것이다.

오, 마주 대할지니,
밤과, 폭풍에, 굶주림에.
조소와, 재액에, 반항에까지라도.
수목(樹木)과 동물이 그렇듯이.

나는 12년 동안이나 가축을 길러 왔지만, 아직껏 가뭄이라든가 진눈깨비나 추위 때문에 목초가 타버렸다든지, 혹은 보이프렌드가 지나치

게 다른 암소와 의좋게 지낸다 해서 젖소가 짜증을 내는 것을 본 일이
없다.

동물들은 밤과 폭풍이나 굶주림 앞에서도 여전히 순응하고 있다. 그
렇기 때문에 동물은 결코 신경쇠약이라든가 위암에 걸리는 법이 없으
며, 미치지도 않는다.

그렇다고 해서, 나는 우리의 갈 길을 가로막는 온갖 재액에 대해서
무조건 머리를 굽히라고 주장하는 것은 아니다. 위의 말은 단순한 운명
론에 불과하다.

우리가 그 사태에 대해서 다소나마 개량할 여지가 있다고 본다면 싸
워야 할 것이다. 그러나 상식적으로 생각건대, 그것이 인력으로는 어쩔
수 없다는 것을 알았다면, 광인(狂人)이 아닌 이상 「앞뒤를 살핀 후에
일단 그르친 일에 대하여 번민할 필요는 없다」는 것이다.

콜롬비아 대학의 헉스 학장은 《마더 구스의 노래》 중의 1절을 좌
우명으로 삼고 있다고 나에게 말한 적이 있다.

태양 아래 온갖 고통에는 구원이 있다지만,
그 중에는 없는 것도 있다 하니,
만일 없다면 그것을 잊으시라.

이 책을 집필하는 동안, 나는 미국의 여러 지도적 실업가들과 회견
을 했는데, 나는 그들이 불가피에 협력함으로써 전연 번민을 떠난 생활
을 하고 있는 것을 보고 깊은 인상을 받았다.

그런데 만일 그들이 이와 같이 하지를 않았더라면 그들은 확실히 긴장에 휘말리고 말았을 것이다.

이에 대한 두세 가지 실례를 아래에 들어보기로 한다.

페니 스토어의 창설자인 J. C. 페니는 이렇게 말했다.

"나는 전 재산을 잃는다 해도 번민하지는 않을 것이다. 걱정을 한대도 아무런 도움이 되지 않을 테니까. 어쨌든 나는 최선을 다한 후에 그 결과는 하나님께 맡길 뿐이다."

포드 자동차의 창업자 헨리 포드도 이와 비슷한 이야기를 했다.

"내가 손댈 수 없는 일이라면 차라리 전적으로 그쪽에 맡겨 버리기로 한다."

크라이슬러 코퍼레이션의 사장 K. T. 켈러에게 번민의 처리법을 질문했더니, 그는 이렇게 대답했다.

"나는 난처한 경우를 당하게 되면 우선 할 수 있는 한 최선을 다한다. 그러다가도 안 되는 것이라면 잊어버리기로 한다. 어쨌든 나는 미래에 대해서는 걱정을 하지 않는다. 하기는 누구나 앞날에 무슨 일이 생길지를 예측할 수 없다는 것을 알고 있기 때문이다. 그렇지만 미래에 대해서 영향을 줄 수 있는 힘은 참으로 많다. 그러면서도 무엇이 그러한 힘을 움직이는지는 아무도 모르며 예언할 수도 없다. 그러니 번민을 한다고 무슨 소용이 있겠는가?"

이런 말을 한다고 해서, 만일 당신이 켈러에게 "당신은 철학자다."라고 한다면, 그는 분명 당황할 것이다. 왜냐하면 내가 알기에도 그는 단지 실업가일 뿐이기 때문이다.

로마의 철학자 에픽테토스는 일찍이 로마인들에게 이런 말을 했다.

"행복에의 길은 단 하나밖에 없다. 그것은 우리의 의지력으로써는 어쩔 수 없는 일에 대해서 번민하기를 그만두는 데 있다."

「성스런 사라」라고 불리는 프랑스의 연극배우 사라 베르나르는 불가피에 대하여 협력하는 방법을 알았던 훌륭한 실례이다.

지난 반세기 동안 그녀는 전 세계적으로 연극계에 군림하던 여왕이었다. 그러더니 71세에 가서 재산을 모두 잃고 파산하고 말았다.

게다가 그녀의 주치의는 발을 절단해야만 된다고 말했다. 왜냐하면 그녀는 대서양을 횡단하던 중에 폭풍을 만나, 갑판에서 뒹굴어 다리를 몹시 다친 때문에 정맥염이 악화되어 다리가 오그라들고 말았다. 더구나 이로 말미암아 고통이 심해져서 의사는 절단할 필요가 있다고 진단을 내렸다.

의사는 성격이 거칠고 화를 잘 내는 사라에게 이 사실을 알리기를 주저했다. 만일 그녀가 이 엄청난 말을 듣고서 놀라 기절해 버리면 어쩌랴 싶었던 때문이다.

그러나 사실은 그의 오산이었다. 사라는 한동안 그를 물끄러미 바라보더니, 조용한 어조로 이렇게 말하는 것이었다.

"해야만 될 일이라면 해야지요."

그것은 피할 수 없는 숙명이었다.

그녀는 수술실로 실려 가는 자신을 울면서 바라보는 아들을 보자, 힘차게 손을 흔들면서, "아무데도 가지 마라. 난 바로 돌아올 테니까." 하고 쾌활하게 소리쳤다. 그녀는 수술실로 가는 도중 자신이 연출했던 연극의 한 장면에 대해서 설명하는 것이었다. 그것이 자신을 격려하기 위해서 한 행동이냐는 질문을 받자, 그녀는 이렇게 대답했다.

"아니지요. 의사와 간호사를 격려하기 위해서였습니다. 이제부턴 그분들이 수고할 판이었으니까요."

수술을 받고 회복한 후, 그녀는 다시 7년 동안에 걸쳐 세계 각국을 순회하면서 관객을 매혹시켰던 것이다.

"우리가 불가피와 싸우는 것을 그만둘 때 우리는 에너지를 해방한다. 그 에너지야말로 우리에게 보다 풍부한 인생을 창조해 준다."

엘시 맥코믹은 《리더스 다이제스트》지에 기고한 평론 가운데서 이렇게 말했다.

인간이란, 한편으로 불가피와 싸우면서 동시에 새로운 생활을 창조하기에 충족한 감정과 활력을 지니지는 못하고 있다. 그러므로 어느 쪽이든지 그 하나를 선택할 수밖에 없다. 인생의 불가피한 눈보라 앞에 머리를 숙이든지, 아니면 반항을 하다 파멸하는 길밖에 없다.

나는 미주리 주의 자영농장에서 이 사실을 경험했다. 그 무렵 나는 농장에다 많은 나무를 심었다. 처음에는 나무들이 줄기차게 성장했는데, 마침내 진눈깨비를 동반한 폭풍이 불어 닥치자 나뭇가지는 모두 눈 속에 파묻혀 버리고 말았다.

그런데 이들 수목은 순순히 눈의 하중에 머리를 숙이지 않고 교만스럽게 저항하기 때문에 눈더미의 무게에 눌려 끝내는 부러지고 말았다. 말하자면 이 수목들은 북부의 삼림의 지혜를 모르는 것이다.

나는 캐나다의 상록수 숲을 수백 마일이나 여행한 일이 있지만, 아직껏 한 번도 침엽수라든가, 소나무가 얼음이나 진눈깨비에 의해서 쓰러진 것을 보지 못했다. 왜냐하면 이 상록수들은 굴복을 한다는 것과 가지를 굽히고 불가피에 협력하는 법을 알기 때문이다.

유도(柔道)의 사범들은 "버드나무처럼 휘어져라, 참나무같이 저항하지 말라."고 가르치고 있다. 당신은 자동차의 타이어가 장기간에 걸쳐 그렇듯 모질게 사용되면서도 견디는 까닭을 아는가?

최초의 타이어 제조업자들은 도로의 쇼크에 저항하는 타이어를 만들었다. 그랬더니 이내 헝겊처럼 해지고 말았다. 그래서 그들은 도로의 쇼크를 흡수하는 타이어를 만들었다. 이것은 쇼크를 무마하자는 것이다.

이와 마찬가지로, 우리도 험한 인생행로에 있어서의 쇼크라든가 동요를 흡수하는 법을 배운다면 행복한 여행을 즐길 수가 있을 것이다.

만일 우리가 인생의 쇼크를 흡수하지 않고서 이에 대하여 반항을 한다면 어떤 일이 일어날 것인가? 혹은 또 「버드나무처럼 휘기」를 거부하고 참나무처럼 저항한다면 어찌될 것인가? 이에 대한 해답은 간단하다. 즉, 우리는 수많은 내면적 갈등을 일으킬 것이다. 우리는 번민을 할 것이며, 긴장한 나머지 신경쇠약에 걸리고 말 것이다.

더구나, 만일 우리가 준엄한 현실세계를 거부하고서 스스로 만든 꿈의 세계로 도피한다면 우리는 광인(狂人)이 되고 말 것이다.

2차 대전 중 수백만의 병사들은 공포 아래서 불가피를 받아들이든가, 긴장에 쓰러지든가 둘 중에 하나를 택해야 했다.

그러면, 뉴욕의 윌리엄 H. 카셀리우스의 예를 들어 보기로 한다. 이것은 나의 성인 클래스에서 입상(入賞)한 실제 이야기다.

"나는 연안경비대에 입대하여 얼마 안 있자 대서양 연안에서도 가장 더운 곳으로 배속되었다. 그리고 마침내 나는 폭발물의 감시병으로 임명되었다. 크래커 판매원이었던 내가 폭발물 감시병이 되다니! 수천 톤에 달하는 강력 폭탄 위에 서 있다는 것은 생각만 해도 크래커 판매원의 간담을 서늘케 하는 것이었다.

나는 겨우 이틀간의 훈련을 받았을 뿐이었지만, 오히려 내가 좀 안다는 것이 더 한층 공포를 자아내게 했다. 내가 처음으로 보초를 서던 일은 일생을 두고 잊을 수가 없다.

어둡고 추운 안개 낀 날, 나는 뉴저지 케이븐 포인트의 부두에서 최초의 명령을 받았다.

나의 배속은 제5번 선창이었다. 나는 이곳에서 5명의 부두 노동자들과 함께 일해야만 했다. 그들은 모두 강건한 체격이었지만, 폭탄에 대해서는 전혀 아는 바가 없었다.

그리고 그들은 단 한 발이면 이 낡은 배를 날려버릴 대형 고성능 폭탄—TNT 1톤에 상당—을 등짐으로 져 나르는 것이었다.

그런데 이 대형 폭탄들은 겨우 두 개의 철사 줄로 묶여 내려지고 있는 것이었다. 나는 마음속으로, 만일 저 줄 하나가 끊어진다면, 오 맙소사! 나는 이 말을 되풀이하고 있었다. 당신들은 나에게 무서웠느냐고 질문할 것이다. 그 대답은 물론 살 것 같은 심정이 아니었다. 입속은 침 한 방울 없이 말랐고, 다리는 와들와들 떨렸다. 가슴도 쉴 새 없이 두근거렸다.

 그렇다고 나는 도망칠 수도 없는 형편이었다. 만일 이 자리를 피하게 되면 탈주병으로 몰릴 것이다. 그렇게 되면 내 체면은 말이 아닐 것이다. 부모들도 면목을 잃게 될 것이 아닌가. 그뿐만이 아니라 나는 탈주로 말미암아 총살을 당할지도 모른다.

 나는 도망갈 수가 없었다. 끝까지 이곳에 머물러 있어야만 했다. 나는 부두 노동자들이 고성능 폭탄을 아무렇게나 취급하고 있는 것을 살펴야 했던 것이다. 배는 지금 당장에라도 폭발할 것만 같았다. 이와 같은 전전긍긍한 상태가 한 시간 가량이나 계속된 후, 나는 겨우 평상을 회복할 수가 있었다. 나는 자신에게 이런 말을 했다.

 '정신을 차려! 목숨이 날아갈지도 모른다고? 할 수 없는 일이지. 아무튼 큰 차이는 없을 테니까, 오히려 이것이 편히 죽는 방법일지도 모르지. 암으로 고생을 하다가 죽는 것보다는 훨씬 다행이 아니겠는가. 어리석은 수작은 말자. 인간이면 누구나 죽게 마련인데! 나는 이 일을 해내든지, 아니면 총살을 당해야 한다. 그렇다면 일하는 편이 낫지 않겠는가.'

 나는 몇 시간 동안을 이렇듯 자신에게 말했다.

 그러자 차츰 마음이 가라앉게 되어 결국에 가서는 불가피를 받아들임으로써 번민과 공포를 이겨낼 수가 있었다.

 나는 언제까지나 이 교훈을 잊을 수가 없을 것이다. 나는 나의 힘으로써 어찌할 수 없는 일에 대하여 번민하게 될 때에는 언제나 어깨를 으쓱하고, '에라, 잊어버리자.'고 말한다. 그런데 그것이 도움이 되었던 것이다―나 같은 크래커 판매원에게도―"

만세! 이 크래커 판매원에게 만세를 불러 줄 일이 아니겠는가.

그리스도의 십자가 위에서의 죽음을 빼놓고 역사상 가장 유명한 임종의 광경은 소크라테스의 죽음인데, 지금부터 1만 세기가 지난 후에도 인간은 소크라테스의 불멸의 기록을—온갖 문학 중에서도 가장 감동적이고 아름다운 문장의 하나로 읽어 갈 것이다.

맨발의 노옹(老翁) 소크라테스를 시기하고 질투하던 아테네의 일부 사람들은 그를 무고(誣告)하여 사형 판결을 내리게 했다. 그에게 호의를 지니고 있던 옥사장은, 소크라테스에게 독배를 권하면서 이렇게 말했다.

"불가피에 순응하십시오."

소크라테스는 그 말에 순종했다. 그는 신에 가까운 평정과 인종(忍從)으로써 죽음에 직면했던 것이다.

"불가피에 순응하십시오." 이 말은 그리스도 탄생 399년 전에 한 것이지만, 이 인고(忍苦)의 세계에서는 예전보다도 오늘에 이 말이 더 필요하다 하겠다. — "불가피에 순응하십시오."

과거 수년간 나는 다소나마 번민의 해결법을 설명한 책이나 잡지라면 거의 독파하여 왔다. ……여러분은 이와 같은 노력의 결과로써 내가 발견했던 번민해결에 관한 가장 좋은 충고를 알고 싶다고 생각하지 않는가?

그렇다면 여기서 그것을 적어 보기로 한다. —이 말은 우리가 매일 아침 세수를 할 때에 마음속으로부터 온갖 번민도 함께 씻어버리기 위해서는 욕실의 거울 위에다 붙여둘 만한 가치가 있다.

이렇듯 참으로 귀중한 이 기구문(祈求文)은, 뉴욕 유니언 신학교의
라인홀드 나이버허 박사가 쓴 것이다.

주여, 나에게 평정을 주소서.
바꾸어 볼 수 없는 것을 받아들이기 위해서,
갈아 볼 수 있는 것을 변화시킬 용기를,
그리고 더하여 이 둘을 분간하는
지혜를 주소서.

― 번민의 습관이 당신을 망치기 전 그것을 타파하는 네 번째 법칙 ―

불가피에 대하여 협력하라.

제10장

번민에 「손실 정지」 주문을 달라

당신은 월 가에서 돈을 버는 방법을 알고 싶지 않은가? 아무튼 그것을 알고 싶어 하는 사람은 이 세상에 수백만이 있을 것이다. — 만일 내가 그 방법을 알았다면, 적어도 이 책은 한 권에 만 달러씩 팔릴 것이다.

그러나 여기 성공한 중개인들이 실행하고 있는 좋은 아이디어가 하나 있다. 이 이야기는 뉴욕에 사무소를 둔 투자 상담업자 찰스 로버트에게서 들은 것이다.

"나는 처음에 주식시장에다 투자하기 위한 돈 2만 달러를 친구한테서 빌려가지고 텍사스에서 뉴욕으로 왔다. 내 딴에는 주식투자 요령을 알고 있는 것으로 생각했지만, 있는 돈을 몽땅 잃고 말았다. 한때는 좀 번 적도 있지만, 결국에 가서는 전부 날려버리고 말았던 것이다. 나는 내 돈을 날린 것은 개의치 않았으나, 친구들의 돈을 잃은 데는 실로 면목이 없다고 생각되었다. —그들은 그 돈이 없대서 곤란을 당할 사람들은 아니었지만—.

나는 그들에게 큰 손해를 끼쳤기에 다시는 얼굴을 대하기가 부끄러웠다. 그런데 그들은 놀랍게도 여전히 농담을 즐길 뿐 아니라 낙천주의였다.

이 무렵의 나는 될 대로 되라는 심사였고, 그것도 요행이나 바라고 다른 사람들의 말에만 솔깃해 있었다. 결국 H. J. 필립스가 말한 대로 「주식시장을 귀로 경영」한 셈이었다.

그러자 나는 자신의 잘못을 깨닫게 되었다. 그리고 다시 시장으로 들어서기 전에 이 방면에 대해서 연구해 보리라고 마음먹었다.

나는 대성공자 버튼 S. 카스톨스라는 사람을 찾아보고 자문을 청했다. 그 사람은 여러 해 동안 성공자로서 알려졌지만, 그러한 성공은 단순한 행운의 결과만은 아닌 것 같았다. 그래서 나는 그로부터 여러 가지를 배울 수 있으리라고 믿었다.

그 사람은 나에게, 지금까지 내가 해온 장삿속에 대해서 두세 가지의 질문을 했다. 그리고 나서 주식거래에 관한 가장 중요한 원칙이라고 생각되는 것을 말해 주었다. 그는 이런 말을 하는 것이었다.

"나는 여하한 거래에 대해서도 스톱 로스 오더(Stop Loss Order : 손실정지 주문)를 달아둔다. 이를테면, 한 주당 100달러에 산 것에 대해서는 95달러로 판다. 그러니까 만일 시세가 떨어져서 샀던 주가 5포인트 내리면 자동적으로 팔리게 된다. 그러므로 나의 손실은 5포인트로 끝나는 셈이다. 만일 당신이 첫 번에 잘 성사만 시킨다면, 당신의 이익은 평균 10, 25, 혹은 50포인트에 달할 것이다. 그러니 손실을 5포인트로 제한한다면, 절반 이상 거래에 실패를 한대도 막대한 벌이가 될 것이다."

나는 이 말을 듣고서 재빨리 이 원칙을 채택했다. 그런 뒤부터는 고

객에게도 이윤을 주게 했고 나 자신도 재미를 보았다.

그 후 나는 이러한 손실정지의 법칙이 주식시장뿐만 아니라 모든 일에 응용될 수 있다는 것을 알았다. 말하자면 경제적 번민 이외에도 이것을 응용했던 것이다. 그것은 온갖 귀찮은 일이라든가 불쾌한 사건에도 마법과 같은 효력을 나타냈다.

한 예를 들자면, 나는 어떤 친구와 가끔 점심을 같이 했는데, 이 사람은 언제나 약속시간에 늦는 것이었다. 그래서 전에는 그 친구가 올 때까지 지루하게 기다렸다. 결국에 가서 나는 그에게 나의 스톱 로스 오더를 설명하고 이렇게 말했다.

"빌, 나는 자네를 기다리는 데 대한 스톱 로스 오더는 10분으로 하겠네. 그래서 만일 자네가 10분 이상 지각한다면 우리의 점심약속은 파기일세. 난 가버리고 말 테니까."

오라! 나도 일찍이 나의 성급함, 화를 잘 내는 성질, 제 주장만 우기는 고집, 회한(悔恨), 그 밖의 모든 정신적 감정적 긴장에 대해서 스톱 로스 오더를 발할 줄 알았더라면!

마음의 평화를 어지럽히려는 온갖 사태를 똑바로 판단하여 "이봐, 데일 카네기! 이번 일에는 이 정도로 머리를 쓰면 그것으로 충분하네." 하고 자신에게 타일러줄 만한 지혜가 어째서 나에게 없었던가! 참으로 유감천만이 아닐 수 없다.

그렇지만 난들 적어도 한 번은 센스를 발휘한 적이 있었는데, 이것만은 뽐내고 자랑해도 괜찮을 것이다. 더구나 그것도 중대한 경우로서 —일생의 위기였지만—장래에 대한 꿈이라든가, 계획, 여러 해 동안의 사업이 물거품처럼 사라지려 하는 판국에 서 있었다.

30대 초기에 나는 소설가가 되어 보겠다고 결심을 했다. 말하자면 나는 제2의 프랭크 노리스라든가, 잭 런던, 혹은 토머스 하디가 되어 보려고 했던 것이다.

나는 그토록 진정이었기에 유럽에서 2년간이나 지냈다. 이 무렵은 제1차 대전 후의 대 인플레 시기였으므로 달러만 있으면 참으로 편하게 생활할 수가 있었다. 그리고 그 2년 동안에 《눈보라》 라는 제목의 대걸작을 저술했는데, 이 표제는 정말 자연스러웠다고 본다.

그런데 이 저작에 대한 출판업자들의 태도는 다코타 평원에 휘몰아치는 눈보라만큼이나 싸늘한 것이었다.

나의 문학적 대리인으로부터, 그것은 무가치하다, 자네에게는 소설 쓸 재능이 없다는 말을 들었을 때 심장은 멎을 것만 같았다. 나는 어리둥절한 기분으로 그의 사무실을 물러나왔다. 그것은 마치 몽둥이로 머리를 얻어맞은 것보다도 더한 타격이었다. 나는 망연해지고 말았다. 그리고 지금 나는 인생의 기로에 서 있으며, 실로 중대한 각오를 하지 않으면 안 된다는 것을 느꼈다.

나는 이제 어찌할 것인가? 어느 쪽으로 길을 들어야 좋을 것인가 하는 자기상실 상태는 여러 주일이 계속되었다. 그 당시에 나는 「당신의 번민에 스톱 로스 오더를 달라」 는 말을 들어 보지 못했었다. 그러나 이제 와서 그 때의 일을 돌이켜보면, 그것을 실행했던 것을 알 수가 있다. 나는 그 소설을 쓰고자 고심참담하던 2년 동안을 귀중한 경험으로서 청산하고 말았으며, 여기서 다시 새로운 출발을 했던 것이다.

나는 성인 클래스를 만들어 교육 사업으로 되돌아왔으며, 그 여가에 지금 여러분들이 보는 바와 같은 전기(傳記)라든가 비소설류의 책들을 저술했다.

지금 내가 그런 결심을 했던 것을 다행으로 여기는가? 물론이다. 나는 그 일이 생각날 때마다 즐거워서 노상에서도 춤을 출 지경이다. 그런 이래로 나는 자신이 제2의 토머스 하디가 되지 못한 것을 절대로 슬퍼한 적이 없다.

지금부터 1세기 전의 어느 날 밤, 한 마리의 부엉이가 월든 호반의 숲속에서 울고 있을 때, 사상가이자 문학가인 헨리 데이비드 소로는 수제(手製) 잉크에다 거위 깃털로 만든 펜을 적셔 가며 일기장에 이런 말을 썼다고 한다.

"가치란, 우리가 인생이라고 부르는 것의 양(量)을 말한다. 그런데 이것은 즉시로, 혹은 장기간에 걸쳐서 교환되는 것이다."

다시 말하자면, 이 말은 어떤 사물에 대하여 우리의 근본적인 존재로부터 산출되는 것을 지나치게 지불한다는 것은 어리석다는 것이다.

그러나 길버트와 설리번은 그것을 했던 것이다. 그들은 유쾌한 가사와 즐거운 음악을 만들 줄은 알았지만, 그들 자신의 생활을 명랑하게 하는 법은 몰랐던 것이다.

그들은 《미카도》, 《피나포어》, 《페이션스》 등 실로 아름다운 오페라를 창조함으로써 온 세상을 기쁘게 했으나, 자신의 감정을 조정할 수는 없었다. 말하자면 그들은 겨우 한 장의 카펫 값보다도 못한 것을 가지고 몇 해씩이나 불쾌한 나날을 보냈던 것이다.

설리번은 그들이 산 극장을 단장하기 위해서 새 카펫을 주문했다. 그런데 길버트가 청구서를 보고 호통을 치자, 그들의 싸움은 법정에서까지 떠들썩했다. 그리하여 두 사람은 죽을 때까지 화해하지 않았다.

설리번은 신작을 작곡하게 되면 그것을 길버트에게 우송했다. 그러면 길버트는 여기다가 가사를 붙여 설리번에게 다시 우송했다.

그런데 한번은 그들이 무대인사차 함께 무대에 나서지 않으면 안 될 난처한 경우를 당했다. 그러자 그들은 무대 양쪽에 서서 제각기 다른 방향으로 머리를 숙임으로써 서로 얼굴을 외면했다.

그들은 일찍이 링컨이 하였던 것처럼, 그들의 원한에 스톱 로스 오더를 할 만한 분별을 갖고 있지 않았던 것이다. 남북전쟁 중에 링컨의 친구 몇 사람이 그의 원수를 비난하자, 링컨은 이런 말을 했다.

"자네들은 나보다도 개인적 원한이 심한 것 같군. 나는 아마도 그것이 지나치게 적은 것 같으나, 여하튼 이익이 아닐 것이라고 생각하네. 인간은 일생의 절반을 논쟁으로 허비할 겨를이 없으니 말일세. 만일 누구든지 나를 공격하기를 그만둔다면 나는 그 사람의 과거사를 잊어버리기로 했으니까."

나는 나의 숙모인 에디스가 링컨과 같은 관용의 정신을 가져 주었으면 한다. 이 숙모와 프랭크 숙부는 바싹 말라 물 대기도 나쁘고 잡초가 많은 저당 잡혀 있는 농장에 살고 있었다.

그분들이 지내는 형편은 말이 아니었으며, 동전 한 푼도 아끼지 않으면 안 될 형편이었다. 그런데도 숙모는 커튼이다 뭐다 하며 분수에 맞지 않은 것들을 사들이기 좋아해서 그것으로써 보잘것없는 집을 장식했다. 더구나 숙모는 그것들을 외상으로 샀다.

그런데 남의 빚을 겁내는 농부 기질인 숙부는 이것이 걱정되어서, 아내에게 외상을 주지 말라고 몰래 상점에 부탁했다.

이 사실을 알고 숙모는 노발대발했다. 그리고 이런 일이 있은 후 숙모의 노여움은 무려 50년 동안이나 계속되었다. 나는 수없이 그 이야기를 들어 왔지만, 최후로 들은 것은 숙모께서 일흔 살을 훨씬 넘었을 때였다.

나는 숙모님에게 이런 말을 했다.

"숙모님, 숙부님께서 숙모님의 체면을 손상시킨 것은 확실히 잘못이었습니다. 그렇지만, 50년 전의 일을 가지고 지금껏 서운한 말씀을 하시는 숙모님 쪽이 더 나쁘다고 생각하시지 않나요?" (사실 이 말에 숙모는 마이동풍이었다)

숙모님은 오랫동안 지녀온 노여움과 괴로운 추억에 대하여 퍽이나 값비싼 대가를 지불했던 것이다. 이른바 마음의 평화라는 대가를—.

벤저민 프랭클린은 일곱 살 때 저지른 잘못을 70년 동안이나 기억했다.

그는 일곱 살 때에 호루라기를 몹시 좋아했는데, 그는 이에 대한 호기심이 대단했었다. 그래서 한번은 장난감 가게에 가서 계산대 위에다 가지고 있던 동전을 몽땅 내놓고서 값도 물어보지 않고 호루라기를 달라고 했다.

그런데 그는 70년 후에 그 때의 일을 친구에게 다음과 같이 써 보냈다. "나는 그것을 가지고 집으로 돌아와서는 좋아서 어쩔 바를 몰라

온 집안을 불고 다녔다.” 그러자 그의 형들은 그가 호루라기를 비싸게 산 것을 알고서 동생을 꾸짖었다. 그래서 그는 「분해서 울었다」는 것이다.

훗날 프랭클린이 세계적 인물이 되어 프랑스 대사가 되었을 때, 그는 그때까지도 호루라기를 비싸게 샀던 일을 기억하면서, “호루라기에서 얻은 기쁨보다도 분한 생각이 더했다.”고 말했다. 그러나 결국 프랭클린이 체득한 교훈은 값으로 따지자면 싼 것이었는데, 그는 이런 말을 했다.

“내가 성장하여 사회에 나와서 세상 사람들의 행동을 관찰하기에 이르자, 대다수의 사람들이 「호루라기에 대해서 값을 지나치게 많이 지불하고 있다」는 걸 알았다. 결국 인간의 불행의 대부분은, 그들이 사물의 평가를 잘못함으로써 「호루라기의 값을 너무 많이 치르는 데에 그 원인이 있다」고 본다.”

말하자면 길버트와 설리번도 그들의 호루라기에 대해서 값을 지나치게 지불했던 것이다. 그것은 또 에디스 숙모의 경우도 마찬가지다. 그리고 데일 카네기 역시 많은 경우에 있어서 그러하다.

세계 최대의 걸작에 속한다는 《전쟁과 평화》, 《안나 카레니나》의 저자인 불멸의 문호 레프 톨스토이도 이 범주에서 벗어나지를 못했다. 대영백과사전에 의하면 레프 톨스토이는 그의 생애 가운데서도 최후의 **20**년은 세계에서 「가장 존경을 받은 사람」이었다. 그 **20**년 동안—1890년부터 1910년까지는—무수한 숭배자들이 그의 얼굴을 한번이나마 보겠다고, 그의 음성을 듣기 위해서, 그의 옷자락이라도 만져

볼 양으로 톨스토이의 집으로 순례해 왔다.

그의 말은 한 마디 한 마디가 마치 「신의 계시」이기나 한 것처럼 지켜졌다. 그러나 사생활 면에서 본다면, 톨스토이는 프랭클린이 일곱 살 적에 가졌던 분별을 70에 가서도 지니지 못했다. 그는 전연 상식을 벗어났었다.

그러면, 여기서 나의 견해를 피력하기로 한다.

톨스토이는 그가 몹시 사랑하던 소녀와 결혼을 했는데, 그들은 참으로 행복했다. 그들은 이렇듯 천국과 같은 환희의 생활이 언제까지나 계속되기를 하나님께 기구했다. 그런데 톨스토이가 아내로 맞이한 소녀는 질투심이 매우 강했다. 그녀는 누추한 시골여자와 같은 차림을 하고서, 산 속에서까지 남편의 행동을 감시하는 일이 있었다.

그들은 가끔 심한 언쟁을 했는데, 그녀의 질투는 마침내 자식에게까지 파급되었으며, 홧김에 딸의 사진을 소총으로 꿰뚫어버리려 한 일도 있었다. 그리고 그녀는 아편 병을 입에다 물고 침상 위에서 뒹굴면서 자살하겠다고 으름장을 놓은 일도 있었다. 그러는 동안 자식들은 방구석에 웅크리고 앉아 무서워서 울부짖었다.

그래서 톨스토이는 어찌했던가? 나는 그가 흥분하여 가구들을 「부수었다」고 해서 비난하지는 않겠다. 그럴 만한 이유가 있었으니까―.

그러나 그는 이보다도 훨씬 심한 짓을 했다. 즉 그는 비밀일기를 써 왔는데, 그는 무엇이든지 모두 아내가 나쁘다고만 했다. 말하자면 이것이 바로 그의 「호루라기」였고, 그는 다음 세대들이 자기에게 동정하여 아내를 비난하도록 만들었던 것이다.

그런데, 이에 대해서 그의 아내는 어떻게 했던가? 그녀는 남편의 일기를 빼앗아 찢었으며 불태워 버렸다. 그리고 자기도 일기를 쓰기 시작하여 남편을 악한으로 기록했으며, 이에 대하여 그녀는 《누구의 죄》라는 소설 가운데서 남편을 가정의 악마로 만들었고, 자기는 그 희생자라고 했다.

대체 그렇다면 무슨 까닭으로 그런 짓을 했던가? 어째서 이 두 사람은 그들의 유일한 가정을 톨스토이의 말대로 「정신병동」으로 만들었던가?

여기에는 확실한 몇 가지 이유가 있었는데, 그 하나를 들자면, 다른 사람들에게 인상을 주겠다는 강한 욕망이었던 것이다.

사실 그들은 다음 세대에 속하는 우리들의 비판에 대해서 깊은 관심을 두고 있었다.

우리들은 이승의 세계에서까지 남의 비행에 대하여 욕설을 할 수 있을 것인가? 아니다. 어림도 없는 일이다. 우리는 톨스토이를 생각할 겨를이 없을 것이다. 우리 자신의 문제만으로도 벅찰 테니까―.

그런데 이 딱한 두 사람은 얼마나 비싼 대금을 그들의 「호루라기」에 대하여 지불했던가!

그들은 50년간에 걸친 지옥의 생활―그것이란 더 말할 것도 없이 두 사람이 모두 「스톱!」 소리를 외칠 만한 양식을 결한 때문이었다.

"지금 곧 이런 일에는 「스톱 로스 오더」를 달아 둡시다. 우리는 생활을 낭비하고 있어요. 이만하면 「충분해」라는 말을 하도록 합시다."

이들 두 사람은 이런 발언을 할 만한 판단력이 없었던 것이다.

나는 확언하기를, 참다운 마음의 평화의 비결이란, 가치에 대한 정당한 판단력에 달려있다고 믿는다. 그리고 만일 우리가 인생에 있어서 어느 정도의 가치가 있는가를 판단하는 각개의 금본위제도(金本位制度)를 제정할 수만 있다면, 우리 번민의 50퍼센트는 해소되리라고 나는 믿는다. 그러므로,

— 번민의 습관이 우리를 망치기 전

그것을 타파하는 다섯 번째 법칙 —

인간생활에 있어서 유해한 것에 대하여 귀중한 대가를 허비하려는 유혹을 느낄 때는, 일단 멈추고 다음의 세 가지 물음을 생각하라.

1. 내가 지금 번민하고 있는 것은 사실 어느 정도로 중대한 일인가?

2. 몇 포인트나 내리면 이 번민에 대하여 「스톱 로스」의 주문을 발하고, 잊어버린 것으로 할 수 있을까?

3. 이 「호루라기」에 대해서 정확히 얼마를 지불하면 되는가? 이미 지금까지 충분히 지불하지 않았는가?

— ·· — ·· — ·· — 제11장 — ·· — ·· — ·· —

톱밥을 켜려고 하지 말라

이 대목을 쓰면서 나는 창 밖 정원에 놓여 있는 공룡의 발자국을 바라본다. 이것은 혈암(頁巖) 속에 묻혀 있던 것으로, 예일 대학의 피버디 박물관에서 사온 것이다.

그런데 박물관원의 말에 의하면, 이 발자국들은 1800만 년 전의 것이라고 한다. 아무리 몽골피아의 바보일지라도, 이 같은 발자국을 위조하기 위해 1800만 년이나 옛날로 돌아가려고는 하지 않을 것이다.

그러나 우리가 번민하는 것에 비한다면 그쪽이 훨씬 더 현명할 것이다. 왜냐하면 우리는 180년 전의 일일지라도 뒤늦게 그것을 바꾼다는 것은 불가능한 때문이다. 그런데도 대다수의 인간들은 그것을 하고 있는 것이다.

확실히 우리는 180년 전에 일어났던 일의 결과를 추정하려 할 수는 있다. 그러나 이미 일어난 일을 변경할 수는 없다. 과거를 건설적인 것으로 만드는 단 하나의 방법은, 과거의 잘못을 조용히 분석하여 그것을 유용하게 하는 데 있다. —그리고 과오를 잊어버리는 데 있다.

나는 그것이 사실임을 알고 있다. 그렇지만 나는 언제라도 그것을 실행할 만한 용기와 배려를 가지고 있을까? 이 물음에 대답하기 위하여 수년 전에 내가 경험했던 기이한 사건 하나를 말하기로 한다. 나는 30만 달러 이상의 돈을 한 푼의 이익도 없이 알지 못하는 사이에 잃어 버렸던 것이다.

나는 한때, 대규모의 성인교육사업을 시작하여 각 도시에 분교를 신설하고, 광고라든지 기타 잡비에 아낌없이 돈을 썼다. 그리고 나는 학생을 가르치기에 바빴기 때문에 재정 면에 유의할 시간적 여유가 없었다. 나는 너무나 고지식해서 비용을 감독할 만한 수완 있는 영업 지배인이 필요하다는 것을 인식하지 못했다.

결국 1년 후에 가서야 나는 뜻하지 않은 실태를 알고서 놀랐다. 그간에 막대한 수입이 있었는데도 불구하고 어찌된 셈인지 이익은 한 푼도 없었다. 이 사실을 알았을 때 내가 취할 수 있는 길은 두 가지였는데, 그 하나는 흑인 과학자 조지 워싱턴 카버가 그의 일생 동안의 적금인 4만 달러를 은행의 파산으로 말미암아 잃었을 때에 보였던 것과 같은 양식을 가지는 것이다.

그는 은행이 파산한 것을 아느냐는 질문을 받았을 때 "아, 그 얘기는 들었습니다." 이렇게 대답하고서 그는 아무 일도 없었던 것처럼 수업을 계속했다. 그는 돈을 잃은 것을 마음속으로부터 완전히 일소하고서 두 번 다시 그 말을 입에 담지 않았다.

내가 할 수 있었던 제3의 방법은 과오를 철저히 분석하여 잊을 수 있는 교훈을 배우는 것이었다. 그런데 솔직히 고백하거니와, 나는 그 어느 쪽도 실행하지 않았다. 나는 변민의 소용돌이 속에 휩쓸려 수개월 동안 망연자실했다. 불면증에 걸렸고 체중도 줄었다. 그리고 이 거창한 과오로부터 하나의 교훈을 배워야 했겠지만, 여전히 이 상태가 계속되다가 소규모이기는 했으나 같은 과오를 또다시 저지르고 말았다.

이처럼 우둔한 행위를 그대로 고백한다는 것은 심히 부끄러운 일이기는 하나, 나는 오래 전부터 「유익한 것을 20명에게 가르치는 것보다는 그 20명 중의 한 사람이 되어 나 자신이 가르친 것을 몸소 실천하는 편이 훨씬 어렵다」는 것을 알고 있었다.

나는 뉴욕의 알렌 선더스가 사사(師事)했던 조지 워싱턴 고등학교의 펄 브랜드와인 박사한테 강의를 받지 못한 것을 실로 유감스럽게 생각하고 있다.

선더스 씨는 나에게 말하기를, 그의 위생학(衛生學) 클래스 선생이었던 펄 브랜드와인 박사가 자기에게 귀중한 교훈을 주었다는 것이다.

"나는 그 무렵 겨우 10대였는데, 심한 안달쟁이였다. 그래서 조그마한 과실에도 걸핏하면 어쩔 줄을 몰라 안절부절못했다. 시험답안을 제출하고 나면, 혹시 낙제나 하지 않을까 걱정이 되어 잠을 제대로 잘 수가 없었다. 나는 자신이 한 일을 생각해내어 가지고는, 그렇게 하지 않았더라면 좋았을 거라고 후회했으며, 일단 해놓은 말을 가지고도 그 말이 잘못이었다고 스스로 탓했다.

그런데 어느 날 아침, 우리 클래스가 과학실험실에 출석하자, 펄 브랜드와인 박사는 누구한테서나 잘 보이는 책상머리에다 밀크 병을 놓고서 앉아 있었다. 우리는 그 밀크를 바라보면서, 위생학과 밀크가 대체 어떤 관련이 있는가를 의아하게 여기면서 자리에 앉았다. 그때에 박사는 갑자기 일어서더니, 밀크 병을 오물통 속으로 쓸어 넣으면서 이렇게 소리치는 것이었다. '엎질러진 밀크는 후회해 봤자 아무 소용 없어(It is no use crying over spilt milk.).'

그러고 나서 박사는 우리들을 오물통 앞으로 모이게 하더니, 깨진 병을 가리켰다. '잘 보아라, 나는 여러분들이 일생 동안 이 교훈을 기억해 주기 바란다. 밀크는 이미 엎질러져 하수도로 흘러가 버렸다. 여러분들이 이제 와서 아무리 떠들고 후회한대도, 그것은 한 방울도 되돌릴 수는 없다. 그런데 사소한 주의와 조심을 했더라면 밀크는 엎질러지지 않았을지도 모른다. 그러나 이미 때는 늦었다. ─이제 우리가 할 수 있는 것은 이런 일을 모조리 잊어버리고서 다음 일로 옮겨가는 것뿐이다.'

이 자그마한 실습은 입체 기하학이나 라틴어를 잊어버린 뒤까지도 나의 머리에서 사라지지를 않는다. 사실 4년간의 고교생활에서 이 이상으로 실용적인 생활법은 배우지 못했다.

즉, 그것은 나에게 밀크를 엎지르지 않도록 주의를 할 것, 그리고 자칫 엎질러버린 연후라면 그것을 완전히 잊어버리도록 가르쳐 주었던 것이다."

어떤 독자들은 이처럼 진부한 「엎질러진 밀크는 후회해도 소용없다」는 금언의 소중함에 대해서 코웃음 칠지도 모른다. 그러나 내가 알기에 이 낡아빠진 금언에는 온갖 시대의 지혜의 에센스가 포함되어 있다고 생각한다. 이것들은 인류의 뜨거운 경험으로부터 우러나와 무수한 세대를 거쳐 연결되어 온 것이다. 만일 당신이 온갖 시대의 위대한 학자들에 의해서 써진 번민에 관한 모든 기록을 독파하였다 해도 「다리에 오기까지는 다리를 건너지 말라」든가, 「엎질러진 밀크는 후회해도 소용없다」는 등의 진부한 금언 이상으로 기본적이면서도 의미심장한 말은 찾아볼 수 없을 것이다. 그리고 또 우리가 그것을 코웃음 치지 않고서 그대로 적용한다면 이 책은 전연 무가치하게 되고 말 것이다.

만일 우리가 격언의 대부분을 널리 적용한다면, 거의 완전에 가까운 인생을 영위할 수가 있을 것이다. 그러나 무릇 지식이라는 것은 실천이 되고서야 비로소 힘이 된다.

그러므로 이 책의 목적은 여러분들에게 새로운 것을 가르치자는 것이 아니다. 다만 여러분들이 이미 알고 있는 사실을 일깨워서, 그것을 여러분들이 적용하도록 고무 격려하자는 것이다. 나는 언제나 플렛 풀러 세드와 같은 인물을 존경하는데, 그는 묵은 진리를 새롭고 싱싱한 형식으로 설명할 줄 아는 특수한 재능을 가졌다. 그는 《필라델피아 불레틴》의 주간이었는데, 어느 대학 졸업반에서의 연설 가운데서 이런 말을 했다.

"여러분들 중에 나무를 톱질해 본 사람이 있으면 손을 들어보라."

대다수의 학생들은 경험이 있었다. 그런데 그는 또 묻기를,

"톱밥을 켜 본 일이 있는 사람은 없는가?"

이런 질문이 나오자 손은 하나도 올라가지 않았다.

"물론 톱밥을 톱으로 자른다는 것은 불가능하다. 이미 그것은 톱으로 켜져 있을 테니까. 그런데 이 사실은 과거에 대해서도 마찬가지다. 지나가 버린 일을 가지고 마음을 괴롭힌다는 것은 톱밥을 톱으로 켜려는 것과 다름이 없는 것이다."

야구계의 대 원로 코니 마크가 81세 때, 나는 그에게 시합에서의 패배로 번민한 적은 없었느냐고 물어보았다. 그러자 코니 마크는 이렇게 대답했다.

"물론 가끔 번민한 일도 있지만, 그따위 어리석은 짓은 벌써 까마득한 옛날이야기네. 번민을 해도 아무런 소용이 없다는 것을 알았으니까. 냇가로 흘러가버린 물로써 씨앗을 싹틔울 수는 없지 않겠나."

확실히 이 말대로 흘러가버린 물로써 씨앗을 싹틔울 수도 없고, 톱밥을 톱으로 켤 수도 없다. 그러나 사람 얼굴의 주름살이라든가 위암을 켤 수는 있다.

나는 지난해 감사절에 잭 템프시와 함께 저녁식사를 했는데, 그는 크렌베리소스를 친 칠면조 요리를 먹으면서, 터니에게 패배하여 중량급 타이틀을 빼앗기던 시합 이야기를 하는 것이었다. 그것은 분명히 그의 자아(自我)에의 충격이었는데, 그는 이런 말을 했다.

"시합의 한 고비에 가서, 나는 갑자기 나 자신이 늙었다는 생각이 들었네. ……10라운드가 끝났을 때까지도 나는 서 있었지만, 그것은 그냥 건성으로 서 있다는 것뿐이었지. 얼굴은 찢겨서 상처투성이였고, 눈은 거의 뜰 수 없을 지경이었네. ……나는 이미 세계 챔피언은 아니었네. 나는 비를 맞으며 군중을 헤치고 탈의실로 돌아왔지. 내가 지나칠 때, 어떤 사람들은 나의 손을 잡으려 했어. 눈물이 글썽한 이도 있었지.

1년 후, 나는 터니와 다시 싸웠네. 그러나 또다시 실패하고 말았어.

나는 영원히 재기불능이었던 것이지. 이런 생각이 드니 번민을 하지 않을 수가 없었으나, 나는 자신에게 이런 말을 했어. '나는 과거에서 살 생각은 없다. 또 엎질러진 밀크를 후회해서 무엇 하랴. 이 타격을 버텨보리라. 이대로 쓰러지지는 않을 테니까."

이리하여 잭 템프시는 용케도 그것을 해냈던 것이다. 어떻게 하였을까? 자기 자신에게 끊임없이, "과거에 대해서는 결코 번민하지 않겠다."고 말했을까? 아니다. 그것은 오히려 단적으로 그에게 과거사를 생각하게 했을 것임에 분명하다. 그는 자신의 패배를 받아들여 그것을 망각해버린 후부터 장래의 계획에 대하여 정신을 집중함으로써 그것을 성취했다. 즉 그는 잭 템프시 레스토랑과 그레이트 노던 호텔을 경영함으로써 성취했던 것이다.

그는 또 권투경기의 흥행을 주최하고, 모범시합에 출전함으로써 그것을 이룩했다. 그는 끊임없이 무엇이든 건설적인 사업에 몰두하여, 과거에 대해서는 번민할 여가를 없앰으로써 그것을 성취했다. 그리하여 그는 말하기를, "나는 지금 과거 10년 동안 선수권 보지자였을 때보다도 더 즐거운 생활을 보내고 있다."고 한다. 템프시는 그다지 책을 읽은 일이 없다고 하나, 자기도 알지 못하는 사이에 셰익스피어가 말한 "현명한 사람은 장난삼아서도 그들의 손실을 한탄하지는 않는다. 오히려 그들은 힘차게 그 손실을 배제하는 방법을 탐구한다." 는 충고를 실천해 왔던 것이다.

나는 역사와 전기를 읽고서 고난에 처한 사람들을 관찰할 때마다 허다한 사람들이 그들의 번민과 비극을 불식하고 새로운 행복한 생활에로 나아가는 그 능력에 대해서 감명을 금할 수 없다.

나는 전에 싱싱 형무소를 방문한 일이 있는데, 그곳의 죄수들이 사회의 일반 사람과 마찬가지로 매우 행복스러워 보이는 데 놀랐다. 나는 이 이야기를 루이스 E. 로스 소장에게 했더니, 그는 이렇게 말해주었다.

범죄자는 싱싱에 와서 처음에는 세상을 저주하고 남을 원망하지만, 몇 달이 지나게 되면 다소 분별이 있는 대부분의 죄수들은 불행을 물리치고 마음을 가라앉히게 되며, 조용하게 교도소 생활을 받아들여서 되도록 유쾌하게 지내려 한다는 것이다. 전에 정원사였던 어느 죄수 하나는 구내에서 야채와 꽃을 가꾸면서 노래를 불렀다고 한다. 이처럼 꽃을 가꾸면서 노래를 불렀다는 싱싱의 죄수는 우리보다도 훨씬 분별이 있다고 말할 수 있을 것이다.

그들은 알고 있었다―,

「움직이는 손」은 기록하며, 기록하고는,
옮겨 가노니, 너의 신앙도 지혜도
그 「한 줄」의 반일망정 지울 수 없고,
또 너의 온갖 「눈물」도, 그 「한 마디 말」마저도
씻어 없애지는 못하여라.

그러므로 눈물을 헛되게 흘려서는 안 된다. 물론 우리는 갖은 실책과 어리석은 행동을 저지르고는 있다. 그러니 어찌하면 되는가? 그것은 누구나 마찬가지다. 천하의 나폴레옹일망정 그가 싸웠던 중대한 전쟁의 3분의 1은 패배했다. 그렇다면, 아마도 우리의 타격률은 나폴레옹보다 그다지 나쁘지는 않을 것이다.

— 어쨌든 일국의 전 병력을 동원한대도 과거를 돌이킬 수는 없다. 그러므로 여섯 번째 법칙을 잊지 않도록.—

톱밥을 켜려고 하지 마라.

PART 3 요약

번민하는 습관이 우리를 망치기 전에 그것을 타파하는 법칙

첫째   일에 분망함으로써 마음속으로부터 번민을 몰아내라. 활달한
       행동이야말로 「어리둥절병」에 대한 최선의 치료법이다.

둘째   사소한 일에 대해서 법석대지 마라. 인생의 하찮은 일로 해서
       자신의 행복을 파괴하지 마라.

셋째   번민을 몰아내기 위해서는 평균율의 법칙을 적용하라. "이 일
       이 일어날 가능성은 몇 퍼센트나 되는가?" 자문하라.

넷째   불가피에 협력하라. 만일 사태가 아무래도 변경 개선할 수 없다
       는 것을 알았다면 "그것은 이미 그렇게 되어 있는 것이다. 이
       제는 어찌할 수가 없다."고 자신에게 들려주라.

다섯째   번민에는 「스톱 로스」 주문을 달라. 사물에는 적당한 번민
       의 한도를 정하여 그 이상 번민하기를 거부하라.

여섯째   과거사는 과거로 묻어버려라. 톱밥을 켜려고 하지 마라.

PART 4.

평화와 행복의 정신 상태를
기르는 일곱 가지 방법

제12장

삶을 전환시키는 짧은 말

몇 해 전에 나는 "지금까지 당신이 배운 최대의 교훈은 무엇인가?" 라는 라디오 프로에 대답할 기회를 가졌다.

그런데 이것은 간단했다. 내가 배운 가장 귀중한 교훈은, 생각한다는 것의 중요성이다. 만일 내가 당신의 생각을 알게 된다면, 이는 곧 당신을 아는 것이 된다. 말하자면 우리의 생각이 우리를 만드는 것이다. 즉 우리의 정신 상태는 우리의 운명을 결정하는 요소이기도 하다.

에머슨은 말하기를, "그가 하루 종일 생각하고 있는 것, 그 자체가 그 사람이다."라고 했다. ……사실 그 말 그대로다.

우리가 다뤄야 할 가장 중요한 단 한 가지 문제는 정당하게 생각하는 법을 선택하는 데 있다고 나는 확신한다. 만일 이에 성공한다면 온갖 우리의 문제를 해결하는 길이 열리게 될 것이다.

로마제국을 통치한 위대한 철학자 마르쿠스 아우렐리우스는 그것을 불과 몇 마디 말로 요약하고 있다. 인간의 운명을 결정하는 짧은 말에─,

"우리의 인생은 우리의 사고로써 만들어진다."

그렇다. 만일 우리가 즐거운 생각을 한다면 우리는 즐거울 것이고,

불행한 생각을 한다면 불쌍하게 될 것이다. 또 무서운 생각을 가진다면 무서워질 것이며, 병적인 생각을 한다면 병에 걸리게 될지도 모른다. 그리고 실패를 생각한다면 확실히 성공하지는 못할 것이다. 만일 우리가 자기연민에 빠진다면 사람들은 모두 우리를 피하고 멀리할 것이다.

목사 노먼 빈센트 필은 이런 말을 했다.

"인간은 자신이 생각하는 그러한 자기가 아니며, 생각 그 자체가 그 인간이다."

나는 온갖 문제에 대하여 지나치게 낙천적인 태도를 취하고 있는 것일까? 아니다. 불행스럽게도 인생은 그렇게 단순하지는 않다. 그러나 나는 소극적 태도에서 탈피해서 보다 적극적이어야 한다고 주장한다. 바꿔 말하면, 사안에 유의하지 않으면 안 되지만, 걱정을 해서도 안 된다는 것이다. 그렇다면 유의를 한다는 것과 번민한다는 것은 어떻게 다른가? 이제 그것을 설명하기로 한다.

뉴욕에서 교통이 빈번한 거리를 횡단할 때, 언제나 나는 자신의 행동에 유의한다. ―그러나 걱정은 않는다. 말하자면 유의를 한다는 것은 문제의 본질을 파악하여 조용히 그것을 처리하는 것이다. 그런데 번민을 한다는 것은 불유쾌하게 무익한 둘레 속을 빙빙 도는 것과 같다. 인간은 자신의 중대한 문제에 대하여 무엇이든 마음을 쓴다. 그러면서도 가슴에는 카네이션을 달고 태연하게 거리를 활보할 수가 있는 것이다.

나는 로웰 토머스에게서 그것을 보았다. 그가 제1차 대전의 알렌비 로렌스 작전의 유명한 필름을 처음으로 공개했을 때, 나는 그와 친해질 수가 있었다. 그와 그의 조수들은 각 방면의 전선에서 많은 전쟁영화를 제작했는데, T. E. 로렌스(Thomas Edward Lawrence)와 그의 다채로운 아라비아 군의 활약과 알렌비 군의 성지탈환의 두 영화는 특히 놀라운 것이었다. 그의 「팔레스타인에서는 알렌비와, 아라비아에서는 로렌스와 더불어」 라는 강연은 런던을 비롯하여 전 세계에 선풍을 불러일으켰다.

그의 로열 오페라 하우스에서의 모험에 가득 찬 이야기와 영화 상연을 계속시키기 위하여 런던의 오페라 시즌은 6주간이나 연기되었다. 그리하여 런던에서 놀라운 성공을 거둔 후, 또다시 세계 각국을 순회하여 호평을 받았다. 그리고 나서 그는 인도와 아프가니스탄의 생활을 기록영화로 만들 준비에 착수했는데, 이때는 믿기 어려울 만큼 수많은 불행이 속출했다. 결국 그는 런던에서 파산을 하고 말았다.

나는 그 당시 그와 함께 있었는데, 우리는 라이온스 클럽의 코너 하우스 레스토랑에서 싸구려 식사를 들어야만 했다. 그런데 이것조차도 토머스 씨가 유명한 화가인 스코틀랜드 사람 제임스 맥베이 씨로부터 돈을 꿀 수가 없었더라면 그런 곳에조차도 가지 못했을 것이다. 어쨌든 여기에 이야기의 초점이 있다.

로웰 토머스 씨는 막대한 부채와 실의에 빠져 있었음에도 불구하고 고심은 하였으나 번민은 하지 않았다.

그는 이 역경에서 좌절하고 만다면, 자기는 채권자에 대해서나 이사회에 대하여 전혀 무가치한 인간이 되고 만다는 것을 알고 있었다. 그래서 매일 아침 그는 집을 나서기에 앞서 꽃을 사가지고는 그것을 가슴에 꽂고 태연한 차림으로 발걸음도 가볍게 옥스퍼드 거리를 활보했다.

그는 적극적인 용감한 생각을 지니고서 패배 앞에 항복하기를 거부했다. 요컨대 그에게 있어서는 진다는 것이 게임의 일부에 불과했다. 그것은 톱(top)을 차지하기 위해서의 필요한 훈련에 지나지 않았다.

우리의 정신 태도는 우리의 육체에 대해서도 거의 믿을 수 없을 만한 영향을 미친다.

영국의 유명한 정신병 학자 J. A. 하드필드는, 《힘의 심리》라는 저서 가운데서 그 사실을 설명하고 있다.

"악력계(握力計)를 사용하여 정신 암시가 완력에 미치는 영향에 관하여 세 사람(남자)에게 실험해 보았다."

그는 우선 그들에게 힘껏 악력계를 쥐게 했다. 그런데 그것을 세 가지의 다른 조건 하에서 실시했다. 보통의 상태 하에서 테스트했을 때 그들의 평균 악력은 101파운드였다. 다음에는 그들에게 최면을 걸고, "당신은 참으로 약하다"라는 암시를 준 후에 재어 보았더니 겨우 29파운드로 보통 힘의 3분의 1 이하였다(세 사람 가운데 한 사람은 권투선수였는데, 최면을 걸고 당신은 약하다는 암시를 주자 "내 팔은 어린애의 팔처럼 작다."고 말했다).

그리고서 하드필드는 세 번째 테스트를 했는데, 이번에는 "당신은 강하다"는 암시를 준 후에 측정하였더니, 그들의 평균 악력은 142파운드에 달했다. 말하자면 그들의 마음이 강하다는 적극적인 관념으로 충만하자 그들의 육체적 힘은 50퍼센트나 증가했던 것이다. 즉 이것이 우리의 정신 태도의 믿을 수 없는 힘인 것이다.

여기서 사상의 마력(魔力)을 설명하기 위하여 미국 역사상 가장 놀랄 만한 이야기 하나를 소개하기로 한다. 이에 대해서는 책으로도 쓸 수 있는 분량이지만, 여기서는 간단히 줄여 소개하기로 한다.

남북전쟁이 끝나서 얼마 되지 않은 서리(霜) 많은 10월 어느 날 밤, 집도 없이 가난한 떠돌이 여인이, 매사추세츠 주 암스베리에 사는 퇴역 해군대령의 처 「마더」 웹스터 댁의 문을 두드렸다.

그러자 문을 열어 준 「마더」 웹스터의 눈에 「뼈와 가죽뿐인」 가련한 작은 사람 하나가 눈에 띄었다.

자기 이름을 미시즈 그로버라고 말하는 이 여인은, 밤낮으로 자기를 괴롭히고 있는 어떤 문제를 해결하고자 가정을 찾고 있다는 것이다.

"그렇다면 우리 집에 있으면 어떻겠소? 난 이렇듯 큰 집에서 혼자 살고 있으니까."

웹스터 부인은 그렇게 말했다.

미시즈 그로버는 언제까지나 「마더」 웹스터와 함께 살았을는지도 모르나, 그러던 차에 뉴욕으로부터 웹스터 부인의 사위인 빌 에리스가 휴가로 찾아왔다.

그가 미시즈 그로버를 보고, "이 집에 뜨내기를 둘 수야 없잖아요." 라고 떠드는 바람에 이 집 없는 여인은 쫓겨나고 말았다.

그 날은 비가 몹시 내렸다. 그녀는 갈 곳을 몰라 빗속에서 한 동안을 서성이다가는, 비를 피할 곳을 찾아 정처 없이 떠나갔다.

그런데 여기에 이 이야기의 놀라운 곡절이 있으니, 진정 그야말로 「뜨내기」인 빌 에리스로부터 문 밖으로 쫓겨난 여인은 훗날 이 세계의 사상(思想)에 실로 커다란 영향을 미칠 운명을 지니고 있었던 것이다. 그녀는 지금 〈크리스천 사이언스〉의 창시자 메리 베이커 에디 (Mary Baker Eddy)로서, 수백만 신도의 숭배를 받고 있다.

그러나 이때까지만 해도 그녀는 질병, 비애, 비극을 제외하고는 인생에 대해서 아무것도 몰랐다.

그녀의 최초 남편은 결혼 후 얼마 안돼서 죽었으며, 두 번째 남편은 그녀를 버리고 유부녀와 놀아나더니, 그 역시 빈민원에서 숨을 거두었다. 이 무렵의 그녀에게는 아들이 하나 있었으나, 가난과 병과 질투 때문에 그 아이가 네 살 때에 자식을 버려야만 했다.

그녀는 지금까지 아들의 소식을 듣지 못했으나, 헤어진 지 31년 만에 그를 다시 만날 수가 있었다. 그녀는 원래 허약했기 때문에 오래 전부터 「정신요법의 과학」이라는 것에 대하여 흥미를 가져왔다. 그러나 그녀의 생애에 있어서 극적인 전기(轉機)는 매사추세츠 주 린에서 일어났다.

어느 추운 날 아침, 시골거리를 걷고 있을 때, 그녀는 얼어붙은 길에서 미끄러져 의식을 잃고 척추를 몹시 다친 까닭에 그 발작으로 경련을 일으켰다.

의사는, 그녀가 소생하기는 어려우며 만일 살아난다 해도 두 번 다시 걷지는 못하리라고 진단했다.

죽음의 침상이라고 생각되는 침대에 누워 있으면서, 메리 베이커 에디는 성서를 펴들고, 거룩한 손길의 인도를 따라 마태복음 9장 1절을 읽었다.

"예수께서 배를 타시고 바다를 건너 자기 동네로 돌아오셨습니다.

사람들이 중풍병자 한 사람을 침상에 눕힌 채 예수께 데려왔습니다. 예수께서 중풍병자를 향하여 '이 사람아, 안심하라. 네 죄가 사하여졌다.' 하고 말씀하셨습니다. …… '일어나 침상을 가지고 네 집으로 가라' 하시니 그가 일어나 집으로 돌아갔습니다…….”

이 그리스도의 말씀은 그녀의 마음속에 커다란 힘과 위대한 신앙, 격동하는 회복력을 불러일으킴으로써 "즉석에서 침대를 떠나 걸을 수가 있었다.”고 그녀는 말하고 있다.

미시즈 에디는 언제나 이런 말을 한다.

"그 경험은 자신을 건강하게 만드는 방법일 뿐 아니라, 다른 사람까지도 건강하게 하는 방법을 발견하는 찬스가 되었던 것입니다.”

그리하여 메리 베이커 에디는 신흥종교의 창시자가 되었으며 사제장이 되었던 것이다. 지금 그녀가 창시한 〈크리스천 사이언스〉는, 여성에 의하여 시작된 유일한 신교로서 전 세계에 퍼져 있다.

이렇게 쓰다 보니 여러분 중에는 "이 카네기라는 자는 〈크리스천 사이언스〉의 선전을 하고 있다.”고 말하는 분이 있을지도 모른다. 그러나 결코 그런 것은 아니다. 나는 분명히 〈크리스천 사이언스〉의 신도는 아니지만, 해를 거듭함에 따라 생각하는 힘의 강함을 확신하기에 이르렀던 것이다.

35년 동안 성인 클래스를 가르쳐 온 결과, 나는 여러 사람들이 그들의 생각을 바꿈으로써 번민과 공포, 그 밖의 온갖 종류의 질병을 몰아내고 그들의 생활을 일변하는 것을 알게 되었던 것이다.

나는 알고 있다! 알고 있다! 몇 백 번이나 그렇듯 믿을 수 없는 변화가 일어난 것을 보아 왔다. 그래서 나는 조금도 의아스럽지가 않게 되었다.

예컨대, 여기에 사고(思考)의 힘을 설명하는 믿기 어려운 변화가 나의 클래스 학생에게서 일어났던 실례가 있다.

그는 심한 신경쇠약에 걸려 있었다. 원인은 번민 때문이었는데, 이 학생은 이렇게 말하고 있다.

"나는 매사에 번민을 했다. 나는 자신이 지나치게 말랐다든가, 머리털이 빠진다든가, 결혼자금을 저축하지나 못할까, 혹은 좋은 아버지가 될 것인가, 아니면 실연당하지나 않을까, 선량한 생활을 못하고 있는 것이나 아닌지 등등―, 매사가 걱정거리뿐이었다. 나는 또, 다른 사람들에게 나쁘게 인식되어 있지나 않은가 하고 번민했으며, 또 어떤 때는 위암에 걸린 게 아닌가 하는 생각이 자신을 괴롭혔다. 그러다가 결국 나는 일이 손에 잡히지 않아 직장을 그만두었다. 나는 체내에 긴장을 충만시켜, 마치 안전핀이 없는 보일러처럼 되고 말았다. 그리고는 점점 압력이 늘어나서 금세라도 터져버릴 것만 같았고―끝내는 폭발하고 말았다.

만일 당신이 심한 신경쇠약증에 걸려 본 일이 없었다면 단연코 이 병에 걸리지 않도록 조심하라. 왜냐하면 제아무리 대단한 육체적 고통일지라도 번민에 휩싸인 마음의 고통에 비한다면 문제가 되지 않기 때문이다.

나는 신경쇠약이 너무도 심했기 때문에 집안 식구들과 이야기도 못할 정도였다. 말하자면 사고를 조절할 수가 없었다. 그리고 또 나는 공포에 사로잡혔으며 공연히 이상한 소리만 나도 깜짝 놀랐고 사람을 피했다. 더구나 아무런 이유도 없이 울부짖는 일도 있었다. 번민은 나날이 계속되었다. 나는 누구에게서나—하나님에게서까지도 버림받았다는 느낌이 들었다. 심지어는 강물에 뛰어들어 죽고 싶은 충동에 사로잡히기도 했다.

그러던 중 나는 플로리다로 여행이나 떠나 보자는 생각을 했다. 혹 장소가 바뀌면 마음도 달라지리라고 생각했던 것이다. 내가 기차에 올랐을 때, 아버지께서는 한 통의 편지를 주시면서, 플로리다에 도착할 때까지는 펴 보지 말라고 당부하는 것이었다. 나는 관광 시즌이 한창일 무렵에 플로리다에 도착했다. 이곳은 호텔이 만원이었기에 어느 주차장의 침실을 빌렸다. 나는 마이아미 발 부정기항로 화물선의 일자리를 구했으나 뜻을 이루지 못했다. 그래서 나는 이곳 해안에서 소일을 하게 되었지만, 고향에 있을 때보다 조금도 나을 것이 없었다.

문득 나는 아버지의 편지가 생각났다. 거기에는 다음과 같은 사연이 적혀 있었다.

— 아들아, 너는 집에서 1,500마일이나 떨어져 있으련만 별로 달라진 느낌은 없을 것이다. 나는 네가 그러리라고 짐작한다. 왜냐하면 너는 자신의 유일한 번민의 씨앗을 몸에 지니고 갔기 때문이다.

그것은 바로 네 자신이 아니겠느냐. 내가 보기에 너에게는 심신에 아무런 이상이 없는 것 같다. 네게 당면한 사태가 너를 괴롭히는 것이 아니라, 이런 일들에 대한 너의 생각이 너를 해쳤던 것이다.

'사람은 스스로의 마음속에 생각하는 바가 바로 그 자신이니라.'

네가 이 사실을 깨달았다면 돌아오너라. 너의 병은 나을 것이다.—

그런데 나는 아버지의 편지를 읽고는 화가 치밀었다. 여태껏 내가 구하고자 했던 것은 동정이었지 교훈은 아니었다. 나는 몹시 흥분했기에 다시는 집으로 돌아가지 않으리라고 결심했다. 그날 밤, 나는 마이애미의 어느 골목길을 걷고 있었는데, 마침 교회에서 예배가 진행되고 있었다. 나는 별로 갈 곳도 없었으므로 그곳으로 발길을 옮겼다.

그 곳에서 「너희 마음을 이기는 자는 한 도시를 지배하는 자보다 강하니라.」 하는 성경 구절에 대한 설교를 듣게 되었다. 신성한 하나님의 집에 앉아 아버지께서 편지에 썼던 것과 똑같은 사상을 듣고 있자니까, 나의 뇌리로부터는 퇴적된 먼지들이 쓸려 내리는 것 같았다.

나는 생전 처음으로 사물을 분명하게 볼 수 있게 되었으며, 자신이 어리석었다는 것을 알게 되었다. 나는 참다운 광명의 빛을 받은 자신의 모습 앞에 놀라지 않을 수 없었다. 나는 지금까지 온 세상과 이 땅 위에 사는 전 인류를 바꾸어 보리라고 생각했으나, — 오히려 바꾸지 않으면 안 되었던 유일한 것은 나의 마음이라는 카메라 렌즈의 초점이었던 것이다. 이튿날 아침, 나는 짐을 꾸려 고향으로 돌아왔다. 그리하여 1주일 후에는 다시 그전 일자리로 돌아갔고, 이때부터 4개월 뒤에는 실연(失戀)으로 끝나지 않을까 염려하던 소녀와 결혼을 했다.

지금 우리에게는 5남매의 자녀가 있으며 행복하게 지내고 있다. 말하자면, 물질적으로나 정신적으로나 하나님의 은총을 입고 있다.

지난 날, 신경쇠약으로 앓고 있을 무렵에 나는 열여덟 명의 부하직원을 거느린 작은 백화점의 야경 주임이었지만, 현재는 450명의 종업원을 둔 합지 제조공장의 이사이다. 이제 내 생활은 순조로우며 사람과의 교제도 잘 되고 있다. 그러므로 나는 지금 인생의 참다운 가치를 만끽하고 있다고 믿는다. 그러나 가끔 불안한 생각이 치밀 것 같으면(이것은 누구나 피할 수 없는 일이지만), 나는 마음의 카메라 초점을 맞추라고 자신에게 말한다. 그러면 그것으로 만사는 오케이다. 지금 생각하면 나는 신경쇠약에 걸렸던 것이 다행이었다고 본다. 나는 인간의 사고력이 우리의 마음과 육체에 어떻게 강한 힘을 미치는지를 뚜렷하게 알수가 있었던 것이다. 오늘날에 와서 나는 자신의 사고를 자신에게 거스르지 않고서 자기에게 도움이 되게 할 수가 있다.

일찍이 아버지께서 나의 온갖 번민의 원인은 외부의 문제가 아니며, 내가 그 문제에 대하여 생각하는 바라고 말씀하신 것은 옳았다고 생각한다.

비로소 이 사실을 알게 된 순간, 나는 마음이 홀가분해졌다. ― 더구나 그 후부터는 완연히."

대략 이상의 이야기가 이 학생의 경험담이다.

나는 우리의 생활로부터 얻을 수 있는 마음의 평화와 기쁨은 우리가 어디에 위치하는지, 무엇을 지니는지, 우리가 누구인가에 좌우되는 것이 아니라 다만 우리의 정신 태도 여하에 달려 있다고 확신한다. 여기서 외부의 조건은 거의 관계가 없는 것이다.

예컨대, 하퍼스 페리에서 합중국의 병기고를 습격하고 노예들에게 반란을 교사했다는 이유로 교수형을 받은 존 브라운의 경우가 바로 그렇다.

그는 관(棺) 위에 실려 처형대로 이송되었는데, 그의 곁을 따라가던 교도관은 무서워서 어쩔 바를 몰랐다. 그런데 브라운은 냉정했다.

그는 버지니아 블루 리지의 산들을 바라보면서, "얼마나 아름다운 나라인가! 일찍이 내가 천천히 구경할 기회가 없었기에 유감이구나." 하고 감탄을 했다는 것이다.

이것은 지난 날 남극을 처음으로 탐험한 영국인 탐험가 로버트 스코트와 그 대원들의 경우에서도 마찬가지인데, 그들의 귀환여행은 유사 이래 처음이라고 할 수 있을 만큼 고통스러운 것이었다. 식량은 떨어졌고 연료도 없었다. 그래서 그들은 한 발자국도 전진할 수가 없었다. 사나운 폭설이 열하루 동안을 두고 밤낮 없이 극지(極地)의 벌판을 휩쓸었고, 빙판 위에는 융기(隆起)와 균열이 생겼다. 스코트와 그 대원들은 이제 죽음에 직면했다는 것을 알았다. 그들은 만일에 대비하여 상당량의 아편을 휴대하고 있었는데, 이것을 복용하기만 하면 두 번 다시 눈을 뜨지 않는 편안한 꿈길로 들어설 수가 있었다. 그런데도 그들은 결코 마취제를 쓰지 않았다. 오히려 그들은 「쾌활한 노래를 소리쳐 부르면서」 죽어 갔던 것이다.

우리는 이 사실을 8개월 후에, 수색대가 그들의 동사체에서 발견한 유서에 의해서 알게 되었다.

이것을 보더라도, 역시 우리가 용기와 평정(平靜)의 창조적 사고력을 지니고만 있다면 자기의 관에 걸터앉아 교수대로 끌려가면서도 경치를 즐길 수가 있을 것이며, 기아와 혹한으로 죽어 가면서도 「유쾌한 노래」로써 텐트를 가득 채울 수가 있는 것이다.

《실락원》을 쓴 작가로서 눈이 먼 존 밀턴은 이미 3백 년 전에 이러한 진리를 발견했다.

마음은 그 자신의 터전이니라,
그 안에 지옥의 천국을,
천국의 지옥도 만들 수 있나니.

나폴레옹과 헬렌 켈러도 밀턴의 이 말을 완전히 실증하고 있다. 나폴레옹은 인간이 일반적으로 열망하는 것—영예와 권력과 부귀를 누릴 수 있었음에도 불구하고, 세인트헬레나에서 "나의 일생에서 행복했던 날은 엿새에 불과하다."고 말했다.

그런가 하면, 장님이면서 벙어리인 헬렌 켈러는, "나는 인생이라는 것을 참으로 아름답게 생각한다."고 단언하고 있다. 내가 반세기의 생애에서 무엇이든 배운 바가 있다고 한다면, 그것은 다름이 아니라 「인간에게 행복을 주는 것은 그 자신밖에 없다」는 것이다.

이것은 바로 에머슨이 그의 《자신(自信)》이라고 제명한 논문의 결론 가운데서 말한 것을 내가 되풀이하는 데 불과하다. 즉,

"정치적 승리, 땅값의 비등, 병자의 회복, 혹은 오랫동안 떠나 있던 친구의 귀환, 그 밖의 외부적 사건은 인간의 정신을 앙양시키며 장래의 행복을 예상케 한다. 그러나 이것을 믿어서는 안 된다. 그런 일은 결코 없는 법이다. 참으로 인간에게 평화를 주는 것은 자기 자신밖에 없기 때문에."

스토아학파의 철학자 에픽테토스는 경고하기를, 우리는 「육체의 종양이나 병원체」를 제거하기보다는 마음속으로부터 나쁜 생각을 물리치도록 힘쓰라고 했다. 에픽테토스는 이미 오래 전에 이런 말을 했지만, 현대의학도 이에 동의하리라고 본다.

G. 켄비 로빈슨 박사는 존스 홉킨스 병원에 입원하고 있는 환자의 5분의 4는 감정적 긴장과 압박감이 병태(病態)의 일부 원인이라고 언명하고 있다. 그런데 이것은 기질성 질환에 있어서도 「결국 생활 및 그 문제에 대한 조절 불량에 기인하고 있다」는 것이다.

프랑스의 대철학자 몽테뉴는 다음과 같은 구절을 좌우명으로 삼았다고 한다.

"인간은 일단 저질러진 일 때문에 상처를 받는 것 이상으로, 일어날 일에 대한 두려움 때문에 더 상처를 받는다."

그런데, 일어날 일에 대한 두려움은 우리의 마음 하나에 달려 있다. 그렇다면 이것은 무슨 의미인가? 당신이 번민에 사로잡혀 신경이 바늘 끝처럼 되었을 때, 그런 때에는 의지의 힘에 따라 정신자세를 변경할 수가 있다고 나는 여러분에게 주장하고 있는 것일까? 그렇다. 바로 그대로다! 이에 더하여 나는 그 방법을 여러분에게 전수하고자 한다. 그러기 위해서는 노력이 필요하지만, 그 비결은 간단하다.

응용심리학의 최고 권위인 윌리엄 제임스는 이렇게 설명하고 있다.

"행동은 감정을 따르는 것처럼 생각되고 있으나 실제로 행동과 감정은 동시에 움직이는 것이다. 의지에 의한 직접적인 지배하에 있는 행동을 규율함으로써 우리는 의지에 의해 직접적으로 지배되고 있지 않는 감정을 간접적으로 규율할 수가 있다."

바꾸어 말하면, 윌리엄 제임스는 이렇게 말하고 있는 것이다. 즉, 우리는 「단지 결심한 것만으로는」 우리의 감정을 즉석에서 바꿀 수는 없으나 행동을 변경할 수는 있으며, 여기서 행동을 바꾸면 자동적으로 감정을 바꾸게 된다는 것이다.

그는 또 이렇게 말하고 있다.

"그래서 쾌활성을 잃었을 때 자력으로 그것을 회복하는 가장 좋은 방법은 쾌활함을 되찾고 유쾌하게 말하고 행동하는 것이다."

그렇다면 이 간단한 비결은 과연 도움이 될 것인가? 시험해 보라. 만면에 미소를 띠고 어깨를 펴고서는 크게 숨을 들이켜 무슨 노래라도 불러 보라. 만일 노래를 못하겠거든 휘파람이라도 불어 볼 일이다. 또 휘파람도 못 불겠거든 그 흉내만이라도 좋다. 그러면 당신은 윌리엄 제임스가 한 말을 납득하게 될 것이다. 말하자면 겉으로는 대단히 행복한 체하면서도 번민한다는 것은 육체적으로 불가능하다는 것을 알게 될 것이다.

이것은 자연의 작은 기본적 진리의 하나로서, 우리의 온갖 생활에 있어 기적을 일으키게 할 수 있는 것이다.

내가 잘 아는 캘리포니아의 어떤 부인도 일찍이 이러한 비결을 알았더라면 그녀의 번민 전부를 24시간 이내에 제거할 수가 있었을 것이다. 그녀는 연만(年滿)한 미망인이었는데, 이는 확실히 고통스러운 사실이었을 것이다. 그런데 그녀는 결코 행복스럽게 보이려 하지 않았다. 그녀는 안부의 물음에 이렇게 대답했다.

"뭐, 여전합니다."

그렇지만 그녀의 얼굴 표정이라든가 울먹이는 어조는 "아아, 제가 얼마나 슬픈 꼴을 당해 왔다고요!" 하고 호소하고 있는 것이다.

세상에는 이보다도 더 불행한 여자가 얼마든지 있겠으나, 그녀의 앞에서는 행복하다는 것이 오히려 무안을 느낄 지경이다.

그녀의 남편은 평생을 지낼 만한 보험금을 그녀에게 남겨주었고, 결혼한 자식들까지 있어 언제라도 그녀를 모시도록 되어 있었다. 그럼에도 불구하고 나는 그녀의 웃는 얼굴을 보지 못했다. 그녀는, 사위들 셋이 모두 구두쇠이며 지나치게 이기적이라고 험담을 한다. ―실상 그들한테 가서는 몇 달씩이나 신세를 지면서도―그리고 딸들도 자기를 돌봐주지 않는다고 야속하다는 것이다. 그런가 하면 자기는 「만년에 대비한다」는 구실로 실속 있게 돈을 모으고 있다.

이런 점에서 볼 때, 그녀는 확실히 자기 자신뿐만 아니라, 불행한 가정에 있어서 어두운 그림자인 것이다.

그러나 문제는 사실의 진부에 달려 있다. 그녀는 단지 마음먹기에 따라서는, 자신을 가엾고도 불행한 처지에서 가족들의 존경과 사랑을 받게 될 인간으로 변할 수가 있다. 그러기에는 우선 몸가짐이 쾌활해야 되며, 그녀가 지금까지 자기 일신상에만 기울였던 애정을 남들에게도 나누어주도록 한다면 그것으로 족하다.

내 친구 중에 인디애나 주 텔 시티에 사는 H. J. 잉글러트라는 사람이 있는데, 그는 이 비결 덕분에 지금까지 잘 지내고 있다.

그는 10년 전에 성홍열에 걸렸다. 그런데 이것이 낫게 되자, 이번에는 신장염에 걸려 의사라는 의사는 모조리 찾아보았지만 좀처럼 완치가 되지 않았다. 심지어는 「돌팔이 의사」에게 걸려들기까지 했다. 그런데다가 얼마 안 있자 고혈압 증세까지 곁들였다. 그를 진찰한 의사는 최고 혈압이 214나 된다고 말하면서, 이것은 치명적이니 더 악화되기 전에 신변을 정리해 두는 것이 좋으리라는 것이다.

그는 그 때의 심정을 이렇게 말하고 있다.

"나는 집에 돌아와서 보험료가 전부 불입되어 있는지를 확인했다. 그리고 어두운 명상에 잠겨, 하나님께 대해서 나의 죄를 참회했다. 집안 식구들은 모두 슬픔에 잠겼고, 아내와 자식들은 실로 처참한 지경이었다. 나 자신도 완전히 까부라지고 말았다.

그런데 한 주일 가량 자기연민에 시달린 후, 나는 혼자 이런 말을 했다. '참 못나기도 했구나! 아직도 1년쯤은 더 살지 모르는데, 어쩌자고 살아 있는 동안 속을 썩는가?'

나는 어깨를 펴고 얼굴에는 미소를 지으며 만사가 순조롭다는 듯이 보이려고 했다. 처음에는 어쩐지 어색했으나 점차 쾌활하게 행동할 수가 있었다. 이로써 가족을 구할 수가 있었지만, 나 자신도 구원을 받았던 것이다.

그랬더니, 우선 처음에 그렇듯 생각을 가지려고 했던 것 이상으로 기분이 좋아진 것을 느꼈다. 그리하여 나의 병세는 나날이 차도가 보였고, 수개월 후에는 무덤 속에 잠들어야 했을 내가 완연히 건강해졌고 혈압도 내려갔다.

여기서 나는 하나의 뚜렷한 사실을 알게 되었다. 그것은 다름이 아니라, 내가 번민하던 끝에 '에라, 할 수 없지.' 하였더라면 의사의 말대로 되었을 것임에 틀림없다는 것이다. 그런데 나는 정신 태도를 바꿈으로써 스스로 자신에게 찬스를 주었던 것이다."

그럼, 여기서 한 가지 질문해 보기로 한다. 만일 우리가 단적으로 쾌활해 보이고, 건강과 용기에 관한 긍정적인 생각만으로써 한 사람의 생명이 구해질 수 있다면, 어째서 우리는 사소한 우울과 좌절을 괴로워하는가? 또 쾌활하게 행동함으로써 행복을 가져올 수가 있는데도 불구하고 어째서 우리는 자신뿐만 아니라 주위 사람들을 불행하게 만드는가?

오래 전에 나는 작은 책자 하나를 읽고서 실로 깊은 감명을 받은 적이 있다. 그것은 제임스 알렌의 《생각나는 대로》라는 책이었는데, 그 중에는 다음과 같은 1절이 있었다.

"사람이 타인과 사물에 대한 자기의 생각을 바꾸게 되면, 자기 아닌 남과 사물도 그에 대한 생각을 바꾸게 된다는 것을 알게 될 것이다. ……그가 갑자기 생각을 바꾸게 되면, 그는 그것이 그의 생활의 외적 조건을 급속도로 변화시키는 것을 알게 되어 놀랄 것이다.

인간은 스스로가 원하는 것을 유인(誘引)하는 것이 아니라, 있는 그대로의 현상을 받아들인다. ……우리의 목적을 형성하는 신성(神性)이라고 하는 것은 우리들의 내부에 존재한다. ……따라서 인간이 이룩하는 온갖 것은 그들의 사고(思考)의 직접적인 결과인 것이다. ……인간은 그들의 사고를 앙양함으로써 존립하며, 정복하고 성취할 수가 있다. 그런데 만일 우리가 사고의 앙양을 거부한다면 약하고 비열한 상태를 벗어날 수가 없을 것이다."

구약성서 〈창세기〉에 의하면, 하나님께서는 인간에게 온 세상의 지배권을 주었는데, 이것은 실로 강대한 선물이다. 그러나 나는 그와 같은 초국왕적(超國王的) 특권에는 흥미가 없다. 내가 바라는 전부는 자기 자신을 지배—자신의 사고에 대한 지배, 자신의 공포에 대한 지배, 자신의 마음, 자신의 영혼에 대한 지배—하는 것뿐이다.

그리고 이상하게도 나는 단순히 자신의 행동을 조절하기만 한다면 그것이 자신의 반응을 억제할 수도 있게 되니, 내가 마음이 내키는 때에는 언제든지 이러한 지배를 놀랠 정도로 달성할 수가 있는 것이다.

그러므로 심리학자이자 철학자인 윌리엄 제임스가 한 다음의 말을 기억하도록 하라.

"이른바 악(惡)의 대부분은 번민하고 있는 사람의 내면적 태도를 공포로부터 투지로 변화시킴으로써 축복할 만한 선(善)으로 대치할 수가 있다."

이제 우리는 행복을 위해서 싸우기로 하자. 쾌활하고 건설적인 사고의 계획에 따라 우리의 행복을 위하여 싸우자. 여기에 그 계획이 있다. 그것은 「오늘만큼은」이라는 타이틀이다. 나는 이 프로그램이 사람을 고무시키는 데에 대단히 도움이 된다고 생각했기 때문에 그 복사본 수백 부를 여러 사람에게 나누어주었다. 이것은 지금부터 36년 전에 고 시빌 F. 패트리지가 쓴 것인데, 만일 우리가 그것을 실행한다면, 우리는 번민의 대부분을 없애고, 프랑스 사람들이 말하는 「삶의 기쁨」을 누릴 수 있을 것이다.

오늘만큼은

1. 오늘만큼은, 행복하게 지내리라. 링컨은 말하기를 "대부분의 사람은 자기가 행복해지려고 결심한 만큼은 행복하다."라고 했는데, 이 말은 진리다. 사실 사람의 행복은 그 내부로부터 오는 것이지, 인간 외부의 사항은 아니다.

2. 오늘만큼은, 자기 자신을 사물에 적응시키도록 하라. 사물을 자기의 뜻대로 만들려 하지 않겠다. 가족·사업·행운을 있는 그대로 받아들여 자신을 그것에 적응시키자.

3. 오늘만큼은, 몸조심을 하리라. 운동을 하고, 몸을 아끼고, 영양을 섭취하기로 하자. 혹사를 하거나, 내 몸을 무시하지 않으련다. 그런다면 나의 명령에 따르는 완전한 기계가 될 것이 아닌가.

4. 오늘만큼은, 자신의 마음을 굳게 가지리라. 무엇이든 유익한 것을 배워 보겠다. 정신적으로 게으름뱅이가 되지 않으련다. 어떤 노력·사고·집중을 필요로 하는 책을 읽어 보자.

5. 오늘만큼은, 세 가지 방법으로써 내 영혼을 운동시키리라. 남모르게 어떤 유익한 일을 해보겠다. 윌리엄 제임스가 말한 대로, 수양을 위해서 적어도 두 가지는 하고 싶지 않은 일을 하여 보자.

6. 오늘만큼은, 유쾌하게 지내리라. 가급적 활발하게 보이게 하고, 되도록 어울리는 복장에, 조용히 이야기하고 예의 바르게 행동하며, 마음껏 남들을 칭찬해 보겠다. 그리고 남을 비판하지 말며, 무슨 일이든 꾀를 부리지 않고, 남을 탓하거나 꾸짖지 않아 보겠다.

7. 오늘만큼은, 오늘 하루로써 살아 보리라. 삶의 온갖 문제를 앞에 놓고 한꺼번에 들이덤비지 않겠다. 그렇지만 일생을 두고도 도저히 감당할 수 없는 문제일지라도 열두 시간 만에 해치워 보리라.

8. 오늘만큼은, 하루의 프로그램을 작성하자. 매 시간마다 해야 할 일을 써두기로 하자. 설령 그대로는 되지 않을망정, 어쨌든 하여 보리라. 그런다면 「초조」와 「주저」라는 해독을 제거할지도 모르니까.

9. 오늘만큼은, 반시간이라도 혼자서 조용히 휴식할 시간을 가져 보리라. 그 동안에 때로는 하나님을 생각해 보겠다. 왜냐하면 자신의 인생에 대한 올바른 인식을 얻을 수 있기 때문에.

10. 오늘만큼은, 두려워하지 않으리라. 특히 행복해질 것, 아름다움을 즐길 것, 사랑 앞에 겁내지 않을 것이며, 내가 사랑하는 사람들이 또한 나를 사랑해 주리라고 믿어 보리라.

— 만일 평화와 행복을 가져올 정신적 태도를
　　　기르겠다면, 여기에 그 첫 번째 법칙이 있다.—

활달하게 생각하고 행동한다면, 유쾌해질 것이다.

─ ·─ ··─ ··─ ·─ 제13장 ─ ·─ ··─ ··─ ·─

앙갚음하려 하지 말라

여러 해 전, 내가 빌로 스톤 파크를 여행했을 때의 일이다. 어느 날 밤, 나는 다른 여행객들과 함께 울창한 삼림을 바라다볼 수 있는 자리에 앉아 있었다.

그러자 우리가 구경하겠다고 기다리던 동물인 이 숲속의 공포 회색 곰이 휘황하게 비치는 등불 앞에 그 모습을 드러내더니, 공원 안의 호텔 식당에서 버린 음식 찌꺼기를 먹기 시작했다.

그런데 마침 곁에 있던 삼림감독 마틴 소령은, 이 광경을 보고 흥분한 여행객들에게 곰에 대한 이야기를 하는 것이었다.

그의 말에 의하면, 회색 곰은 서부의 다른 어떤 동물보다도 강하며, 이것과 맞설 수 있는 상대는 들소와 코디액 곰(Kodiak Bear, 알래스카 불곰) 정도라는 것이었다. 그런데 이날 밤에 나는 회색 곰이 숲속에서 나온 한 마리의 짐승에게만은 잠자코 먹이를 나누어주는 광경을 보았다. 그 짐승은 스컹크였다. 곰은 그 앞발로 한 번만 차면 스컹크를 해치울 수가 있다는 것을 알았을 텐데, 어째서 가만히 있었을까? 그러나 곰은 그것이 되지 않는다는 것을 알고 있다. 어렸을 때에 농장에서의 일인데, 미주리 주에서는 네 발로 걷는 놈을 잡았었다. 또 내가 어른이 되어서는 뉴욕의 보도에서 가끔 두 발로 걷는 스컹크를 본 일이 있는데, 어쨌든 나의 경험에 의하건대, 이것들은 건드리면 손해다.

사실 우리가 적을 증오하면 적에게 힘을 주는 것이 된다. 그것은 바로 우리의 수면·식욕·혈압·건강·행복에 관한 힘이다.

우리의 적은 저희들이 우리를 괴롭히고 있다는 것을 안다면 기뻐할 것임에 틀림없다. 말하자면 우리의 증오는 조금도 그들을 손상시킴이 없이, 우리 자신에게 주야로 지옥 같은 고통을 맛보이는 것이다.

"만일 어떤 이기적인 사람이 억지로 당신의 덕을 보려 든다면, 그 사람과 상대를 하지 않으면 그만이다. 앙갚음을 하려 해서는 안 된다. 가령 앙갚음을 하려 든다면 상대방을 해치기보다는 오히려 자기 자신이 손해를 입게 된다."

이 말은 몽상적인 이상가의 헛소리로 생각될지 모르나, 밀워키의 경찰본부에서 발간하는 《경찰 홍보》에 기재되어 있다.

그렇다면 앙갚음은 어떻게 당신을 해치는 것일까? 여기에는 여러 가지 방법이 있는데, 《라이프》지에 의하면 그것은 건강까지도 해롭게 만드는 수가 있다고 한다.

"고혈압 때문에 고민하는 사람들의 개인적 특성은 원한이다. 그리고 일정한 원한이 만성화하게 되면 만성 과도 긴장과 심장병을 일으키게 된다."고 《라이프》지는 기술하고 있다.

그러므로 그리스도가 "원수를 사랑하라."고 한 말은 단순히 올바른 도덕률만을 강론한 것이 아니라, 20세기의 의학까지도 설교한 것이다.

그분이 "일곱 번의 70배까지는 용서하라."고 말했을 때, 예수는 우리들에게 고혈압·심장병·위암 등의 예방법에 관해서 강론했던 것이다.

최근에 내 친구 하나가 심한 심장병에 걸렸는데, 의사는 그녀를 침대에 눕히고는 여하한 일이 있더라도 화를 내지 말라고 충고했다.

의사는, 심장이 약한 사람이 성이 나서 발작을 일으키게 되면 죽는 수가 있다는 것을 알고 있기 때문이다. 여기서 나는 「죽는 수가 있다」고 말했지만, 실제로 수년 전에 워싱턴의 어느 레스토랑 주인은 성난 발작 때문에 죽은 일이 있다.

여기에 그 실증(實證)으로서, 워싱턴의 스포컨 경찰본부장 제리 스워타웃 씨의 편지가 있는데, 그 내용은 다음과 같다.

— 수년 전에 이곳에서 카페를 경영하던 윌리엄 퍼케이버(68세)라는 사람은, 요리사가 접시로 커피를 마시겠다고 우겨대는 통에 화가 치밀어 이것이 원인이 되어 사망했다. 그는 너무도 화가 나서 권총을 들고 요리사를 쫓아갔으나, 총을 손에 든 채 심장마비로 쓰러졌다. 검시관은, 성난 발작에 의한 심장마비사라고 단정했다.—

일찍이 그리스도가 "원수를 사랑하라."고 말했을 때, 그분은 어떻게 하면 우리의 마음가짐을 좋게 할 수가 있겠는지에 대해서도 설파했던 것이다.

나는—그리고 여러분도—증오와 원한 때문에 주름살이 많은, 구겨진 얼굴을 하고 있는 부인들을 보아 왔다. 그런 만큼, 어떤 뛰어난 미용술도 관용과 친절과 애정의 정신이 없이는 그들의 용모를 아름답게 하지는 못할 것이다.

한편, 증오는 음식을 맛보는 능력까지도 파괴한다. 성서에는 이렇게 씌어 있다.—「사랑이 깃들어진 가난한 채소요리는 증오에 가득 찬 기름진 고기음식보다 나으니라.」

우리의 적은 우리가 그들을 증오함으로써 피로하고 신경쇠약이며, 인상이 험해지고 심장병에 걸려 스스로의 생명까지도 위태롭게 하고 있다는 것을 안다면 얼마나 기뻐할 것인가. 가령 우리가 원수를 사랑할 수는 없다 할지라도, 우리 자신을 사랑할 수는 있지 않은가. 우리의 적에게 우리의 행복·건강·용모의 지배권을 내어주지 않을 만큼은 자기 자신을 사랑해야 할 것이다.

셰익스피어는 이렇게 말했다.

"너의 원수 때문에 난롯불을 뜨겁게 지피지 말라. 오히려 그 불이 너 자신을 태우리라."

그리스도가 우리의 원수를 "일곱 번의 70배까지는 용서하라."고 말했을 때, 그분은 견실한 사업에 관해서도 강론했던 것이다. 그 실례로 마침 여기에 스웨덴의 웁살라에 사는 게오르규 로나에게서 받은 편지가 있다.

그는 빈의 변호사였는데, 제2차 대전 중에는 스웨덴으로 피난을 갔었다. 그러나 수중에는 돈 한 푼 없었기에 일자리를 구해야만 했다. 그는 수개국어에 능통했으므로 어디든 무역회사의 통신원으로 취직하려 했다. 그러나 무역회사로서는 전쟁 중인지라 그런 일자리가 없으니 이름만 적어 두겠다는 대답이었다. 이 무렵에는 어느 회사를 찾아가도 대답은 마찬가지였다.

그런데 그 중에서 한 회사만은 다음과 같은 회신을 보내왔다.

—회사의 일자리에 대한 당신의 생각은 잘못입니다. 저희 회사로서는 통신원이 필요 없습니다만, 만일 필요하다 해도 당신을 채용할 생각은 조금도 없습니다. 당신은 우선 스웨덴 말에 능숙치가 못하며, 편지에는 오자투성이였습니다—.

게오르규 로나는 그 편지를 읽고서 크게 화를 냈다.

"오자투성이라니 무슨 소리야, 이런 무식한 것들! 제 놈들의 편지도 오자투성이가 아닌가!"

게오르규 로나는 이런 촌놈들을 보기 좋게 닦아세울 양으로 펜을 들었다.

"그러나 잠깐—"

그는 반성했다.

"어쩌면 이 사람의 말이 맞을는지도 모른다. 내 딴에는 스웨덴어를 공부하느라고는 했지만, 모국어는 아니니까 미처 몰랐던 잘못이 있을지도 모른다. 그렇다면, 취직을 하기에는 좀 더 스웨덴 말을 배워야 하지 않겠는가. 이 사람은 내게 좋은 충고를 해주었는지도 모른다. 말버릇은 좀 고약했지만, 그의 호의는 감사할 만하다. 그러면 한번 인사편지라도 보내기로 하자."

그리하여 게오르규 로나는 썼던 것을 찢어버리고, 다음과 같은 편지를 썼다.

—귀사에서는 통신원이 필요치 않으심에도 불구하고 수고스럽게 회신까지 보내주시어 감사합니다. 더구나 귀사의 사정을 몰랐던 데 대해서는 죄송하게 생각합니다. 그러나 귀사에 서신을 올렸던 것은 다름이 아니라, 귀사는 무역업계에서도 손꼽히는 존재라는 것을 알았던 때문입니다. 저의 편지에 문법상의 잘못이 있었던 데 대해서는 심히 부끄러움을 금할 수 없습니다. 앞으로는 더욱 스웨덴어를 공부하여 두 번 다시 그르침이 없도록 노력하겠습니다. 저의 앞길에 친절하신 지도를 베풀어주셔서 깊이 감사합니다—.

며칠 후, 게오르규 로나는 바로 편지의 장본인으로부터 내사(來社)를 요청하는 서신을 받고 찾아갔다가 일자리를 구하게 되었다. 말하자면 게오르규 로나는 「부드러운 대답이 노여움을 푼다」고 하는 것을 알게 되었던 것이다.

우리는 원수를 사랑할 만한 성자는 아닌지 모른다. 그러나 적어도 우리 자신의 건강과 행복을 위하여 원수를 용서하고 잊어버리기로 하자, 그것이 바로 현명이라는 것이다.

공자는 말하기를, "도둑을 맞거나 모욕을 당함은, 그것을 잊어버림으로써 아무것도 아니니라."고 했다.

나는 언젠가 한번 아이젠하워 장군의 아들 존에게, 부친께서는 남을 원망한 적이 있느냐고 물어 보았다. 그는 대답하기를, "천만에요. 아버지께서는 자기가 싫어하는 사람에 관한 일을 생각할 시간은 단 1분도 없답니다."라는 것이었다.

옛 말에도, 성낼 줄 모르는 사람은 바보이며, 성내지 않는 사람은 현자라고 했다.

그런데 전에 뉴욕 시장을 지낸 윌리엄 J. 게이너의 정책이 바로 이 것이었다. 그는 옐로 페이퍼(yellow paper)에 얻어맞고, 광인(狂人)에게 저격당하여 목숨이 위독한 지경에 이르렀는데, 병상에 누워 이런 말을 했다.

"매일 밤, 나는 세상의 온갖 일과 모든 사람을 용서한다."

이 말은 한낱 이상주의에 불과한 것일까? 아니면 유화(柔和)와 광명이 과잉한 탓일까? 만일 그렇다면 《염세주의의 연구》의 저자인 독일의 대철학자 쇼펜하우어의 의견을 들어보기로 하자. 그는 인생을 가리켜, 무익한 것이며 끝없이 괴로운 경험이라고 했다. 그가 길을 걷게 되면, 마치 우울(憂鬱)이 그의 몸에서 뚝뚝 떨어지는 것 같았다. 그러면서도 그 절망의 바탕에서 쇼펜하우어는, "되도록이면 누구한테나 원한을 품을 거야 없다."고 외쳤던 것이다.

나는 전날 윌슨, 하딩, 쿨리지, 후버, 루즈벨트, 투르먼 등 여섯 대통령이 신임하던 고문이었던 버나드 바루치에게, 지금까지 정적의 비난 때문에 번민한 일이 있었느냐고 물어보았다.

그랬더니, 그의 대답은 이러했다.

"아무도 나에게 무안을 주거나 골탕 먹일 수는 없습니다. 애당초 그럴 일은 만들지 않으니까요."

우리도 애당초 그럴 일을 만들지 않는다면 남에게 무안을 당하거나 난처해질 까닭이 조금도 없다.

몽둥이나 돌멩이는 나의 뼈를 꺾을지 모른다.
그러나 말로는 결코 나를 다치게 할 수 없다.

자고로 인간은 자기의 적에 대해서 아무런 악의를 품지 않는 그리스도와 같은 사람들에게 존경을 바쳐 왔다.

나는 가끔 캐나다의 재스퍼 국립공원을 찾아가, 북미에서도 가장 아름답다는 경치를 마라본다. —그런데 이 산은 1915년 10월 12일에 독일 조총부대 앞에서 성인처럼 죽어 간 영국의 간호사 에디스 카벨의 이름을 따서 마운트 벨이라고 명명되었다.

그러면 대체 그녀는 어떤 죄를 저질렀는가? 그녀는 벨기에에서 살면서 영국과 프랑스의 부상병을 간호했고, 식사를 제공하여 그들을 도와 폴란드로 도주시켰다. 그러자 운명의 10월 아침, 브뤼셀의 군 형무소 내 감방으로 영국의 종군 목사가 찾아와서는 그녀에게 죽음의 준비를 시켰을 때, 에디스 카벨은 다음과 같이 말했다. 이 말은 지금도 동판이나 돌에 새겨져 있다.

"나는 애국심만으로는 충분하지 않다는 것을 절실히 느낍니다. 나는 누구에게 대해서나 증오를 품지 않으렵니다."

이로부터 4년 후 그녀의 유해는 영국으로 이송되어 웨스트민스터 사원에서 추도식이 거행되었다.

나는 얼마 전 런던에서 1년 동안을 지냈는데, 그 때 나는 국립 초상화미술관을 향해 서 있는 그녀의 동상 앞에서, 화강암에 새겨져 있는 그녀의 불후의 명언을 읽었다.

— 나는 애국심만으로는 충분하지 않다는 것을 절실히 느낍니다. 나는 누구에게 대해서나 증오를 품지 않으렵니다.—

우리의 원수를 용서하고 그것을 잊는 확실한 방법은, 자기보다도 무한히 큰 어떤 주의(主義)에 몰두해야만 된다. 그런다면 우리가 당하는 모욕이라든가 적의는 아무런 문제도 되지 않는다. 왜냐하면, 우리는 우리의 주의 이외의 온갖 것에 대하여 개의치 않게 되기 때문이다.

예컨대 1918년 미시시피의 산 속에서 일촉즉발의 지경에 이른 하나의 극적인 린치사건이 있었다.

로렌스 존스라는 흑인 목사 겸 교사가 처참한 린치를 당했다.

수년 전에 나는 이 로렌스 존스가 창립한 파이니 우드 컨트리 스쿨을 찾아가 학생들에게 강연을 한 적도 있다. 이 학교는 오늘날 전국적으로 알려져 있지만, 내가 말하고자 하는 사건은 훨씬 전의 일이다. 그것은 모든 사람의 신경이 날카로워졌던 제1차 대전 중의 일인데, 미시시피 중부지방에는 독일 사람이 흑인을 선동하여 반란을 일으키려 한다는 소문이 자자했다. 그런데 이제 린치를 당할 판인 로렌스 존스가 바로 그 장본인이라는 것이다. 한 무리의 백인들이 그의 교회 앞에 서 있었을 때, 목사는 군중을 향해서 이렇게 외치고 있었다는 것이다.

"인생은 투쟁이다. 그러므로 이것을 무찌르고 이겨내자면, 우리 흑인은 모두 갑옷으로 무장하고 용감하게 싸우지 않으면 안 된다!"

「싸우자!」, 「갑옷!」 이 말만 들어도 충분히 알 수 있다! 흥분한 청년들은 밤의 어둠을 뚫고 달려가, 폭도를 동원하여 교회를 포위하고는 목사의 목에 밧줄을 걸었다.

그들은 목사를 1마일이나 끌고 가서 장작더미 위에 세워놓고, 성냥에 불을 댕겨 그를 태워 죽일 준비를 했다.

그런데 이때 누군가가, "태워 죽이기 전에 빌어먹을 설교나 시키자. 그러니 지껄여 봐라! 지껄여!" 하면서 소리치는 것이었다. 로렌스 존스는 장작더미 위에 서서 목에 밧줄을 감은 채 그의 생명과 주의를 위해서 연설을 했다.

그는 일찍이 1907년에 아이오와 대학을 졸업했다. 그의 훌륭한 성격·학업성적·음악적 재능은 동료들과 학교 당국에도 인기가 있었다. 그가 졸업을 했을 때 어떤 호텔업자는 그에게 일자리를 제공해 주었으나 그는 이것을 사양했다. 또 어떤 부호는 음악수업의 학비를 대주겠다고도 했지만 이것 역시 사절했다. 왜냐하면 그는 자기대로의 어떤 「꿈」을 간직하고 있었던 때문이다.

그는 부커 T. 워싱턴의 전기를 읽고서 감명을 받았으며, 자기도 가난에 허덕이고 있는 몽매한 동포들의 교육을 위해서 일생을 바치려고 결심했던 것이다.

그래서 그는 남부에서도 가장 벽지인 미시시피 주 잭슨에서 남쪽으로 25마일 떨어진 오지로 갔다. 그는 회중시계를 1달러 65센트에 잡히고는, 산중의 빈 터에다 나무판자를 책상 대신으로 하여 학교를 시작했다.

로렌스 존스는 죽음을 목전에 둔 채, 자기에게 린치를 가하려고 기다리는 격분한 군중에게, 그가 무지한 자녀들을 가르쳐 선량한 농부로, 혹은 요리사로, 가정부로 만들기에 얼마나 분투하였나를 말했다.

또 그는 파이니 우드 컨트리 스쿨을 창립해 보겠다고 애쓰던 자기를 도와준 백인들을 비롯하여, 그의 교육사업의 발전을 돕고자 토지·목재·가축·현금 등을 기부해 준 수많은 백인들의 공헌에 대해서도 찬사를 아끼지 않았다.

훗날 로렌스 존스는, 이렇듯 자신을 노상으로 끌고 다녔을 뿐만 아니라 장작더미 위에 달아매어 태워 죽이려 했던 사람들을 증오하지 않았느냐는 질문을 받았을 때, 자기는 주의(主義)로써 머리가 가득 차 있었기에—자신보다도 큰일에 몰두했기 때문에 남을 미워할 여가 따위는 없었다고 말했다.

"나에게는 남들과 다툴 여가가 없다. 후회할 틈도 없다. 아무도 내가 미워하지 않고는 못 배길 정도로 나를 굴복시키지는 못하리라."

폭도들은 로렌스 존스가 그 자신을 위해서가 아니라, 주의를 위해서 진심에서 우러나는 감동적인 열변으로 호소하는 것을 듣고 점차 누그러지기 시작했다. 그러자 군중 속에서 전에 남군의 병사였던 사람이 이렇게 말하는 것이었다.

"저 사람 말이 옳은 것 같다. 이제 말한 백인들은 모두 내가 알 만한 사람들이다. 저 사람은 훌륭한 일을 하고 있는데, 우리가 오해한 거야. 죽이기는커녕 도와줄 일이 아닌가."

그리하여 이 노병은 모자를 벗어 돌려, 파이니 우드 컨트리 스쿨의 창립자를 불태워 죽이겠다고 모였던 사람들로부터 52달러의 기부금을 거두었던 것이다.

"나에게는 남들과 다툴 여가가 없다. 후회할 틈도 없다. 아무도 내가 미워하지 않고는 못 배길 정도로 나를 굴복시키지는 못하리라.”고 말했던 사람을 위하여―.

에픽테토스는 9세기 전에 이미, 우리는 스스로 뿌린 씨를 거두어들이며, 운명이라는 것은 어떻든지 우리의 악행에 앙갚음한다는 것을 지적하고 있다. 즉, 그의 말을 빌리면 이렇다.

“결국 인간은 자신의 비행에 대해서 보상을 받는데, 이 사실을 아는 사람은 누구에게도 화내지 않으며, 누구에게도 꾸짖지 않고, 누구에게도 분개하지 않으며, 누구에게도 탓하지 않으며, 아무도 미워하지 않을 것이다.”

아마도 미국 역사상 링컨만큼 욕을 먹고 미움을 받고 배반을 당한 사람은 없을 것이다. 그러나 하든의 유명한 전기에 의하면, 링컨은 결코 “좋고 나쁨에 따라 사람을 판단하지 않았다. 어떤 일을 꼭 해야만 했을 경우에, 그는 자기의 정적(政敵)도 그것을 하리라는 것을 알고 있었다. 또 한편, 자기에게 악의를 품고 못마땅하게 구는 사람일지라도 어떤 지위에 적합한 인물이라면 링컨은 친구나 다름없이 그를 대뜸 기용했을 것이다. ……나는 그가 자기의 정적이거나 그에게 반감을 가졌대서 인사이동을 한 적은 한 번도 없다고 본다.”

링컨은 그가 권력의 지위에 임명했던 많은 사람들―맥레런, 시워드, 스탠튼, 체스 등으로부터 비난을 받고 모욕을 당했다. 그러면서도 하든의 전기에 의하면, 링컨은 이렇게 말했다.

“인간은 이미 수행한 일로 해서 칭찬받을 바는 못 된다. 그렇다고 남이 한 일에 대해서 비난할 것도 없다. 왜냐하면 우리네 인간은 조

건·환경·교육·습관 등을 비롯하여 현재로부터 미래에 걸쳐 인성
(人性)을 형성하는 한낱 유전(遺傳)의 소산에 불과하기 때문이다."

　링컨의 이 말은 정당하다고 생각한다. 예컨대 만일 우리가 적과 동
일한 육체적·정신적·감정적 특질을 가지고 태어났다면, 또 가령 우
리의 인생이 적의 그것과 마찬가지라면, 우리는 확실히 그들과 똑같이
행동하게 될 것이다. 아니, 그럴 수밖에 없을 것이다.

　수우족 인디언들의 기도처럼, "오오, 위대한 신이여, 내가 보름 동
안 그의 가죽신을 신어 보기까지는 그를 판단하거나 비평하지 않도록
나를 지켜 주소서." 라는 말에 동조할 만한 관대함을 지녀야 할 것이
다.

　그러므로 우리는 원수를 미워하기보다는 우리가 바로 그들이 아니
기를 하나님께 언제나 감사해야 할 일이다. 우리는 모름지기 원수에게
비난과 원한을 퍼붓는 대신, 이해와 동정, 원조와 관용, 기도를 베풀어
야 하지 않겠는가.

　나는 매일 밤 성서의 1절을 읽든지 성구의 일부를 되풀이하면서, 식
구들이 모두 무릎을 꿇고 「가정예배」를 하는 집안에서 자라났다. 그
런데 나는 지금도 아버지께서 이따금 한적한 미주리 주의 농장에서 다
음과 같은 그리스도의 말씀을 되풀이하던 것을 기억하고 있다.

　"너희 원수를 사랑하며, 너희를 미워하는 자들에게 은혜를 베풀며,
너희에게 악담하는 자들에게 복을 빌어주며, 너희를 증오하는 이들을
위하여 기도하라."

　나의 아버지는 이러한 그리스도의 말씀을 몸소 실천하려고 애쓰셨

는데, 이는 그분에게 마음의 평화를 간직하게 했다. —지상의 제왕이나 군주가 감히 얻지 못했던 그러한 마음의 평화를—.

— 인간에게 평화와 행복을 가져올 정신적

태도를 기르기에 필요한 두 번째 법칙 —

적에게 앙갚음하려 들지 말라. 그것은 그를 해치기보다는 오히려 자기 자신을 다치게 될 뿐이다. 아이젠하워의 처세를 배우라. 말하자면 자기가 싫어하는 사람에 대한 생각으로 단 1분도 허비하지 말라.

─── ·· ─── ·· ─── ·· ─ 제14장 ─ ·· ─── ·· ─── ·· ───

대가를 바라지 말라

나는 최근에 텍사스에서, 망은(忘恩)을 분개하는 어떤 실업가를 만났다. 진작부터, 그를 만나면 불과 15분이 못 가서 마침내 그런 말이 나오리라고는 듣고 있었지만, 아니나 다를까 역시 그러했다. 그 사건이란 벌써 11개월 전 일인데, 그는 아직도 화가 가시지 않았는지, 나를 만나서도 그 말뿐이었다. 그는 35명의 피고용인에게 크리스마스 상여금으로 평균 3백 달러씩이나 주었지만, 누구 하나 고맙다는 인사가 없었다는 것이다.

"그런 줄 알았더라면, 한 푼도 주지 말 걸 그랬어!"

그는 노기가 대단했다. "성난 자에게는 독(毒)이 가득하느니라."고 공자도 말했지만, 이 사람은 전신에 독이 충만했기에, 나는 오히려 그가 불쌍해 보였다. 그는 나이 60 전후였는데, 생명보험 회사의 통계에 의하면, 우리는 평균적으로 따져 현재의 연령과 80세와의 차에서 3분의 2보다 조금 많을 정도의 수명을 누린다는 것이다.

그렇다면 이 사람도 기껏해야 앞으로 14, 5년 남짓 살 판이다. 그런데도 그는 이미 끝난 일에 대해서 한탄하며 괴로워함으로써 남은 수명의 근 1년을 허비하고 있다. 어쨌든 나는 그가 측은해 보였다.

　원한과 자기연민에서 허덕이는 대신에, 그는 어째서 감사할 줄 몰랐던가를 자문해 보았어야 했을 것이다.

　그는 피고용인들을 싼 급료로써 혹사해 왔는지도 모른다. 혹은 또 피고용인으로서는 크리스마스 상여금을 선물이라고는 생각지 않고, 급료의 일부로 간주했을는지도 모른다. 그렇지 않으면 주인이 너무 잔소리가 많아서 가까이하기가 거북하여 고맙다는 인사를 생략했는지, 또는 잊었는지도 알 수 없다. 아니면, 어차피 세금으로 바치게 될 테니까 내놓았다고 생각했을지도 모른다.

　한편, 피고용인들이 이기적이며 버릇이 없었다고도 볼 수 있다. 어쨌든 간에 나로서는 확실한 내막은 모른다.

　그러나 나는 일찍이 영국의 시인 새뮤얼 존슨 박사가, "감사한 마음은 교양의 결실로서 비천한 사람에게서는 찾아볼 수 없다."고 말한 것을 알고 있다.

　내가 말하고자 하는 것은 바로 이 점이다. 앞서 말한 이 사람은 감사를 바란다는, 인간에게 흔히 잊기 쉬운 과오를 범했던 것이다. 말하자면 그는 인간이라는 것을 몰랐다고나 할 것이다.

　만일 당신이 어떤 사람의 생명을 구했다고 하자. 그러면 당신은 그 사람으로부터 감사받기를 기대할 것인가? 아마도 당신은 그러하리라.

　그런데 판사가 되기까지 유명한 변호사였던 새뮤얼 라이보위츠는 78명의 피고를 전기의자로부터 구해 냈지만 그 중에서 몇 사람이나 그에게 사의를 표했으며, 몇이나 크리스마스카드를 보내왔다고 생각하는가? 한 사람도 없었다.

그리스도는 어느 날 오후, 열 사람의 나병 환자를 고쳤다. 그런데 그 중에서 몇이나 그에게 감사했는가. 〈누가복음〉을 보면 단지 한 사람 뿐이었다. 그리스도가 그의 제자들에게, "다른 아홉 사람은 어디 있는 가?" 하고 물었을 때, 그들은 모두 달아나 버리고 없었다. 한 마디의 인사도 없이 가버렸던 것이다.

여기서 나는 여러분에게 묻겠는데, 우리가 텍사스의 실업가이든 누구든 간에 우리가 행한 사소한 친절에 대해서 일찍이 그리스도가 받은 그 이상의 감사를 기대할 수 있겠는가 하는 것이다.

그런데 이것이 금전적인 문제일 때는 더욱 기대하기 어렵다. 언젠가 US 스틸 사장 찰스 스와브로부터 들은 이야긴데, 그는 은행돈으로 주식을 산 지배인을 구해준 일이 있었다고 한다. 그는 자기 돈을 빌려주면서까지 그가 징역 갈 것을 구해 주었다는 것이다. 물론 그 당장에는 지배인도 그에게 감사했지만, 종내는 그에게 반감을 갖게 되고, 자기를 구해 준 은인에게마저 배은망덕하더라는 것이다.

만일 당신이 어떤 친척에게 백만 달러를 주었다고 한다면, 당신은 그 사람으로부터 치하받기를 기대할 것인가?

앤드류 카네기(Andrew Carnegie, US 스틸 사의 모태인 카네기 철강회사를 설립)는 바로 그러했다. 그러나 가령 카네기가 다시 이 세상으로 살아 돌아온다면, 그는 이 친척이 자기를 헐뜯는 것을 보고 이맛살을 찌푸릴 것이다.

왜냐하면 카네기는 자선사업에는 3억 달러씩이나 기부하면서도, 왜 자기에게는 겨우 백만 달러라는 하찮은 돈밖에 주지 않았느냐는 것이

이 친척이 하는 말이다.

아무튼 만사는 이런 법이다. 인간성은 언제나 이런 것이며, 우리가 살고 있는 동안에 그것을 바꿀 수는 없을 것이다. 그러므로 이를 받아들일 수밖에 없지 않겠는가.

일찍이 로마제국을 통치한 위대한 현인 마르쿠스 아우렐리우스처럼 우리는 어째서 현실적일 수가 없는가. 그는 그의 일기에 다음과 같이 썼다.

"나는 오늘 지나치게 다변(多辯)한 사람, 이기적이고 자기중심적이며 은혜를 모르는 사람을 만나기로 되어 있다. 그러나 나는 별로 의아스러울 것이 없으며 불안하지가 않다. 원래 이런 사람이 없는 세상은 상상할 수 없으니까."

이것은 이치에 맞는 말이다. 만일 우리가 망은에 대하여 불평을 말한다면, 대체 그것은 누구의 죄일 것인가. 인간성이 유죄인가?—아니면, 죄는 인간성에 대한 무지(無知)에 있는가? 어쨌든 감사를 기대해서는 안 된다. 이와 같이 한다면 간혹 조금이라도 감사를 받게 될 때에 그것은 놀라운 기쁨이 될 것이며, 설령 또 우리가 감사를 받지 않는다 해도 별로 화날 까닭이 없게 되는 때문이다.

여기에 내가 이 장에서 밝히려고 한 첫 번째 포인트가 있다. 즉, 인간이 감사하는 마음을 잊는다는 것은 지극히 자연스러운 일이다. 그러므로 굳이 감사를 바래서 마음을 괴롭히는 일은 스스로 심통을 자아내는 것이 된다.

나는 뉴욕에 사는 한 부인을 아는데, 그녀는 고독하기 때문에 언제나 불만이다. 그런데 그녀의 친척은 누구 하나 이 여자에게 가까이하려 들지 않았는데, 그것도 당연한 일이었다. 그녀는 누가 찾아가기만 하면 몇 시간이고 앉혀놓고, 어린 조카딸들을 키우던 이야기를 늘어놓는다. 그들이 홍역이고 귀앓이며 백일해에 걸렸을 때 자기가 얼마나 알뜰히 간호해 주었는지 하는 데서부터 시작하여, 여러 해 동안 그들을 양육한 일이며, 그 중의 하나를 실업학교에 넣었다는 것, 또 한 애는 결혼할 때까지 도맡아 갖은 뒤치다꺼리를 다 했다는 둥 넋두리를 늘어놓는 것이다.

그렇다면, 이제 와서 조카들은 그녀를 찾아올까? 물론 가끔 마지못해 방문하고는 있지만, 실상은 이것을 꺼려하고 있다. 왜냐하면 장시간 동안을 지루한 넋두리에 자기연민의 하소연을 듣자니 진력이 나기 때문이다. 더구나 조카들을 들볶고 호통 치며 을러대도 그들이 오지 않으면 으레 그녀가 잘 쓰는 방법이 있는데, 그것은 심장발작을 일으키는 것이다.

그러면 이 심장발작은 사실이었을까? 물론 그렇다.

의사는 말하기를, 그녀의 심장은 신경질에서 오는 고동부정(鼓動不整)에 걸려 있다는 것이었다. 그렇지만 그녀의 발작은 순전히 감정적인 것이므로 달리 치료할 방법도 없다고 한다.

그런데 이 부인이 실제로 바라는 것은 애정과 친절인 것이다. 하지만 그녀는 그것을 「보은」이라고 부르고 있다.

그러나 어쨌든 그녀가 이것을 요구하고 있는 한, 이 부인은 결코 감사와 애정을 얻지 못할 것이다. 왜냐하면 그녀는 그것을 당연한 권리로 생각하기 때문이다.

세상에는 이렇듯 망은(忘恩)·고독·소외감으로 인하여 번민하는 부인이 허다하다. 그녀들은 한결같이 애정을 구하고 있으나, 이 세상에서 사랑을 받자면 그런 기대를 하지 말아야 할 것이다. 그리고 보답을 기대하지 말며, 스스로 애정을 베풀도록 힘써야만 한다. 이것은 비현실적이며 한낱 허망한 이상주의라고 생각될지 모르나, 그런 것은 아니다. 오히려 이는 평범한 상식일 것이며, 우리가 동경하는 행복을 찾는 좋은 방법인 것이다.

나는 우리 가정에서 그것이 이루어지고 있는 것을 보고 있다. 나의 부모님께서는 남을 돕는 일을 기쁨으로 삼고 있는데, 우리는 애당초 가난했으나 두 분은 매년 아이오와 주 카운실 브랍스의 고아원에 돈을 기부하고 있었다. 양친께서는 그 고아원에 가 본 일도 없었으며, 서신 이외로는 아무에게서도 인사를 받은 적이 없었지만, 두 분은 충분한 보답을 받았던 것이다. 그것은, 아무런 보상을 기대하지 않고서도 그분들은 어린아이들을 돕고 있다는 기쁨이 있었기 때문이다.

나는 집을 나온 후부터 매년 크리스마스에는 부모님께 약간의 돈을 보내 드려, 그것을 두 분이 무엇이든 즐거운 일에 쓰십사는 것이었다. 그런데 부모님은 결코 그러시지 않았다. 내가 성탄절을 며칠 앞두고 귀향하여 보니, 아버지께서는 그 돈으로 여러 자식들을 거느린 채 식량과 연료 때문에 고생하는 마을의 미망인들에게 석탄과 식료품을 사주었다고 말씀하시는 것이었다.

아무튼 두 분은 이 선물을 보내고는 크게 기뻐하셨다. ―그것은 아무런 보답도 바라지 않고 남에게 은혜를 베푼 기쁨인 것이다.

나의 아버지는 아리스토텔레스가 말한 이상인(理想人)이 될 자격을 갖추었다고 본다. —다시 말하면 행복에의 가치가 있는 인간인 것이다.

아리스토텔레스는 이렇게 말했다.

"이상인은 남에게 친절을 베푸는 데 기쁨을 느낀다. 그러나 남한테 친절을 받는 것을 부끄러움으로 여긴다. 왜냐하면 친절을 베푼다는 것은 우월의 상징이며, 그것을 받는 것은 열등의 표시이기 때문이다."

이 장에서 내가 말하고자 하는 두 번째 포인트가 여기에 있다. 만일 우리가 행복을 찾고자 한다면, 감사라든가 망은을 떠나 은혜를 베풀겠다는 마음의 기쁨을 위하여 그것을 주도록 해야 할 것이다.

수천 년 전의 옛날부터 사람의 어버이들은 그 자식의 망은을 끊임없이 분개해 왔다. 셰익스피어의 리어왕마저도, "은혜를 모르는 자식을 두기란 독사에 물리는 것보다 더 고통스럽다."고 외쳤다.

그러면 어째서 자식들은 부모에게 감사를 해야만 하는가—그것은 부모가 그렇듯 시켜서 하는 것일까?

망은(忘恩)은 마치 잡초처럼 자연스러운 것이다. 그리고 감사는 장미와 같은 것인데, 여기에는 비료를 주고 물을 뿌리며 배양함으로써 아끼고 보호해야 한다. 설령 우리의 자식들이 은혜를 모른다고 하자. 그렇다면 이는 대체 누구의 책임일까? 그 책임은 우리에게 있다. 만일 우리가 남에게 감사할 것을 가르쳐주지 않았다면, 자식들이 우리에게 감사하기를 기대하지 말아야 할 것이다.

내가 잘 아는 시카고의 어떤 사람은 자기 의붓자식의 망은에 대하여 불평을 말함직했다. 그는 상자 제조공장에서 일하고 있었는데, 한 주에 기껏해야 40달러를 벌 정도였다. 이러던 차에 그는 어떤 미망인과 결혼했는데, 그녀는 남편을 설득시켜 남에게 돈까지 꾸게 해서는 데리고 온 두 자식을 대학에 넣었다. 그는 주급 40달러를 가지고 식비·집세·연료비·의복 값으로부터 빚돈의 이자까지 치러야만 했다. 그는 이런 생활을 4년 동안이나 계속하면서 소처럼 일했지만, 한 마디 불평이나 내색도 하지 않았다.

그래서 그는 치하를 받았는가? 그렇지가 않았다. 도리어 그의 아내나 의붓자식들은 이것을 당연한 일이라고 여겼다. 그들은 계부에게 감사는 고사하고, 지나친 부담을 시킨다고는 꿈에도 생각지 않았다.

그렇다면, 대체 누가 나쁜가? 물론 의붓자식도 잘못이겠지만, 그보다는 어머니 쪽이 훨씬 더 비난받아야 할 것이다. 그녀는 자식들의 장래에다 「채무감」을 지우는 것을 수치라고까지 생각했으며, 그들로 하여금 「빚진 출발」을 시키고 싶지 않았던 것이다. 그녀는 자식들에게 "너희를 대학에 보내다니, 아버진 참 무던한 분이야."라는 말은 하지 않고, "그것쯤은 아무것도 아니란다." 하는 식이었다. 그녀는 자기 딴엔 자식들을 꽤나 사랑한다는 것이었지만, 실제로는 자식들에게 「사회는 자기들의 생활을 보증할 의무가 있노라」 하는 위험천만한 생각을 갖게 하여, 이렇듯 험준한 인생항로에 내보냈던 것이다. 이것은 참으로 위험한 생각이었다. 그들의 두 자식 중 하나는 고용주로부터 「빚」을 지고 종내 철창신세를 지고 말았다.

우리는 자식들의 장래가 가정교육에 달려 있다는 것을 잊어서는 안 된다.

예컨대, 미네아폴리스에 사는 나의 이모 바이올라 알렉산더는 자식의 망은에 대하여 조금도 불평을 말할 까닭이 없었던 분이었다. 내가 어렸을 때 이모는 자신의 친정어머니를 봉양하고자 자기 집으로 모셔 들였으며, 또 시어머니도 한 집에 계시게 했는데, 나는 지금도 이 두 사돈 마님들이 이모님 집의 난로 가에 앉아 있던 모습이 눈에 역력히 떠오른다.

그런데 이 두 분이 이모님에게는 「귀찮은 존재」가 아니었을까? 때로는 그랬을는지도 모른다. 그렇지만 이모는 그런 내색은 조금도 보이질 않았으며 그분들을 공대했다. 그래서 두 노인께서도 여생을 편하게 지낼 수가 있었다. 더구나 이모에게는 아이가 여섯씩이나 있었지만, 자기가 달리 어떤 훌륭한 일을 한다는 생각은 추호도 없었다. 말하자면 이모님으로서는 자기가 두 노인을 맡은 것은 당연한 일이고 올바른 처사이며, 하고 싶은 일이기에 했다는 것뿐이었다.

그러면 지금 이모님은 어떻게 지내는가. 그분은 이미 20년가량이나 미망인의 생활을 하여 왔지만, 슬하의 다섯 자식들은 저마다 독립하여 그 어머니를 서로 모시겠다고 야단이다. 그들은 어머니를 너무도 사랑하는 나머지 어머니를 독점하겠다는 것이다. 그렇다면 이는 「감사」한 생각에서일까? 천만의 말씀이다. 그것은 사랑이며 순수한 애정인 것이다. 즉 이들 자식들은 그 어린 시절에서부터 아름다운 온정과 우아한 인간애의 분위기 속에서 자라났다.

그러므로 입장이 뒤바뀐 오늘날 그들은 그 애정을 보답하고 있는 것이다. 그러니만큼, 감사하는 생각이 두터운 자식을 기르자면, 우리가 먼저 감사하는 마음을 깊이 할 것을 잊어서는 안 된다. 옛 말에도, "아이 귀는 밝다."고 했지만, 말머리를 꺼낼 때는 각별한 조심을 해야 한다. 다시 말하자면, 아이들이 있는 앞에서 남의 친절을 흠잡는 말은 절대 해서는 안 된다.

"수이가 크리스마스에 보낸 이 손수건 좀 봐요. 그 애가 손수 짠 거라서 돈은 한 푼도 안 들었겠는걸."

이런 말은 결코 해서는 안 된다. 그 말이 우리에게는 대수롭지 않게 들릴지도 모르나, 아이들은 이상하게 알아듣는 것이다. 그러므로 이렇게 말하면 좋을 줄로 안다.

"수이가 이것을 짜느라고 한동안 애썼겠는데. 여간 고맙지가 않군. 인사편지라도 곧 보냅시다."

이와 같이 말한다면, 아이들은 은연중에 칭찬과 감사하는 습관을 가지게 될 것이다.

— 망은에 대하여 원망하는 감정의 번민을
　　　　　배제하기 위한 세 번째 법칙 —

a. 은혜를 모른다고 번민하기보다는 차라리 그것을 예상하라. 그리스도는 하루에 열 명의 나병환자를 고쳐 주었지만, 감사를 한 이는 그 중에서 한 사람뿐이었다는 것을 기억하라. 그리스도 이상으로 감사받기를 기대한다는 것은 무리가 아니겠는가?

b. 행복을 찾는 유일한 방법은, 감사를 바라지 말고, 주는 기쁨을

위해서만 그것을 베푸는 것이다.

c. 감사는 하나의 배양적(培養的) 특성이다. 그러므로 아이들에게 감사한 생각을 가지게 하려면 그것을 가르쳐 주어야만 할 것이다.

—·—··—··— 제15장 —··—··—··—

사물의 좋은 면을 보는 습관을 가져라

나와 해롤드 애보트는 오래 전부터 아는 사이다. 그는 미주리 주 웨브 시티에 사는데, 한동안 내 강연사업의 매니저를 했었다.

그런데 어느 날, 나는 우연히 캔자스시티에서 그를 만났다. 그는 나를 미주리 주 벨턴에 있는 나의 농장까지 태워다 주었는데, 도중에 나는 그에게 어떻게 하여 번민을 물리치고 있는지를 물어보았다. 그러자 그는 다음과 같은 실로 감명 깊은 이야기를 하는 것이었다.

"나는 곧잘 번민에 빠지곤 했다. 그런데 1934년 어느 봄날, 웨브 시티의 거리를 지나다가 어떤 광경을 목격했다. 그런데 이것이 나의 번민을 한꺼번에 몰아내어 주었다. 그것은 불과 10초 동안의 일이었지만, 이 10초 동안에 나는 지금까지 10년을 두고 배운 것 이상으로 어떻게 살 것인가에 대하여 깨우친 바가 있다.

2년 동안 나는 웨브 시티에서 식료품 잡화상을 경영했는데, 그간에 모아두었던 저축을 전부 잃었을 뿐만 아니라, 남에게 빚까지 지게 되어 그것을 갚는 데 7년이나 걸렸다. 점포는 지난 주 토요일에 폐점해 버렸고, 나는 캔자스시티로 일자리를 구하러 떠날 여비를 빌리고자 은행에 가는 길이었다.

나의 꼴은 말할 수 없이 초라했으며 낙심천만이었다. 그런데 얼핏 저쪽에서 다리가 없는 사람이 오고 있는 것이 눈에 띄었다. 그 사람은 롤러스케이트용의 바퀴를 단 작은 나무판자 위에 앉아서는 양 손에 쥔 나무토막으로 연방 땅을 찍어 당기며 오고 있는 것이었다. 내가 그 사람의 모습을 똑바로 보게 되었을 때, 그 사람은 마침 거리를 횡단하여 보도 위로 올라오고자 자기 몸을 약간 들어 올리더니, 판대를 비스듬히 잡아드는 것이었다. 그 순간 나와 눈이 마주쳤다. 그는 싱긋이 웃으면서 쾌활한 목소리로 나에게 인사를 하는 것이 아닌가. "안녕하십니까? 날씨가 좋군요."

나는 그 사람의 모습을 물끄러미 바라보는 동안, 나 자신이 얼마나 다행한가를 깨달았다. 나에게는 두 다리가 있다. 걸을 수도 있지 않은가. 나는 오히려 자신의 자기연민이 부끄러웠다. 이 사람은 다리가 없으면서도 행복하고 명랑하며 자신을 잃지 않고 견디는데, 하물며 사지가 멀쩡한 내가 그럴 수 없으랴 하는 생각을 하자니까 절로 용기가 생겼다. 애당초 나는 은행에서 백 달러를 빌릴 심산이었지만 2백 달러를 차용할 자신이 생겼던 것이다.

나는 일자리를 찾고자 캔자스시티로 간다고 말할 생각이었지만, 직장을 구했으니 캔자스시티로 가노라고 분명히 말했다. 그러자 은행에서는 돈을 빌려주었으며, 나는 취직을 했다.

지금 나는 다음과 같은 말을 목욕실 거울에 붙여두고 있다. 그래서 매일 아침 면도를 할 때마다 그것을 읽고 있다.

구두가 없다고 의기소침해지면,
길에서 만난 다리 없는 사람을.

　나는 언젠가 에디 리켄베이커에게 그가 다른 조난자들과 함께 3주일 동안이나 뗏목을 타고 태평양을 표류했을 때, 당신이 체득한 최대의 교훈은 무엇이었느냐고 물어보았다. 그러자 그는,
　"그 때의 경험에서 배운 최대의 교훈은, 마시고 싶은 깨끗한 물과 먹고 싶은 밥만 충분히 있다면 더 이상 아무것도 불평할 것이 없다."
하고 대답했다.
　언젠가 한번 《타임》 지에는 과달카날에서 부상한 어느 상사의 이야기가 실렸는데, 그는 포탄 파편으로 목에 부상을 입고 일곱 번이나 수혈을 받았다.
　그는 군의관에게 "나는 살겠습니까?"하고 쪽지에 적어 보였다. 그랬더니 군의관은 "예스."라고 대답했다. 그는 다시 군의관에게 "나는 말을 할 수 있게 되겠습니까?"라고 적어 보였다. 이번에도 대답은 "예스."였다. 그러자 그는 다음과 같이 종이에 썼다. "그럼 대체 무엇을 걱정하는 것입니까?"라고—.
　그렇다면 당신은 "대체 무엇을 걱정하는 것인가?"하고 반성해 보지 못하는가. 여기서 자신을 돌이켜보면, 비교적 대단치 않은 무의미한 일임을 알게 될 것이다.
　우리 인생에 있어 거의 90퍼센트의 일은 옳으며, 나머지 10퍼센트는 잘못이다. 그러므로 만일 우리가 행복하기를 바란다면 90퍼센트의

옳은 일에다 마음을 집중하여 10퍼센트의 잘못을 무시하면 된다. 그런가 하면, 우리가 번민을 하고 위암에 걸리고 싶다면, 마음을 10퍼센트의 잘못에 집중하여 보람 있는 90퍼센트의 것을 무시하면 되는 것이다.

영국의 크롬웰 파의 여러 교회에는 「생각할수록 감사하라」라고 쓰인 현판이 걸려 있지만, 이 말은 우리의 마음속에도 새겨 둘 만하다. 「생각할수록 감사하라」 우리는 감사해야만 할 온갖 것을 생각하고, 주어진바 은혜와 자비에 대하여 하나님께 감사드려야 할 것이다.

《걸리버 여행기》의 저자 조나단 스위프트는 영문학 사상 가장 과격한 염세주의자였다. 그는 이 세상에 태어난 것을 비관하여, 생일날에는 상복을 입고 단식을 했다. 그러나 이렇듯 세상을 절망시하면서도 그는 인간에게 건강을 주는 쾌활과 행복이라는 힘을 찬미했다. 그는 말하기를, "세계에서 제일가는 의사는 식사의사·평온의사·명랑의사이다."라고 했다. 우리는 우리가 가진 바 알리바바의 재산에 못지않은 재물에 대하여 언제나 주의를 기울임으로써 하루 종일 「명랑의사」의 봉사를 공짜로 받을 수가 있는 것이다.

당신은 두 눈을 천 달러에 팔 것인가? 그 두 다리를 무엇과 바꿀 것인가? 당신의 손은? 귀는? 자식들은? 가족은? 전 재물을 집계해 보라. 그러면 당신은 록펠러, 포드, 모건 들의 재산 전부를 받고도 당신이 가진 것을 팔 생각이 없다는 것을 알게 될 것이다.

그런데 우리는 이러한 것들의 진가를 알지 못하고 있다. 쇼펜하우어가 말했듯이, "우리는 이미 가진 것에 대해서는 좀처럼 생각지 않고,

언제나 없는 것만 생각한다."고 하지만, 이 말 그대로, "가진 것에 대해서는 조금밖에 생각지 않고 없는 것만 생각하는" 경향은 지상 최대의 비극이다. 이것은 아마도 역사상 있었던 온갖 전쟁과 질병 이상으로 인간을 불행하게 만들었다고 할 것이다.

그런데 이런 것들이 원인이 되어 존 팔머 씨는, "남들과 같은 어엿한 처지에서 늙어빠진 불평가로 되었으며, 하찮은 일로 가정을 망칠 판이었다."고 했다.

나는 직접 그에게 이야기의 자초지종을 들어서 그 내용을 잘 알고 있다. 그는 이렇게 말했다.

"군에서 제대하자 나는 혼자서 장사를 시작했다. 나는 줄곧 일을 했으며, 처음에는 만사가 순조로웠다. 그런데 뜻밖에도 골치 아픈 일이 생겼다. 그것은, 내가 팔 물건의 부속품과 재료를 입수할 수 없게 된 것이었다. 그래서 나는 폐업하게 될지도 모른다고 걱정을 했고, 그러다가 지나치게 번민을 하는 바람에 아직 젊은 나이에 늙어빠진 불평가가 되어버렸다. 나는 우울해졌으며 기분이 언짢아서 통 마음을 잡을 수가 없었다. 하찮은 일로 가정의 행복까지도 망칠 판이었다. 그런데 어느날, 내가 고용하고 있는 젊은 상이군인이 나에게 이런 말을 하는 것이었다.

'이보세요, 부끄럽지도 않으십니까? 당신은 온통 혼자서만 고생한다고 생각하시는 모양인데, 잠시 가게를 닫았대서 어떻다는 겁니까. 경기가 좋아지면 다시 열 수도 있지 않아요. 당신의 경우는 아직도 운이 좋은 편이죠. 그런데도 항상 불만이시니 참. 저는 당신이 부럽습니다.

절 좀 보세요. 손이 하나밖에 없죠. 얼굴은 총상으로 반쪽이 아닙니까. 하지만 저는 불평이 없습니다. 당신도 불평만 늘어놓다가는 장사도 망칠 테고, 건강도 가정도 친구도 전부 잃게 된답니다.'

이 한 마디로써 몰락으로 질주하던 나의 삶이 멈춰졌으며, 나 자신은 그래도 얼마나 행복했던가를 알게 되었다. 나는 그 당장에 옛날의 나로 되돌아가기를 결심했다. —그리고 실행했다."

내 친구 루실 블레이크는 한때 비극의 절정에서 몸부림쳤으나, 그때 그녀는 자기에게 없는 것에 대한 번민을 떨쳐버리고 그 대신 자기가 가진 것에 만족함으로써 행복을 배웠다.

내가 루실을 알게 된 것은 이미 오래 전의 일이다. 그 당시 우리는 콜롬비아 대학 문학부에서 단편소설 작법을 공부했다. 지금부터 9년 전, 애리조나에 살고 있던 그녀는 실로 놀라운 쇼크를 받았는데, 그때의 일을 그녀는 이렇게 말하고 있다.

"저는 눈이 돌 정도로 바쁜 일과를 보내고 있었습니다. 대학에서는 오르간을 배우고, 마을에서는 스피치 강습회를 지도하며, 데저트 월로우 목장에서는 음악 감상 클래스도 가르쳤습니다. 그리고 파티, 댄스, 심지어는 야간의 승마에까지 나다녔습니다. 그러다가 어느 날 아침에 저는 졸도하고 말았습니다. 문제는 심장이 탈이었어요. 의사는 말하기를, '1년 동안은 절대로 안정이 필요하다'는 것이었습니다. 그렇다고 의사는 전처럼 건강을 회복할 수 있다고 저를 위로해 주는 것도 아니었습니다.

1년간의 병상 생활! 재기 불능으로 죽을지도 모른다! 저는 무서워서 몸이 떨렸습니다. 어쩌다가 이 꼴이 되었을까? 난 이런 벌을 받아야만 할 짓을 했던가?

저는 비탄에 잠겨 몸부림쳤으며 반항적이었습니다. 하지만 의사가 말한 대로는 했어요.

그런데 이웃에 사는 화가 루돌프 씨는 이런 말을 해주는 것이었습니다. '당신은 1년씩이나 누워 지내는 것이 비극이라고 생각할지 모르지만, 결코 그런 것이 아닙니다. 오히려 차분하게 사색할 시간이 있게 되니까 자기라는 것을 인식할 수가 있지요. 당신은 앞으로 몇 달 동안에 지금까지의 생활 이상으로 정신적인 성장을 보게 될 것입니다.'

이때부터 저는 마음을 가라앉히고서 새로운 가치 관념을 기르기로 결심했습니다. 그래서 영감(靈感)에 관한 서적들을 읽었지요. 그런데 어느 날, 저는 라디오 평론가가, '인간은 자기가 의식하고 있는 것만을 표현할 수 있다.'고 말하는 것을 들었습니다. 이런 소리는 지금까지도 가끔 들어 왔지만, 이때의 그 말은 제 가슴을 파고드는 것이었어요. 저는 이것을 실천하기보다는 이러한 생각만이라도 가져 보자고 결심했습니다. 그것은 결국 환희, 행복, 건강의 사상이었어요. 매일 아침 저는 눈을 뜨자마자 제가 감사해야 할 모든 일을 생각하도록 힘썼습니다. 고통이 없는 일을 비롯하여, 귀여운 아가씨며, 저의 시청력(視聽力), 라디오에서 흘러나오는 아름다운 음악, 독서 시간, 맛있는 음식, 다정한 친구들을 생각했습니다. 저는 워낙 쾌활했고, 게다가 문병객이 많아서 의사는 그들을 일정한 시간에 차례로 한 사람씩 병실에 들르도록 했습니다.

그 때가 벌써 9년 전입니다만, 저는 지금도 충실하며 활발한 생활을 하고 있습니다. 그리고 지난 1년간의 병상생활을 감사한답니다. 그것은 제가 애리조나에서 보낸 가장 귀중하며 행복한 한 해였습니다. 그 무렵에 저는 매일 아침마다 자신의 행복을 헤아려 보는 습관을 길러왔지만, 그것을 지금도 계속하고 있습니다. 저로서는 가장 소중한 보배이니까요. 어쨌든 저는 죽음에 직면하기까지 참답게 산다는 것을 몰랐던 자신을 생각하면 절로 부끄러운 생각이 듭니다."

친애하는 루실 블레이크여, 당신이 미처 몰랐는지는 몰라도 벌써 2백 년 전에 새뮤얼 존슨 박사가 체득했던 교훈을 당신은 이제 와서 배운 것이지.

그 때 존슨 박사는 이렇게 말했다.

"온갖 사물에 대해서 가장 좋은 면을 보는 습관은, 1년에 천 파운드의 소득보다 낫다."

그렇다고 이러한 말은 직업적인 낙천주의자의 입에서 나온 것은 아니다. 20년 동안이나 불안과 누더기 옷과 굶주림 속에 시달리면서도 당대에 가장 뛰어난 문학가의 한 사람으로 고금을 통하여 저명한 좌담가로 알려진 새뮤얼 존슨의 말이다.

수필가 로건 피어설 스미스의 다음 이야기는 짧으면서도 함축성이 있다.

"인생에는 그 목표로 삼을 바가 두 가지 있는데, 첫째는 욕망하는 것을 소유하는 일, 둘째는 그것을 즐기는 일이다. 그런데 사람들 가운데에서도 가장 현명한 자들만이 둘째의 것을 성취한다."

당신은 부엌에서 접시 닦는 일일지라도 감격스럽게 할 수 있다는 것을 알고 싶지 않은가? 만일 의향이 있다면, 불굴의 용기와 감격이 담겨 있는 버그힐드 달의 《나는 보고 싶다》라는 책을 읽어 보라.

이 책은 50년 동안을 거의 맹인으로 지냈던 한 부인이 집필한 것인데, 그녀는 다음과 같이 기술하고 있다.

"나에게는 한쪽 눈밖에 없다. 그 한쪽 눈도 심한 상처 자국이 나서, 왼쪽 눈 가장자리의 작은 틈새를 통하여 사물을 본다. 그러므로 책을 볼 때도 그것을 얼굴에 갖다 대어 되도록 왼쪽 눈을 왼편으로 돌려 대야만 한다."

그러나 그녀는 남의 동정 받기를 거절했으며, 「특별 취급」당하는 것이 싫었다. 어렸을 때도 그녀는 성한 아이들과 함께 돌차기 비석치기를 즐겨했지만 그녀에게는 표적이 잘 보이지 않았다. 그래서 다른 아이들이 놀다 돌아가고 나면 땅바닥에 엎드려서 표적을 찾아 헤맨다. 그리하여 그녀는 자기들이 놀았던 땅바닥 구석구석까지를 모조리 외어두었다. 그러는 동안 그녀는 뜀박질을 해도 남한테 지지 않게 되었다.

한편 그녀는 집에서 책을 읽는 법을 배웠는데, 큰 활자로 된 책을 보면서 그 페이지가 눈썹에 닿을 만큼 가까이 가져다 대야만 했다. 그러면서도 그녀는 두 대학에서 학위를 받았다. 미네소타 대학에서는 문학 학사 학위를, 콜롬비아 대학에서는 문학 석사 학위를 받았다. 처음에 그녀는 미네소타 주 트와인 벨리의 한 촌에서 교사로 출발했는데, 얼마 후에는 사우스다코타 주 스우 펄스의 오거스태너 칼리지에서 신문학과 문학교수가 되었다. 그녀는 이곳에서 13년 동안이나 강의를 했으며, 부인클럽에 나가서는 강연을, 라디오를 통해서는 서적들과 그 저자에 관한 방송을 했다.

"언제나 나의 마음속에는 아주 실명(失明)해 버리지나 않을까 하는 공포감이 잠재해 있었다. 그런데 이러한 공포를 극복하고자 나는 쾌활하고도 경솔에 가까운 생활 태도를 취했다."고 그녀는 기술하고 있다.

그런데 1943년, 그녀가 52세 되던 해에 기적이 일어났다. 그것은 유명한 마요 진료소에서 수술을 받은 결과, 그녀는 지금까지의 40배 정도나 눈이 잘 보이게 되었던 것이다. 새롭고도 아름다운 세계가 그녀 앞에 전개되었다. 이제 그녀로서는 부엌에서 접시 닦는 일마저도 몸이 으쓱으쓱할 정도로 즐거운 일이 되었다.

"나는 접시 위에 하얗게 엉기는 비누거품을 만지작거린다. 그리고는 그 속에다 손을 넣고서 비누거품을 안아 올린다. 그런데 이것을 햇빛에 비칠라치면, 그 거품 하나하나 속에서 작은 무지개의 찬란한 색채를 볼 수가 있다."고 그녀는 기술했다.

또 그녀는 부엌 창문을 통하여 펄펄 내리는 눈 속을 까무잡잡한 참새들이 날개를 파닥거리며 날아가는 것을 보았다고 써 놓았다.

비누거품과 참새를 보고서도 이렇듯 환희에 사로잡혔던 그녀는, 자기 저서의 마지막 페이지를 다음과 같은 구절로 끝맺고 있다.

"사랑하는 하나님, 하늘에 계신 우리 아버지시여, 나는 당신께 감사합니다. 나는 당신께 감사합니다."

접시를 닦을 수 있으니까, 거품 속의 무지개가 보이니까, 눈 속을 날

아가는 참새를 볼 수 있으니까 그녀는 하나님께 감사한다는 것이다.

우리는 자신을 돌이켜볼 때 부끄러운 바가 없지 않다. 우리는 나면서부터 이처럼 아름답고 복된 나라에 살면서도 눈이 먼 탓으로 그것이 보이지를 않으며, 그것을 즐길 수가 없다. 그러므로,

— 우리가 번민을 해소하고 새로운 생활을
시작하기 위한 네 번째 법칙 —

번민을 헤아리지 말고, 축복을 헤아려라!

—·—··—··—·— 제16장 —··—··—··—

자아를 찾아라

나는 노스캐롤라이나 주 마운트 에어리의 에디스 얼렛 부인으로부터 다음과 같은 편지를 받았다.

— 어렸을 때 나는 몹시 신경질적이었으며 수줍은 편이었다. 나는 언제나 몸이 무겁고 볼이 남달리 부풀어 있었으므로 한층 뚱뚱해 보였다. 더구나 어머니는 구식이어서 의복을 치장하는 것을 무슨 변으로 알고 계셨다. 그래서 어머니는 항상 하시는 말씀이, "큰 것은 입을 수 있어도, 작으면 찢어진다." 는 식으로 내게도 그렇듯 옷을 입혔다.

어쨌든 나는 파티에 한번 가보지 못하고, 도대체 즐거운 일이란 없었다. 그리고 학교에 가게 되면서부터도, 여러 아이들과 함께 하는 과외활동 운동조차 해 본 일이 없었다. 나는 병적일 만큼 내성적이었고, 나 자신은 남들과 「다른」 존재이며 언제나 따돌림을 당한다고 스스로 생각하고 있었다.

나는 성년이 되어 일곱 살 연장인 사람과 결혼을 했지만, 이러한 나의 성격에는 조금도 변함이 없었다. 남편의 친척들은 모두 늠름하며 자부심이 강한 사람이었는데, 그들은 언제나 나의 이상(理想)이었다. 나는 그들과 같이 되어 보려고 최선을 다했지만 소용이 없었다. 그들이 나에게 가까이하면 할수록 나는 더욱 기가 죽고 마는 것이었다.

나는 신경과민이 되었으며 걸핏하면 화를 내게 되고 친구를 피했다. 점점 더 이 증세가 심해지자, 현관에서 벨소리만 나도 겁이 났다. 나는 확실히 열등감에 빠져 있었다. 더구나 남편이 이 사실을 알게 될까봐서 두려웠다. 그래서 남들이 있는 앞에서는 억지로 쾌활한 체하지만, 오히려 어색할 뿐이었다. 그리고 이 점에 대해서는 나도 자인하지만, 나중에 가서는 오랫동안 안타까운 생각을 했다. 그리하여 나는 번민으로 말미암아 산다는 것이 싫어졌으며 자살까지도 결심하게 되었다.—

그러면 도대체 무엇이 이 불행한 여인의 생활을 뒤바꾸어 놓았는가. 그것은 우연한 말 한 마디 때문이었다.

얼렛 부인의 편지는 계속된다.

— 어떤 우연한 말 한 마디가 내 인생의 전부를 바꾸어 놓았다. 어느 날, 나의 시어머님은 그 동안 어떻게 자식들을 길러 왔는지를 말씀하시던 중에 이런 대목에 힘주어 말씀하셨다. "어떠한 경우일지라도 자기는 자기이어야 한다." 라고. …… 「자기는 자기이어야 한다」는 말이 나를 돌변시켰던 것이다. 그 순간 나는 지금까지 자신이 순응할 수 없는 테두리 속에 나를 집어넣으려 함으로써 자신을 불행하게 하여 왔다는 것을 알게 되었다.

나는 그날 밤부터 사람이 달라졌으며, 자기 자신이 되고자 했다. 그리고 자신의 성격을 연구하여 나의 됨됨이를 알고자 했고, 또 자신의 장점에 대해서도 생각해 보았다. 그런가 하면 색채와 스타일도 연구하여 자기에게 어울리는 복장을 하고 친구도 사귀려고 했다. 그리고는 부인회에도 가입했는데, 발표자로서 프로그램에 내 이름이 올랐을 때에는 정말 놀랐다. 그러나 여러 차례에 걸쳐 말하는 동안에 자신이 생겼다.

어쨌든 내가 이렇게 되기까지는 오랜 시간이 걸렸지만, 이제 와서는 전에는 상상도 못했던 만큼 행복하다. 지금 나는 자식들을 키우는데도 그간의 쓰라린 경험을 통하여 배운 교훈인 「어떤 경우일지라도 자기는 자기이어야 한다」는 말을 가르치고 있다.─

이처럼 자기 자신이어야 한다는 문제는 오랜 역사와 함께 마치 인간의 생명과도 같이 보편적인 것이라고 제임스 고던 길키이 박사는 말하고 있다.

그런데 어쨌든 자기 자신이 되기를 거역한다는 것은 갖가지 신경증, 정신이상, 강박관념의 잠재적 원동력이 되고 있다.

안젤로 패트리는 아동교육에 관한 많은 저서와 논문을 발표했지만, 그는 "자기의 마음과 육체를 팽개쳐 놓고, 자기 이외의 어떤 다른 인간이 되고자 하는 사람만큼 비참한 것은 없다."라고 말하고 있다.

그런데 이처럼 자기 자신이 아닌 것이 되어보겠다는 욕망은 특히 할리우드에 유행하고 있다. 유명한 영화감독 샘 우드는 말하기를, 자기에게 있어 가장 골치 아픈 일은, 야심이 만만한 젊은 배우들에게 자기 자신이 되라고 설득시키는 일이라고 한다. 그들은 모두 여배우 라나 터너의 2급품, 남자 배우 클라크 게이블의 3급품이 되고자 한다. 그런데, "세상 사람들은 벌써 그러한 운치는 이미 맛보았기 때문에 이번에는 좀 색다른 것을 바라고 있다."고 샘 우드는 덧붙여 말하고 있다.

우드는 《칩스 선생, 안녕》, 《누구를 위하여 좋은 울리나》 등의 영화를 감독하기 전에는 오랫동안 부동산 매매업에 종사하고 있었기 때문에 세일즈맨으로서의 요령을 알고 있었다. 그는 말하기를, 실업계든 영화계든, 사업의 요령은 한가지라는 것이다. 말하자면, 원숭이 흉내는 아무런 도움이 되지 않으며, 결코 앵무새가 되어서는 안 된다는 것이다.

그는 또 말하기를, "내 경험에 비추어, 자기가 아닌 것으로 위장하고 있는 자들이라면 되도록 빨리 해고하는 편이 안전하다."라고 했다.

나는 최근에 소커니 베큐엄 석유회사의 인사담당 이사 폴 보인튼에게, 취업 지망자들이 범하는 가장 큰 실수는 무엇이냐고 물어보았다. 일찍이 그가 면접한 구직자는 6만 명을 헤아리며, 《일자리를 얻는 요령》이라는 저서까지 내놓고 있으니 그는 누구보다도 잘 알 터였다. 그런데 그의 대답은 이렇다.

"구직자가 범하는 최대의 잘못은 자기 자신이 아니려고 하는 것이다. 침착하고도 솔직해야 할 구직자가 면접자의 비위에만 맞을 대답을 하려 한다."

그런데 이것은 취직에 도움이 되지 않는다. 왜냐하면 아무도 위선자는 원치 않으며, 위조지폐를 탐내는 사람은 없기 때문이다.

그러면 여기서 그 좋은 실례 하나를 들어 보기로 한다.

전차 차장의 딸로 그녀는 본래 가수 지망생이었는데 불행하게도 용모가 시원치 않았다. 입은 두드러지게 큰데다가 뻐드렁니였다. 그런데 뉴저지의 나이트클럽에서 처음으로 노래를 부르게 되었을 때, 그녀는 윗입술로 삐드러져 나온 이를 감추려고 했다. 그리고는 억지로 매혹적인 제스처를 써 보였지만 오히려 우스꽝스런 꼴이 되고 말았다. 이대로 가다가는 장차 실패할 것은 뻔한 일이었다. 그런데 이 나이트클럽에서 마침 그녀의 노래를 듣고 있던 한 신사가 그녀의 재능을 인정했다.

"여보시오!" 그는 퉁명스럽게 말했다. "나는 당신의 거동을 보고 있었지만, 당신이 감추려 드는 것이 무엇인지를 알았소. 이가 마음에 걸리지요?"

소녀는 당황했으나, 상대방은 계속해서 말하는 것이었다.

"그것이 어쨌다는 겁니까? 삐드렁니라고 해서 별로 당신한테 흉이 될 것은 없습니다. 조금도 감출 필요가 없어요. 마음껏 입을 열고 불러 보십시오. 청중들은 당신이 조금도 부끄러워하지 않는 것을 보게 되면 찬사를 보낼 것입니다. 지금 당신이 감추려고만 하는 이 덕분에 훗날엔 운이 열릴지도 모르죠."

캐스 달리는 이 사람의 충고에 따라 이에 신경을 쓰지 않게 되었다. 그런 이후 그녀는 청중에게만 마음을 쏟았다. 그녀는 입을 잔뜩 벌리고서 목청껏 노래를 불렀다. 그리하여 그는 영화와 라디오의 대 스타가 되었으며, 이제는 그녀를 흉내 내는 희극배우까지도 있다.

심리학자 윌리엄 제임스가, 보통 사람은 그들의 잠재적 정신능력의 10퍼센트밖에는 발휘할 수가 없다고 말한 것은 자아(自我)를 발견치 못한 사람을 두고 한 말이다. 그는 다음과 같이 기술하고 있다.

"우리 자신 안에 있는 가능성에 비한다면, 우리는 반 각성상태(半覺醒狀態)에 있는 것이다. 우리는 육체적으로나 정신적으로 아주 작은 부분밖에 이용하지 못하고 있다. 이를 개괄적으로 말한다면, 인간은 그들의 한계에서 멀리 떨어져 생활하고 있는 것이다. 인간은 온갖 힘을 지니고는 있으나, 대체로 그것을 이용하지 못하고 있다."

그렇다면 당신과 나도 이러한 능력을 가지고 있는 한, 남들과 같이 순조롭지 않다는 이유로 번민함으로써 단 1초일망정 헛되이 하지 않도록 하자. 당신은 이 세상에서 새로운 존재이다. 창세기 이래 당신과 똑같은 인간은 하나도 없으며 또 앞으로도 당신과 동일한 인간은 결코 나타나지 않을 것이다.

오늘날의 새로운 유전과학은 우리들에게, 당신이 아버지로부터 받은 22개의 염색체와, 어머니로부터 받은 22개의 염색체, 그리고 XY 염색체로 당신이라는 인간이 생긴다는 것을 가르치고 있다. 그런데 이 46개의 염색체에 포함되어 있는 것이 당신의 온갖 것을 결정한다.

이에 대하여 앰런 샤인펠트는 이렇게 말하고 있다.

"염색체의 하나하나에는 수십 내지 수백의 유전인자가 있는데, 그 중의 하나일지라도 개인의 전 생애를 바꾸어 놓을 수 있다. 인간이란 이렇듯 놀라울 만큼 불가사의한 것이다."

당신의 아버지와 어머니가 만나서 결혼한 후에도, 당신이라는 특별한 인간이 태어나게 되는 확률은 30조에 하나 정도이다. 바꾸어 말하면 당신은 30조 명이나 되는 형제자매가 있었다 해도 모두 당신과는 달랐을 것이 된다. 그렇다면 이것은 한낱 추정일까? 아니다, 이것은 어디까지나 과학적 사실이다. 이에 관하여 당신이 좀 더 알고 싶다면, 앰런 샤인펠트의 《인간과 유전》이라는 책을 읽어보면 좋을 것이다.

자기 자신이어야 한다는 문제에 관해서는, 나는 일종의 확신을 가지고 말할 수가 있다. 이에 대해서는 나도 깊은 관심을 가지고 있거니와, 한때 쓰라린 경험을 맛보았기 때문이다.

나는 미주리 주의 옥수수 밭에서 처음 뉴욕에 왔을 때, 「아메리칸 아카데미 오브 드라마틱 아트」에 입학했다. 말하자면 나는 배우 지망생이었던 것이다. 나는 이처럼 간단명료하며 더욱이나 확실한 성공에의 지름길은 없다고 생각했던 것이다. 그런가 하면 어째서 야심을 품은 청년들이 나처럼 이 방면에 눈을 뜨지 못하는가 하는 것이 이상할 정도였다. 어쨌든 나의 계획은 이러했다. 우선 당대의 명배우 존 드류, 월터 햄튼, 오티스 스킨너 등이 그들의 예술을 습득한 방법을 연구했다. 그리고는 그들의 장점만을 따서 그 눈부신 예기(藝技)의 총합체가 된다는 것이었다. 지금 생각하면 어리석기 짝이 없는 짓이었다.

그리고 나 같은 미주리 주 태생의 돌대가리에게, 자기 자신으로 돌아가라, 절대로 남을 닮으려 하지 않으리라는 반성이 생기기까지, 나는 줄곧 타인을 모방하기에 장구한 세월을 낭비했던 것이다.

이렇듯 쓰라린 경험은 나에게 잊히지 않을 교훈을 주었을 테지만, 사실은 그렇지가 않았다. 나는 너무도 우둔했으므로 같은 것을 두 번이나 배워야만 했다.

수년 동안 나는 실업가를 위한 퍼블릭 스피킹에 관한 공전의 결정판을 저술하고자 마음먹었다. 나는 이 책을 집필함에 있어서도, 연기 연구에 대하여 범했던 것과 마찬가지로 어리석음을 되풀이했다. 나는 다른 여러 저서의 아이디어를 뽑아서는, 온갖 아이디어를 망라한 책 한 권을 만들려 했다. 그래서 퍼블릭 스피킹에 관한 수십 권의 서적들을 사가지고는, 그것을 정리하는 데만도 1년 이상이 걸렸다.

그러나 그러는 동안에 자신의 어리석음을 알아차리게 되었다. 여태 껏 내가 만들고 있는 남의 아이디어의 뒤범벅은 지나치게 총합적이므 로 재미가 없을 뿐만 아니라, 실업가들이 읽어 줄 것 같지가 않았다. 그래서 나는 1년 동안의 노작을 고스란히 휴지통에 쓸어 넣고서 새로 이 시작했다. 나는 자신에게 이런 말도 했다.

"너는 데일 카네기가 되어라. 결점이나 한계를 염려할 것은 없다. 너는 어차피 자기 이외의 것이 될 수는 없다."

나는 남들의 총합체가 되기를 포기하고, 새로운 각오로 처음부터 진 작 그렇게 했어야 될 일에 착수했다. 나는 자신의 경험, 관찰, 강연자 및 연설법 교사로서의 자신(自信)을 기초로 하여 퍼블릭 스피킹에 관 한 교과서를 집필했다.

나는 시인이며 영문학교수인 월터 랠리 경이 배웠던 것과 똑같은 교 훈을 마음속에 깊이 새겨두고 있다.

"나는 셰익스피어와 같은 분량의 책을 쓸 수는 없을지 몰라도 나의 책을 쓸 수는 있다."

이것은 그가 한 말이다. 어쨌든 자기 자신이 되어라. 〈화이트 크리스 마스〉의 작곡자이며 가수인 어빙 벌린이 작곡가 고 조지 거슈윈에게 준 교훈에 따라 행동하라.

이 두 사람이 처음 만났을 때, 어빙 벌린은 이미 유명해져 있었지만, 거슈윈은 베를린의 촌구석에서 주급 35달러라는 박봉으로 근근이 생활을 꾸려가는 젊은 작곡가였다. 벌린은 거슈윈을 대하자 그의 재능을 인정한 나머지, 그가 받고 있던 급료의 **3**배를 지불할 테니 자기의 음악 비서가 되지 않겠느냐고 했다. 그러면서도 벌린은 다음과 같은 충고를 했다.

"그렇지만 이런 일은 맡지 않는 편이 나을 거야. 자네가 이 일을 하게 되면, 고작 벌린의 **2**류품이 될 뿐이네. 그러나 자네가 끝까지 자기 자신을 지켜 간다면 어느 땐가는 일류의 거슈윈이 될 걸세."

거슈윈은 그 충고를 잊지 않고서, 차근히 자기 자신을 당대의 특색 있는 아메리카 작곡가로 연마해 갔다.

찰스 채플린, 윌 로저스, 메리 마가렛 맥브라이드, 진 오틀리, 그 밖에도 무수한 사람들은 내가 이 장에서 강조하고 있는 교훈을 배워야만 했다. 그들은 모두 나처럼 쓰라린 경험을 통하여 이것을 알게 되었던 것이다.

찰스 채플린이 처음으로 영화에 나올 무렵, 감독은 그에게 그 당시 인기가 있던 독일 희극배우의 흉내를 내라는 것이었다. 그러나 채플린은 그의 독특한 연기를 하게 됨으로써 비로소 세상에 알려졌다. 밥 호프도 이와 같은 경험을 가지고 있다. 그도 처음에는 노래하며 춤추는 연기를 했으나 이것은 결국 헛수고로 끝나고, 만담을 비롯하여 자기 자신을 발휘하게 되면서부터 인기를 얻었다. 윌 로저스는 여러 해를 두고 보드빌에 나와 앉아서는, 말 한 마디 없이 로프만 꼬고 있었다. 그런데 이것이 유머에 대한 특수한 재능을 발견하게 하여, 로프를 요리조리 비비며 지껄이게 되면서부터 그는 유명해졌던 것이다.

메리 마가렛 맥브라이드는 처음 방송에 나왔을 때, 아일랜드의 희극 배우 노릇을 하려다가 실패하고 말았다. 그렇지만 그녀는 있는 그대로 의 자기, 미주리 주 태생의 시골뜨기 여자가 되었을 때, 뉴욕에서도 가장 인기 있는 라디오 스타가 되었다.

진 오틀리가 텍사스 사투리를 감추고, 제법 도시인답게 뽐내면서, 난 이래 뵈도 뉴욕 태생이노라고 허튼소리를 했을 때, 세상 사람들은 뒤에서 냉소를 했다. 그러나 그가 밴조를 가슴에 안고 카우보이의 노래 를 부르자, 그의 인기는 급상승하여 영화와 라디오에서 세계 제1의 카 우보이 가수가 되었다.

이제 거듭 말하지만, 당신은 이 세상에서 새로운 그 무엇이다. 그것 을 감사해야 한다. 그러므로 자연이 당신에게 준 것을 최대한으로 활용 해야만 할 것이다. 최종 분석에 의하면 온갖 예술은 자서전적이라고 한 다. 당신은 당신인 것만을 노래할 수밖에 없다. 또 당신인 것만을 그릴 수밖에 없다. 당신은 당신의 경험·환경·유전에 의하여 만들어졌다. 그것이 좋든 나쁘든, 당신은 자신의 작은 정원을 가꾸어야 할 것이 아 닌가. 좋든 나쁘든 당신은 인생이라는 오케스트라에서 당신 자신의 작 은 악기를 연주해야만 할 것이다.

에머슨은 《자신(自信)》이라는 논문 가운데서 이렇게 말하고 있 다.

"모든 사람의 교육에 있어서 다음과 같은 확신에 도달하는 시기가 있다. ─즉, 질투는 무지이며 모방은 자살이다. 그러므로 좋든 나쁘든 자기에게 주어진 운명으로 알 것이며, 광대한 우주에는 선량한 것들이

충만해 있지만, 자신의 곡식은 자기에게 주어진 좁은 토지에서 자기가
애써 가꾼 것밖에는 없다는 것을 알게 될 것이다. 그러나 자기 육체 안
에 잠재하는 힘은 자연에 있어서도 새로운 것이며, 그것이 무엇을 할는
지를 아는 이는 그 한 사람뿐이지만, 그것도 자신이 이것을 시험하기까
지는 자신도 모르는 것이다.”

시인 더글러스 머록은 이렇게 읊고 있다.

그대 만일 저 언덕의 소나무가 되지 못할진대,
　　산골짜기 벼랑 밑에 잡목인들 되어라―그러나
여울 가에 가장 아름다운 나무가 되어라.
　　덩굴이 되어라, 나무가 아니거든.

그대 만일 덩굴이 아니겠거든, 작은 풀잎인들 되어라.
　　그리하여 가는 길 오는 길을 흥겹게 하여 주오.
그대 만일 사향이 되지 못할진대 갈대인들 되어라―
　　그러나 호숫가에 오래오래 사는 갈대가 되어라!

우리 모두 선장이 될 수 없듯, 그 중 누구는 선원도 되리라.
　　그러나 모두가 할 일은 따로 있을지니.
큰 일도 있을 테며, 작은 일인들 없을손가,
　　모름지기 해야만 할 일은 모두 매한가지 아니랴.

그대 만일 큰 길이 되지 못할진대, 호젓한 오솔길인들 되어라.
　　그대 만일 태양이 되지 못할진대, 별이라도 되어라.

성공과 실패는 껍데기에 있지 않나니,

　무엇이 된들 소중한 것이 되소서.

― 우리를 번민으로부터 해방시켜 평화와 자유를 누리게

　　　하는 정신적 태도를 기르게 하는 다섯 번째 법칙 ―

남의 흉내를 내지 말라. 자기 자신을 발견하고 자기 자신이 되어라.

—————··———··—·— 제17장 —————··———··—·—

북풍이 바이킹을 만든다

이 책을 쓰고 있는 동안, 나는 어느 날 시카고 대학을 찾아가 총장 로버트 메이나드 허친스에게 어떻게 그가 번민을 처리하고 있는지를 물어보았다. 그러자 그는, "나는 시어스 로벅 컴퍼니(Sears, Roebuck and Company ; 미국의 종합유통업체)의 사장 고 줄리어스 로젠왈드 의 「레몬이 있으면 레몬주스를 만들라」는 말을 명심하고 있다."는 것이었다.

이것이 바로 위대한 교육자가 지표로 삼고 있는 좌우명이다. 그런데 어리석은 자는 이와 정반대의 행동을 하고 있다. 가령 인생이 그에게 레몬을 주면 그것을 팽개쳐버리고는, "나는 패배하고 말았어. 이것도 운명이지. 이제 기회는 없어." 하고 자포자기를 한다. 그리고는 세상을 원망하고 자기연민에 빠져들고 만다. 그런가 하면 현명한 사람은 레몬 을 받게 되면, 스스로 이렇게 자문을 한다.

"이 불행으로부터 어떤 교훈을 배울 것인가? 어떻게 하면 이런 상 태를 개량할 수 있을까? 또 어떻게 하면 이 레몬을 레몬주스로 만들 수가 있을 것인가?"

그런데 한 평생을 두고 인간과 그 잠재능력에 대하여 연구를 해 온 위대한 오스트리아의 심리학자 알프레드 아들러는, "인간에게 있어 가장 놀랄 만한 특성의 하나는, 마이너스를 플러스로 바꾸는 힘이다."라고 설파했다.

내가 잘 알고 있는 부인으로, 이것을 훌륭히 해낸 사람이 있다. 그녀의 이름은 델마 톰슨으로 뉴욕에 살고 있다. 그녀가 들려준 재미있는 경험담은 다음과 같다.

"전쟁 중 나의 남편은 캘리포니아의 모하비 사막에서 가까운 육군 교련소에 배속되어 있었습니다. 그래서 나는 남편 가까이에 있고자 그곳으로 이사를 했지만, 그곳은 형편이 아주 나빴습니다. 못마땅한 점은 이루 말할 수도 없었지요. 선인장의 응달까지도 섭씨 49도라는 무더위인데다, 고작 이야기 상대라고는 멕시코인과 인디언뿐, 그나마도 영어로는 의사소통이 되지 않았습니다. 그런가 하면 줄곧 바람이 그치질 않아, 음식은 고사하고 호흡하는 공기에도 모래가 서걱거릴 정도였습니다.

나는 절로 신세한탄이 나오고 슬픈 생각이 들어 친정 부모님에게 편지를 쓰고는, 이런 곳에서는 더 이상 견딜 수 없으니 당장이라도 짐을 꾸려 집으로 돌아가겠으며, 이곳에 더 눌러 있을 거라면 차라리 감옥에라도 가는 편이 낫겠다고 호소했습니다.

그런데 이에 대한 아버지의 회답은 단 두 줄의 문구였지요. 하지만 나는 일생을 두고 결코 잊지 못할 것입니다. ─그것이 나의 삶을 일변시켰기 때문이지요.

두 사나이가 감옥의 창문으로 밖을 바라보았다.
한 사람은 진흙탕을, 다른 한 사람은 별을 보았다.

나는 이 문구를 몇 번이고 되풀이 읽고는 자기 자신이 부끄러워졌습니다. 나는 현재의 상태에서 무엇이든 좋은 점을 찾아내려고 결심했습니다. 별을 찾으려고 했지요. 그래서 나는 인디언들과 친구가 되었습니다. 그에 대한 그들의 반응은 나를 놀라게 했습니다. 내가 그들의 편물(編物)이라든가 도자기에 대해서 흥미를 보이자, 그들은 여행자에게는 팔지도 않는 소중한 것들을 이것저것 마구 나에게 선물하는 것이었습니다.

나는 또 선인장·난초·여호수아나무 등의 기묘한 모양을 연구했습니다. 그리고 초생(草生) 모르모트에 대해서도 조사를 해보고 사막의 낙조를 바라보기도 하며, 여러 백만 년 전의 옛날 사막이 바다 밑이었을 무렵에 남겨진 조개껍질을 찾아보기도 했습니다.

그렇다면 대체 무엇이 이렇듯 놀라운 변화를 나에게 가져왔던 건가요. 모하비 사막은 달라진 것이 없습니다. 인디언도 달라진 것이 없습니다. 그런데 내가 변한 것입니다. 나의 마음가짐이 달라진 것입니다. 그럼으로써 나는 비참한 경험을 나의 생애에서도 가장 즐거운 모험으로 바꾼 것입니다.

나는 자신이 발견한 새로운 세계에 의해서 자극되고 흥분되었습니다. 나는 너무도 감격한 나머지 그것을 소재로 해서 《빛나는 성벽》이라는 소설을 쓰기도 했습니다. ……나는 자신이 만든 감옥 창문을 통하여 별을 찾아낸 것입니다."

보십시오, 델마 톰슨 씨! 당신은 그리스도 탄생 5백 년 전에 그리스 인들이 가르쳤던 오랜 진리, 「좋은 일일수록 하기 어렵다」는 것을 발견했던 것입니다.

그런데 성직자 해리 에머슨 포스딕은 20세기에 와서 이것을 재론하고 있다.

「행복은 대개의 경우 쾌락이 아니라 승리다.」

확실히 그렇다. 성취·성공은 레몬을 레몬주스로 바꿀 수 있는 데서 오는 승리인 것이다.

나는 언젠가 유독(有毒)한 레몬을 레몬주스로 바꿀 수가 있었던 행복한 농부를 찾아 플로리다를 방문한 일이 있다. 그런데 처음에 그가 이 농장을 소유했을 때는 좀처럼 일할 용기가 나지 않았다는 것이다. 토질이 워낙 거칠어서 과수를 재배할 수도 없고, 돼지를 사육하는 것조차 불가능했다. 그런데다가 번성하는 것은 작은 가시나무와 맹독성의 방울뱀뿐이었다.

그러자 여기서 그는 기발한 착상을 했다. 그것은, 이 무용한 것들을 자산으로 바꾸는 일, 말하자면 방울뱀의 이용인 것이었다. 기상천외라고도 말할 수 있겠으나 그는 방울뱀 고기로 통조림 제조를 시작했다.

수년 전 내가 그곳을 방문했을 때, 이 방울뱀 농장을 구경 오는 여행자는 1년에 20만 명이나 된다고 들었다. 그의 사업은 큰 성공을 거두었다. 방울뱀의 이빨에서 뽑은 독은 항독용 독소로서 각지의 연구소로 보내졌으며, 그 가족은 부인용 구두라든가 핸드백 재료로서 비싼 값에 팔렸다. 그런가 하면 뱀고기 통조림은 전 세계 식도락가의 입맛을 돋웠다.

나는 이곳의 그림엽서를 사가지고 이 마을 우체국에서 부칠 기회가 있었는데, 이 지방은 독 있는 레몬을 레몬주스로 바꾸었던 사람을 기념하기 위하여, 플로리다 주 〈방울뱀 마을〉로 고쳐 부르고 있었다.

나는 줄곧 미국 각처를 여행하고 있으므로, 「마이너스를 플러스로 바꾸는 힘」을 발휘했던 남녀들을 가끔 만날 수가 있었는데, 《신을 배반한 열두 사람》의 저자 고 윌리엄 보리소는 이런 말을 하고 있다.

"인생에 있어 가장 중요한 일은 이익을 자본화하지 않는 것이다. 그런 짓이라면 바보라도 할 수가 있다. 그러므로 진실로 중요한 일은 손실에서 이익을 올리는 것이다. 그러자면 지혜를 필요로 하는데, 이 점이 분별 있는 사람과 바보와의 차이를 만드는 것이다."

보리소가 이런 말을 한 것은, 그가 철도사고로 한쪽 발을 잃은 후였지만, 나는 두 다리를 잃고 나서도 마이너스를 플러스로 바꾸었던 사람을 알고 있다. 그는 벤 포트슨이라는 사람인데, 나와는 조지아 주 애틀랜타의 어떤 호텔 엘리베이터 속에서 만났다. 내가 엘리베이터에 타자, 구석에 자리 잡은 바퀴달린 의자에는 두 다리가 없는 사나이가 싱글싱글 웃으며 앉아 있는 것이었다. 엘리베이터가 멈추었을 때, 그는 나에게 부딪칠까봐 좀 비켜 달라고 하며, "참 감사합니다." 하고 인사를 하는 것이었다. 그는 쾌활하게 미소를 지으며 의자를 움직여 갔다.

나는 내 방으로 돌아와서도 이 쾌활한 장애자의 일이 시종 머릿속에서 사라지지를 않아 그의 방을 찾아가 이야기를 들었다.

"그러니까 1929년의 일이었습니다. 그는 여전히 미소를 지으며 말했다. "정원 콩밭에 말뚝을 치려고 호두나무를 베러 갔지요. 자른 나무들을 자동차에 싣고 돌아오는 도중이었는데, 갑자기 나무 하나가 차에서 굴러 떨어지는 바람에 나는 급커브를 틀려던 찰나, 핸들이 말을 듣지 않았습니다. 차는 제방 밑으로 굴러 떨어졌고 나는 나무에 부딪쳤습니다. 이때에 척추를 다쳐 다리를 못 쓰게 되었죠. 그 때가 내 나이 스물넷이었지만, 그 후로는 한 발자국도 걸을 수가 없었습니다."

이제 한창의 나이인 스물네 살에 일생을 바퀴달린 의자에서 보내야만 할 운명이 되다니! 이 말을 듣고 나는, 어떻게 그렇듯 쾌활하게 지낼 수가 있게 되었느냐고 물어보았다. 그러자 그는, "천만의 말씀을!"하고 말하는 것이었다.

한때는 오히려 반항적이었으며 운명을 저주했다는 것이다. 그러나 날이 감에 따라 그런 반항은 단지 자신을 괴롭힐 뿐이라는 것을 알게 되었다고 한다.

"나는 세상 사람들이 모두 친절하게 배려해 주는 것을 알았기 때문에 자신도 세상 사람들에게 대하여 친절을 베풀고자 했습니다."

그리고 또 오랜 세월이 지난 지금에 와서도, 그 사고를 무서운 불행이었다고 생각하지 않느냐는 질문에 대해서는 이렇게 대답하는 것이었다.

"아니지요. 이제 와서는 오히려 즐거울 정도입니다."

그의 말에 의하면, 그 쇼크와 회한에서 회복되자 그는 새로운 생활을 시작했으며, 문학에 취미를 붙이게 되었고, 14년 동안에 1,400권의 책을 독파했다는 것이다. 그런데 이러한 서적들은 그의 시야를 넓히고,

그가 꿈꿔 보지도 못했을 만큼 그의 생활을 풍부하게 했다. 그는 또 음악에도 소양을 갖게 되었는데, 전에는 그렇듯 진절머리가 나던 교향악에 대해서도 감동을 느끼게 되었다. 그러나 무엇보다도 큰 변화는 사물을 생각할 시간이 있게 된 것이었다. 그는 이렇게 말하고 있다.

"난생 처음으로 나는 이 세상을 직관할 수 있게 되었습니다. 그리고 옛날에 내가 얻고자 했던 것의 대부분은 무가치하다는 것도 알게 되었습니다."

그는 독서의 결과로, 정치에도 흥미를 갖게 되고, 공공(公共)의 문제를 연구하며, 바퀴달린 의자로 유세를 다녔다. 그는 가는 곳마다 많은 사람들을 알게 되었으며, 한편으로는 많은 사람들도 그를 알게 되었다. 마침내 벤 포트슨은 조지아 주 국무장관이 되었다.

지난 35년 동안, 나는 뉴욕에서 성인교육에 종사하면서 한 가지 이상한 사실을 발견했다. 그것은 다름이 아니라, 내 클래스 사람들의 대다수가 대학교육을 받지 못했다는 것을 유감스럽게 생각하고 있다는 것이다. 그들은 그것을 대단한 핸디캡으로 여기는 모양이었다. 그러나 나는 반드시 그렇다고 생각지 않는다. 왜냐하면 세상에는 고등학교만 나오고도 성공한 사람들이 얼마든지 있기 때문이다. 그래서 나는 곧잘 이러한 학생들에게 초등학교도 변변히 나오지 못한 사람의 이야기를 들려준다.

그는 극빈한 가정에서 자라났다. 부친께서 돌아가셨을 때는 친구들이 돈을 모아 관(棺)을 사 줄 형편이었다. 부친의 사망 후 어머니는 우산공장에서 하루 열 시간이나 일을 했다. 그리고 삯일은 집으로 가지고 돌아와 열한 시까지 밤일을 했다.

이러한 환경 속에서 자라난 소년은 가까운 교회 클럽의 소인극(素 人劇, amateur theatricals : 전문가가 아닌 사람들에 의하여 연출되는 연극)에도 출연하게 되었는데, 그것에 재미를 붙여 퍼블릭 스피킹을 하기로 결심했다. 그런데 이것이 그로 하여금 정치에 흥미를 가지게 하는 인연이 되어, 30세 때에 뉴욕 주의원으로 뽑혔다.

그러나 그는 이 직책을 수행하기에는 기초지식이 너무 없었다. 그는 솔직하게 모든 일이 오리무중이었다고 나에게 말하고 있다. 그는 찬반 투표를 해야만 했고, 길고도 복잡한 의안을 읽게 되면 도무지 뭐가 뭔지를 몰랐다. 그는 숲속에 발을 들여놓아 본 일도 없으면서 삼림법 위원에 뽑혔고, 은행에 거래도 없으면서 주립 은행법 위원회의 위원으로 선출되었다. 그는 오뇌와 번민에서 헤어날 수가 없었다. 그러면서도 그가 의원직을 사직하지 않았던 것은, 자기 어머니에게 쓰라린 패배를 고백하는 것이 부끄러웠기 때문이었다고 한다.

그러나 이렇듯 절망한 나머지 분발했던 그는, 하루에 열여섯 시간이나 공부를 하면서 무지(無知)라는 레몬을 지식이라는 레몬주스로 바꾸어 보려고 결심했다. 그럼으로써 그는 자신을 일개 지방정치가로부터 국민적인 대인물로 바꿀 수가 있었다. 《뉴욕 타임스》는 그를 가리켜 「뉴욕에서 가장 인기 있는 시민」이라고 불렀다.

나는 여태껏 알 스미스에 관한 이야기를 하고 있는 것이다.

알 스미스는 독학으로 정치연구를 시작하여 10년 후에는 뉴욕 주의 정치에 관한 최고 권위자가 되었으며, 네 번이나 뉴욕 주지사로 선출되었으니—이는 아무도 이룩할 수 없었던 기록이다.

1928년, 그는 민주당 대통령 후보에까지 올랐으며, 콜롬비아, 하버드 등 6개 대학은 초등학교밖에 졸업하지 않은 이 사람에게 명예학위를 수여했다. 그는 나에게 말하기를, 만일 자기가 마이너스를 플러스로 바꾸기 위하여 하루에 열여섯 시간을 공부하지 않았던들 오늘의 영광은 없었을 것이라고 말했다.

니체의 〈초인(超人, Übermensch)〉에 관한 법칙에도, "궁핍을 참고 견딜 뿐만 아니라, 그것을 사랑하는 자가 진정한 초인이다."라고 했다.

나는 성공자의 경력을 연구하면 할수록 다음과 같은 사실을 확신하게 된다. 실로 대다수의 사람들은 핸디캡을 지니고 있었기 때문에 성공하고 있다. 말하자면 그것이 노력과 성공에의 자극제가 되었던 것이다. 윌리엄 제임스의 말대로, "우리의 약점 그 자체가 뜻밖에도 우리를 돕는다."

분명히 그렇다. 밀턴은 장님이었기 때문에 보다 뛰어난 시를 썼으며, 베토벤은 귀머거리였기 때문에 보다 훌륭한 음악을 만들었는지도 모른다.

헬렌 켈러의 놀라운 생애는 장님과 귀머거리, 벙어리에 자극이 되어 가능했는지도 모른다. 만일 차이코프스키가 그의 비극적 결혼에 의해서 자살 직전에까지 내몰리지 않았던들, 설령 그의 생활이 슬픈 것이 아니었던들 적어도 그는 불후의 명작 교향곡 〈비창〉을 작곡할 수 없었을는지도 모른다. 또 만일 도스토예프스키라든가 톨스토이가 고난의 생활을 하지 않았던들, 그들은 결코 저 불후의 소설을 쓸 수 없었을는지도 모를 일이다.

"만일 내가 대단한 병약자가 아니었더라면" 하고, 이 지상에 있어서의 인간의 과학적 관념을 일변시킨 학자는 말한다. "만일 내가 대단한 병약자가 아니었던들 그처럼 많은 일들을 성취할 수 없었을는지도 모른다."

이것은 자기의 약점이 뜻밖에도 도움이 되었던 사실을 고백한 찰스 다윈의 말이다.

다윈이 영국에서 출생했던 것과 같은 날, 또 한 사람의 어린아이가 켄터키 주 숲속 통나무집에서 태어났다. 그 또한 자기의 약점에 의해서 도움 받았는데, 그의 이름은 에이브러햄 링컨이다. 만일 그가 상류 가정에서 자라났더라면, 그리고 하버드 대학에서 학사의 칭호를 받아가며 행복한 결혼생활을 보냈더라면, 그가 한 게티즈버그의 불후의 명연설은 그의 흉중에 떠오르지 않았을지도 모른다. 또 두 번째의 대통령 취임석상에서 행한 저 고귀한 문구를 입에 담지 못했을는지도 모른다. 일찍이 인간의 통치자가 입에 담았던 가장 고귀하고도 아름다운 말,

"아무에게도 악의를 품지 말며, 만인에게 자애를……."

해리 에머슨 포스딕은 《사물을 꿰뚫어보는 힘》이라는 저서 속에서 이런 말을 했다.

"스칸디나비아에는 「북풍이 바이킹(해적)을 만든다」 는 속담이 있으나, 이것은 우리의 생활에 대한 일종의 격려로 받아들일 수 있다. 안

전하고도 유쾌한 생활, 안일 따위가 인간을 선량하게 만들며 행복하게
한다는 관념은 대체 어디서 나온 것일까. 자기연민에 빠진 인간이라면,
푹신한 침대 위에 뉘어 놓아도 여전히 자기를 가련하게 여긴다. 그러나
역사를 통해서도 알겠지만, 인간이 자신에 책임을 지게 되면 행복은 선
과 악을 불문하고 온갖 경우에 처한 사람들에게나 찾아든다.”

가령 우리가 의기를 상실하고, 레몬을 레몬주스로 바꿀 의욕을 잃었
다고 하자. 그러나 이런 때일지라도, 일단 그것을 시도해야만 할 두 가
지의 이유가 있다. ─말하자면 시도를 한다면 이득이 있을 뿐 손실은
아무것도 없는 두 가지 이유가 있다.

이유의 하나─우리는 성공할는지도 모른다.

이유의 둘─가령 성공하지 못한다 해도, 마이너스를 플러스로 바꾸
고자 시도하는 것만으로도 뒤를 돌아보지 않고 앞을 내다보게 만든다.
그에 따라 부정적인 생각이 긍정적인 생각으로 대치된다. 또 그것은 창
조적인 에너지를 해방시켜 우리를 분주하게 하며, 사라져가버린 과거
일에 얽매여 번민할 시간도 마음도 없애 준다.

세계적 바이올리니스트 오레 부르가 파리에서 연주하던 중 갑자기
바이올린 줄이 끊어진 일이 있었다. 그러나 부르는 당황하지 않고 세
개의 현으로 연주를 무사히 마쳤다.

“그것이 인생이다. A현이 끊어져도 세 개의 현으로 무사히 끝마친
다는 것이.”

이것은 해리 에머슨 포스딕이 한 말이다. 그러나 그것은 단순한 인
생이 아니며, 어쩌면 인생 이상인 것이다. 혁혁한 인생인 것이다.

만일 나에게 그럴 만한 힘이 있다면, 나는 다음과 같은 윌리엄 보리스의 말을 동판에 새겨 모든 초등학교 교실에 걸도록 하겠다.

인생에 있어 가장 중요한 일은, 이익을 자본화하지 않는 것이다. 그런 짓이라면 바보라도 할 수가 있다. 그러므로 진실로 중요한 일은, 손실에서 이익을 올리는 것이다. 그러자면 지혜를 필요로 하는데, 이 점이 분별 있는 사람과 바보와의 차이를 만드는 것이다. 그러므로,

— 우리에게 평화와 행복을 가져올 정신적 태도를
기르기 위하여 지켜야만 될 여섯 번째 법칙 —

운명이 레몬을 주었다면 그것으로 레몬주스를 만들도록 하라.

——··——··——··— 제18장 ——··——··——··—

14일간의 번민 해소법

나는 이 책을 쓰기 시작했을 때, 「나는 이렇게 번민을 극복했다」
는 데 대한 가장 유익하고 권장할 만한 자신의 수기를 보내준 사람에게
는 2백 달러의 상금을 주겠노라고 발표했다.

이 콘테스트의 심사위원에는, 이스턴 항공회사 사장 에디 리켄베이
커, 링컨기념대학 학장 스튜어트 W. 맥레런, 라디오 뉴스 해설자 H. V.
칼덴본 세 사람이었는데, 응모작품 중 두 편은 대단히 우수하여 순위를
정할 수 없었으므로 상금을 2등분했다. 그런데 여기서는 그 가운데 하
나 미주리 주 스프링필드의 C. R. 버튼 씨의 이야기를 소개하기로 한다.

"나는 아홉 살 때 어머니와 헤어졌고 열두 살 때에는 아버지를 여
의었다. 아버지는 사고로 돌아가셨지만, 어머니는 19년 전에 말없이 집
을 나가버렸다. 나는 그런 이래로 지금껏 어머니를 못 만났지만, 또 어
머니가 데리고 간 두 여동생도 보지 못했다. 그런데 어머니는 집을 나
간 지 7년 만에 처음으로 편지를 보내왔다. 그렇지만 아버지는 어머니
가 집을 버리고 나간 지 3년 후에 사고로 별세하셨던 것이다. 그 무렵
아버지께서는 어떤 사람과 합자하여 읍에서 작은 카페를 경영하고 계
셨는데, 업무로 여행하신 틈을 타서 상대방 사람은 카페를 팔아 치우고

자취를 감춰버렸다. 그래서 친구들이 아버지에게 급히 돌아오라고 전보를 쳤는데, 아버지는 황급히 돌아오던 도중 캔자스의 사리나스에서 자동차사고로 목숨을 잃었던 것이다.

내게는 이모 두 분이 계셨는데, 워낙 가난하고 병약한데다가 연만하셨지만 우리 3형제를 맡아 주셨다. 그렇지만 나와 동생들은 누구한테서나 따돌림을 당하는 것이었다. 모두가 우리를 집적거릴 뿐이었다.

나는 부모 없는 자식이라고 불리거나 고아 취급을 당하는 것이 무엇보다도 두려웠다. 그렇지만 우리들이 두려워하던 것이 얼마 안 있어 현실로 다가온 것이다. 나는 잠깐 동안 마을의 어떤 가난한 가족들과 함께 지냈으나 불경기로 주인이 실직했기 때문에 나를 길러줄 여유가 없게 되었다. 그러자 이번에는 읍에서 11마일 떨어진 농장의 로프틴 부부가 나를 맡아 주었다. 로프틴 씨는 70 노인이었는데 병으로 자리에 누워 지냈다.

그는 나에게, 「거짓말을 않고 남의 물건을 훔치지 말며, 어른의 말을 잘 듣는 한」 자기 집에 두어주겠다는 것이었다. 어쨌든 이 세 가지 규칙은 나의 철칙이 되었고, 나는 그것을 엄중하게 준수했다. 나는 이때부터 학교에 가게 되었지만, 처음 주일은 집에 돌아오게 되면 어린애처럼 엉엉 울었다. 그것도 그럴 것이, 아이들은 나를 집적거리며, 코가 크다고 놀려대는가 하면, 나를 벙어리라는 둥 부모 없는 자식이라고 욕지거리를 하는 때문이었다.

나는 화가 치밀어 참을 수가 없었기에 싸움을 하려고 마음먹었다. 그러나 로프틴 씨는 이런 말을 했다. '싸움을 하지 않고 그 자리를 피

한다는 것은 그 당장에 싸움을 하는 것 이상으로 용기가 필요한데, 이 것을 명심하라.'

그래서 나는 싸움을 않기로 했지만, 어느 날 한 아이가 학교 교정에 서 한 줌의 닭똥을 내 얼굴에다 집어 던졌다. 이때는 나도 더 이상 참을 수 없어 실컷 그놈을 두들겨 주었다. 그것이 계기가 되어 친구가 두서 넛 생겼는데 이들은 그 녀석이 나쁘다고 나를 두둔해 주었다.

나는 이 무렵, 로프틴 부인이 사준 새 모자를 신바람이 나서 쓰고 다녔는데, 하루는 덩치 큰 여학생 하나가 나의 모자를 잡아채더니 물속 에다 팽개치면서, '너 같은 돌대가리는 물에 적셔 줘야 돼. 혈액순환 이 좋아질 테니까 말이야.' 하고 놀려대는 것이었다.

나는 학교에서는 결코 눈물을 흘리지 않았지만, 집에 와서는 곧잘 큰 소리로 엉엉 울었다. 로프틴 부인은 나를 달래며 차근차근 타이르는 것이었다.

'랄프야, 네가 그 아이들한테 흥미를 가지고 무엇이든 그 애들이 좋아할 것을 해준다면, 그네들은 결코 너를 집적거리거나, 고아라느니 뭐니 욕지거리를 하지 않을 거야.'

그 때부터 나의 번민과 걱정은 씻은 듯이 사라지고 적을 친구로 바 꾸었다. 나는 열심히 공부하여 우등생이 되었다. 그러나 아무도 나를 시기하지 않았다. 왜냐하면 나는 되도록 여러 사람들을 위해서 일했기 때문이다.

나는 남들의 작문을 거들어 주었고, 웅변원고를 써주기도 했다. 나 와 같은 반에 있던 한 친구는 나한테 도움을 받고 있다는 사실을 남들에게 알리는 것이 부끄러워서, 자기 어머니에게는 주머니쥐를 잡으러 간다고 해놓고는 로프틴 씨의 농장으로 찾아와 개를 헛간에 매어놓고 나한테 학과지도를 받았다. 또 어떤 친구에게는 독후감을 써 준 일도 있으며, 한 여학생은 나를 찾아와 며칠 밤씩 수학을 배운 적도 있었다.

그러는 동안 우리의 이웃에는 죽음의 신이 찾아왔다. 늙은 두 농부가 죽었고 한 여자는 남편한테 버림을 받았다. 그러자 네 세대 중에 남자라고는 나 하나뿐이었다. 그래서 나는 하는 수 없이 이들 미망인을 위해서 2년 동안을 보살펴주었다. 학교에서 돌아오는 길이면, 이들의 농장에 들러 나무를 잘라주고, 우유도 짜주고, 가축들에게는 먹이도 주었다. 나는 이제 미움을 받기는커녕 칭찬이 자자했으며, 어느 집에서든 융숭한 대접을 받았다.

그러다가 내가 해군에서 제대했을 때는 모두들 진심으로 환영을 해주었다. 내가 돌아오던 날에는 2백여 명의 농부들이 찾아와 주었으며, 개중에는 80마일 밖에서 차를 몰고 온 이도 있었다. 어쨌든 그들은 마음속으로부터 나를 생각해 주었던 것이다.

이제 나는 남을 돕기에 바쁘기도 했고, 또 일의 즐거움으로 번민 따위는 잊어버리고 말았다. 그리고 최근 13년 동안은 「부모 없는 자식」 소리를 들어본 적이 없다."

버튼 씨여, 장하다! 그는 친구를 만드는 방법을 알고 있다. 그는 또 번민을 극복하고 인생을 즐기는 방법도 알고 있는 것이다.

워싱턴 주 시애틀의 고 프랭크 루프 박사도 마찬가지였다. 그는 23

년 동안이나 중풍으로 누워 지냈다. 그런데 「시애틀 스타」인 스튜어
트 화이트하우스는 나에게 이런 편지를 보내왔다.

— 나는 가끔 루프 박사를 만났지만, 그분처럼 이타적이며 인생을
즐긴 사람은 드물 것이다.—

그렇다면 여러 해 동안 병상에 있으면서 어떻게 인생을 즐겼던 것일
까? 거기에는 두 가지의 추측이 있다. 즉 그는 자신의 운명을 불평과
남의 허물을 들추어냄으로써 그렇게 할 수가 있었던가? 아니다. 자기
연민에 빠져, 남들이 그의 뜻을 받들도록 함으로써 그럴 수가 있었던
가? 아니다. 그 어느 쪽도 아니다. 그는 영국의 황태자처럼 「나는 봉
사한다」는 말을 좌우명으로 삼았기 때문에 성취할 수가 있었다. 그는
병으로 앓는 사람들의 주소를 모아 그들에게 위문과 격려의 편지를 보
냄으로써 서로에게 기쁨을 주었던 것이다. 그는 또 환자들을 위한 펜팔
을 조직하여 서로 간에 편지를 교환하게 하고, 마침내 그것을 국제조직
으로까지 발전시켰다.

그는 병상에 있으면서 1년에 평균 1만 4천 통의 편지를 썼으며, 외
출할 수 없는 병자들을 위해서는 라디오와 서적들을 갖게 해줌으로써
수천 명의 환자들에게 기쁨을 주었다.

그렇다면 루프 박사와 다른 사람들과의 차이는 어디에 있는가? 그
것은 루프 박사에게는 목적과 사명에 따르는 내면적 정열이 있었던 것
이다. 그는 자기 자신보다도 훨씬 고귀하고, 훨씬 더 의의 있는 관념에
의해서 움직이고 있다는 자각에서 비롯되는 진정한 기쁨을 느끼고 있
었다. 이것은 버나드 쇼가, "세상이 자기의 행복을 위해서 조금도 힘

을 보태주지 않는다고 불평하며 투덜대기에 여념이 없는 자기중심적인 소인들"이라고 평한 사람들과는 전연 상반되는 것이다.

다음의 이야기는 오스트리아의 위대한 정신병학자 알프레드 아들러가 발표한 놀랄 만한 보고이다.

그는 언제나 환자에게, "이 처방대로만 하면 2주일 안에 반드시 완쾌합니다. ―그것은, 날마다 어떻게 하면 남을 기쁘게 해줄 수가 있을까 생각해 보는 것이죠." 라고 말했다. 여러분들이 이 말만 가지고는 고개를 갸우뚱할 것 같으므로, 그의 명저 《인생이 의미하는 것》으로부터 몇 구절 인용해 보기로 한다.

우울증이란, 타인에 대한 장기간의 계속적인 분노, 비난과 같은 것이다. 그렇지만 보호와 동정과 지지를 얻기 위해서는, 환자는 자기의 잘못에 따라 그것을 거부당하고 있는 듯한 실망을 느끼는 것이다. 그러므로 우울증환자의 첫째 기억은 일반적으로 다음과 같다. ― "나는 긴의자에 눕고 싶었으나, 형이 그곳에 있었으므로 큰 소리로 울어댔다. 그랬더니 형은 의자를 양보했다."

또 우울증환자는 가끔 자살을 함으로써 자기 자신에게 복수하는 경향이 있다. 그러므로 의사가 가장 주의해야만 될 일은 그들에게 자살의 구실을 주지 않아야 한다. 나 자신은 그들의 긴장을 완화하기 위한 첫번째 조처로서, "하고 싶지 않은 일이라면 굳이 하지 말라." 고 말하고 있다. 이것은 얼핏 생각하기에 별로 대단치 않은 말 같으나, 실은 온갖 장애의 핵심을 찌른 것이라고 확신한다.

만일 우울증환자가 하고 싶은 일을 해서 좋다면 아무도 원망할 까닭이 없을 것이다. 그리고 자기 자신에 대해서도 불만을 품을 이유가 없지 않겠는가.

나는 이런 말을 한다. "영화 구경을 가겠으면 가도 좋다. 놀러가고 싶다면 그러도록 하라. 또 도중에서 싫어지면 그만두라."고—.

그런데 이것은 누구에게 있어서나 가장 좋은 상태이며, 더구나 나는 신에 가까운 존재니까 하고 싶은 일을 마음대로 할 수 있다는 식으로, 우월감을 찾는 자들을 만족시켜 준다. 그러나 한편으로, 그것은 그의 생활 형태에 쉽사리 들어맞는 것은 아니다. 그는 남들을 지배하고 비난하고 싶지만, 남들이 그에게 동의한다면 그들을 지배할 방법이 없는 것이다. 그런데 이와 같은 법칙은 그들의 불안을 제거한다. 그러므로 나의 환자 중에는 자살자가 한 사람도 없었다.

그러나 대개의 경우 환자들은, "하지만 나는 하고 싶다고 생각되는 일이 별로 없다."고 대답한다. 나는 곧잘 이런 대답을 들어 왔기 때문에 "자, 그러시면 하기 싫은 일은 안 하도록 하는 거죠." 때로는 또, "나는 하루 종일 자고 싶다."고 말하는 사람도 있다. 그럴 때, 내가 무작정 좋다고만 한다면 환자 편에서는 불만스러워한다. 그리고 이것을 거부한다면 그가 짜증을 내게 되는 것도 나는 잘 알고 있다. 그래서 나는 동의를 하게 된다. 말하자면 이것이 제1법칙인데, 다음에는 보다 직접적으로 그들의 생활방식에 공격을 가한다. 즉 이런 말을 하게 된다.—

이 처방대로만 하면 2주일 안에 반드시 완쾌합니다.—그것은 즉, 날마다 어떻게 하면 남을 기쁘게 해줄 수가 있을지를 생각해 보는 것이다.

이것은 그들에게 있어 중대한 의미가 있다. 왜냐하면 그들은 "어떻게 하면 남을 괴롭힐 수가 있을까?"하는 것만을 생각하고 있기 때문이다. 어쨌든 그들의 대답은 여간 걸작이 아니다. 어떤 사람은, "그런 일쯤은 대수롭지 않다. 난 한 평생을 두고 해왔으니까."라고 대답한다. 그렇지만 천만의 말씀이다. 그래서 좀 생각해 보라고 권하면, 그들은 내 말을 따르지 않는다.

그러므로 나는 그들에게 이런 말을 한다. "밤에 잠이 오지 않을 때를 이용해서 어떻게 하면 남을 기쁘게 해줄 수가 있을까 생각해 보는 것이죠. 그것이 건강을 회복하는 첩경입니다." 다음날 나는 다시 그들에게 물어본다. "어제는 내 말대로 하셨습니까?"그 대답인즉, "침대에 눕자마자 잠들어 버려서" 물론 이러한 일들은 모두 신중하고도 우호적인 태도로 할 것이지 고압적이어서는 안 된다.

어떤 사람은 또 이렇게 대답한다. "아무래도 안 되는군요. 나는 번민으로 가득 차 있으니까요." 이에 대해서 나는 이런 말을 한다. "번민을 계속하셔도 좋지만, 한편으로는 남의 일을 생각할 수도 있겠지요." 나는 언제나 그들에게 타인에 대해서 관심을 가지도록 권장하고 있다.

그런데 또 어떤 사람은 이렇게 말한다. "어째서 남을 즐겁게 해주어야만 합니까? 그네들은 조금도 나를 기쁘게 해주지 않는데요." 그에 대한 나의 대답은, "그것이 당신의 건강에 이롭기 때문이죠. 그렇지 않은 사람들은 금세 후회하게 됩니다." 그러나 "나는 말씀하신 것을 잘 생각해 보았습니다."고 대답하는 환자는 실로 드물다.

어쨌든 나의 온갖 노력은 환자의 사회적 관심을 증대시키는 일에 기울여지고 있다. 그들의 병의 참다운 원인은 협동정신의 결여라는 것을 알고 있기 때문에, 그들에게 이것을 의식시키자는 것이다. 그런데 만일 그들이 이웃과 평등한 협동적인 입장에서 결합한다면, 그 때야말로 그들은 완쾌될 것이다. 종교에 의해서 부과된 가장 중대한 일은 언제나 「너의 이웃을 사랑하라」는 것이었다.

……이웃에 대하여 관심을 갖지 않는 인간이 인생에 있어서는 최대의 고난에 시달리며, 타인에 대하여는 최대의 위해(危害)를 끼친다. 온갖 인생의 실패는 이런 사람들한테서 생겨난다. ……그러므로 인간에 대하여 요구하는바 주어진 최고의 찬사는 "보다 나은 협동자가 되어라, 모든 사람의 친구가 되어라, 연애와 결혼에 있어서는 참다운 반려가 되어라."라는 것이다.

아들러 박사는 하루 한 가지 선행(善行)을 역설하고 있지만, 선행이란 무엇인가? 예언자 마호메트에 의하면, "선행이란 타인의 얼굴에 미소를 가져오게 하는 행위"라고 했다.

그렇다면 어째서 매일 좋은 일을 하는 것이 그 행위자에게 놀랄 만한 영향을 주는 것일까. 그것은 타인을 기쁘게 함으로써 오뇌·공포·우울증의 원인이 되는 자기 자신의 일을 생각하지 않게 되기 때문이다.

뉴욕에서 비서 양성소를 경영하고 있는 윌리엄 T. 문 부인은 자기의 번민을 몰아내기 위하여 남을 기쁘게 해준다는 방법을 생각해내는 데 두 주일씩이나 걸리지 않았다. 그녀는 아들러 박사보다 한 걸음, 아니 13걸음이나 앞서 있었다. 그녀는 두 주일 동안이 아니라, 단지 하루에 두 사람의 고아를 기쁘게 해줌으로써 자신의 번민을 몰아냈던 것이다.

244

이에 대하여 문 부인은 다음과 같이 말하고 있다.

"5년 전 12월, 나는 슬픔과 자기연민의 감정에 휩싸이고 말았다. 결혼해서 행복한 생활을 보낸 지 몇 년 되지 않아서 나는 남편을 잃었다. 크리스마스가 가까워지면서 나의 슬픔은 더해 갈 뿐이었다. 나는 여태껏 혼자서 크리스마스를 지내 본 일이 없었기 때문에 성탄절이 다가오는 것이 두려웠다. 친구들은 크리스마스를 함께 축하하자고 초대해 주었으나 나는 그럴 기분이 나지 않았다. 크리스마스이브가 가까워질수록 나는 점점 자기연민에서 헤어나지를 못했다.

실은 누구든지 감사할 일은 있을 테지만, 정말 나는 많은 일에 감사했어야 되었는지도 모른다. 크리스마스 전날, 나는 오후 세 시에 사무실을 나와 이렇다 할 목적도 없이 5번가를 걷고 있었다. ─지금 생각하면 자기연민과 우울을 덜어보자는 심산이었다.

거리는 명랑하고 행복한 무리들로 가득 차 있었다. 그러자 나에게는 과거의 즐거웠던 추억이 되살아나는 것이었다. 나는 외롭고도 공허한 아파트로 돌아가자니 생각만 해도 견딜 수가 없었다. 나는 어찌하면 좋을지를 몰라 망설였으며, 눈물이 그치지 않고 흘러내렸다. 한 시간가량이나 정처 없이 걷다 보니까 어느 틈에 버스 종점에 와 있었다.

전에도 나는 곧잘 남편과 함께 야릇한 모험심에서 어디 행인지도 모르는 버스에 무작정 올라탔던 일을 생각해냈다. 그래서 나는 우선 눈에 띄는 대로 버스에 올라탔다. 허드슨 강을 건너 얼마를 가자니까, 안내원이, '종점이에요, 아주머니.' 하는 바람에 차에서 내렸다. 나는 그 마을의 이름조차 몰랐으나 조용하고도 아늑한 곳이었다. 어쨌든 다음

차례의 버스를 기다리는 동안 나는 주택가를 걸어 보았다. 그러다가 교회 앞을 지나치는데 문득 〈고요한 밤 거룩한 밤〉의 아름다운 선율이 들려오는 것이었다. 나는 무심코 안으로 들어갔다. 교회 안에는 오르간을 치는 사람이 혼자 있을 뿐이었다.

나는 조용히 의자에 앉았다. 현란하게 꾸민 크리스마스트리에서 반짝이는 오색 전등은 주위의 장식들을 달빛을 받고 춤추는 무수한 별처럼 생각되게 했다. 그리고 은은히 흐르는 음악 소리는—아침부터 아무것도 입에 대지 않은 탓도 있겠으나, 나에게 졸음을 재촉했다. 나는 몸도 마음도 모두 지쳐 있었으므로 그대로 잠이 들고 말았다.

그러다가 얼핏 눈을 떴을 때, 나는 자신이 어디에 와 있는지를 몰랐다. 깜짝 놀랐다. 눈앞에는 크리스마스트리를 보러 온 두 아이가 서 있었다. 그 중 한 계집아이가 나를 가리키며 ‘산타클로스가 데려온 사람인지도 몰라.’하는 것이었다. 내가 눈을 뜨자, 두 아이는 깜짝 놀라는 표정이었다. 나는 ‘괜찮아.’하고 아이들을 안심시켰다. 아이들은 모두 초라한 옷을 걸치고 있었다. 그래서 나는, ‘아빠와 엄마는?’하고 물었더니, ‘우린 아빠도 엄마도 없어요.’라고 대답하는 것이었다. 그렇다면 여기에 나보다도 훨씬 불쌍한 두 어린 고아가 있는 것이다. 나는 그들을 보자 자신의 자기연민과 슬픔이 오히려 부끄러워졌다. 나는 이 아이들에게 크리스마스트리를 보여주고, 상점에 데리고 가서는 캔디와 선물을 사주었다. 그러다 보니 나의 쓸쓸한 마음은 마법에라도 걸린 듯이 사라져 버렸다. 이 두 고아는 수개월 만에 모처럼 나에게 행복의 감정을 갖게 했다.

그들과 말벗이 되어 지껄이는 동안에 나는 자신이 얼마나 행복했던 지를 알게 되었던 것이다. 나는 어린 시절에 보낸 크리스마스가 부모님의 사랑과 자애에 넘쳤던 것을 하나님께 감사했다. 아무튼 이 두 고아들은 내가 그들에게 적선한 것보다도 훨씬 많은 것을 나에게 베풀어주었으며, 이런 경험으로 미루어 나는 우리를 행복하게 하기 위해서도 남들을 행복하게 해줄 필요가 있다는 것을 알게 되었다.

어쨌든 나는 행복이란 전염한다는 것임을 깨달았다. 그러므로 준다는 것은 곧 받는 것이다. 그리하여 나는 남을 돕고, 사랑을 베풂으로써 번민과 슬픔과 자기연민을 극복하고 새 사람이 되었다. 이제 나는 새로운 인간이 되었다, 그 때 이래로 지금껏.

나는 앞서도 말해 왔지만, 건강과 행복 속에 자기를 망각해 버린 사람들의 이야기로 책 한 권을 엮을 수가 있다. 예컨대, 미국 해군에서 가장 인기 있는 부인 중 한 사람인 마가렛 테일러 예츠의 경우를 생각해 보기로 한다.

예츠 부인은 소설가이지만, 그녀의 어느 소설보다도 일본군이 진주만을 공격하던 그 무서운 날 아침에 그녀의 신변에 일어났던 실화가 더 재미있다. 예츠 부인은 워낙 심장이 나빠서 1년 전부터 자리에 누워 있었다. 그녀는 하루에 스물두 시간을 침대에서 지냈다. 그리고 일광욕을 하고자 정원까지 나오는 것이 그녀의 가장 긴 여행이었다. 그런데 이때조차도 그녀는 하녀의 부축을 받아야만 했다. 그 당시 그녀는 죽을 때까지 폐인으로 지내게 될지도 모른다고 걱정했다는 것이다.

"만약에 일본군이 진주만을 공격함으로써 나의 자기만족을 동요시키지 않았던들 나는 지금과 같은 새 생활을 찾지 못했을 것이다. 그 사건이 일어났을 때는 도무지 모두가 뒤죽박죽이고 무질서였다. 바로 우리 집 근처에도 폭탄 하나가 떨어져 그 진동으로 나는 침대에서 굴러 떨어졌다. 군용 트럭들이 군인 가족들을 학교로 피난시키고자 히컴 비행장과 스코필드 기지 등지로 달려가고 있었다. 적십자사에서는 피난민을 수용할 수 있는 여분의 방을 가진 사람들에게 전화를 걸었고, 그들은 내 침대 머리맡에 전화가 있는 것을 알고 나에게 정보 연락을 맡아 달라고 부탁하는 것이었다.

그래서 나는 군인 가족들이 어디에 수용되어 있는지를 알아보았고, 한편 적십자사에서는 군인들에게 가족 소식은 나한테 문의하라고 통고했다. 나는 그러는 동안에 남편 로버트 예츠 함장이 무사하다는 것은 알았지만, 제각기 남편의 안부를 걱정하고 있는 부인들을 격려하는 한편, 허다한 전사자들의 미망인을 위로하기에 바빴다. 아무튼 이때의 전투로 말미암아 2,117명의 해군장병이 전사했으며, 960명이 행방불명되었다.

처음에 나는 침대에 누운 채로 전화를 받았지만, 그러는 동안에 어찌나 바쁘고 흥분한 탓인지 병 따위는 아예 잊어버리고 책상 앞에 앉아 있었다. 나는 나 이상으로 불행한 사람들을 돕는 데 정신이 팔려 일신상의 일은 잊어버렸던 것이다. 그리고 나는 그런 이후로 매일 밤 여덟 시간의 수면시간을 제외하고는 더 이상 침대에 눕지 않았다.

만일 일본군의 진주만 공격이 없었더라면 나는 아마 일평생을 반 폐인으로 끝내고 말았을 것이다. 침대에 누워서 보내는 생활은 별로 괴로

운 것은 아니었다. 나는 극진한 간호를 받고 있었으니까. 그러나 이제
와서 생각해 보니, 그 때문에 나는 은연중에 재기의 의지를 상실해 왔
던 것이다.

진주만 피습은 미국 역사상 최대 비극의 하나였으나, 나 개인에 한
해서는 다행한 일이었다고 본다. 그렇듯 무서운 위기는 나로 하여금 스
스로 지니고 있으리라고는 꿈에서조차 생각 못했던 힘을 주었으며, 자
신의 일을 잊어버리고 남에게 주의를 집중시켰던 것이다. 즉 살아가기
위해 없어서는 안 될 소중한 목적을 갖게 했다. 지금 나는 나 자신의
일에 대하여 머리를 쓰거나 생각할 시간은 전혀 없다.—

정신병 전문의를 찾아가는 사람들의 3분의 1은 마가렛 예츠가 한 대
로만 실행한다면 대부분 완쾌될 것이다. 그것은 남을 돕는 일에 흥미를
갖는 것이다.

칼 융은, "나의 환자의 3분의 1은 임상적으로는 신경증이 아니며,
그들의 병은 인생의 공허와 무감각이 원인이다."라고 말했다.

다시 말하면 그들은 엄지손가락을 내밀고서 인생을 무임승차해 보
겠다는 것이나, 차는 그것을 무시하고 통과하여 버린다. 그래서 그들은
보잘것없는, 무감각한, 무익한 인생을 이끌면서 정신병 전문의에게로
밀어닥친다. 뒤미처 보트를 놓치고서 부두에 멍하니 선 채로, 그들은
자기 이외의 온갖 사람들을 비방하며, 세상은 그들의 자기중심적 욕망
을 만족시키는 것이 당연하다고 내세우는 것이다.

그런가 하면, 당신은 지금 이런 독백을 하고 있는지도 모른다.

"그런 따위 얘기는 별로 관심이 없다. 나라도 크리스마스이브에 고

아를 만나면 다분히 관심을 보일 것이다. 또, 그때 진주만에 있었더라면 마가렛 예츠와 같은 일을 했을 것이 아닌가. 그러나 지금의 내 경우는 하나부터 열까지가 다르다. 나는 너무도 평범한 생활을 보내고 있다. 하루에 여덟 시간을 흥미 없는 일에 종사하고 있다. 무엇 하나 극적인 일이란 없는데, 어떻게 남을 돕는 일에 흥미를 갖게 될 것인가. 그리고 어째서 그래야만 하는가? 설령 남을 돕는다면 나에게 어떤 이익이 있단 말인가?"

이것은 지극히 당연한 질문이다. 그렇다면 가령 당신의 생활이 아무리 평범할지라도 당신은 매일 누구든 만날 텐데, 그들에게 어떤 태도를 취하는가? 그들을 무심코 바라볼 뿐인가, 아니면 그들 생활의 참모습을 알아보려 하는가? 우편배달부의 예를 들어 보기로 하자. 그는 매년 수백 마일을 걸으면서 집집마다 우편물을 나누어주고 있지만, 당신은 한 번이라도 그가 어디서 살고 있는지를 알아보려고 생각한 적이 있는가? 또 그의 아내나 자녀들의 사진을 보여 달라고 말해본 일이 있는가? 혹은 다리가 얼마나 아픈지, 일이 권태롭지나 않은지 물어본 적이 있는가?

식료품 가게의 점원, 신문 배달부, 거리의 구두닦이에 대해서는 어떠한가. 이들도 모두 인간이다. 번민·꿈·야심으로 가슴이 벅찬 인간임에는 틀림이 없다. 그들은 또 누구에게 그것을 하소연해 보고 싶은 기회를 찾고 있다. 그런데 당신은 그들에게 기회를 주어 본 일이 있는가? 더구나 그들과 그들의 생활에 대하여 진지한 관심을 보인 적이 있는가. 나는 지금 그런 의미의 말을 하고 있는 것이다. 당신은 보다 나은 세상을 만드는 데 조력하기 위하여 플로렌스 나이팅게일이라든가 사회 개혁가가 될 필요는 없다. 그렇지만 당신은 내일 아침에 만나게 될 사람들로부터 그 일을 시작하면 되는 것이다.

그러면 당신에게 어떠한 이익이 있는가? 보다 큰 행복! 보다 큰 만족과 자기 존중의 감정! 아리스토텔레스는 이러한 태도를 가리켜, 「계발(啓發)된 이기주의」라고 불렀다. 또 조로아스터는 말하기를, "타인에게 선을 행함은 의무가 아니며 기쁨이다. 그것은 베푸는 자의 건강과 행복을 증진한다."고 했다. 벤저민 프랭클린은 이를 간단히 요약하여, "남에게 선을 행할 때 인간은 자기에게 최선을 다하고 있는 것이다."라고 말했다.

뉴욕의 심리학 서비스 센터의 소장 헨리 C. 링크는, "근대 심리학의 발견 가운데서, 자아실현과 행복에 대하여 자기희생과 규율의 필요성을 과학적으로 실증한 것만큼 중요한 발견은 없다."고 기술하고 있다.

그러므로 타인에의 배려는 자기 자신에 관한 번민으로부터 인간을 구제할 뿐만 아니라 많은 친구를 만들어준다. 나는 언젠가 예일 대학의 윌리엄 라이언 펠프스 교수에게 그가 어떻게 이것을 성취할 수가 있었느냐고 물어보았더니, 그는 이렇게 대답했다.

"나는 호텔이나 이발소, 그 밖의 상점에 들어갈 때는 반드시 그곳에서 만나는 사람에게 무엇이든 호의적인 말을 건넨다. 말하자면 그들을 기계 속의 한 개의 톱니바퀴로 보지 않고 하나의 인간으로서 대하는 것이다. 점원에게는 그녀의 눈이 아름답다든지, 머릿결이 곱다든지, 이발사에게는 하루 종일 서 있자면 다리가 피로하지 않겠냐느니, 지금까지 대략 몇 명이나 머리를 깎아 주었느냐는 식으로 물어본다.

어쨌든 인간은 누구나 남에게 관심의 대상이 되면 기뻐한다. 나는 또 수하물을 실어다 준 짐꾼에게 악수를 청한다. 그러면 그 사람은 그 날 하루 종일 유쾌한 기분으로 일에 정력을 쏟게 된다.

언젠가 몹시 무더운 날, 나는 뉴 헤븐 철도의 식당차로 점심을 먹으러 갔다. 차 안은 워낙 만원이어서 한증막처럼 뜨거웠고, 서비스는 느렸다. 그런데 웨이터가 겨우 메뉴를 가지고 내게로 왔을 때 나는 이런 말을 했다.

"저 뜨거운 조리실에서 일하고 있는 조리사는 아마 오늘 같은 날은 대단하겠군."

그러자 웨이터는 거친 어조로 뭐라고 말하는 것이었다. 나는 처음에 그 소리가 화를 내는 것으로만 생각되었다.

"그렇습니다. 손님들은 이곳에 오셔서 음식 맛이 왜 이러느니, 서비스가 나쁘다, 덥다, 값이 비싸다는 둥 불평만 말씀하십니다. 저는 **19**년 동안을 두고 이런 투정만 들어 왔습니다만, 저 가마솥 속 같은 곳에서 일하고 있는 조리사에게 동정을 해주신 것은 선생님뿐이었습니다. 어쨌든 선생님과 같은 손님이 늘게 되면 정말 다행이겠습니다."

하여간에 웨이터는 내가 흑인 조리사를 큰 철도조직 안에 있는 한 개의 톱니바퀴로만 보지 않고 하나의 인간으로 인식한 데 대하여 놀랐던 것인데, 인간은 모두 사람취급 받기를 바라고 있다. 또 나는 거리에서 귀여운 개를 데리고 있는 사람을 만나게 되면 언제나 그 개의 아름다움을 칭찬하여 준다. 그리고 나서 조금 가다가 돌아보면, 대개 그 사람은 개를 귀여워하거나 쓰다듬고 있다. 나한테 칭찬을 받았기 때문에 그도 또한 다시 한 번 개를 칭찬하지 않을 수 없었던 것이다.—

짐꾼과 악수를 한다든지, 무더운 주방에서 일하는 조리사에게 동정을 베풀고, 개를 칭찬할 만한 사람이 근심 걱정으로 정신병 전문의를 찾는 수가 있을까?

중국의 속담에 이런 말이 있다.

"남에게 장미꽃을 주는 손에는 언제나 향기가 남는다."

예일 대학의 빌리 펠프스에게 그런 말을 할 필요는 없다. 왜냐하면 그는 그것을 알고 몸소 실행하고 있기 때문이다.

남성 독자에게는 별로 재미가 없을 테니까, 다음의 1절은 넘겨버려도 좋을 것이다. 이것은 안달 맞은 불행한 소녀가 어떻게 하여 남자들에게 청혼을 받을 수 있었던가에 대한 이야기다. 이 소녀는 이젠 벌써 노파가 되어 있지만, 수년 전에 나는 이 노인 부부의 집에서 하룻밤 손님이 된 적이 있었다. 나는 그 마을에서 강연을 했는데, 다음날 아침 그녀는 자동차로 나를 50마일이나 떨어진 뉴욕 센트럴 철도의 분선 역까지 전송해 주었다. 그런데 우리는 어떻게 하면 친구를 사귈 수 있느냐에 대해서 이야기를 나누었다. 그녀는, "카네기 씨, 난 아무에게도, 심지어는 남편에게까지 고백한 일이 없는 이야기를 하겠습니다." 하고 입을 열었다.

"나는 필라델피아의 사교계 인명록에도 올라 있는 명문 집안에서 태어났지만, 소녀 시절로부터 나이가 들면서 내가 무엇보다도 비관했던 것은 집이 가난하다는 것이었습니다. 우리 집에서는 다른 친구들 집에서처럼 성대한 파티 같은 것을 열 수가 없었습니다. 내 옷은 언제나 허름한데다가, 그것도 작아서 몸에 맞지가 않아 유행에 뒤져 있었습니다. 나는 그것이 부끄러웠으며 언짢은 생각이 들어 밤에 자리에 들어서는 곧잘 울기도 했습니다. 그래서 나는 절망한 나머지 착안한 것은 디너파티 같은 데서의 파트너에게 그의 경험, 의견, 장래에 대한 플랜 등을 질문해 보자는 것이었습니다. 나는 그들의 이야기에 특별한 흥미를 느끼고 있었던 것은 아니었습니다. 다만 상대방으로 하여금 나의 보잘 것없는 몸치장에 관심을 가지지 않게 하겠다는 것이 목적이었습니다. 그런데 한 가지 이상한 일이 일어났습니다. 그것은 다름이 아니라, 그 사람들의 이야기를 듣고 그네들의 일을 점차 알게 됨에 따라 그들의 대화에 흥미를 갖게 되었으며, 자신의 빈약한 몸치장 같은 것은 잊어버리게 된 것입니다.

그런가 하면 나 자신에게도 놀랄 만한 일이 또 일어났던 것입니다. 즉 내가 좋은 말벗이 되어 남의 말을 경청하기 때문에, 이야기를 하는 사람들도 신바람이 났으며, 그래서 결국 나는 사교 클럽에서도 가장 인기를 끌게 되었습니다. 더구나 세 사람의 청년으로부터 구혼을 받았던 것입니다.”

(여성 독자여, 바로 이것입니다)

그러나 이 장을 읽은 독자 개중에는 이런 말을 할 사람이 있을지도 모른다.

“남에게 관심을 가진다니, 난센스다. 그건 무골호인의 얘기겠지. 난 질색이야. 난 돈벌이를 해야겠어. 난 내가 획득할 수 있는 것은 무엇이고 성취하는 주의야.—그런 따위는 공염불 같은 수작이야!"

그것이 당신의 의견이라면 그것도 괜찮다. 그러나 당신의 주장이 옳다고 하면, 유사 이래의 위대한 철학자 또는 현인—즉 그리스도니 공자니 석가니 플라톤이니 아리스토텔레스니 소크라테스니 성 프란시스코 같은 사람의 말은 모두 잘못이었다는 이야기가 된다.

그러면 당신은 아마도 종교적 지도자의 강론을 조소할 것이니, 무신론자의 주장을 듣기로 하자. 우선 케임브리지 대학의 A. E. 하우스만 교수라면 그 시대에 있어서의 석학이었는데, 그가 1936년에 동 대학에서 행한 〈시(詩)의 명칭과 자연성〉이라는 강연 가운데 다음과 같은 1절이 있다.

"고금동서를 통틀어 가장 심원한 도덕적 발견은 그리스도의 다음과 같은 말이다. 즉 '그 생명을 얻고자 하는 자는 그것을 잃고, 나로 해서 생명을 잃은 자는 그것을 얻으리로다.'"

우리는 많은 설교자들이 이 말을 인용하는 것을 들어 왔다. 그러나 하우스만은 무신론자이며 염세주의자로서 한때 자살까지 하려고 한 적도 있는 사람이다. 더구나 그는 자기밖에 생각하지 않는 사람은 인생에서 많은 것을 얻지 못한다는 것을 알고 있었다. 그런 사람은 비참하다. 그러나 다른 사람에게 봉사함으로써 자기 자신을 잊을 수 있는 사람은 인생의 즐거움을 얻을 것임에 틀림없다. 당신이 하우스만의 말에 감명을 받지 않았다면 20세기에 있어서 가장 저명한 미국의 무신론자 데오도르 드라이저의 충고를 들어 보기로 하자.

그는 온갖 종교는 동화(童話)라고 냉소하고, 인생을 "백치가 지껄

인 이야기야. 잡음과 격정뿐이고, 전혀 무의미한 것이지."라고 단정했
다. 그러면서도 그는 그리스도가 말한 「타인에의 봉사」라는 위대한
교훈을 지지하고 있다.

그는 말한다.

"인간이 짧은 인생에서 기쁨을 찾아내려 하거든, 그는 자기보다도
타인을 잘 되게 하기를 생각하고 계획해야 할 것이다. 왜냐하면 자기의
기쁨은 그들의 기쁨에 걸려 있고, 그들의 기쁨은 그 자신 속의 기쁨에
걸려 있기 때문이다."

만약 우리가 드라이저가 주장하듯이, 「남을 잘 해주기 위해서」 노
력할 생각이라면 곧 착수해 마땅할 일이다. 시간은 흘러간다. "나는
두 번 다시는 이 길을 지나가지 않는다. 그러니 내가 할 수 있는 선행이
나 내가 표시할 수 있는 친절은 지금 실행하자. 주저한다든지 태만한다
든지 하지 말기로 하자. 나는 두 번 다시는 이 길을 지나가지 않을 테니
까."

— 여기에 번민을 추방하고 평화와 행복을 누리기
원하는 사람들을 위한 일곱 번째 법칙이 있다.—

남에 대해서 흥미를 가짐으로써 자기를 잊어라. 매일 몇 사람의 얼굴에
기쁨의 미소를 띠게 할 만한 착한 일을 행하라.

PART 4 요약

평화와 행복을 가져올 정신자세를 기르는 일곱 가지 방법

첫째 우리의 마음을 평화와 용기와 건강과 희망으로 가득 채우자. "우리의 인생은 우리의 사고가 만드는 것"이니까.

둘째 적에 대해서 보복하려 해서는 안 된다. 만약 그렇게 한다면 적을 상하게 하기보다도 훨씬 더 많이 자기 자신이 상하는 결과가 되니까.

셋째 a. 은혜를 모른다고 번민하지 말라. 차라리 그것을 예기하라. 그리스도는 열 사람의 나병환자를 치료했지만, 한 사람밖에는 그에게 사례를 하지 않았다. 우리가 그리스도 이상으로 감사받기를 기대할 수 있을까?

b. 행복을 발견하는 유일의 방법은 감사를 기대함이 없이 남에게 기쁨을 주는 데 있다.

c. 감사의 마음은 「교양에 의한」 특성이라는 것을 잊지 말라. 그러므로 우리가 우리 아이들의 감사를 기대한다면, 우리는 아이들을 그렇게 길러야 한다.

넷째 받는 복을 헤아리되, 번민을 헤아리지 말라.

다섯째 남을 모방하지 말라. 자아를 발견해서, 자기 자신을 견지하라. 왜냐하면 「질투는 쓸데없는 것이고 모방은 자살」이기 때문이다.

여섯째 운명이 레몬을 주면 그것으로써 레몬주스를 만들도록 노력하라.

일곱째 남을 위해 조그마한 행복을 만들어내게끔 노력하고, 자기 자신의 불행을 잊어버려라. "그대가 남에게 선량할 때에, 그대 자신에 대해서도 또한 선량한 것이다."

PART 5.

남의 비평에 대한
번뇌를 극복하는 법

─··─··─ 제19장 ─··─··─
죽은 개는 걷어차지 않는다

1929년, 전 미국 교육계에 큰 화제를 불러일으킨 사건이 일어났다. 전국의 석학들은 그 사건에 입회인이 되고자 시카고로 몰려들었다.

그보다 앞서 몇 해 전, 로버트 허친스라는 한 청년이 웨이터, 벌목 노동자, 가정교사, 세탁소 판매원 노릇을 하면서 예일 대학을 졸업했다. 그로부터 불과 8년 후, 그는 미국에서 가장 부유한 대학의 하나인 시카고 대학의 학장으로 취임했다. 불과 서른의 나이에!

나이 많은 교육자들은 고개를 내저었다. 요란스런 비평이 이「신동 (神童)」에게 집중되었다. 그는 이렇다, 그는 저렇다. 너무 젊어, 경험이 없지, 그의 교육관은 편향되어 있어 등등. 그러한 공격에는 신문마저 동조하는 판이었다. 그의 취임식이 거행되던 날, 친구 중 한 사람이 로버트 허친스의 아버지에게 말했다.

"오늘 아침 신문에 아드님을 공격하는 사설이 실려 있는데, 전 그걸 읽고 분개했어요."

"그렇지요, 꽤 가혹하더군요. 그렇지만 아무도 죽은 개는 걷어차지 않거든요."

노(老) 허친스는 대답했다.

그렇다. 그리고 개가 중요하면 중요할수록 사람은 그것을 걷어참으로써 보다 큰 만족을 느끼는 것이다.

나중에 에드워드 8세가 된 영국의 황태자(윈저 공)는 나이 어려서 이것을 체험했다. 그 당시 그는 데본셔의 다트머스 대학(Dartmouth College)—미국 애너폴리스의 해군사관학교에 해당한다—의 생도로서 그 나이가 열다섯 살이었다.

어느 날, 해군사관 하나가 그가 울고 있는 것을 보고 어쩐 일이냐고 물었다. 그는 처음에는 좀처럼 대답을 하지 않았으나, 자꾸 캐물었더니, 선배 사관후보생들한테 걷어 채였다고 대답하는 것이었다.

교장은 후보생들을 소집했다. 그리고는 설명했다. 황태자는 굳이 불평을 말하는 것이 아니라, 다만 왜 자기 혼자만 이렇게 봉변을 당해야 하는지 그 이유를 알고 싶다는 말이라고.

어물어물 넘겨 보려다가 후보생들은 마침내 고백했다. 그들은, 자기가 후에 영국 해군의 사령관이나 함장이 되었을 때 자랑하고 싶어서 그랬다는 이야기였다. 난 옛날에 우리 국왕을 걷어찬 일이 있다고!

그러고 보면 당신이 남한테 걷어챘다든지, 비평을 받았을 때, 당신을 걷어찬 사람은 그로써 자기가 잘난 것 같은 느낌을 맛보고 있다는 것을 당신은 기억하시라. 그것은 당신이 무엇이건 남의 주목을 끌 만한 일을 하고 있다는 것을 흔히 의미한다. 그런데 세상에는 자기들보다 높은 교육을 받은 사람이거나 성공한 사람들을 나쁘게 말함으로써 야만적인 만족을 느끼는 사람이 흔히 있다.

예를 하나 들자. 내가 이 장을 집필하는 도중, 나는 한 사람의 부인한테서 구세군의 창시자인 윌리엄 부스 대장을 비난하는 편지를 받았다. 나는 일찍이 부스 대장을 찬양하는 방송을 한 일이 있는데, 이 부인은 부스 대장이 가난한 사람들을 구제하기 위해서 모은 돈 6백만 달러를 횡령했다고 쓴 것이다. 이 고발은 물론 엉터리없는 것으로 판명 났지만, 이 부인은 실상 진실을 캐려는 것이 아니었다. 그녀는 자기보다도 훨씬 위의 누구를 비난함으로써 얻어지는 만족감을 구하고 있었던 것이다.

나는 이 악의에 찬 편지를 휴지통에 던져버리고는 내가 그녀의 남편이 아닌 것을 하나님께 감사했다. 그녀의 편지는 부스 대장에 관해서는 무엇 하나 내게 가르쳐주지 않았지만, 그녀에 관해서는 많은 것을 가르쳐주었다. 쇼펜하우어는 일찍이, "비천한 사람들은 위인의 결점이나 어리석은 행동에 대해서 대단한 기쁨을 느낀다."고 말하지 않았던가.

예일 대학의 학장을 비속한 사람이라고 생각하는 이는 좀처럼 없을 것이다. 그러나 전에 학장이었던 티모게 드와이트는 합중국의 대통령으로 입후보한 어느 사람을 비난하는 데 커다란 기쁨을 느끼고 있었던 것 같다. 예일 대학의 학장은 경고했다.

"만일 이 사나이가 대통령에 당선되면 우리의 아내나 딸은 공인 매춘제도의 희생자로 전락하여, 우아함과 도덕으로부터의 추방자가 됨으로써 하나님과 사회로부터 미움 받고 배척당할 것이다."

이것은 히틀러에 대한 탄핵과도 방불한 것이 아닐까? 아니, 그렇지가 않다. 이것은 토머스 제퍼슨을 탄핵한 것이다. 어느 토머스 제퍼슨이냐고? 설마 독립선언문의 기초자인 민주주의의 패트런(patron)은 아니겠지? 그렇다. 바로 그 제퍼슨인 것이다.

미국인으로서 「위선자」니, 「협잡꾼」이니, 「살인범보다 조금은 좋은 사나이」라고 공공연한 욕설로 비난을 받은 것이 누구라고 당신은 생각하는가? 어느 신문의 만화는 그랬다. 그를 단두대에 세워놓고 목을 베는 커다란 칼을 곁에 놓고 시가지로 끌고 다니면서 그를 군중이 조롱하고 욕설을 퍼부어 꾸짖는 광경을. 그게 누구냐고? 조지 워싱턴.

그러나 그것은 옛날 얘기지, 오늘에 있어서 인간성은 향상되어 있을 것이라고 말하는지도 모른다. 그럼 생각해 보자. 피어리 제독의 예가 있다.

그는 1909년 4월 6일, 개가 끄는 썰매로 북극을 탐험하여 온 세상을 경탄케 한 탐험가다. 이 극지야말로 몇 세기에 걸쳐 용기 있는 사람들이 인간의 한계를 극복하고 도달하려고 시도하였지만, 갖은 간난신고와 궁핍으로 인해 굶주림으로 생명을 잃었다.

피어리 자신도 혹한과 기아로 거의 빈사의 지경이었다. 그의 발가락 여덟 개는 격심한 동상으로 절단해야 할 처지였다. 그는 겹치는 육체적 고통 속에서 정신적 고통까지 당해야 했다.

워싱턴에 있는 그의 상관들은 피어리가 인기를 독점하고 있다고 생각하며 분개했다. 그래서 그들은, 그들이 과학적 탐험이라고 칭하여 돈을 모아놓고도, "북극에서 비틀거리고 있다."고 말하면서 그를 비난한 것이다.

그들은 실상 그렇게 믿었는지도 모른다. 믿고 싶다고 생각하는 것을 믿지 않는다는 것은 거의 불가능한 일이니까.

피어리에게 골탕을 먹이고, 그의 기도를 제지하려는 그들의 결의는 맹렬한 것이었다. 오로지 피어리는 대통령 매킨리의 직접 명령에 의하여 간신히 북극탐험을 계속할 수 있었다. 피어리가 워싱턴의 해군부에서 행정 사무를 보고 있었어도 그렇게 비난을 받았을까? 아니다. 그는 그들의 질투를 살 만큼은 중요하지 않을 테니까.

그랜트 장군은 피어리 제독보다도 더 지독한 경험을 맛보았다. 1862년에 그랜트 장군은 북군을 환희로 들끓게 한 최초의 대승리를 얻었다. 반나절의 전투에 의한 승리, 그랜트로 하여금 하룻밤의 국민적인 우상이 되게 한 승리, 멀리 유럽까지 진동할 만큼 그 이름을 떨치며 비상한 반향을 일으킨 승리, 대서양 연안부터 미시시피 강에 이르기까지에 걸친 각지의 교회 종을 울리게 하여 축하의 폭죽을 터뜨리게 한 승리였다.

그런데도 북군의 영웅 그랜트는 대승리를 거둔 지 6주일도 되기 전에 체포되어 군 지휘권을 박탈당하고 말았다. 그는 굴욕과 절망 속에서 오열했다.

그랜트 장군은 왜 그 승리의 절정 때 체포되었는가? 그 주요한 이유는 오만한 상관들의 질투와 선망을 유발한 때문이다. 그러므로,

— 우리가 부당한 비난으로 괴로워하게
될 때를 위한 첫 번째 법칙—

부당한 비난은 흔히 위장된 찬사라는 사실을 기억하라. 아무도 죽은 개는 걷어차지 않는다는 것을 기억하라.

—·—··—··—· 제20장 —··—·—··—··—

비평에 마음 상하지 않으려면

나는, 늙은 「사팔뜨기」라는 별명을 가진 스메들리 버틀러 소장(小將)과 만나서 이야기를 나눈 일이 있다. 그의 날카로운 눈이 그에게 그런 이름을 붙여준 것인데, 노(老) 「지옥의 악마」 버틀러—합중국 해군을 통틀어서 가장 이채롭고 건성으로 뻐기기도 하지만, 활기에 찬 명물 사령관이다.

그는 나에게 이런 말을 했다.

젊은 날의 그는 인기를 얻고 싶었다. 무엇보다도 세상 사람들의 좋은 평가를 얻고 싶었다. 그러기에 극히 사소한 비판에도 그는 신경을 곤두세우고 흥분하곤 했다. 하지만 30년간의 군 생활은 그의 낯가죽을 두껍게 만들었다. 그는 말했다.

"나는 자주 욕설을 들었고 모욕당했다. 겁보니 독사니 스컹크니 하여. 나는 전문가들의 저주를 또한 받았다. 영어로 표현할 수 있는 온갖 욕설은 모두 나에게 퍼부어진 것이었다. 분통이 터졌느냐고? 흥, 요즈음엔 어디선가에서 내게 퍼붓는 욕설이 들려와도 욕하는 놈의 얼굴도 쳐다보지 않는다네."

아마도 「사팔눈」 버틀러는 비평을 졸업해 버린 모양이다. 그러나 우리들 대부분은 우리에게 던져지는 조소나 욕설에 너무나도 신경을 곤두세우고 있다.

나는 나의 성인 클래스 광고 집회 때 찾아온 《뉴욕 선》지의 기자에 의하여 나와 나의 일에 관해서 재미있고도 우스꽝스럽게 한번 쓰인 일이 있다. 내가 분개했느냐고? 물론이다. 나는 그것이 나에게 가해진 개인적 모욕이라고 생각했다. 나는 《뉴욕 선》지의 집행위원회 의장 길 하지스에게 전화를 걸어서 그것이 조소적인 기사가 아니라는 사실을 지상에 게재해 달라고 요구했다. 나는 기사의 집필자에 대하여 끝내 책임을 지게 하려 한 것이었다.

나는 지금 그 당시에 내가 취한 행동을 부끄럽게 생각하고 있다. 구독자의 반수는 그 기사를 읽지 않았을 테고, 읽은 나머지 반수의 구독자도 단순한 우스갯소리로밖에는 여기지 않았을 게다. 그리고 그들마저 몇 주일 후에는 깨끗이 잊어버리고 말았을 것이 틀림없다.

인간이란 남의 일에 대한 생각이나 남에 대한 비판에는 무관심하다는 것을 나는 지금 알고 있다. 그들은 아침이나 낮이나 한밤 열두 시까지 끊임없이 자기 일만을 생각하고 있다. 남이 죽었다는 뉴스보다도 그들은 천 배나 만 배로 그들 자신의 가벼운 두통에 대해서 마음을 쓴다.

속임을 당하거나, 비웃음을 당하거나, 배반을 당하거나, 등에 칼을 찔리거나, 가장 절친한 친구 손에 의하여 노예로 팔리더라도 그 때문에 우리가 자기연민에 빠져든다는 것은 어리석다. 우리는 그보다도 그리스도가 겪은 일을 생각해야 할 것이다. 최대의 신임을 그에게서 받고 있던 열두 제자의 한 사람은 오늘날의 돈으로 치면 기껏 19달러가 될까

말까 한 뇌물 때문에 그리스도를 배반했다. 또 다른 한 사람은 그리스
도가 곤경에 빠져 문제가 일어나자, 그를 버리고 달아나서 세 번이나
자기는 그리스도를 모른다고 선서하기조차 했다. 하물며 그리스도가
이러했거늘, 우리가 그 이상을 기대한다는 것은 무리가 아니겠는가?

나는 오래 전부터 깨달아 왔다. 남으로부터 부당한 비판을 받지 않
게 한다는 것은 불가능한 일이지만, 그러한 비판에 정신을 쓰지 않기란
가능한 일이라고. 나는 온갖 비평을 무시하라고 주장하는 것은 아니다.
부당한 비평을 무시하라고 말할 뿐이다.

나는 일찍이 그녀가 루즈벨트 대통령의 영부인이 되기 전 엘리너 루
즈벨트에게 물어본 적이 있다. 부당한 비평에 대한 당신의 마음가짐은
어떠냐고. 화이트 하우스에 산 여성 가운데서 그녀만큼 많은 열렬한 벗
과 맹렬한 적을 가진 사람은 없을 것이다.

나의 물음에 대해서 그녀는 말했다. 소녀 시절의 그녀는 거의 병적
이라고 할 정도로 내향적이고 남이 하는 말을 두려워했다. 그래서 어느
날, 그녀는 아주머니에게 의논했다.

"아주머님, 전 이러저러한 일이 하고 싶은데, 남이 뭐라고 말할까
봐 겁이 나요." 데디 루즈벨트의 누이동생은 조카딸의 얼굴을 지켜보
더니 말했다.

"네 마음으로 그것이 옳다는 것을 알고 있거든 남이 하는 말 따위
에 정신을 쓰지 말려무나."

엘리너 루즈벨트는 내게 말했다. 이 조언은 그녀가 훗날 백악관의
여주인이 되었을 때 마음의 밑받침이 되었다고 그녀는 또한 말했다. 온

갖 비평을 모면하는 유일의 방법은 드레스덴의 도자기 인형처럼 선반 위에 정좌하는 것이라고.

"자기 마음속에서 올바르다고 믿는 일을 하면 된다. 해도 욕을 먹고, 하지 않아도 욕은 먹는다. 어차피 비평을 모면할 수는 없으니까."

이것이 그녀의 조언이다.

매튜 C. 브러시가 아메리칸 인터내셔널 코퍼레이션의 사장이었을 때, 나는 그가 비평에 마음을 썼느냐고 그에게 물어보았다. 그는 대답하기를,

"그렇소, 젊은 날엔 몹시도 그게 마음에 걸렸지요. 나는 내가 완전한 인물인 것으로 회사의 모든 종업원에게 인정되기를 바랐소. 그러기에, 그렇지가 못하니 나는 번민했소. 나는 나에게 가장 심하게 반감을 가지고 있는 사나이를 포섭하려고 했는데, 그것은 도리어 다른 사람들을 노하게 하는 결과가 되었지요. 그래서 내가 다음의 사나이와 타협하려 하자, 이번에는 또 다른 패들이 기분 나빠 하더군요. 나는 그리하여 마침내 깨달았답니다. 개인적 비평을 모면하기 위해서 반감을 무마하고 수습하려 노력하면 할수록 적이 늘어 간다는 것을. 나는 그래서 나자신에게 타일렀답니다. '남의 윗사람 노릇을 하는 한엔 남의 비평을 모면할 수는 없어. 마음 쓰지 않도록 할 수밖에 없지.' 이 생각은 놀라울 만큼 효과가 컸소. 그 때부터 나는 내가 최선이라고 생각하는 것을 실행하는 방침을 취했지요. 실행 후에는 낡은 우산을 받쳐 비평이라는 이름의 비로 목덜미를 적시지 않도록 하고 있지요."

딤스 테일러는 한 걸음 더 전진하여, 비평이라는 비를 목덜미에 흘

려 떨어뜨리면서 그는 군중 앞에서 유쾌하게 웃어 보였다. 그가 뉴욕 필하모닉 심포니 오케스트라의 토요일 오후 라디오 콘서트 휴게시간에 해설을 하고 있을 때의 일이었다. 그는 그를 가리켜, "거짓말쟁이, 배신자, 독사, 백치!"라고 부른 어느 부인의 편지를 받았다. 테일러 씨는 그의 저서 《인간과 음악에 관하여》에서 이렇게 말하고 있다. "아마도 내 이야기가 마음에 안 드셨나 보지."

테일러는 다음 주의 방송으로 이 편지를 낭독하여 수백만의 청취자에게 알렸다. 그러자 며칠 후에 같은 부인에게서 또 편지가 왔다. 그녀의 의견은 조금도 변함이 없이 여전히, 그가 "거짓말쟁이, 배신자, 독사, 정신박약자!"라는 것이었다.

우리는 비평에 대해서 이와 같은 태도를 취할 수 있는 사람에 대해서 탄복하지 않을 수가 없다. 우리는 그의 평정하고도 자신에 찬 자세와 유머에 경의를 표한다.

찰스 슈와브는 프린스턴 대학 학생들에게 행한 연설 가운데서 고백하기를, 그가 지금까지 배운 가장 중요한 교훈 가운데 하나는, 자신의 제강(製鋼) 공장에서 일하고 있는 늙은 독일인에게서 배운 것이라 한다.

이 늙은 독일 사람은 전쟁 중에 흔히 일어나는 맹렬한 전쟁 논쟁에 휩쓸려 들어가서, 흥분으로 격노한 노동자들의 손에 의하여 강물에 내던져졌다. 슈와브는 그 사실에 대해서 이렇게 말했다.

"그가 물에 빠진 생쥐 차림으로 내 사무실에 나타났을 때, 나는 그에게 당신을 강물에 던져 넣은 패들에게 뭐라고 말해 주었느냐고 물었다. 그는 대답하기를, '그저 웃었을 뿐이죠.'라고 할 뿐이었다."

슈와브는 그런 일이 있은 뒤로, 이 늙은 독일 사람의 말대로, 「그저
웃으라」를 좌우명으로 삼고 있다고 단언했다.

모름지기 이 신조는 우리가 부당한 비평의 희생이 되었을 때 특히
도움이 된다. 덤벼 오는 상대자에게는 대꾸할 수가 있지만, 「그저 웃
는」 상대자에게는 어떻게 손을 댈 수가 없지 않겠는가?

링컨이 그에게 던져지는 신랄한 비판에 대꾸한다는 것이 어리석다
는 것을 만약 깨닫지 못하고 있었다면, 그는 아마도 남북전쟁의 과로
때문에 쓰러지고 말았을 것이다. 그가 어떠한 방식으로 자신에 대한 비
난을 처리했는가. 그에 관한 그의 기술은 문학작품의 주옥으로서 고전
화되었다.

맥아더 장군은 전쟁 중에 그 사본을 사령부의 자기 책상에 게시하고
있었다. 윈스턴 처칠은 그 사본을 액자에 넣어서 자신의 서재 벽에다
걸어놓았다. 그것은 다음과 같은 문장이었다.

"내가 나에게 가해지는 공격에 대해서 대답하기는 고사하고, 다만
읽어보기라도 하자고 생각하는 한에는, 나는 이 사무실을 폐쇄해 버리
고 무엇이든 다른 사업을 시작하는 것이 좋을 게다. 나는 내가 알고
있는 최량을, 내가 할 수 있는 최선을 다 하고 있다. 나는 그것을 끝까
지 해 나갈 결심이다. 그리고 그 최후의 결과가 좋다면, 내게 가해진
비평쯤은 문제가 되지 않는다. 만약 최후의 결과가 좋지 않다면, 열 명
의 천사가 내 올바름을 증언해 주더라도 그것은 아무런 쓸모없는 짓인
것이다."

― 우리가 부당한 비평을 받았을 때
기억해 두기 위한 두 번째 법칙 ―

최선을 다하라. 그리고는 그대의 낡은 우산을 받치고 비평이라는 이름의 비가 목덜미로 흘러 떨어지는 것을 막기로 하자.

— · — · · — · · — 제21장 — · · — · · — · · —

나의 어리석은 짓

나는 내가 지금까지 해온 어리석은 행동을 일일이 기록한 서류를 보존하고 있다. 나는 때때로 이런 메모를 비서에게 구술하여 기록해 놓고 있는데, 그 가운데서 특히 개인적이고 멍청한 것이어서 창피하게 생각되는 것은 내가 직접 적고 있다.

나는 지금도 15년 전에 내게 대한 비평을 기억하고 있다. 만일 내가 내 자신에 대해서 철저하게 정직했다면 메모는 얼마만큼이나 많아졌는지 모를 일이다.

기원 전 10세기에 사울 왕이, "나는 어리석었느니라. 나는 참으로 많은 잘못을 저질렀도다." 라고 한 말은 그대로 나에게 들어맞는다. 내가 나의 어리석은 짓을 기록한 메모를 꺼내 들고 내가 쓴 내 자신에 대한 비평을 다시 읽는다는 것은 앞으로 내가 직면할 문제를 처리하는 데 도움이 된다.

나는 내 자신의 번민을 남의 탓으로 돌리기도 한 일이 있지만, 나이를 먹어 감에 따라 현명해짐으로써 결국 온갖 나의 불행은 나의 책임이라는 것을 깨닫게 되었다. 많은 사람들도 나이를 먹어 가면서 그것을 깨닫는다.

나폴레옹도 세인트헬레나 섬에서 이렇게 말했다.

"나의 몰락은 누구의 탓도 아니다. 내 자신의 탓이다. 내가 내 자신의 최대의 적이었고, 내 자신의 비참한 운명의 원인이었다."

내가 아는 사람으로서, 자기평가와 자기지배에 있어서는 예술가의 경지에까지 다다라 있었던 사람의 이야기를 여기에서 하기로 한다. 그의 이름은 H. P. 하웰이다. 그가 1944년 7월 31일, 뉴욕의 호텔 앰버서더의 약국에서 급사했다는 뉴스가 전국에 보도되었을 때 월 가는 경악했다. 그도 그럴 것이, 그는 미국 재계의 지도자였다. 그는 커머셜 내셔널 뱅크 앤드 트러스트 컴퍼니의 회장을 비롯하여 몇몇 대 회사의 이사였다. 그는 정식 교육은 거의 받지 않았다. 어느 시골 가게의 점원에서 입신하여 유에스 스틸의 도매상 지배인이 되었고, 그로부터 차츰 지위와 세력을 얻어 왔다.

"나는 다년간에 걸쳐서, 그날그날의 약속에 대한 일람표를 작성해 오고 있다."

내가 그에게 성공 법을 물었을 때, 그의 대답이었다.

"나의 가족은 토요일 밤의 예정표를 작성할 때에는 나를 제외하곤 했다. 그것은, 내가 토요일 밤을 자기검토와 그 주일에 한 일의 평가 및 재조사에 소비한다는 것을 알고 있기 때문이었다. 저녁식사를 마친 뒤 나는 자리에서 일어나 약속 비망록을 펼쳐 본다. 월요일 이후에 일어난 온갖 면접과 토의와 회합에 대해서 재검토해 본다. 그리고 나는 자문하기를, '나는 그 때 어떤 잘못을 저질렀는가?', '어떤 옳은 일을 했나―어떻게 했으면 내가 한 일을 개선할 수 있었을까?', '그

경험으로 어떤 교훈을 얻었는가?'

　이 매주일의 재검토가 때로는 나를 대단히 불행하게 한 일도 있었다. 또한 자기가 범한 얼빠진 실수에 대해서 기가 막혀 정떨어지는 때도 있었다. 그러나 해를 거듭함에 따라 이러한 실패도 점점 적어져 갔다. 이 자기분석법은 해마다 계속되었거니와, 내가 지금까지 시도한 방법 가운데서 이 이상으로 내게 도움이 된 것은 없다."

　H. P. 하웰은 아마도 이 아이디어를 벤저민 프랭클린에게서 빌려온 것 같다. 프랭클린은 다만 토요일 밤까지 기다리지 않았을 뿐이다. 그는 매일 밤마다 자기반성을 했다. 그는 그리하여 열세 가지의 중대한 과실을 발견했다.

　그 가운데의 셋은, 시간의 낭비, 사소한 일에 마음을 쓰고 괴로워하는 것, 남과 논쟁을 하거나 남의 주장을 반박하는 것 등이었다. 현명한 프랭클린은 그것을 깨달았거니와, 만약 이러한 핸디캡을 제거하지 않는 한 크게 향상할 수가 없다는 것을 알아차린 것이다.

　그는 이리하여 우선 첫째의 결점을 1주일 동안에 극복하려고 노력했다. 그리고는 이 나날의 격렬한 싸움으로 어느 쪽이 이기는가를 기록했다. 둘째 주일에는 두 번째의 결점을, 셋째 주일에는 세 번째의 결점을, 그는 이렇게 하여 그 싸움을 2년 동안이나 계속한 것이다.

　그가 미국이 낳은 가장 사랑받고 가장 영향력 있는 인물이 된 것도 결코 이상하다 할 수 없는 일이다.

　앨버트 하버드는 말했다.

　"누구나 하루에 적어도 5분간은 어처구니없는 바보가 된다. 지혜란 그 한계를 넘지 않음을 일컬음이다.”

필부는, 그지없이 사소한 비평에 대해서도 흥분하여 성내지만, 현명한 사람은 자기를 비난하고 공격하고 논쟁한 사람에게서도 무엇이건 배우려 한다. 유명한 시인 월트 휘트먼은 그것을 다음과 같이 해설하고 있다.

“너는, 너를 칭찬하고 너에게 부드럽고 상냥히 대하고, 네 편을 들어준 사람한테서만 교훈을 얻었는가? 너는, 너를 배척하고 너에게 반대하고, 너와 논쟁한 사람한테서는 귀중한 교훈을 배우지 못했는가? 우리의 적이 우리와 우리에게 가하는 비평을 기다리지 말고, 우리는 그들을 앞질러서 우리 자신이 우리에 대하여 냉혹한 비평가가 되자. 우리의 적이 발언의 기회를 잡기 전에 먼저 우리는 우리 자신의 약점을 발견하도록 하자. 그것이야말로 찰스 다윈이 한 일이었다.”

실제로 다윈은 15년간을 비평에 소비했다. 다윈이 그의 불후의 저서 《종의 기원》을 탈고했을 때, 그는 생명체의 기원에 관한 그의 혁명적 개념이 사상계와 종교계를 진동시키리라는 것을 알고 있었다. 그러기에 그는 자기 자신의 비평가가 되어 15년간에 걸쳐서 계속된 사실의 재조사와 추론의 재검토, 결론의 비판에 소비했다.

만약 누가 당신에게, “이 저주받을 바보 놈!”이라고 욕설을 퍼부었을 때, 당신은 어떻게 하겠나? 성을 낼 것인가, 분개할 것인가? 그랬을 때 링컨은 이렇게 했다.

그가 대통령이었을 당시의 육군장관 에드워드 M. 스탠튼은 링컨에게, “저주받을 바보!”라고 매도했다. 스탠튼은 링컨이 자신의 소관

업무에 간섭하는 것에 분개한 것이다. 실은, 어느 이기적인 정치가를 기쁘게 하기 위해서 링컨은 몇몇 연대의 이동명령에 서명을 했다. 그런데 스탠튼은 링컨의 명령수행을 거부했을 뿐더러, 그런 명령에 서명하다니, 링컨은 바보 멍청이라고 욕설을 퍼부은 것이다.

그래서 어떻게 되었겠는가? 스탠튼의 말이 링컨의 귀에 들어갔을 때, 링컨은 평온한 태도로 대답했다는 이야기다.

"스탠튼이 나를 멍청이라고 말했다면, 나는 멍청이겠지. 그 친구가 말하는 것은 대부분의 경우 틀림이 없으니까. 어디 내가 직접 가서 확인 좀 해볼까?"

그래서 링컨은 스탠튼을 찾아갔다. 스탠튼은 명령이 그릇되었다는 것을 링컨으로 하여금 납득케 하였고, 링컨은 그 명령을 취소했다. 링컨은 호의적인 동기에서의 지식이 밑받침된 비평이라면 기꺼이 그것을 받아들였던 것이다.

우리도 그러한 유의 비평은 환영해 마땅하다. 왜냐하면 시어도어 루즈벨트도, 우리는 네 번 가운데서 세 번 이상은 잘못하지 말아야겠다고 다짐해도 쉽사리 되지 않는다고 말하지 않았는가. 현대에 있어서의 가장 심원한 과학자인 아인슈타인도 현대에 있어서는 그의 결론의 99퍼센트는 잘못되어 있다고 고백했다.

"우리의 적의 의견은 그것이 우리에 관한 것인 한, 우리의 의견보다도 진실에 가깝다."라고 프랑스의 모럴리스트 라 로슈푸코는 말했다.

나는 이 말이 대부분의 경우 진실이라고 알고 있다. 더구나 누군가가 나를 비평하기 시작하면, 나는 상대방이 무엇을 말하려 하는지 알지도 못하면서 반사적으로 방어태세를 취해 버린다. 이것은 나 자신으로서도 정이 떨어지는 일이다. 우리는 비난이나 칭찬이 합당하건 부당하건 간에 관계없이 비난에 대해서 분개하고 칭찬에 대해서는 기뻐하는 경향이 있다. 우리는 논리적인 동물이 아니라 감정적인 동물이다. 우리의 논리는 감정이라는 깊고 어두운 폭풍의 바다에 내던져진 한갓 자작나무껍질 배(舟)와 같은 것이다.

누군가가 우리에게 욕을 할 때에는 자기를 변호하지 않기로 하자. 그것은 어리석은 자나 하는 짓이다. 우리는 보다 독창적으로 겸허하고 훌륭하게 행동하자! 그리고 "만약 비평꾼이 나의 온갖 결점을 알고 있거든, 더 통렬하고 혹독하게 나 자신을 비평하여 때려눕혔을 게다." 이렇게 말함으로써 우리의 비평꾼으로 하여금 어리둥절케 하고 우리 자신에 대한 칭찬을 획득하기로 하자.

나는 전 장에서 부당한 비평을 받았을 때 어떻게 할 것인가에 대하여 말했거니와, 여기에는 또 하나의 아이디어가 있다. 당신이 부당하게 비평받았다고 느껴 노여움이 솟구쳤을 때, 당신은 그 노여움을 자제하고 이렇게 말하기로 하자.

"가만히 있자, ……딴은 나도 완전무결한 사람은 아니거든. 아인슈타인이 99퍼센트나 잘못되어 있다고 고백하는 이상, 아마 나 역시 적어도 80퍼센트는 잘못되어 있을는지 모르겠군. 어쩌면 이 비평은 올바른 것인지도 모르겠어. 그렇다면 도리어 감사해야 할 판이군. 게다가 거기서 나는 이익을 얻도록 노력해야 마땅하겠지."

펩소던트 컴퍼니의 사장인 찰스 럭먼은 봅 호프(미국의 유명한 코미디언)로 하여금 방송에 출연케 하느라 한 해에 백만 달러나 쓰고 있다. 그는 그의 출연에 대하여 칭찬하는 편지를 보려 하지 않고 비판적인 편지만을 보고 있다. 그것이 참고가 된다는 것을 알고 있기 때문이다.

포드 회사는 전 종업원에게 회사를 비판하는 투서를 하게 했다. 관리와 작업에 무엇이건 결함이 있지 않을까를 꼭 알고 싶어서였던 것이다.

나는 나에게 의견을 말해 달라고 부탁하는 비누 판매원을 알고 있다. 그가 처음으로 콜게이트 비누를 팔기 시작했을 때, 그는 주문을 별로 받지 못해서 혹시 직업을 잃지나 않을까 근심했다. 그는 비누의 품질이나 가격에는 하자가 없다는 것을 알고 있었기에, 그렇다면 문제는 자기에게 있다고 생각했다. 그래서 그는 판매에 실패했을 때, 도대체 무엇이 잘못이었는지를 생각하면서 주변을 서성거리곤 했다.

그는 요령이 부족한 것이었을까? 열성이 부족했을까? 그는 때로 상인들한테로 되돌아가서 말했다.

"저는 비누를 팔고자 다시 온 것이 아닙니다. 선생님의 비평과 의견을 듣고 싶어서 돌아온 것입니다. 제가 아까 비누를 팔려고 했을 때, 저는 어떤 실수를 했는지 그것을 가르쳐 주시면 고맙겠습니다. 선생님은 저보다도 훨씬 경험이 풍부하시고 성공하신 분이니 가차 없는 비평을 내려 주십시오."

이런 태도에 의하여 그는 많은 벗을 만들었고, 극히 귀중한 충고를 얻을 수 있었다. 이 사나이는 그 후에 어떻게 되었겠는가? 그는 지금 세계 최대의 비누, 치약 목욕용품 제조업자인 콜게이트 팔몰리브 피트 비누회사의 사장인 E. H. 리틀 바로 그 사람이다. 그는 미국의 전년도 고액납세자의 열다섯 번째를 차지하고 있다.

— 비평에 마음을 쓰지 않기 위한 세 번째 법칙 —

우리가 저지른 어리석은 짓을 기록해 두었다가 자기 자신을 비평하기로 하자. 우리는 완전해지기를 바랄 수 없으니, E. H. 리틀이 한 일을 실행하자. 편견이 없고 이익이 되는 건설적 비평은 자진해서 구하기로 하자.

PART 5 요약

비평으로 번민하지 않기 위한 방법

첫째 부당한 비평은 흔히 위장된 찬사인 법이다. 그것은 흔히 당신이
     남들로부터 질투나 선망을 일으키고 있기 때문이라는 사실을 의미
     한다. 죽은 개를 걷어차는 사람은 없다는 것을 기억하라.

둘째 최선을 다하라. 그리고는 낡은 우산을 쓰고 비평이라는 비가 목덜
     미에 흘러 떨어지지 않도록 하라.

셋째 우리가 저지른 어리석은 짓을 기록해 두고, 자기 자신을 비평해
     보라. 우리는 완전해지기를 바랄 수는 없으니, 오로지 E. H. 리틀
     이 한 방식을 실행해 보자. 편견이 없고 이익이 되는 건설적인 비
     평을 자진하여 구하기로 하자.

PART 6.

피로와 번민의 예방,
에너지와 정신의 건전을
위한 여섯 가지 방법

—·—··—··— 제22장 —··—··—··—

휴식으로 하루 한 시간을 부가한다

나는 왜 번민의 예방법에 관한 부문 속에서 굳이 피로의 예방에 대하여 한 장을 쓰고 있는 것일까? 그 대답은 간단하다. 피로가 쌓이면 번민을 불러일으키고, 적어도 당신을 괴로움 속으로 이끌어 가기 쉽기 때문이다. 피로는 또한 하찮은 감기에서 시작하여 온갖 질병에 대한 육체적 저항력을 약화시킨다. 정신과 의사는 말하기를, 피로는 공포와 근심이라는 감정에 대한 저항력을 감퇴시킨다는 것이다. 그러므로 피로를 예방한다는 것은 번민예방에 도움이 된다.

나는 여기서 단지 도움이 된다고 말했지만, 이것은 참으로 부족한 표현이다. 에드먼드 제이콥슨 박사는 보다 적극적인 말을 했다. 그는 휴양에 관한 두 권의 저서를 발표했는데, 《적극적 휴양》 과 《휴양의 필요》 라는 책이 그것이다.

제이콥슨 씨는 시카고 대학 임상생리학 연구소장인데, 그는 다년간 의료의 한 방법으로서 휴양에 대한 연구를 지도해 왔다. 그는 말하기를, "어떠한 신경적 또는 감정적 상태도 완전한 휴양 앞에는 존재할 수 없다."고 단언을 했는데, 바꾸어 말하면, "당신이 지금 휴양상태에 있다면 번민을 계속할 리가 없다." 는 것이다. 그러므로 피로와 번민을 예방하는 첫 번째 법칙은—가끔 휴식을 취할 것과, 피로하기 전에 쉬라는 것이다.

그렇다면 어째서 휴식은 그렇게도 중요한 것일까? 그 대답은 간단하다. 피로는 놀랄 만한 속도로 축적되기 때문이다. 이에 대하여 미국의 육군은 여러 차례에 걸쳐 시험해 본 결과 장기간의 군사훈련으로 단련된 병사일지라도 한 시간에 10분 정도는 배낭을 내려놓고 휴식하는 편이 행군에도 효과적이고 인내력도 증가된다는 사실을 발견했다. 그 때문에 미 육군에서는 휴식을 강제로 시키고 있다.

인간의 심장은 매일 급수차에 가득 채울 만한 정도의 혈액을 전신에 순환시키기 위해서 활동하고 있다. 그것은 즉, 24시간 동안에 20톤의 석탄을 높이 3피트의 대(臺) 위로 끌어올릴 만한 에너지와 맞먹는다. 우리는 이 믿을 수 없는 엄청난 중노동을 50년, 70년 혹은 90년가량이나 계속한다.

그렇다면 어떻게 그것을 견뎌낼 수 있을 것인가? 하버드 의대의 월터 캐논 박사는 이에 대해서 다음과 같이 설명하고 있다.

"사람들은, 심장은 항상 활동하고 있는 줄로 알지만, 사실은 수축될 때마다 일정한 정지 기간이 있다. 분당 70회라는 규칙적인 고동을 하면서도, 심장은 실상 24시간 동안 불과 아홉 시간밖에 일하고 있지 않다. 이렇게 따지고 보면 심장의 쉬는 시간은 하루에 열다섯 시간이나 되는 셈이다."

제2차 대전 당시, 윈스턴 처칠 경은 그 나이 60 후반, 70 초기라는 고령이었지만, 하루에 열여섯 시간을 일하면서도 영국 육해군의 활동을 지휘할 수가 있었다. 그렇다면 그 비결은 무엇이었던가?

그는 매일 아침 열한 시까지는 침대에서 보고서를 읽었고, 명령서는 구두로 지시했으며, 전화로 중대한 회의를 열었다. 그러다가 점심식사 후에는 다시 침대로 가서 한 시간가량 낮잠을 잤다. 그리고 저녁이 되면 그는 또다시 침대로 가서 여덟 시에 저녁식사를 할 때까지 두 시간을 잔다. 그는 이러한 일과로써 피로를 회복하자는 것은 아니었다. 오히려 회복할 필요가 없었다. 말하자면 그는 피로를 예방한 것이었다. 처칠 경은 이렇듯 하루에도 여러 번을 휴식함으로써 활기 있고 명랑하게 깊은 밤까지 집무할 수가 있었던 것이다.

존 D. 록펠러 1세는 비범한 기록을 두 가지나 세웠다. 그는 당대 미증유의 부(富)를 쌓았으며, 더욱이 98세라는 장수를 누렸다. 그렇다면 그는 무슨 방법으로 이렇게 할 수가 있었던가? 물론 그 가장 큰 원인은 그가 장수의 기질을 타고났기 때문이라고도 하겠으며, 또 하나의 이유를 들자면, 그는 날마다 사무실에서 반시간의 낮잠을 자는 습관을 가졌기 때문이다.

그는 매일같이 사무실 안락의자에 누웠다. 그리고 그가 졸고 있는 동안에는 합중국의 대통령일지라도 그를 전화로나마 불러일으킬 수가 없었다.

《우리는 왜 피로해지는가?》라는 명저 속에서 다니엘 W. 조스린은, "휴식이란 전연 아무것도 하지 않는 것이 아니다. 휴식은 수리(修理)다."라고 설명하고 있다. 우리가 취하는 많은 휴식에도 대단한 수리력이 있기 때문에, 단 5분간의 낮잠일망정 피로의 예방에는 효과가 있다.

　야구계의 대 원로 코니 마크는 시합 전에 낮잠을 자지 않으면 5회쯤 해서 몹시 피로해진다고 나에게 말한 일이 있는데, 그는 단 5분간이라도 낮잠을 자고 나면 아무런 피로를 느끼지 않을 뿐더러, 더블헤더라도 너끈히 해낼 수 있었다고 한다.

　엘리너 루즈벨트 여사에게, 어떻게 해서 화이트 하우스에서의 12년 동안 빈틈없는 스케줄을 감당해 낼 수 있었느냐고 질문하자, 그녀는 여러 사람들과 회견을 한다든가, 연설을 하기에 앞서 반드시 소파에 깊숙이 앉아 눈을 감고 20분 동안을 휴식했다고 대답했다.

　나는 최근 매디슨 스퀘어 가든의 휴게실에서 진 오틀리와 회견을 한 일이 있다. 그런데 그곳에는 간편한 침대가 놓여 있었는데, 그는 이런 말을 하는 것이었다.

　"나는 매일같이 오후 휴게 시간에 한 시간 가량 낮잠을 자기로 했습니다. 할리우드에서 영화를 만들 때는 가끔 큰 안락의자에 앉아 2, 30분간을 휴식합니다. 그렇게 하고 나면 완전히 원기가 솟아오르더군요."

　에디슨은 말하기를, 놀랄 만한 에너지와 인내력은 아무 때라도 자고 싶을 때 자는 습관의 덕택이라고 했다.

　나는 헨리 포드가 80세의 생일을 맞이하기에 앞서 그와 만난 일이 있는데, 그가 여전히 명랑하고 건강한 것을 보고 크게 놀랐다. 나는 그에게 비결을 물었더니 그는, "나는 앉을 수 있을 때는 결코 일어서지 않으며 누울 수 있을 때는 결코 앉지 않는다."는 것이다.

근대 교육의 아버지라고 불리는 호레이스 만도 점차로 늙어 감에 따라 이와 같은 방법을 취했다. 그는 칼리지의 학장 시절에 학생들과 만날 때는 언제나 긴의자에 비스듬히 누워 있었다.

나는 할리우드의 영화감독 잭 차토크에게도 이와 같은 방법을 써 보라고 권한 일이 있는데, 얼마 후에 그는 기적이 일어났다고 고백하는 것이었다.

몇 해 전에 나를 찾아왔을 때, 그는 MGM 영화사의 단편부장으로 있었는데 몹시 피로해 보였다. 그는 자신의 피로를 제거하기 위해서 갖은 짓을 다해 보았다는 것이다. 강장제, 비타민을 비롯하여 여러 가지로 약도 복용했으나 아무런 효과가 없었다고 한다. 그래서 나는 그에게 매일 일정한 휴식을 가져 보라고 제안했다. 가령, 사무실에서 작가들과 회의를 할 때라도 긴의자에 비스듬히 앉아서 몸을 편하게 가지라고 권했다.

그로부터 2년이 지난 후, 우리가 다시 만난 자리에서 그는 이런 말을 하는 것이었다.

"기적이 일어났다고 주치의가 말하더군. 전에는 단편 구상을 상의할 때도 딱딱한 자세로 앉아서 일을 했었네만, 이제는 비스듬히 누워서 하고 있지. 나는 근래 20년 동안, 이렇듯 상쾌한 기분을 가져 본 적이 없었네. 요즈음은 전보다 두 시간이나 일을 더 하고 있지만, 피로를 느낀 때는 한 번도 없었네."

그렇다면 어떻게 이것을 당신에게도 적용시킬 수 있을 것인가? 당신이 만일 속기사라면, 에디슨이 한 것처럼 사무실에서 낮잠을 잘 수는 없을 것이고, 경리계원이라면 긴의자에 비스듬히 누운 채로 과장에게 회계보고를 할 수도 없을 것이다. 그러나 만일 당신이 소도시의 시민이어서 점심식사를 하러 집으로 갈 수만 있다면, 식사 후 10분 정도의 낮잠은 잘 수 있을 것이다. 조지 C. 마샬 장군도 이와 같이 했다. 그는 전시 중 군을 지휘하기에 몹시 바빴기 때문에 오전에는 반드시 휴식할 필요가 있었다.

만일 당신이 나이 50이 지나서도 그 정도는 아무것도 아니라고 장담한다면, 지금 당장이라도 당신이 불입할 수 있는 최대한으로 생명보험에 들어두는 편이 좋을 것이다. 요즈음은 장례식 비용도 헐하지 않으며, 비명횡사도 많으니까―. 그리고 부인께서는 당신의 보험금을 타가지고 젊은 사내와 결혼할 것을 은근히 바라고 있을지도 모르는 것이 아닌가.

그런데 만일 당신이 점심식사 후에 낮잠을 잘 수 없는 형편이라면, 적어도 저녁식사 전에 한 시간가량은 눕도록 노력할 수는 있을 것이다. 그것은 하이볼 한 잔 값보다도 싸며, 장거리 경주에서는 몇 배나 효과가 있다. 만일 다섯 시부터 여섯 시, 혹은 일곱 시에 한 시간을 잘 수만 있다면, 당신은 하루의 일과에서 한 시간을 연장할 수 있게 된다. 왜냐하면 저녁식사 전의 한 시간 플러스 야간 여섯 시간의 수면―합계 일곱 시간은 연속 여덟 시간의 수면보다 훨씬 당신에게 이익을 주기 때문이다. 더욱이나 육체노동자는 휴식시간을 늘일 수만 있다면 보다 능률적으로 일할 수 있을 것이다.

프레더릭 테일러가 과학적 경영의 전문가로서 베들레헴 제철회사에서 공동연구를 하고 있을 때 이 사실에 대해 입증했다. 그는 노동자들에게 하루 1인당 12톤 반의 선철을 화차에다 싣는 작업을 시키자, 정오가 되면 지쳐버리고 마는 것을 알았다. 또 그는 온갖 피로의 요소를 과학적으로 연구한 결과 노동자에게는 하루 12톤 반 정도가 아니라 47톤의 선철 적재작업을 시킬 수도 있다고 단언했다.

그의 말에 의하면, 지금까지의 약 4배에 해당하는 작업을 시킨다 해도 피곤해지는 일은 절대로 없다는 것이다. 그렇다면 그에 대한 증명은?

테일러는 슈미트라는 사람을 뽑아서 스톱워치에 의해서 일을 하도록 시켰다. 슈미트는 스톱워치를 손에 든 사람의 명령대로 일을 했다.

"자, 선철을 들어 올리고 걷게……그럼, 이번에는 앉아서 쉬엇, …… 다시 걷게……또 쉬엇." 하는 정도였다. 그랬더니 어떤 결과가 나왔는가? 다른 사람들은 겨우 1인당 12톤 반밖에 운반할 수 없는 것을 슈미트는 매일 47톤의 선철을 운반했다. 그리고 그는 테일러가 베들레헴 회사에 있던 3년 동안에 이 정도의 일을 계속했던 것이다.

그런데 슈미트가 이렇게 할 수 있었던 것은 피로하기 전에 쉬었기 때문이다. 그는 한 시간 동안에 불과 26분을 일하고 34분을 휴식했다. 말하자면, 그는 일하는 시간보다 쉬는 시간이 많았지만, 그러면서도 다른 사람들보다 오히려 4배의 일을 했던 것이다. 혹시 이 사실을 의심하는 사람이 있다면 프레더릭 윈슬로 테일러의 《과학적 경영법》을 일독해 보라.

여기서 다시 한 번 반복해 두지만, 군대에서 실시하고 있는 훈련 방법을 실행하라.

— 가끔 휴식할 필요가 있다. 당신의 심장처럼 일하도록 하라. —

피로하기 전에 쉬어야 한다. 이렇게 한다면 당신은 활동하는 일생 동안에 하루 한 시간을 부가(附加)할 수 있을 것이다.

—— · —— · —— · · —— 제23장 —— · —— · · —— · · ——

사람을 피로하게 만드는 것은 무엇인가?

여기에 경이적이고 의미심장한 사실이 있다. 그것은 정신적인 작업만으로는 인간은 피로해지지 않는다는 것이다. 이 말은 어리석은 소리로 들릴지도 모른다. 그러나 수년 전에 과학자들은 인간의 두뇌가 피로함이 없이 얼마만큼이나 장시간 동안 일할 수 있는지를 알아내려고 시험해 보았다. 그런데 놀랍게도 그들은 뇌를 통과하는 혈액이 활동 중에는 전연 피로를 보이지 않는다는 것을 발견했다. 일하고 있는 품팔이 노동자의 혈관에서 뽑아낸 혈액에는 피로독소라든가, 피로생성물이 충만해 있으나, 앨버트 아인슈타인의 뇌에서 한 방울의 피를 채취했다고 하면 그것은 하루가 지난 후에라도 거기에서 피로독소를 찾아볼 수가 없다는 것이다.

뇌에 관한 한 그것은 8시간 혹은 12시간을 활동한 후에도 최초와 같은 정도로 활발하게 일할 수 있다. 말하자면 인간의 두뇌는 전혀 피로를 모른다. 그렇다면 무엇이 인간을 피로하게 만드는가?

정신병 학자는 말하기를, 우리들의 피로의 대부분은 우리의 정신적 감정적 태도에 기인한다고 단언하고 있다. 영국의 유명한 정신병 학자 J. A. 하드필드는 그의 저서 《힘의 심리(心理)》 가운데서 다음과 같이 설명하고 있다.

"우리들을 괴롭히는 피로의 대부분은 정신적 원인에서 온다. 순전히 육체적 원인에서 오는 피로는 실로 드물다."

미국에서 가장 저명한 정신병 학자의 한 사람인 A. A. 부릴 박사는 이보다 한 걸음 나아가서, 건강한 정신노동자의 피로는 거의 전부가 심리적 요소, 즉 감정적 요소에 기인한다고 단언하고 있다.

그러면 어떤 종류의 감정적 요소가 정신노동자를 피로하게 만드는가? 기쁨이라든가 만족에서 오는 것은 결코 아니다. 권태, 원한, 정당하게 평가되고 있지 않다는 기분, 헛수고 같다는 생각, 초조, 불안, 번민 등—이러한 감정적 요소가 정신노동자들을 피로하게 만들며, 감기의 원인이 되게 하고 생산을 감퇴시키며, 신경증의 두통을 일으키게 하여 집으로 돌려보내는 것이다. 우리들은 자신의 감정으로 말미암아 신체 내에 신경적 긴장을 초래함으로써 피로해지는 것이다.

메트로폴리탄 생명보험 회사는 피로에 관한 팸플릿 속에서 이 사실을 그대로 지적하고 있다.

"심한 일 그 자체에서 오는 피로는 대개의 경우 충분한 수면과 휴식으로써 회복된다. ……번민, 긴장, 감정의 혼란이 피로의 3대 원인인 것이다. 이따금 육체적 혹은 정신적인 데서 기인하는 것처럼 생각되는 것도, 사실은 이상의 3요소가 그 원인이 될 때가 많다. ……언제나 긴장하는 근육은 활동을 하고 있는 육체의 부분이라는 것을 잊어서는 안된다. 그러므로 마음을 편하게 가져라! 그리고 중대한 책무를 위해서는 에너지를 축적하라."

그렇다면 지금 곧 당신은 하던 일을 멈추고 자기 자신을 한번 돌아보라. 이 글을 읽으면서도 당신은 책을 노려보고 있지나 않은가? 또 눈의 긴장을 느끼지 않는가? 그 밖에도 편안하게 의자에 앉아 있는가? 어깨를 구부정하고 있지는 않은가? 얼굴의 근육이 긴장되어 있지는 않은가? 만일 당신의 온 몸이 낡은 헝겊인형처럼 축 늘어져 있지 않다면, 당신은 이 순간에 신경적 긴장과 근육적 긴장을 일으키고 있는 것이다. 다시 말하면, 당신은 긴장과 피로를 느끼고 있는 것이다.

어째서 우리들은 정신노동을 함으로써 이렇듯 불필요한 긴장을 초래하는 것일까?

조스린은 말하기를, "어려운 일은 노력하는 감정을 필요로 하는데, 일반적으로 그러한 감정이 없이는 잘 될 수 없다고 믿는 것이 큰 장애가 된다."고 한다. 그런데 우리들은 정신을 집중할라치면 얼굴을 찡그리고, 어깨를 구부리며, 힘든 동작을 위해서는 근육에 힘을 들이지만, 그것은 우리 두뇌의 활동에 아무런 도움이 되지 않는다.

여기에 한 가지 놀랍고도 슬픈 진리가 있다. 즉 그것은 돈을 낭비하려고는 꿈에도 생각지 않는 허다한 사람들이, 일단 술에 만취되고 나면 이성을 잃고 엉망진창으로 그네들의 에너지를 낭비하고 있다는 사실이다.

그렇다면 이러한 신경피로에 대한 대책은 무엇인가? 그 대답은 첫째도 휴식이요, 둘째도 휴식, 셋째도 휴식이다. 말하자면, 일을 하면서도 휴식하는 법을 배우라는 것이다. 그런데 이것이 쉬운 일일까? 아니다. 아마도 당신은 생활의 습관을 바꾸지 않으면 안 될 것이다.

그러나 이것은 노력할 만한 가치가 있는 일이다. 즉, 그렇게 함으로써 당신은 자신의 생애에 일대 혁명을 가져올는지도 모르기 때문이다.

윌리엄 제임스는 그의 《휴양의 복음》이라는 에세이 속에서 다음과 같이 말하고 있다.

"미국인들의 과도한 긴장, 변덕, 숨가쁨, 강렬함, 격심한 표정 등, 이것들은 확실히 나쁜 습관이니 마땅히 물리쳐야만 할 것이다. 긴장은 하나의 습관이며 휴식도 습관이다. 그러므로 나쁜 습관은 타파할 수가 있겠고, 좋은 습관은 기를 수가 있는 것이다."

그렇다면 어떻게 해서 나쁜 버릇들을 타파할 수가 있는가? 그것은 마음으로부터 시작하는가, 아니면 신경으로부터 시작하는가? 이 둘 중의 어느 쪽도 아니다. 그 해결법은 항상 근육의 긴장을 풀어주는 일로부터 시작해야 한다.

그럼 어떻게 할까? 한번 시험해 보기로 하자. 우선 눈부터 시작한다. 이 구절을 다 읽고 나면 눈을 감는다. 그리고 조용히 눈을 향해서 이렇게 말한다.

"쉬어라, 쉬어. 긴장은 그만 풀고서, 시무룩한 얼굴을 하지 마라. 쉬어라, 쉬어."

조용히 1분 동안 몇 번이고 이 말을 되풀이한다. 그리고 나면 2, 3초후, 당신은 눈의 근육이 이 말대로 복종하기 시작했다는 것을 느낄 수 있을 것이다. 또 누군가의 손이 긴장의 장막을 헤쳐 주는 것같이 느낄 수 있을 것이다. 이 말이 믿기지 않을는지 모르나, 당신은 그 1분 동안에 휴식의 기교에 대한 온갖 비결을 납득할 것이다.

당신은 턱과 얼굴의 근육, 목, 어깨, 전신에 대해서도 이와 똑같은 방법을 적용할 수가 있다. 그러나 가장 중요한 기관은 눈이다. 시카고 대학의 에드먼드 제이콥슨 박사는 말하기를, 만일 사람들이 눈의 근육을 완전히 풀 수만 있다면 모든 번민을 잊을 수 있을 것이라고까지 피력하고 있다.

그런데 어째서 눈의 신경 긴장을 제거하는 것이 그렇듯 중요한가? 그것은 다름이 아니라 눈은 몸 전체가 소비하고 있는 전 신경에너지의 4분의 1을 소비하고 있기 때문이다. 시력이 완전한 허다한 사람들이 눈의 피로 때문에 고심하는 이유도 여기에 있다. 즉, 그들은 눈을 긴장시키고 있기 때문이다.

유명한 소설가 비키 바움은 어렸을 때 어떤 노인으로부터 참으로 귀중한 교훈을 얻었다고 말하고 있다. 그녀는 놀다가 넘어져 손목을 다쳤는데, 전에 곡마단의 마술사였던 그 노인은 그녀를 일으켜 옷에 묻은 흙을 털어주며 이렇게 말했다는 것이다.

"아가씨가 다친 것은 몸을 편하게 다룰 줄 모르기 때문이지. 낡은 양말짝처럼 몸을 야들야들하게 하지 않으면 안 돼요. 자, 날 따라와요. 아저씨가 하는 법을 보여줄 테니까."

그 노인은 그녀와 다른 아이들에게 넘어지는 법(낙법), 재주넘는 법, 물구나무서기 등을 시범해 보였다. 그리고 나서 말하기를, "자기 자신을 다 해진 낡은 양말짝이라고 생각하는 거야. 그리고 언제나 몸을 편하게 다루어야지." 하는 것이었다.

당신은 어느 때, 어느 곳에서라도 자세를 편하게 가질 수는 있을 것이다. 그러나 단지 몸을 편하게 하려고만 노력해서도 안 된다. 즉, 몸을 편안하게 한다는 것은 온갖 긴장과 노력이 결여된 것을 의미하는데, 말하자면 무아무심의 상태로 들어가는 것이다. 그렇다면 우선 눈과 얼굴의 근육을 쉬게 하는 것부터 시작하여, 몇 번이고, "쉬어라……쉬어라…… 편히 쉬어라." 하고 되풀이한다. 그러고 나면 에너지가 얼굴의 근육에서부터 신체의 중심부로 퍼져 가는 것을 느끼게 될 것이다. 그리고 갓난아이처럼 긴장으로부터 해방될 것이 분명하다.

유명한 소프라노 가수 갈리 그루치도 이러한 방법을 이용했다. 헨리 젭슨은 공연하기 전에 곧잘 갈리 그루치를 만났는데, 그녀는 의자에 폭신히 앉아 아랫입술을 축 늘어뜨리고 있었다고 나에게 말한 적이 있다.

여기에 몸을 편하게 하는 방법을 배우는 데 도움이 될 다섯 가지 방안이 있다.

1. 이 문제에 관한 가장 적당한 책을 구해 읽을 것.
2. 언제나 몸을 편하게 하라. 낡은 양말짝처럼 축 늘어뜨린다. 나는 다 해진 양말 한 짝을 책상 위에 놓아두고 있다. 항상 긴장을 푼다는 것을 잊지 않기 위해서 양말이 없다면 고양이라도 좋을 것이다. 당신은 양지쪽에서 졸고 있는 새끼 고양이를 안아 본 적이 있을 것이다. 고양이는 사지가 물에 젖은 신문지처럼 축 늘어진다. 일찍이 나는 피로한 고양이, 신경쇠약에 걸린 고양이, 불면증, 번민, 위암에 걸린 고양이를 본 적이 없다. 당신이 만일 고양이처럼 몸을 편하게 하는 방법을 안다면 필연코 이러한 불행을 면할

수 있을 것이다.

3. 될 수 있는 한 안락한 자세로 일하라. 신체와 긴장은 어깨를 무겁게 하고 신경피로를 일으킨다는 것을 잊지 말라.

4. 하루에 네댓 번 자신을 검토해 볼 것. "나는 실제보다 일을 어렵게 만들고 있지나 않은가. 나는 이 일에 관계없는 힘(근육)을 들이고 있지나 않은가?" 하고 자문해 본다. 이것은 반드시 몸을 편하게 하는 습관에 도움이 될 것이다.

5. 하루의 일과가 끝났을 때 재차 자신에게 다짐한다. "나는 어느 정도로 피로해 있는가, 만일 피로해 있다면, 그것은 내가 한 정신노동 때문이 아니라 그 방법 때문이다."

다니엘 조스린은 말하기를, "나는 하루의 일과가 끝나면 내가 얼마만큼 피로해 있는지에 따라 일의 결과를 계산하는 것이 아니라, 얼마나 피로해 있지 않은가에 따라 계산한다. 하루의 일과가 끝날 무렵 몹시 피로를 느낄 때는, 그날은 일의 양과 질에 있어서 전연 효과가 없는 날이었다는 것을 알게 된다."는 것이다. 만일 미국의 모든 실업가들이 이와 같은 교훈을 터득한다면 과도 긴장에 의한 사망률은 격감할 것이다. 그리고 피로와 번민으로 쓰러진 사람들로 해서 요양소나 정신병원이 만원이 될 리도 없을 것이다.

— · — · — · — · · — 제24장 — · · — · — · — · —

주부가 항상 젊음을 유지하려면

지난 가을 어느 날, 내 친구는 세계에서 가장 진귀한 어느 의학 클래스에 참석하기 위해서 보스턴으로 갔다. 분명 그것은 의학 클래스였다. 그것은 보스턴 의료원에서 1주일에 한 번씩 열리는데, 이 클래스에 출석 허락을 받는 환자는 미리 정기적으로 철저한 건강진단을 받지 않으면 안 된다. 그러나 이 모임은 실상 심리학적 진료소인 것이다.

정식 명칭은 응용심리학 클래스이지만, 그 본래의 목적은 번민으로 말미암아 병에 걸린 사람들을 취급하는 곳이다. 그런데 대부분의 환자는 감정적으로 이상이 있는 가정주부들이다.

그러면 어떻게 하여 이러한 클래스가 발족한 것일까? 그 연유는 이러하다. 1930년, 윌리엄 오슬러 경의 문하생이었던 조셉 H. 프래트 박사는 보스턴 의료원을 찾아오는 대부분의 환자들이 보기에는 신체적으로 아무런 이상이 없는데도 실제로는 온갖 질병의 증상을 드러내고 있다는 것을 알게 되었다.

어떤 부인은 손이 관절염으로 몹시 뒤틀어져 전혀 움직이지를 않았다. 또 다른 부인은 위암증세로 번민하고 있었다. 그 밖의 다른 사람들은 등골이 쑤시고, 두통으로 인한 만성적 피로를 호소했고, 혹은 막연하게 고통을 느끼고 있었다. 사실 그들은 실제로 이러한 고통을 당하고 있었다. 그런데 철저하게 건강진단을 한 결과 육체적으로는 아무런 이상도 찾아볼 수가 없었다. 옛날 의사들 같으면 기분 때문이라든가 상상일 것이라고 단정을 내렸을 것이 분명하다.

그러나 프래트 박사는 이러한 환자들에게 집에 가서 그것을 잊어버리라고 말해 준다고 해도 소용이 없다는 것을 알고 있었다. 그렇다고 이들 부인의 대부분이 병에 걸리고 싶어 하는 것도 아니다. 간단하게 병을 잊을 수 있는 것이었다면 그들 자신이 진작 해보았을 것이다. 그러면 어떻게 해야 좋은가?

그는 일부 의사와 관계자들의 반대를 무릅쓰고 이 모임을 열었다. 그리하여 이 클래스는 놀라운 업적을 세웠다. 개설 이래 18년 동안 수천의 환자들이 이곳에 출석함으로써 완치되었던 것이다. 환자들 중에는 교회에 나가듯 종교적인 열성으로 매년 참석하는 이도 있었다. 나의 조수는 9년 동안이나 한 번도 빠지지 않고 출석을 했던 어느 부인과 이야기를 나누었는데, 그녀는 처음으로 진료소에 갔을 때, 자기는 신장과 심장에 병을 앓고 있는 것 같다고 확신했다는 것이다.

그녀는 걱정과 긴장의 나머지 가끔 눈앞이 캄캄해지고 아무것도 보이지 않는 때도 있었다. 그런데 지금에 와서는 안정이 되어 쾌활하고 건강하다는 것이다. 그녀는 40이 조금 넘어 보였으나 손자를 품에 안고 이런 말을 했다.

"나는 복잡한 가정사에 얽혀 너무 괴로운 나머지 죽고만 싶은 심정이었어요. 그런데 나는 진료소에 와서, 번민한다는 것이 무익하다는 것을 알았습니다. 난 번민을 중지시키는 법을 배웠어요. 그래서 지금의 내 생활은 참으로 아늑하다고 말할 수 있지요."

이 클래스의 의학고문인 로스 힐퍼딩 박사는 말하기를, 번민을 경감하는 최상의 방법은 누구든 믿을 수 있는 사람에게 번민을 털어놓는 것이다. 우리는 이것을 「배설」이라고 부른다. 환자들은 이곳에 왔을 때 자기들의 번민을 자세하게 털어놓음으로써 그 번민을 마음속으로부터 몰아낼 수가 있는 것이다. 혼자서 골몰하고, 자기 가슴 속에만 간직하는 한, 그것은 커다란 신경적 긴장을 불러일으킬 뿐이다. 그러므로 우리는 모두 자신의 번민을 나누지 않으면 안 된다. 이 세상에는 자기의 번민을 들어주고 이해하여 주는 사람이 있다고 생각해야만 한다는 것이다.

나의 조수는, 어떤 부인 하나가 자신의 번민을 털어놓음으로써 명랑한 기분을 갖게 되었다는 것을 발견했는데, 그녀의 걱정거리는 가정문제였다. 처음 그녀가 말을 꺼낼 때는 몹시 긴장되어 있었으나, 이야기가 진전됨에 따라 점차로 침착해졌다고 한다. 그리고 면접이 끝날 무렵에는 미소까지 짓더라는 것이다.

그러면 문제는 여기서 해결된 것일까? 아니다. 그렇게 간단히 끝나지는 않는다. 말하자면, 그녀의 기분을 전환시킨 것은 누군가에게 고백했다는 것과, 다소나마 그에 대한 충고와 동정을 받았기 때문이었다. 그녀의 심경을 변화시킨 커다란 치료적 효과는, 들려준 말 속에 포함되어 있었던 것이다. 오늘날의 정신분석에 있어서도 어느 정도까지는 이러한 말의 치유력을 토대로 하고 있다.

프로이트 시대 이래로 정신분석학자들은, 만일 환자가 말을 할 수만 있다면 그의 내부의 불안으로부터 안정을 찾아낼 수가 있다는 것을 알고 있다. 왜냐하면 그것은 말을 할 수 있다는 사실에 의하여, 우리는 스스로의 번민을 다소나마 정확하게 포착할 수가 있으며 사물의 경중을 판단할 수 있기 때문이다.

그렇지만 이에 대한 확실한 대답은 아무도 모른다. 그러나 우리는 모든 사람에게 「털어놓을 것」, 「가슴 속에 뭉친 것을 토해 내는 것」이 바로 안도감을 가져온다는 것을 알고 있다.

그러므로 이제 우리에게 어떤 근심거리가 생긴다면, 그것을 털어놓을 수 있는 사람을 찾아내야만 하지 않겠는가. 그렇다고 나는 손쉬운 대로 아무나 붙들고서 우는 소리를 늘어놓는다거나, 못난 꼴을 드러내어 여러 사람의 비웃음거리가 되라는 말은 아니다. 즉, 신뢰할 수 있는 사람을 골라서 상담역을 삼아야 할 것이다. 친척·의사·교수·성직자, 이런 사람들이 적당한데, 그분들과 의논을 하는 것이다.

"저는 선생님께 조언을 듣고 싶습니다. 다름이 아니라, 걱정거리가 생겼는데, 제 말을 좀 들어주시고 조언을 해주십사 하는 겁니다. 저로서는 미처 깨닫지 못하는 것에 대하여 선생님께서는 달리 좋은 방도가 있으실 지도 모르겠습니다. 설령 그렇지 못하시더라도 제 말을 끝까지 들어주신다면 저로서는 여간 다행한 일이 아니겠습니다."

그러나 만일 당신의 통사정을 들어줄 사람이 하나도 없다면, 인명구조 동맹에 대하여 설명하기로 한다. 이것은 보스턴 의료원과는 아무런 관계도 없으나, 이 인명구조 동맹은 세계에서도 가장 희귀한 동맹의 하나이다. 그것은 원래 자살을 방지하기 위하여 만들어졌으나, 해가 거듭됨에 따라 사업을 확장하여 이제 와서는 불행한 사람들과 번민하는 이들에게 정신적인 조언을 해주고 있다. (우리나라에도 이와 같은 일을 하는 「생명의 전화」라는 기관이 있다―. 역주)

번민을 완전히 말해 버린다는 것, 이것이 보스턴 의료원 클래스에서 사용되고 있는 기본적인 방법이지만, 그 밖에도 몇 가지 방법이 있는데, 이것은 주부로서 당신이 가정에서 실행할 수 있는 방법이다.

1. 감명을 받을 만한 책을 위하여 노트라든가 스크랩북을 준비할 것. 이 안에다 당신을 감동시키고 향상시키는 시(詩), 짧은 기도문, 인용구를 붙여두기로 한다. 그렇다면 우울한 비오는 오후라든가, 어쩐지 기분이 좋지 못할 때에, 당신은 이 노트 속에서 기분을 밝게 해줄 수 있는 시와 기도문을 찾아볼 수 있을 것이다.

   보스턴 의료원의 환자 중에는 여러 해 동안 이러한 노트를 작성해온 사람들이 많은데, 그들은 이것을 「팔에 맞는 주사」라고 부른다.

2. 타인의 결점에 대해서 지나치게 마음 쓰지 말 것. 확실히 당신의 남편에게도 결점은 있다! 그가 성인군자였다면 당신과는 결혼하지 않았을 것이다.

   자기 자신이 잔소리가 많고, 좀 우둔하며, 얼굴이 핼쑥해지고 있다는 것을 안 어느 부인 하나가 있었는데, "당신 남편께서 돌아가시면 어떻게 하시렵니까?"라는 질문이 있자, 그녀는 대번에 눈이 휘둥그레졌다. 그녀는 깜짝 놀라 남편의 장점을 종이 위에 죽 써보았더니 적잖이 많았다.

당신이 전제적인 폭군과 결혼했다고 해서 후회를 한다면 당신 도 한번 이대로 해보면 좋을 것이다. 그래서 그의 장점을 전부 써 본다면, 그분이야말로 이상적인 남성이라는 것을 알게 될 것이다.

3 이웃사람들에게 관심을 가질 것. 당신과 같은 동네에서 살고 있는 사람들에게 대한 우호적이고 건전한 흥미를 발전시킬 것.

몹시 배타적이기 때문에 자기에게는 친구도 하나 없다고 생각해 오던 어떤 부인이, 이제부터 만나게 되는 사람에 대해서 적당한 이 야깃거리를 만들어 보라는 명령을 받았다. 그래서 그녀는 전차 속 에서 만났던 사람들의 환경과 주위의 생활을 상상해 보았다. 그리 고 닥치는 대로 남에게 말을 걸어 보았다. 그 결과, 이제는 번민이 사라지고 행복하고도 호감을 받는 사람이 되었던 것이다.

4. 오늘밤 잠자리에 들기 전에 내일 일의 스케줄을 만들 것. 클래스 에서는 많은 주부들이 꼭 해내야만 될 일에 끊임없이 즐기고 있 는 것처럼 느끼고 있다는 것을 발견했다. 말하자면 일을 끝냈다고 생각한 적이 없는 것이다. 즉 그들은 언제나 시간에 쫓기고 있는 것이다. 이렇듯 쫓기고 있다는 생각과 그 번민을 물리치기 위해서 그들은 매일 밤 다음날의 스케줄을 만들도록 지시받았다.

그래서 어찌되었는가? 즉, 보다 많은 일을 해낼 수 있었으며, 피 로는 줄어들었고, 긍지와 성취감이 생겨 휴식시간과 몸치장할 여 유도 있게 되었다. (부인은 매일 화장시간을 가져야 한다. 자신의 아름다움을 알고 있는 부인이야말로 신경쇠약에 걸릴 리가 없다.)

5. 끝으로, 긴장과 피로를 피할 것. 편하게 쉴 것. 긴장과 피로만큼 당신을 빨리 노화시키는 것은 없다. 이것처럼 당신의 싱싱한 아름다움을 해치는 것은 없다.

나의 조수는 보스턴의 정신 제어 클래스에서 폴 E. 존슨 교수의 지도 아래, 위에서 설명한 편히 쉬는 법을 복습한 결과, 10분 후에 그녀는 똑바로 앉은 채로 잠들기 시작했다고 한다. 그러므로 번민을 몰아내기 위해서는 무엇보다도 편히 쉴 일이 중요하다.

당신은 주부로서 몸을 편히 쉬지 않으면 안 된다. 당신에게는 그만큼 유리한 조건이 있다. 즉, 당신은 언제든지 눕고 싶으면 마루 위에라도 누울 수가 있다. 그런데 이상하게도 딱딱한 마룻바닥이 스프링이 달린 침대보다도 몸을 쉬는 데는 적당하다. 그것은 마룻바닥은 저항력이 강해서 척추에 좋기 때문이다.

그러면, 이제 가정에서도 할 수 있는 몇 가지 운동법을 들어 보기로 한다. 이것을 1주일 동안 계속해 보고 나서, 당신의 용모와 성질상에 어떠한 효과가 나타났는지를 살펴보기로 하자.

a. 피곤하다고 느낄 때는 자리에 누워서 되도록 몸을 편다. 뒹굴어도 좋다. 이렇게 하루에 두 번 한다.

b. 눈을 감는다. 그러고 나서 이렇게 말해 본다.

"태양이 머리 위에서 빛나고 있다. 하늘은 맑게 개고, 자연은 부드럽게 세상을 지배하고 있지 않은가. 그리고 나는 자연의 아들로서 이 우주와 조화를 이룬다."

그렇지 않으면 하나님께 기도를 드리는 것이 훨씬 유익할지도 모른다.

c. 만일 누울 수가 없다면, 가령 불고기가 가스 테이블 위에 있기 때문에 시간이 없다면, 의자에 앉아 있어도 거의 같은 효과를 볼 수가 있다. 편히 쉬기에는 딱딱하고도 똑바른 의자가 가장 적당하다. 이집트의 좌상처럼 바르게 앉아 손바닥을 무릎 위에 올려 놓는다.

d. 그러면 이제 천천히 발가락을 긴장시켰다가 다시 힘을 풀어 준다. 다리의 근육에도 이렇듯 힘을 주었다가 풀어준다. 그리고 전신의 근육을 아래서부터 위로 목에 이르기까지. 이와 같은 운동을 계속한다. 또 머리를 풋볼처럼 힘 있게 돌린다. 그러는 동안에, "쉬어라……쉬어라!"는 말을 되풀이한다.

e. 차근하게 안정된 호흡으로써 신경을 진정시킨다. 심호흡을 한다. 인도의 요가 행자들은 옳았다. —리드미컬한 호흡은 신경을 진정시키는 데 무엇보다도 좋은 방법이다.

f. 당신은 얼굴의 주름살과 찌푸린 모습을 알아차려, 그것을 없애도 주름살은 완연히 없어질 데니까.

─·─··─···─ 제25장 ─···─··─·─

피로와 번민을 막는 네 가지 작업습관

좋은 작업 습관, 첫째─당면한 문제에 관계있는 서류를 제외하고는 전부 정리하라

시카고 노스웨스튼 철도회사 사장 롤랜드 윌리엄은 이렇게 말한다. "여러 가지 서류를 책상 위에 산더미처럼 쌓아 놓는 사람이 있지만, 지금 당장 필요치 않은 물건이라면 전부 정리해 두는 것이 보다 용이하고 정확하게 일이 처리된다는 것을 알게 될 것이다. 나는 이것을 훌륭한 가정이라고 부른다. 이것이야말로 능률을 올리는 첫걸음이다."

워싱턴의 국회도서관 천정에는 영국의 시인이며 비평가인 알렉산더 포프의 「질서는 하늘의 제1법칙이다.」라는 한 구절이 새겨져 있다.

질서는 사업의 제1법칙이라고도 할 수 있다. 그러나 대부분 비즈니스맨의 책상 위에는 몇 주일씩이나 들추어 보지도 않은 서류들이 흩어져 있다. 사실 뉴올리언스의 어느 신문사 발행인이 나에게 말한 이야기인데, 비서가 그의 책상 하나를 정리하였더니 2년 전에 분실한 타이프라이터가 나왔다는 것이다.

답장을 내지 않은 편지, 보고서, 메모 따위로 흩어져 있는 책상은 보기만 해도 혼란과 긴장과 짜증을 일으키기에 충분하다. 그러나 이 이상으로 더 나쁜 것이 있다. 그것은 다름이 아니라, 「하지 않으면 안 될 허다한 일, 그것을 할 시간이 없다는 것」인데, 이것은 우리를 긴장과 피로 속으로 몰아넣을 뿐만 아니라 고혈압·심장병·위암으로 발전시킨다.

펜실베이니아 대학 의학부 교수 존스 H. 스토크 박사는 전미의학협회에서 「장 질환으로서의 기능적 노이로제」라는 연구보고를 했는데, 그 논문 가운데서 「환자의 정신 상태에 대한 고찰」로서 11개의 조건을 들고 있다. 그런데 그 제1항목은 다음과 같다.

「하지 않으면 안 된다는 관념, 혹은 의무감, 하지 않고서는 못 견디는 사물에 대한 종결을 모르는 긴장」

그러나 책상을 정돈하고 결단을 내린다는 그러한 기본적인 방법으로서 고혈압, 의무감, 꼭 해야만 할 사물에 대한 끝없는 긴장 등을 방지할 수가 있을 것이다. 유명한 정신병 학자 윌리엄 새들러 박사는 이 간단한 원리를 사용함으로써 신경쇠약을 방지할 수 있었던 한 환자의 이야기를 들려주었다. 그 사람은 시카고의 어느 대 회사 중역이었는데, 새들러 박사를 찾아왔을 때는 긴장과 신경과민으로 번민하고 있었다. 의사가 보기에도 금시 고꾸라질 지경이었다. 그러면서도 그는 일을 놓을 수 없는 형편이었기에 도움을 받으러 온 것이다.

새들러 박사의 얘기는 이렇다.

"이 사람이 내게 이야기하고 있을 때 전화벨이 울렸다. 그것은 병원에서 온 전화였다. 나는 그 용건을 즉석에서 처리했다. 그것은 나의 방침이었던 것이다. 그런데 그것이 끝나자 바로 또 전화가 걸려 왔다. 이 전화는 긴급을 요하는 문제였으므로 한참 동안 이야기를 나누었다. 헌데, 세 번째의 방해는 중태에 빠진 환자의 조치를 의논하기 위하여 찾아온 내 동료의 내방(來訪)이었다. 그 용건이 끝나자, 나는 손님 쪽을 향해서 오래 기다리게 하여 미안하다고 말했다. 그런데 오히려 그는 명랑한 표정이 얼굴에 감돌고 있었다.

"아니 괜찮습니다, 선생님!" 이 남자는 나에게 이렇게 말했다. "20분 동안에 나는 자신의 잘못을 안 것만 같습니다. 사무실에 돌아가서 이제부터는 일의 습관을 바꾸겠습니다. ……그런데 선생님, 실례의 말씀입니다만, 책상서랍 속을 좀 보여주실 수 없을까요?"

나는 책상서랍을 열어 보였다. 속은 텅 비어 있었다.

"처리되지 않은 서류는 모두 어디다 두십니까?"

"전부 처리합니다."

"답장을 보내지 않은 편지는요?"

"한 통도 없습니다. 나는 편지를 받으면 곧 회답을 보내니까요."

그로부터 6주일 후, 이 중역은 나를 그의 사무실로 초대했다. 그런데 그는 전과 같지 않았다. ―그리고 그의 책상 위도 달라져 있었다. 그는 자기 책상서랍을 열어 보이면서, 그 속에는 처리되지 않은 사무는 하나도 없다고 가리켰다. 중역은 또 이런 말을 했다.

"6주일 전만 해도, 저는 두 개의 사무실에 세 개의 책상을 쓰고 있었습니다. 책상은 온통 처리되지 않은 서류로 가득했습니다. 저의 일은 언제나 그칠 사이가 없었지요. 그런데 선생님께 말씀을 여쭌 뒤에 여기에 돌아와서는 보고서나 오래된 서류를 모두 치워버렸습니다. 저는 이제 책상 하나만을 두고 일을 하며 서류가 오면 곧 처리해 버리곤 해서, 처리되지 않은 일로 인하여 짜증을 내거나 긴장하거나 번민하는 일이 전혀 없게 되었습니다. 게다가 가장 놀라운 것은 저의 병이 완전히 회복되었다는 사실입니다. 이젠 저의 몸에서 병의 그림자도 찾아볼 수 없습니다."

미국 대법원장이었던 찰스 에번스 휴즈 씨는 말했다.

"인간은 과로가 원인이 되어 죽지는 않는다. 낭비와 번민이야말로 죽음의 원인이다."

과연 인간의 죽음은 정력의 낭비와, 일을 언제까지나 끝내지 못하리라는 번민에서 오는 것이다.

좋은 작업 습관, 둘째─중요도에 따라서 일거리를 처리해 가라

시티즈 서비스 컴퍼니의 창설자인 헨리 L. 도허티는 그가 막대한 보수를 지불할지라도 그것만 가지고는 거의 발견할 수 없는 능력이 두 가지가 있다고 말했다.

그런데 이렇듯 귀중한 능력이란, 첫째는 생각하는 능력, 둘째는 중요성에 따라 일거리를 처리해 가는 능력을 말한다.

무일푼으로 출발하여 11년 후에는 펩소던트 회사의 사장으로 출세한 찰스 럭맨은, 헨리 도허티가 거의 발견할 수 없다고 말했던 그 두

가지 능력을 발전시킨 덕택에 성공하게 되었다고 말했다.

"나는 오래 전부터 아침 다섯 시에 일어난다. 왜냐하면 이른 아침은 다른 어느 때보다도 잘 생각할 수 있기 때문이다. 즉, 잘 생각하여 일거리를 그 중요성에 따라 처리할 수 있도록 하루의 계획을 세우기에는 이른 아침이 가장 좋은 때이다."

미국에서도 크게 성공한 보험외무원의 한 사람인 프랭클린 베트거는 하루의 계획을 세우는 데 아침 다섯 시까지도 기다리지 않는다. 그는 이미 전날 밤에 계획하여 이튿날 판매할 보험의 액수를 결정한다. 만일 그날 팔다가 남으면 그 잔액을 다음날의 목표액에 부가한다.

나는 오랜 경험에 비추어, 사람이 반드시 그의 일거리를 중요도에 따라 처리할 수 없다는 것을 알고 있다. 그러나 가장 중요한 일을 맨 먼저 한다는 계획이, 무작정 하는 것보다 훨씬 좋은 결과를 가져오는 것도 알고 있다.

조지 버나드 쇼가 가장 중요한 일을 맨 먼저 할 것을 엄중한 생활규칙으로 삼지 않았다면, 아마 그는 작가로서 실패하여 일생 동안을 은행 출납계로 남아 있었을지도 모른다. 그의 계획은 매일 5페이지씩 글을 쓰는 것이었다. 그는 계획에 따라, 9년 동안 노력에 노력을 거듭하여 매일 5페이지씩 계속하여 썼다. 그 9년간의 소득은 30달러, 그러니까 하루 1센트에 지나지 않았지만. ─심지어 무인도에 표류한 로빈슨 크루소조차도 매일 매일의 계획을 세웠다.

좋은 작업습관, 셋째─문제에 직면하면 즉시 그 자리에서 해결하라.

결단에 필요한 사실을 파악하고 있다면 그것을 미루지 말라

H. P. 하웰은 나에게 이런 이야기를 한 일이 있다. 그가 US 스틸의 이사로 있을 때, 이사회는 언제나 오랜 시간을 소비하면서 많은 의안을 심의했으나, 결의되는 것은 불과 몇 의안이 되지 않았다. 그 결과 각 이사들은 수많은 보고서를 집으로 가지고 돌아가 연구하지 않으면 안 되었다.

마침내 하웰 씨는, 한 번에 한 의안을 상정시켜 결의해 버리도록 하자는 안을 이사진에게 설득시켰다. 지연이나 연기하는 일이 다시없도록 하자는 것이었다. 새로운 보고를 구하거나, 어떤 일을 실행하든지 않든지 간에 여하튼 결의하지 않고서는 다음 의안을 다루지 않도록 한 것이다. 그 결과는 실로 놀라운 것이었다. 행사 예정표는 정리되고 일정표는 깨끗해졌다. 그리고 다시는 수많은 보고서를 집으로 가져갈 필요가 없게 되었고, 해결되지 않은 문제로 인하여 번민하는 일도 없어졌다. 이러한 방법은 US 스틸의 이사회뿐만 아니라 우리에게도 좋은 법칙이 된다.

좋은 작업 습관, 넷째—조직화 · 대리화 · 지휘화할 것을 배워라

실업가 중에는 직무를 다른 사람에게 대행시킬 줄을 모르고, 자기 혼자의 힘으로만 강행하려 하다가 요절(夭折)하고 마는 사람이 많다. 그들은 잡무와 혼란에 압도되고 번민 · 불안 · 긴장 · 초조에 시달린 결과로 그런 비명(非命)을 자초한 것이다.

물론 책임을 대리케 하는 것을 배우는 일이 어려움은 나도 알고 있다. 나의 경험으로도 부정한 사람에게 실권을 맡김으로써 야기될 수 있는 재난이 얼마나 두려운 것임을 잘 알고 있다. 그러나 실권을 위임하는 것이 어려운 일이라 할지라도, 이사들은 번민·긴장·피로를 피하기 위하여 이를 실행하지 않으면 안 된다.

대사업체를 이룩한 사람으로서 조직화·대리화·지휘화를 배우지 않는 사업가는 50세나 60세의 초기에 가서, 긴장과 번민으로 인한 심장병으로 급작스런 죽음을 면치 못할 것이다. 당신이 그 실례를 알고자 한다면 일간신문의 사망 란을 눈여겨보라.

—————— · · · · — 제26장 —— · —— · · · ——

피로의 주 원인인 권태를 물리치는 법

　피로의 주 원인 중 하나는 권태다. 이를 설명하기 위하여 엘리스라는 여 속기사를 실례로 등장시켜 보자.

　어느 날 저녁, 엘리스는 몹시 피곤해진 몸을 이끌고 집으로 돌아왔다. 그녀는 너무나 지쳐서 두통도 나고 등도 아팠다. 그녀는 저녁식사도 하고 싶지 않아 곧바로 침대로 가서 잠을 자려 했으나, 어머니가 간청을 하기에 간신히 식탁 앞에 앉았다. 그 때 전화벨이 울렸다. 그것은 보이프렌드로부터 걸려온 무도회의 초대였다. 그녀의 눈동자는 별처럼 반짝였고 그녀의 마음은 나는 새처럼 가벼워졌다. 그녀는 2층까지 단숨에 뛰어 올라가서 푸른 야회복으로 갈아입고, 무도회에 나가 새벽 3시 경까지 춤을 추었다. 그리고 그녀는 집에 돌아온 후에도 조금도 피로하지 않았다. 도리어 그녀는 너무나 즐거워 잠도 오지 않을 정도였다.

　도대체 엘리스는 여덟 시간 전에는 정말로 피로했던가? 그 때는 틀림없이 피로했었다. 그녀는 자기의 일이 지긋지긋했다. 심지어는 인생 자체에 대하여 싫증을 느꼈을 것이다. 그러나 우리 사회에는 엘리스와 같은 사람이 부지기수다. 여러분도 그 중의 한 사람인지 모른다.

인간의 감정적인 태도가 육체적인 노력보다도 한층 더 피로를 일으키는 데 관계가 있음은 주지의 사실이다. 몇 해 전, 철학박사 조셉 E. 버맥 씨는 권태가 피로의 원인이 됨을 입증한 보고서인 《심리 기록》을 발표했다.

버맥 박사는 어떤 클래스의 학생들에게 그들이 전연 흥미를 갖고 있지 않은 테스트를 시켜 보았다. 그 결과 학생들은 피로해져서 졸고, 두통, 눈의 피로 등으로 불평하며 화를 내기도 하였다. 그 중에는 위장에 이상이 생긴 사람도 있었다. 이것은 모두 단순한 「상상」인가? 그런 것은 아니다. 이들 학생에 대한 신진대사 테스트를 해본 결과, 사람이 권태를 느끼면 인체의 혈압과 산소의 소비량이 실제로 감소하며, 사람이 자기의 일에 흥미와 즐거움을 느끼기 시작하면 즉시 신진대사의 속도가 증가되는 것을 알게 되었다.

인간은 무엇에든 흥미를 느끼거나 흥분하고 있을 때는 전연 피로해지는 일이 없다. 예를 들자면, 나는 최근에 루이스 호반에 있는 캐나다 로키 산맥에서 휴가를 보냈다. 나는 며칠 동안을 코럴 그리크를 따라 한 길 이상이나 되는 잡목 숲을 헤쳐 가면서, 혹은 나무뿌리에 넘어지고, 때로는 베어 눕혀 놓은 나무둥치 밑으로 빠져나가면서 낚시질을 여덟 시간이나 계속했지만 조금도 피로하지 않았다.

어째서 그랬을까? 나는 흥분했고, 마음이 들떠서 뛰고 있었기 때문이다. 나는 무엇에도 비길 수 없는 성공감에 흐뭇했다. 큰 놈을 여섯 마리나 낚았으니 말이다. 그러나 만일 내가 고기 낚기에 싫증을 느꼈다면 어떤 기분에 사로잡혔을 것인가? 나는 해발 7천 피트나 되는 고지에서의 벅찬 일에 완전히 지쳐버렸을 것이다.

심지어는 등산과 같은 심한 활동에 있어서도, 소모적인 일 이상으로 권태가 여러분을 피로케 한다. 이를테면, 미네아폴리스의 은행가 S. H. 킹맨 씨는 이 사실에 대하여 완전히 실증할 수 있는 이야기를 나에게 들려주었다.

1943년 7월, 캐나다 정부는 캐나다 산악회로 하여금 특별 유격대원의 등산훈련에 필요한 가이드를 보내 달라고 요청했다. 킹맨 씨도 그 가이드의 한 사람으로 선발되었다. 그런데 이들 40세부터 49세까지의 가이드들은 젊은 군인들을 인솔하여 빙하를 건너기도 하고, 혹은 설원을 횡단하기도 하며, 또는 40피트나 되는 절벽을 기어 올라가기도 했다. 또한 그들은 캐나다 로키 산맥에서 두 번째로 높은 미카엘 봉과 소요호 계곡에 있는 몇몇 이름 모를 산봉우리에도 올라갔다. 이리하여 열다섯 시간에 걸친 등산을 마치고 나자 원기 왕성하던 이 젊은이들도 완전히 지치고 말았다.

그들의 피로는 과연 지금까지 훈련되지 않았던 근육을 사용하였기 때문에 생긴 것일까? 유격대의 격심한 특별훈련을 받아 온 그들은 이러한 의문을 일소에 부치고 말 것이다. 그러나 그들은 등산에 권태를 느꼈기 때문에 피로해진 것이었다. 그들은 극도로 피로하여 식사도 못하고 쓰러져 잠드는 사람이 적지 않았다. 그런데 군인들보다 20여 살이나 연장자인 가이드들은 어떠했는가? 물론 그들도 피로하기는 했으나, 완전히 지쳐버린 것은 아니었다. 가이드들은 저녁식사를 마치고는 몇 시간 동안이나 그 날의 등산이야기로 꽃을 피웠다. 어쨌든 이들이 지쳐버리지 않았던 이유는 등산에 흥미를 가지고 있었기 때문이다.

콜롬비아 대학의 에드워드 선다이크 박사는 피로에 관한 실험을 했을 때, 몇 사람의 청년들에게 끊임없이 흥미를 갖도록 하면서 약 1주일 동안을 재우지 않고 두었다. 그런 후에 박사는 그 결과를 다음과 같이 보고했다.

"일의 능률을 감퇴시키는 유일한 원인은 권태이다."

만일 당신이 정신노동자라면 일의 양으로 피로해지는 일은 없었을 것이다. 그것은 오히려 자기가 안한 일의 양으로 피로해질지도 모른다. 이를테면, 전 주일의 어느 하루, 온 종일 잇달아서 당신의 일이 방해된 것을 상기해 보라. 타인으로부터 온 편지에 회답도 내지 않았다. 약속도 어겼다. 여러 가지 문제가 있었다. 그날은 도대체 아무 일도 뜻대로 되지가 않았다. 당신이 한 일은 모두가 헛수고로 끝났다. 그리고 당신은 맥이 풀려 지친 몸을 이끌고 집으로 돌아왔던 것이다.—머리는 깨질 듯이 아프고—.

그런데 다음날은 모든 일이 순조롭게 진행되었다. 전날의 40배가량이나 되는 일을 해치웠다. 그래도 끄떡없이 당신은 흰 눈송이와 같은 산뜻한 기분으로 귀가할 수가 있었다. 필연코 당신에게는 이런 경험이 있었을 것이다. 그런 일은 내게도 있었다.

그렇다면 여기서 우리가 배울 교훈은 무엇인가? 바로 이것이다. 즉 우리들의 피로는 대개의 경우, 일에 따라 생기는 것이 아니라 번민·좌절감·원한 등이 원인이 된다는 사실이다.

이 장을 집필하던 중에 나는 제롬 컨의 재미있는 뮤지컬 코미디

《쇼 보트》의 공연을 구경 갔었다. 앤디 선장은 그의 철학적인 막간극 중에서 이런 말을 했다.

"자기가 즐기는 일을 하는 사람들은 행복한 사람들이지."

그들이 행복하다는 것은 보다 많은 정력과 행복감을 가지고, 보다 적은 번민과 피로를 느끼기 때문이다. 흥미가 쏟아지는 일에는 정력도 넘친다. 가령 불평만 늘어놓는 아내를 데리고 1마일을 걷는다는 것은 사랑스러운 연인과 함께 10마일을 걷는 것보다 더 피로한 일이다.

그렇다면 어떻게 하면 좋을 것인가? 어떤 속기사의 실례를 들어보기로 하자. 이야기의 주인공은 오클라호마의 한 석유회사에 근무하고 있는 속기사이다. 그녀는 매월 한 주일 동안을 상상도 못할 만큼 단조롭고도 지루한 일을 했다. 즉, 인쇄된 임대차 계약서에 숫자와 통계를 기입하는 것이었다.

그런데 그 일이 너무도 따분했기 때문에, 그녀는 부득이 자기방위 상, 그것을 재미있는 일로 만들어 보려고 결심했다. 그럼 어떻게 해야 할 것인가? 그것을 날마다 자기 자신과 경쟁하는 것이다. 그녀는 매일 아침 자기가 작성한 계약서의 매수를 헤아렸다. 그런 뒤 오후에는 그 이상을 작성해 보려고 노력했다. 그리하여 하루의 합계를 계산해서, 그 이튿날은 그 이상으로 만들려고 노력했다.

그 결과는 어떠했는가? 그녀는 자기가 소속된 과의 속기사 중에서 누구보다도 많은 계약서를 작성할 수가 있었다. 그래 그것이 그녀에게 무엇을 가져왔다는 말인가? 칭찬인가, 감사인가, 아니면 승급? 봉급 인상인가? 아니다. 그런 것이 아니다. 그것은 다름 아닌, 권태로부터 오는 피로를 방지해 준 것이다. 그것은 그녀에게 정신적 자극을 주었다. 그리고 그녀는 권태로운 일을 흥미 있게 하려고 노력했기 때문에 보다 넘치는 에너지와 열의를 갖게 되어 지금까지 이상으로 여가를 즐기게 했던 것이다. 나는 이 이야기가 사실임을 알고 있다. 왜냐하면, 나는 바로 이 아가씨와 결혼했기 때문이다.

몇 해 전, 하이런 A. 하워드는 그의 일생을 완전히 개혁하는 일대 결심을 했다. 그는 권태롭기 그지없는 자기의 일을 재미있게 하려고 결심했다. 정말 그의 일이란 보잘것없는 것이었다. 다른 소년들은 야구를 한다든지, 여학생들과 농담을 나누고 있을 때도, 그는 학교 식당에서 접시를 닦는다든지, 아이스크림을 파는 일을 하고 있었다. 더구나 그는 자신의 일을 경멸하고 있었다. 그러나 그는 도리 없이 이 일을 계속해야만 했다. 그래서 그는 아이스크림에 대한 연구를 해보기로 결심했다. 어떻게 만들어지는가, 어떤 재료가 쓰이고 있는가, 왜 맛이 좋은 것과 나쁜 것이 생기는가? 그는 아이스크림의 화학을 연구했다.

그리하여 마침내 그는 고등학교 화학과정에 있어서 제일인자가 되었다. 또 그는 점점 영양화학(營養化學)에도 흥미를 갖게 되어, 매사추세츠 주립대학에 입학해서는 식료화학을 전공했다. 그리고 뉴욕의 코코아 거래소가 주최한 코코아와 초콜릿의 이용에 관한 현상논문을 전국의 학생들로부터 모집했을 때, 하워드는 이에 입선하여 상금으로 백 달러를 받게 되었다.

그러나 취직하기가 어려웠기 때문에, 그는 매사추세츠 주 암허스트에 있는 자기 집 지하실에다 개인연구소를 차렸다. 그러자 얼마 후에 우유 속의 박테리아 함유량을 계산해서 표시해야 한다는 새로운 법률이 시행되었다. 하워드는 암허스트에 있는 14개 우유회사의 의뢰를 받아서 박테리아의 함유량 계산하는 일을 맡게 되었다. 그는 현재 조수를 두 사람이나 쓰고 있다.

그렇지만, 앞으로 25년 후 그는 어떻게 되어 있을까? 현재 영양화학에 종사하고 있는 사람들이면, 그 때 가서는 은퇴를 하든가 세상을 떠나 있을 것이다. 그리고 지금 창의와 열성에 불타는 젊은 사람들에게 그 일이 인계되리라. 지금부터 25년이 지나면, 하이린 하워드는 아마 그가 종사하고 있는 분야에서 지도자가 되어 있을 것임에 틀림없다. 그에게 계산대 너머로 아이스크림을 사던 그의 동급생들의 대다수는 직업을 잃고 낙심 속에 정부를 저주하며, 자기들은 운이 나빴다고 불평을 말하고 있을 것이다.

하워드 역시 권태로운 일을 재미있게 하려고 결심하지 않았던들 그에게도 찬스는 오지 않았을 것이다.

여러 해 전, 공장 내에서 하루 종일 선반(旋盤) 곁에 서서 볼트를 만드는 단조로운 일에 지긋지긋해 하던 한 젊은이가 있었다. 그의 이름은 샘이라고 하는데, 샘은 일을 그만두고 싶었으나 다른 직장이 쉽사리 발견될 것 같지가 않았기에 그대로 계속하고 있었다. 그러나 샘은 이처럼 지루한 일을 해야 하는 이상, 어떻든 재미있게 해보려고 마음먹었다.

그래서 그는 자기 곁에서 일하는 동료 직공과 경쟁을 하기로 했다. 한 사람의 일은 거친 표면을 고르게 깎는 일이었고, 다른 한 사람은 그

볼트를 적당한 직경으로 자르는 것이었다. 그들은 신호와 동시에 기계에다 스위치를 넣고 누가 가장 많이 볼트를 만들어 내는가 내기를 했다.

현장감독은 샘의 일이 빠르면서 정확한 것에 감탄하여 곧 그에게 더 좋은 일을 맡겼는데 이것이 승진의 계기가 되었다. 이로부터 30년 후, 샘―즉, 새뮤얼 보크레인은 볼드윈 기관차 제조공장의 사장이 되었다. 만일 그가 권태로운 일을 재미있는 것으로 만들려고 결심하지 않았다면 평생을 직공으로 지내지 않으면 안 되었을지도 모른다.

유명한 라디오 뉴스 해설자 H. V. 칼텔본은 나에게 어느 날, 자기는 어떻게 하여 권태로운 일을 흥미 있는 것으로 만들었는지에 대하여 이야기해 준 일이 있다. 그가 아직 스물두 살 때, 가축 수송선에서 소에게 사료를 주는 일을 맡아 가며 대서양을 건넌 일이 있었다.

영국에서의 자전거여행을 마친 후, 그가 파리에 도착했을 때는 몹시 배가 고팠으나 주머니에는 동전 한 푼 없었다. 그는 카메라를 5달러에 저당 잡히고는 그 돈으로 《뉴욕 헤럴드》지(紙) 파리 판에 구직광고를 내어, 입체 환등기의 세일즈맨으로 취직했다.

40세 전후의 사람이라면, 눈앞에다 들고 보는 구식의 입체 사진경을 상기할 것이다. 그것을 들여다보면 놀랍게도 입체 사진경 속의 두 개의 렌즈는 3차원의 작용으로 두 개의 영상을 하나로 보이게 한다. 그리하여 물체의 원근(遠近)이 뚜렷이 실물처럼 눈에 비친다. 칼텐본은 바로 이 기계를 집집마다 방문하면서 팔았지만, 그는 프랑스 말을 못했다. 그럼에도 불구하고 처음 1년 동안에 무려 5천 달러를 벌었으며, 그는 세일즈맨으로서는 최고급에 속하는 사람이 되었다.

그는 나를 만난 자리에서 그 때 1년간의 경험은 하버드 대학에서의 1년간보다 더 유익한 것이었다고 말했다. 그렇다면 자신이 있어서였던가? 그는 그 정도라면 프랑스의 부인들에게 「국회 의사록」이라도 팔 수 있었을 것이라고 했다. 이 경험에 따라 그는 프랑스인에 대한 이해를 깊이 하여, 그것은 훗날 그가 유럽의 시사(時事)를 해설하는 데 큰 도움이 되었다.

그러면, 그는 프랑스어도 못하면서 어떻게 일류 세일즈맨이 되었던가? 그는 우선 고용주에게 청하여 판매에 필요한 말들을 완전한 불어로 써달라고 해서는 그것을 암기했다. 먼저 문간의 벨을 누르면 주부가 나온다. 칼텐본은 배를 움켜잡을 만큼 우스운 악센트로 암기한 말들을 지껄인다. 그리고는 사진을 보인다. 그러다가 상대편에서 뭐라고 질문을 할라치면 어깨를 움찔하며 이렇게 말한다. "아메리칸…… 아메리칸." 그 다음에는 모자를 벗고, 그 안쪽에 붙여둔 판매용의 프랑스어 문구를 내보인다. 그러면 주부는 웃음을 터뜨리게 되는데, 그도 따라 웃는다. 그리고는 다시 다른 사진들도 보이는데, 대개 이런 순서였다.

칼텐본은 이 얘기를 하면서 일은 결코 쉬운 것이 아니었다고 말했다. 그런데 그는 이 일을 재미있게 하려고 마음먹었기 때문에 끝까지 수행할 수가 있었다고 한다. 매일 아침마다 그는 집에서 출발하기 전에 거울을 들여다보면서 혼자 힘을 냈다는 것이다.

"칼텐본, 너는 이 일을 해내지 못하면 밥도 굶게 된다. 어차피 해야 할 바에야 이왕이면 유쾌하게 해보자. 문간에서 벨을 울릴 때, 자신은 조명을 받고 서 있는 배우로 생각하고, 온 관중이 너를 보고 있다고 상상을 해보라. 결국 네가 하고 있는 일은 무대 위에서의 연극과 마찬가지로 우스운 것이다. 왜 더 많은 정열과 흥미를 쏟아 넣지 않는가?"

칼텐본 씨는 이처럼 매일 되풀이하는 자기 격려의 말이, 처음에 그가 싫어하던 일을 흥미 있게 하고 유익한 것으로 바꿔 주었다고 말했다. 그리고 나서 내가, 성공을 갈망하고 있는 미국의 청소년들에게 무엇이든 충고의 말을 들려주기를 요구하자 칼텐본 씨는 이렇게 말했다.

"우선 아침마다 자기를 매로 한 대씩 쳐라. 우리들은 흔히 반쯤 잠이 덜 깬 상태에서 스스로를 일깨우기 위하여 육체적 운동의 필요성을 운운하지만, 그것보다도 매일 아침 우리 자신을 행동으로 고무하기 위한 정신적 운동이 훨씬 필요하다고 생각한다. 날마다 스스로 자신을 한껏 고무시켜라."

그런데, 아침마다 자기 자신에게 격려의 말을 한다는 것이 어리석은 짓일까? 아니다. 그것이야말로 건전한 심리학의 진수다.

"우리의 일생은 우리의 사고에 따라 만들어진다."

이 말은 지금부터 18세기 전, 마르쿠스 아우렐리우스가 그의 《명상록》에 썼을 때와 마찬가지로 오늘날에도 진리다. 나는 하루 종일 자기 자신에게 이야기함으로써 용기와 행복에 대하여, 또 힘과 평화에 대하여 생각하게 된다. 당신이 감사하지 않을 수 없는 것에 대하여 자신에게 말한다면 힘이 솟아나 쾌활한 생각으로 가슴이 벅찰 것이다. 올바른 일을 생각함으로써 당신은 싫은 일을 다소 흥미 있게 만들 수가 있다. 당신의 고용주는 당신이 일에 대해서 흥미를 가질 것을 바라고 있다.

왜냐하면 그것은 한층 더 수익을 올릴 수 있기 때문이다. 그러나 그것
까지는 고사하고라도, 당신이 자신의 일에 흥미를 가지는 것이 당신에
게 어떤 이익이 되는지를 생각하여 보라. 당신은 인생에서 얻는 행복을
두 배로 늘일 수 있을지 모른다.

　왜냐하면 당신은 깨어 있는 시간의 반을 일에 바치고 있는데, 만일
그 일 속에서 행복을 찾을 수 없다면 어디에서도 그것을 찾아내지 못
할 것이기 때문이다. 그러나 일에 흥미를 가진다면 번민에서도 해방
될 것이며, 결국은 직장에서는 승진과 아울러 보다 많은 급료를 받게
될 것이다. 설령 그렇지 못하다 해도, 피로를 최소한도로 경감시켜 여
가를 즐기게 될 것이다.

— · — · · — · · — 제27장 — · · — · · — · · —

불면증의 번민을 예방하는 법

당신은 밤이 깊도록 잠들지 못할 때 번민하는가? 그렇다면 국제적으로 유명한 법률학자 사무엘 앤터마이어는 일생 동안을 숙면한 적이 없었다는 이야기에 흥미를 느낄 것이다. 샘 앤터마이어는 대학에 다닐 때 천식과 불면증으로 몹시 고통을 당했다. 그는 두 가지 병이 모두 나을 것 같지가 않았으므로 잠이 오지 않는 시간을 이용한다는 차선책을 실천하기로 결심했다.

그는 잠이 오지 않을 때 밤새도록 엎치락뒤치락거리며 번민하는 대신에 침대에서 일어나 공부를 했다. 그 결과는 어찌 되었는가? 그는 온갖 우등상을 독차지하여 뉴욕 시립대학의 천재라는 칭송을 받게 되었다.

그가 변호사를 개업한 후에도 불면증은 계속되었으나, 앤터마이어는 번민하지 않았으며, 오히려 다음과 같은 말을 했다.

"자연이 나를 돌보아준다."

그것은 사실로 그러했다. 수면의 양은 적었으나 그는 건강했으며, 뉴욕 법조계의 어느 청년 변호사보다도 정력적으로 활동했다. 그는 또 누구보다도 많은 일을 했다. 그것은 모두가 잠든 동안에도 일을 했던 때문이다.

샘 앤터마이어는 스물한 살이라는 약관으로도 연수입이 7만 5천 달러나 되었다. 그런가 하면 청년 변호사들은 그의 수법을 배우고자 그가 변론할 때면 법정으로 몰려들었다. 그러다가 1931년에 그는 어떤 사건 하나를 맡아, 아마도 사상 최고의 변호료인 백만 달러를 현금으로 받은 일도 있었다.

그러나 그의 불면증은 더욱 계속되었다. 한밤중의 절반은 독서로 보내고, 아침에는 다섯 시에 일어나 편지를 읽었다. 그리하여 대개의 사람들이 일에 착수하려 할 때에는 그의 일은 벌써 반이나 끝나 있었다. 그는 일생 동안을 두고 단잠의 맛을 몰랐으나, 81세라는 장수를 누렸다. 그러나 만일 그가 자신의 불면증을 번민했다면 아마 그는 일신을 파탄시켰을 것이 분명하다.

인간은 일생의 3분의 1을 수면으로 허비하면서도 참다운 수면이 무엇인지를 모르고 있다. 우리는 수면이 습관이며, 또 그것은 자연의 가슴에 포근히 안기는 휴식의 상태라는 것을 알고 있다. 그러나 우리는 각자에게 몇 시간의 수면이 필요하며, 수면의 절대적인 필요성 여부를 모르고 있다.

이 말에 의아심을 가지고 반문할지도 모른다. 그러나 제1차 대전 중에 폴 케른이라는 헝가리 병사는 대뇌엽(大腦葉) 전단에 관통상을 입었다. 그런데 부상은 완치되었으나, 이상스럽게도 불면증에 걸렸다. 의사는 갖가지 진정제, 수면제를 비롯하여 심지어는 최면술까지도 시험해 보았으나 효과가 없었다. 폴 케른은 잠들기는커녕 졸음조차 느끼지 않았다.

　의사들은 모두 이구동성으로 그는 도저히 오래 살지 못할 것이라고 했다. 그러나 그는 의사들의 판단을 비웃듯이 취직까지 하여 여러 해 동안 건강하게 살았다. 그는 누워서 눈을 감고 휴식했으나 잠들지는 않았다. 그의 예는, 수면에 대한 우리들의 관념을 뒤엎어버린 의학상의 수수께끼인 것이다.

　어떤 사람들은 다른 사람들보다 더 많은 수면을 필요로 한다. 토스카니니는 하룻밤에 다섯 시간의 수면이면 충분했으나, 캘빈 쿨리지 대통령은 배 이상을 필요로 했다. 즉 그는 하루에 열 한 시간 이상을 잤던 것이다. 그러니까 토스카니니는 일생의 5분의 1을, 쿨리지는 약 반을 수면으로 소비한 셈이다.

　불면증으로 말미암아 번민한다는 것은 불면증 그 자체 이상으로 건강에 해로운 일이다. 실례를 들면, 내 클래스의 학생이었던 뉴저지 주의 리치필드 파크에 사는 아일라 샌드너는 만성 불면증으로 인해 자살 직전에까지 이르렀다.

　그는 나에게 다음과 같이 말하고 있다.

　"정말 나는 미칠 것 같았습니다. 문제는 그전에는 내가 단잠을 잘 수 있었던 탓이지요. 나는 아침에 탁상시계가 요란스럽게 울려도 잠을 깨지 못하고, 흔히 출근 시간에 늦어지곤 했습니다. 나는 그것을 번민했습니다. 사실 나는 정시에 일을 시작하라고 주인한테 주의를 받은 일도 있습니다. 어쨌든 이런 상태가 더 계속되었다면 해고되었을지도 모릅니다.

　그래서 나는 친구들에게 이 같은 사정 얘기를 하였더니, 어느 친구 하나가 잠들기 전에 탁상시계에다 주의력을 집중시켜 보라고 가르쳐주었습니다. 그런데 이것이 나의 불면증의 원인이 되었지요. 그 지긋지긋한 탁상시계의 똑딱 소리가 내 신경을 사로잡고 말았던 것입니다. 나는 밤새껏 불안한 마음 때문에 잠을 못 이루었습니다. 먼동이 틀 무렵이면, 나는 피로와 번민으로 거의 병자가 되어 있습니다. 이러한 상태가 무려 8주간이나 계속되었지요. 그 당시의 고통은 도저히 말로 표현할 수 없을 정도였습니다. 나는 이제 미치고 말 것이라고까지 생각했습니다. 때때로 나는 몇 시간이고 방안을 서성거리기도 하다가는, 아예 창에서 뛰어내려 모든 것을 끝내버리려는 생각도 들었습니다. 그러다가 나는 오래 전부터 잘 아는 의사를 찾아갔습니다. 그러자 의사는 이런 말을 했습니다.

　‘아일라, 나로서도 속수무책일세. 다른 사람들도 마찬가지야. 사실 이 일은 자네의 자업자득이니까. 밤에 침대에 들어가서 잠이 오지 않으면, 아예 그것을 잊어버리게, 그리고는 자신에게, 나는 잠들지 않아도 상관없어, 아침까지 깨어 있어도 괜찮단 말이야 하고 스스로에게 말하는 걸세. 그리고 이번에는 눈을 감은 채로 이렇게 말하게―조용히 누워만 있어도 번민하지 않는다면, 어쨌든 휴식할 수는 있는 것이라고 말일세.’

　나는 이 말대로 했습니다. 그랬더니 두 주일도 못 가서 잠을 자게 되고, 한 달 이내에 여덟 시간의 수면을 취하게 되었습니다. 이제 신경 상태는 그전대로 회복되었습니다.”

그런데 이 사람을 자살 직전으로까지 몰아넣었던 것은 불면증이 아니라, 그 불면증에 대한 번민이었던 것이다.

시카고 대학 교수 나다니엘 크레이트만 박사는 수면연구에 있어서는 세계적 권위자이지만, 그도 불면증이 원인으로 사망했다는 예는 아직 들어 본 적이 없다고 단언했다. ―확실히 인간은 불면증에 대하여 번민함으로써 점차로 생존 능력을 잃게 되어, 결국은 병균의 감염으로 목숨을 잃는 것이다. 그러나 그것은 어디까지나 번민이 원인이지 불면증 자체가 원인은 아니다.

크레이트만 박사는 또, 불면증 때문에 번민하는 사람들은 흔히 그들 자신이 의식하고 있는 것보다 훨씬 더 많은 수면을 취하고 있다고 말했다. "어젯밤에는 한잠도 자지 못했다."고 말하는 사람도, 사실은 자기도 모르게 몇 시간을 잤는지는 알 수 없는 것이다.

이를테면, 19세기 가장 탁월한 사상가의 한 사람이었던 영국의 허버트 스펜서는 늙은 독신자로서 하숙생활을 하고 있었지만, 언제나 불면증에 대한 이야기를 하여 같은 숙소의 사람들을 지루하게 만들었다. 그는 소음을 싫어했으며, 신경을 진정시키기 위해서는 귀를 막았다. 또 때로는 잠을 청하고자 아편도 마셨다.

그런데 어느 날 밤, 그는 옥스퍼드 대학의 세이스 교수와 함께 어느 호텔의 한 방에서 동숙한 일이 있었다. 이튿날 아침, 스펜서는 밤새도록 한잠도 자지 못했다고 말했으나, 실제로 잠을 자지 못한 사람은 세이스 교수였다. 그는 스펜서의 코고는 소리에 밤새도록 잠을 이루지 못했던 것이다.

어쨌든 숙면을 하기 위한 첫째 조건은 안정감이다. 그러기 위해서는 우리 자신보다도 어떤 위대한 힘이 아침까지 우리를 지켜주고 있다고 느낄 필요가 있는 것이다.

토머스 히스로프 박사는 영국의 의학협회에서 행한 강연 가운데서 다음과 같은 점을 강조했다.

"나의 오랜 경험에 의하면, 가장 단잠을 촉진시켜 주는 힘은 기도이다. 나는 성직자가 아닌 의사의 입장에서 이렇게 말하는 것이다. 기도의 실천은 이를 습관적으로 행하고 있는 사람들에게는 정신과 신경에 대한 진정제로서 가장 적절하며 정상적인 것이라고 인정하지 않을 수 없다."

자네트 맥도널드는 잠이 오지 않을 때는 언제나 〈시편〉 제23편의 「여호와는 나의 목자시니 나의 부족함이 없으리로다. 나로 하여금 푸른 풀밭에 눕게 하시고 잔잔한 물가로 나를 인도하시고……」를 반복하여 읊음으로써 안도감을 얻었다고 말하고 있다.

그러나 만일 당신이 종교인이 아니어서 이런 방법에 의존할 수 없다면, 물리적인 방법으로라도 쉬는 법을 배워야만 한다. 《신경성 긴장으로부터의 해방》이라는 책을 저술한 데이비드 헤럴드 핑크 박사는, "가장 좋은 방법은 자기의 신체와 대화하는 것"이라고 말하고 있다.

핑크 박사의 말에 의하면, 말은 모든 종류의 최면에의 관건이라고 한다. 당신이 아무래도 잠을 이룰 수 없을 때, 그것은 당신이 자신에게 이야기하여 불면상태에 빠뜨리고 있기 때문이다. 이것을 고치기 위해서는 자기최면으로부터 깨어나야만 한다. 그리고는 신체의 근육에다 이런 말을 들려주는 것이다.

"쉬어라, 쉬어라,―몸을 풀고 푹 쉬어라."

우리들은 이미 근육이 긴장하고 있는 동안에 마음과 신경도 쉴 수 없다는 것을 알고 있을 것이다. 그러므로 만일 우리가 잠을 자려면, 우선 근육에서부터 잠을 청해야 될 것이다.

핑크 박사는 다음과 같이 권하고 있다. 다리의 긴장을 풀기 위해서는 무릎 밑에 베개를 받친다. 같은 이유로 팔 밑에도 작은 베개를 놓아 둔다. 그리고는 턱·눈·팔 다리에게 쉬도록 말하면 어느새 잠들고 만다. 이에 대해서는 나도 해본 경험이 있기에 알고 있다. 불면증을 고치는 가장 좋은 방법 중의 하나는 정원 가꾸기·수영·테니스·골프·스키, 그 밖에도 육체적 운동으로 신체를 피로케 하는 것이다.

유명한 소설가 시어도어 드라이저도 그렇게 했다. 그가 아직 무명의 청년 작가였을 시절 그는 불면증으로 몹시 번민했다. 그래서 그는 뉴욕 중앙철도의 보선(保線) 직공으로 취직을 했다. 온종일 못질을 하고 모래를 파다가 지친 몸으로 집에 돌아오면 식사도 제대로 못하고 잠들어 버렸던 것이다.

우리가 몹시 피로해지면 길을 걸으면서도 절로 잠드는 수가 있는데, 그 실례를 들어보기로 하자.

내가 열세 살 때, 나의 아버지께서는 살찐 돼지들을 화차에 싣고 세인트 조에 갔다. 아버지는 마침 철도 무임승차권 두 장을 가지고 있었기에 나를 데리고 갔는데, 나는 그 때까지만 해도 4천 명 이상의 인구를 가진 도시에 가 본 일이 없었다. 세인트 조에 도착했을 때(그곳은 인구 6만의 도시이다) 나는 흥분된 가슴을 억누르지 못했다. 높이가 6층이나 되는 마천루(?)들을 보았으며, 생천 처음으로 전차도 보았다. 지금도 눈을 감으면 그 때의 전차는 눈앞에 선하며, 그 소리마저 들리는 것만 같다.

나는 일생 동안 가장 자극적이고 흥분된 하루를 보낸 후, 아버지와 미주리 주의 레이븐우드로 돌아오는 기차에 올랐다. 기차는 새벽 두 시에 도착했으나, 우리들이 농장까지 돌아오기에는 4마일이나 걷지 않으면 안 되었다.

그런데 이제부터가 이야기의 본론이다. 나는 너무나 지쳐 있었으므로 길을 걸으면서도 잠이 들어 꿈을 꾸었다. 나는 말을 타고 달리면서도 잠을 잔 일도 있다. 그러고서도 나는 아직껏 살아서 그 때의 이야기를 하고 있는 것이다.

인간이 완전히 피로해져 버리면 전쟁의 위험·공포·포화 속에서도 잠을 잔다. 이것은 유명한 신경병 학자 포스터 케네디 박사에게서 들은 이야기인데, 1918년에 영국 제5군단이 후퇴할 때에 그는 병사들이 완전히 피로하여 땅바닥에 쓰러져 깊이 잠들고 있는 것을 목격했다고 한다. 그는 손가락으로 그들의 눈꺼풀을 열어 보았으나 깰 줄을 모르더라는 것이다. 그리고 그들의 동공은 모두 위쪽으로 돌아가 있음을 보았다고 한다. 여기서 케네디 박사는 아래와 같은 말을 덧붙였다.

"그 후 나는 잠이 오지 않을 때는 눈알을 위로 회전시키는 운동을 하기로 했다. 그러면 곧 하품이 나고 졸음이 온다. 이것은 조건반사로서, 자신도 제어할 수가 없다."

그러나 어쨌든 수면을 취하지 못해서 자살한 예는 없으며, 아마 앞으로도 없을 것이다. 자연은 인간의 온갖 의지력에도 불구하고 인간에게 잠자기를 강제한다. 자연은 우리를 오랫동안 먹을 것이나 물을 주지 않고도 방치하지만, 수면 없이는 결코 오랫동안 내버려두지 않는다.

자살이라는 말이 나왔으니 말이지만, 나는 헨리 C. 링크 박사가 그의 저서 《인간의 재발견》 가운데서 말하고 있는 것을 상기한다. 그는 「공포와 번민의 극복에 대하여」 라는 1장에서 자살을 기도한 불면증 환자에 대하여 말하고 있다. 링크 박사는 논쟁은 쓸데없이 사태를 악화할 뿐이라는 것을 알고 있었다. 그래서 그는 그 환자에게 말했다.

"만일 당신이 기어이 자살을 하겠다면, 적어도 영웅적인 방법으로 해보시오. 이를테면 시가지 한 구역을 달음박질하다가 최후에 가서 넘어져 죽는다는 것은 어떻습니까?"

그 환자는 그 말대로 해 보았다. 한 번뿐만 아니라, 두 번, 세 번을 해 보았다. 그 때마다 근육이야 어떻든 마음은 상쾌해지는 것이었다. 사흘째 밤이 되자, 그는 육체적으로 지쳐 버려서 「그리하여 육체적으로 긴장이 풀려」 곧은 막대기처럼 잠이 들어버렸다. 그런데 링크 박사는 처음부터 이러한 결과를 노리고 있었던 것이다. 그 후 그는 체육 클럽에 가입하여 경기에도 나가게 되고, 완전히 회복된 그는 영원히 살고 싶다고 생각하게 되었다.

그렇다면 불면증으로 번민하지 않기 위해서는 다음의 다섯 가지 법칙을 지킬 것이다.

1. 만일 잠이 오지 않을 때는 사무엘 앤터마이어의 방법대로 하라. 일어나서 잠이 올 때까지 일을 하든가 독서를 하라.
2. 수면부족으로 죽은 사람은 없다는 사실을 잊지 말 것. 불면증에 대한 번민이 잠을 자지 못하는 것 이상으로 해롭다.
3. 기도를 하든가, 자네트 맥도널드처럼 〈시편〉 제23편을 반복하여 암송하라.
4. 근육의 긴장을 풀어버릴 것.
5. 운동하라. 몸을 일으킬 수 없을 만큼 몸을 피로케 하라.

PART 6 요약

피로와 번민을 예방하여 에너지와 정신을 왕성하게 하는 여섯 가지 방법

법칙 1. 피로하기 전에 휴식하라.

법칙 2. 일을 하면서도 피로를 푸는 법을 배워라.

법칙 3. 만일 당신이 주부라면, 가정에서도 피로를 풀어 건강과 용모를 지켜라.

법칙 4. 다음 네 가지의 좋은 작업 습관을 적용하라.

　a. 당면한 문제와 관계있는 서류를 제외하고는 전부 책상에서 치워 버려라.

　b. 중요성에 따라 사물을 처리해 가라.

　c. 문제에 직면했을 때는 결단에 필요한 사실이 있으면 곧 그 자리에서 해결하라.

　d. 조직화・대리화・지휘화할 것을 배워라.

법칙 5. 번민과 피로를 막기 위하여 일에 정열을 가져라.

법칙 6. 수면 부족으로 인하여 죽은 사람이 없음을 기억하라. 불면증에 대한 번민이 해를 끼치는 것이지 불면증 그 자체가 해를 주는 것은 아니다.

PART 7.

경제적 번민을 덜어내는 법

— ·—··—·—·· — 제28장 — ·—··—·—··· —

성공적인 직업을 찾는 법

— 이 장은 자기가 하고자 하는 일을 아직 발견하
지 못한 젊은 남녀들을 위하여 쓴 것이다. 혹 당신
이 그런 사람 가운데 하나라면, 이 장을 읽음으로써
당신의 일생에 커다란 영향을 주게 될 것이다. —

만일 당신이 아직 18세 이하라면, 불원간 인생에 있어서 가장 중요
한 결단을 내리지 않을 수 없을 것이다. 그것은 당신의 일생을 좌우할
것이며, 당신의 행복 · 수입 · 건강에도 영향을 주는 중대한 것이다.

그 중요한 결단이란 무엇인가? 그것은, 생계를 세워 나가기 위해 어
떤 직업을 선택할지 하는 것이다. 이를테면, 당신은 농부가 되려는가,
우편배달부가 되려는가, 아니면 화학자가 되려는가, 속기사가 되려는
가, 수의사가 되려는가, 대학교수가 되려는가, 혹은 햄버거 가게를 경
영할 것인가?

이러한 결단은 가끔 도박이기도 하다. 해리 에머슨 포스딕은 《달관
력》이라는 저서 가운데서 이런 말을 하고 있다.

"직업을 선택할 때의 소년들은 모두 도박사이다. 그는 거기에 일생
을 걸지 않으면 안 된다."

직업을 선택함에 있어서, 어떻게 하면 도박적인 요소를 감소시킬 수

있을까?

우선 첫째로, 가능하다면 즐거운 일을 찾도록 노력할 일이다. 나는 언젠가. B. F. 굿리치 회사의 회장 데이비드 굿리치에게 사업 성공을 위한 제1요건은 무엇이냐고 물어본 일이 있다. 그러자 그는 다음과 같이 대답했다. "일을 즐기는 것이다. 일을 즐겁게 여긴다면, 장시간을 일할지라도 그것은 일이 아니다. 오락처럼 생각될 것이다."

우리가 잘 아는 에디슨은 그 좋은 실례라고 할 수 있는데, 그는 학교 교육을 받지 못한 일개 신문팔이에서 일약 성공하여 미국의 산업계를 돌변시켰다. 그는 곧잘 연구소 내에서 기거하면서도 하루에 열여덟 시간이나 일을 했지만, 그것은 그에게 있어 별로 고역이 아니었다고 한다.

그는 이렇게 말했다. "나는 일생 동안에 하루도 일한 적이 없다. 그것은 모두가 즐거운 놀이였다."

이 말로 미루어 볼 때, 그가 성공한 것은 조금도 신기한 일이 아니다. 나는 찰스 슈와브가 이와 비슷한 말을 한 것을 들은 일이 있다.

"인간은 무한한 열정을 품고 하는 일에는 거의 성공하기 마련이다."

그러나 당신이 무엇을 하고자 하는지를 알지 못하고서 어떻게 일에 정열을 가질 수가 있겠는가? 그런데 수천 명의 남녀를 고용한 듀폰 회사의 인사담당관 에드너 카 여사는 이런 말을 했다.

"내가 알고 있는 최대의 비극은, 많은 젊은 사람들이 자기가 진정으로 하고 싶은 일이 무엇인지를 알지 못하고 있다는 것이다. 단지 급료에 얽매여 일하고 있는 사람처럼 불쌍한 인간은 없다.”

카 여사에 의하면, 대학 졸업생까지도 그녀에게 찾아와서 이렇게 말한다는 것이다. “저는 모 대학에서 문학을 전공했습니다. 이 회사에 적당한 일자리가 없겠습니까?”

그들은 자기가 무슨 일에 적합하며 무엇을 하겠다는 것인지 그것조차도 모르고 있다. 그러므로 유능한 지성과 장밋빛 꿈을 지니고 인생을 출발한 많은 남녀들이 40세에 가서 완전히 좌절하고 신경쇠약에 걸려 일생을 끝맺고 마는 것도 이상할 것은 없다. 그 때문에 사실상 적당한 직업을 발견한다는 것은 건강을 위하여 중요한 일이다.

존스 홉킨스 의학교의 레이몬드 펄 박사는 언젠가 모 보험회사와 공동으로 장수의 비결을 연구한 결과, 적당한 직업을 갖는다는 것을 상위 항목으로 꼽았다. 토머스 칼라일은 말하기를, “자기의 일을 발견한 사람은 축복받은 자이다. 그러므로 그 이외의 축복을 구할 필요는 없다.”고 했는데, 이에 대해서는 펄 박사도 동감할 것이다.

나는 최근 소커니 베큐엄 석유회사의 고용감독인 폴 보인튼 씨와 이야기를 나눈 일이 있는데, 그는 20년간을 두고 7만 5천 명 이상의 구직자와 면접하여 왔다고 한다. 그는 《직업을 얻기 위한 여섯 가지 방법》이라는 저서도 내놓고 있는데, “직업을 찾는 젊은 사람들이 범하는 최대의 과오는 무엇이냐?”는 나의 질문에 대하여 그는 이렇게 대답했다.

“그들은 자기가 하고 싶은 일을 알지 못하고 있다. 2, 3년 지나면 입지 못하게 될 의상을 구입하는 데는 대단한 주의를 기울이면서도 자기 일생의 문제—그것도 미래의 행복과 평화를 얻을 수 있느냐 없느냐 하는 직업을 선택하는 일에는 오히려 무관심하다."

번민에 관한 책 가운데에 이러한 장(章)을 두는 것이 이상하다고 생각할 사람도 있을지 모르나, 얼마나 많은 번민·회한·실패가 우리들이 경멸하고 있는 직업에서 생기는지를 안다면 결코 이상할 것은 없다. 영국의 철학자이자 경제학자 존 스튜어트 밀은 말하기를,

"산업적 부적격은 사회의 최대 손실의 하나이다."라고 했지만, 이 말은 사실이다. 그러기에 이 땅 위에서 가장 불행한 사람들 중에는 자기의 매일 일과를 혐오하고 있는 산업적 부적격자가 있다.

당신은 군대에서 「낙오된」 사람을 알고 있는가? 그들은 말하자면 오용(誤用)된 사람들이다. 전쟁에 의한 부상자들이 아니라, 일반 군무에 복무하면서도 낙오된 사람들을 말한다. 위대한 정신병 의사이며 행동장애 처치의 권위자이며, 전시에는 육군 신경정신과 책임자였던 윌리엄 메닝거 박사는 다음과 같이 말하고 있다.

"우리는 군대에서 선택과 배치의 중요성에 대하여, 또는 적재적소(適材適所, the right man in the right place)라는 것이 얼마나 중요한 것인지를 많이 배울 수가 있었다. 그것은 특히 손쉬운 일일수록 긴요한 것이다. 일에 흥미를 갖지 못할 곳, 오용당하고 있다고 느끼는 곳, 진가가 인정되어 있지 않다고 느끼는 곳, 자기의 재능을 살리지 못하고 있다고 생각되는 곳에서는 실제의 정신적 장애는 고사하고라도 반드시 그러한 가능성을 발견할 수가 있다."

그렇다. 그리고 이와 같은 이유로 사람들은 산업계에 있어서도 「낙

오되고」 말지도 모른다. 가령 그가 자기의 일을 경멸한다면 그 일마저 파탄되어 버리고 만다.

그러면 여기서 필 존슨의 사례를 들어 보자. 그의 부친은 세탁소를 경영하고 있었는데, 그는 이 아들이 가업을 계승해 주기를 바라면서 일을 거들게 했다. 그러나 필은 세탁업이 질색이었다. 그래서 그는 태만해져, 시키는 일만 마지못해 하는 형편이었기 때문에 어떤 때는 집을 비우는 일도 있었다. 그의 부친은 실망한 나머지, 이처럼 야심 없고 방자한 자식을 둔 것을 여러 고용인 앞에서도 한탄했다.

어느 날 필은 아버지에게, 자기는 기계공이 되어 보겠다고 말했다. 그랬더니, "뭐라고, 작업복을 입겠다고?" 노인은 아들의 말에 커다란 충격을 받았다. 그러나 필은 뜻을 굽히지 않았다.

그는 기름투성이의 작업복을 걸치고 일했다. 그는 집에서 일할 때보다 훨씬 열심이었으며, 휘파람을 불면서 일했다. 그는 공학기술을 배우기 시작했고, 엔진을 비롯하여 그 밖의 기계들도 다루었다. 그리하여 1944년 아버지가 사망할 당시, 필은 보잉 항공기 회사의 사장이 되어 전쟁의 승리에 다대한 공헌을 한 「하늘의 요새」를 제작하고 있었다. 그런데 만일 그가 여전히 세탁업을 일삼아 왔다면 어떻게 되었을 것인가. ……특히 부친의 사후에는? 아마 그는 가업을 망치고 파산했을 것이다.

가령, 가정불화를 일으키는 한이 있어도, 나는 젊은이들에게 가족이 그것을 원한다는 이유만으로 특정한 직업을 가지는 것은 좋지 않다고 권고한다. 그러므로 자기가 하고 싶지 않은 일에 종사해서는 안 된다.

그렇지만 부모의 의견은 경청해야만 될 것이다. 왜냐하면 그분들은 여러분의 배 이상이나 이 세상을 살아 왔기 때문이다. 그분들은 오랜 세월과 경험을 통해서만 얻을 수 있는 산지식을 가지고 있다. 그러나 최후의 분석으로 최종적인 결단을 내려야 할 사람은 당신 자신이다.

어쨌든 그 직업으로 인하여 행복하게 되는 것은 당신 자신이 아니겠는가. 이와 같이 말한 이상, 나는 직업을 선택하는 데에 대한 시사(示峻)와 경고를 제시하고 싶다.

1. 직업안내 상담사를 선택함에 있어서는 다음 다섯 가지의 제언을 읽고 연구할 것. 이것은 미국의 지도적 직업지도 전문가 해리 키슨 교수가 작성한 것이다.

   a. 인간의 직업 적성을 명백히 하는 마술적 시스템이 있다고 장담하는 사람에게 가지 말 것. 그들은 대부분 골상학자·점성술사·성격분석자·손금 보는 사람들이다. 그들의 모든 시스템은 신용할 수가 없다.

   b. 어떤 직업을 택할 것인가를 명시하는 테스트를 해주겠다고 말하는 사람들에게 가지 말 것. 이러한 사람들은 상담하러 온 사람을 둘러싼 육체적·사회적·경제적 조건을 고려하지 않으면 안 된다는 직업지도자로서의 원칙을 무시하고 있다.

   c. 직업에 관한 풍부한 자료를 갖추고서 상담 중에 그것을 유효하게 이용할 만한 지도자를 선택하라.

   d. 완전한 직업지도는 1회 이상의 면담이 필요하다.

e. 결코 통신에 의한 직업지도를 받지 말 것.

2. 이미 인원 과잉에 빠져 있는 사업이나 직업은 피해야 한다. 미국에는 2만 이상이나 되는 다른 생활 방법이 있다. 2만 이상이 말이다! 그런데 젊은 사람들은 이 사실을 알지 못하고 있다. 그 결과 어떤 고등학교의 남학생 중 3분의 2는 다섯 가지의 직업 선택에 집중되고 말았다. 2만 가운데서 불과 다섯 가지—그리고 여학생의 4/5도 이와 마찬가지였다. 소수의 사업과 직업에 만원이 되어 불안정·번민·불안·신경쇠약이 화이트컬러족간에 유행하고 있는 현상은 조금도 이상한 일이 아니다. 특히 법률, 저널리즘 관계, 라디오, 영화 등, 초만원을 이룬 분야에 돌입하겠다는 것은 일고의 여지가 있다.

3. 생계를 영위할 수 있는 찬스가 열에 하나 정도로밖에 없는 일이라면, 그것을 멀리하라.

4. 당신의 일생을 바칠 직업을 선택하는 것이므로 몇 주일, 몇 개월 걸릴지라도 그 직업에 관한 온갖 사항을 조사해야만 한다. 그러기 위해서는 10년, 20년, 또는 30년을 그 직업에 종사해 온 사람들을 만나서 문의하면 좋을 것이다.

나의 경험으로 보건대, 이러한 면담은 당신의 장래에 중대한 영향을 주리라고 본다. 내가 아직 20여 세의 청년이었을 무렵, 나는 두 사람의 연장자에게 직업에 관한 조언을 들은 일이 있지만, 지금에 와서 생각하면 그것이 나의 일생의 전환기가 되었음을 깨닫게 된다. 사실 내가 그들과 만나서 상의하지 않았더라면 나의 일생이 어떻게 되었을지는 상상조차 하기 어렵다.

그렇다면 어떠한 방법으로 직업지도 면회를 할 것인지를 설명하기로 한다. 가령 당신이 장차 건축기사가 되어 보겠다고 하자. 그럼 당신은 결심하기에 앞서, 당신이 살고 있는 마을은 물론, 이웃마을의 건축기사에게까지도 찾아가 면회를 하는 데만도 여러 주일을 소비할 것이다. 전화번호부로 그들의 주소 성명을 확인하여 방문해도 좋을 것이며, 또 면담의 승낙을 받기 위한 다음과 같은 편지를 보내도 무방할 것이다.

"삼가 선생님의 고견을 듣고자 이 글을 올립니다. 저는 20세의 청년으로서, 장래 건축기사가 되려고 공부하고 있습니다. 그런데 이 결심을 하기에 앞서 선생님의 높으신 충고를 듣고 싶습니다. 만일 바쁘셔서 사무실에서 만나주실 수가 없으시다면, 실례인 줄 아오나 귀댁에서 약 반 시간만 뵐 수 없겠습니까? 제가 여쭙고자 하는 바는 다음과 같은 사항들입니다.

a. 선배님께서 다시 한 번 인생을 반복하게 된다면 또다시 건축기사가 되시겠습니까?

b. 만나 뵌 후, 제가 건축기사가 될 자격이 있는지를 듣고 싶습니다.

c. 건축기사란 직업은 이미 인원 과잉은 아닙니까?

d. 가령, 4년간 건축학을 공부한 정도로는 취직하기가 곤란하지 않습니까? 그리고 처음에는 어떤 일을 맡게 됩니까?

e. 만일 제가 보통 정도의 재능이 있다고 한다면 처음 5년 동안에 어느 정도의 수입을 올릴 수 있습니까?

f. 건축기사에는 어떤 이익과 불이익이 있습니까?

g. 만일 제가 당신의 자식이라면, 저에게 건축기사가 되라고 권하시겠습니까?

그런데 만일 당신이 내성적인 사람으로서 소위 「대가」들과 혼자서 대면하기를 주저한다면, 이에 대한 두 가지의 시사가 있다.

첫째, 당신과 동년배의 친구를 동반하면 좋을 것이다. 두 사람 정도라면 무슨 일에 부닥쳐도 마음 든든하기 때문이다. 그러나 동행할 만한 동년배의 친구가 없다면 부친에게 동행해 주도록 부탁하는 것도 좋은 방법이다.

둘째, 그분의 조언을 듣고자 하는 것은 그에게 경의를 표하고 있는 것임을 잊어서는 안 된다. 상대방은 당신의 간청에 따라 자부심을 느끼고 있을 것이다. 대체로 어른들은 젊은 남녀에게 충고의 말을 해주기를 좋아한다. 그러므로 그 건축기사는 틀림없이 당신과 만나는 것을 흡족하게 여길 것이다.

그리고 만일 당신이 면회시간을 정하기 위한 편지를 주저한다면, 예고 없이 그의 사무실로 찾아가 무엇이든 다소의 조언을 들려주시면 정말 고맙겠다고 말하는 것이 좋을 것이다.

그리하여 당신이 다섯 사람의 건축기사를 방문한 결과, 다섯 사람이 모두 바빠서 만나주지 않았다면(아마 그런 일은 없을 테지만), 그 때는 다른 다섯 사람을 방문해야 한다. 왜냐하면, 그 중의 한 사람쯤은 아마 당신을 만난 자리에서, 몇 해 동안의 낙담과 시간낭비로부터 미리 당신을 구할 만한 귀중한 충고를 해줄 수가 있기 때문이다.

당신은 인생에 있어서도 가장 중대하고 먼 장래에까지 영향을 미치게 될 두 가지의 결단 중에서 그 하나를 행하려 함을 잊어서는 안 된다. 그러므로 행동하기에 앞서 사실을 파악하기 위한 시간을 가져야만 한다. 만일 당신이 그렇게 하지 않는다면 회한의 반생을 보내게 될지도 모른다. 그리고 당신의 형편이 용서한다면, 반시간의 조언에 대하여 사례를 표해도 좋을 것이다.

5. 자기는 단지 한 가지 직업에만 적합할 것이라는 그릇된 관념을 극복하라! 정상적인 사람이라면 누구나 여러 가지 직업에 성공할 수도 있으며, 혹은 실패할 수도 있다. 나 자신의 경우를 보라. 만일 내가 아래에 기술하는 직업에 종사하여 왔다면, 나는 얼마만큼 성공하여 사업을 즐겼을 것으로 믿는다. 즉, 그 직업이란 농업·과실 재배·과학적 농업·의사·판매업·광고업·지방신문 경영·목사 등등이다. 그런가 하면, 회계·기사·호텔 또는 공장 경영·건축업, 그 밖에도 온갖 기계에 관한 사업 등에 종사하였더라면 반드시 실패하여 불행해졌을 것이다.

제29장

모든 번민의 70퍼센트는······

만일 내가 모든 사람의 경제적 번민을 해결하는 방법을 알고 있다면, 나는 아마 이 책을 쓰고 있지는 않을 것이다. 지금쯤은 백악관에서 대통령의 곁에 앉아 있을 것이다. 그러나 나에게 할 수 있는 것이 하나 있다. 즉, 나는 이 문제에 관하여 권위 있는 말을 인용함으로써 몇 가지의 실제적인 시사를 줄 수 있다.

《레이디스 홈 저널》지의 조사에 의하면, 인간의 번민의 70퍼센트까지는 금전관계에 의한 것이라고 말한다. 갤럽 여론조사소의 조지 갤럽은 말하기를, 대개의 사람들은 그들의 수입을 10퍼센트만 증가시킨다면 자기들의 경제적 번민은 해소될 것이라고 생각한다는 것이다. 그러나 대체로 그것이 사실일는지 모르나, 한편 그렇지 않은 경우가 훨씬 많다.

예컨대, 나는 이 장을 집필하는 동안에 예산에 정통한 사람과 만나서 얘기를 나눈 일이 있다. 그는 뉴욕의 워너메이커 백화점에서 대 고객 경제고문으로 여러 해를 근무하고 있는 엘시 스테플턴 부인이다. 그녀는 그 후에도 개인적 상담역으로서 금전상의 번민으로 괴로워하는 사람들을 도와 왔다.

또 그녀는 온갖 종류의 소득세에 관해서, 밑으로는 천 달러 소득의 짐꾼으로부터 위로는 1년에 10만 달러가량의 수입이 있는 사장에 이르기까지 여러 층의 사람들을 도와 왔지만, 그녀는 나에게 다음과 같이 말하는 것이었다.

"수입 증가가 많은 사람들의 경제적 번민에 대한 해답은 아닙니다. 사실 나는 수입 증가는 단지 낭비의 증가에 불과하며, 두통거리의 증가가 되는 것을 가끔 보아 왔습니다. 대개 사람들의 번민의 원인이 되는 것은 금전의 부족이 아니라, 가지고 있는 돈의 쓰는 법을 모르는 탓입니다."

이 말을 듣고는 콧방귀를 뀌는 사람이 있을지도 모른다. 그러나 잠깐만 참으시라. 스테플턴 부인은 모든 사람이 다 그렇다고는 말하지 않았음을 기억해 주기 바란다. 그녀는 「대개의 인간」이라고 했지 당신을 두고 한 말은 아니다.

그러나 여러 독자들은 이렇게 말할 것이다.

"이 카네기란 자에게 내 계산서를 지불하게 하고 싶다. 지가 내 빚을 짊어져 보라지. 내 박봉으로 말이야. 그런다면 그런 잠꼬대 같은 소리는 못할 것이다."

그러나 나 역시도 경제적 번민은 겪은 사람이다. 나는 미주리 주의 옥수수 밭이라든가, 건초 곳간에서 하루 열 시간이라는 심한 육체노동을 했다. 때로는 온 몸이 지칠 대로 지쳐서 어떻게 하든지 육신의 아픔을 잊어버리고 싶다는 것이 오직 하나의 소원이었을 정도였다. 그렇지만 이 중노동에 대하여 한 시간에 1달러는 고사하고 50센트나 10센트도 받지 못했다. 나는 하루 열 시간을 일해서 시간당 5센트를 받았던 것이다.

나는 20년 동안을 두고 욕실도, 수도도 없는 집에서 생활한다는 것이 얼마나 고통스러운 것인지를 잘 알고 있다. 그런가 하면, 영하 15도나 되는 추운 침실에서 잠을 잔다는 것이 어떠한지도 알 만하다. 불과 5센트의 전차요금을 아끼고자 10마일을 걸어서 신발과 옷에 구멍이 뚫린다는 것이 어떻다는 것도 알고 있다. 또 레스토랑에서는 가장 값싼 음식을 주문하고, 이불 밑에는 주름을 잡고자 바지를 깔아둔다는 것이 어떻다는 것도 알고 있다.

그렇지만 그런 시절에도 나는 으레 수입에서 약간은 저금을 하고 있었다. 왜냐하면 저금을 하지 않는다는 것을 두려워했기 때문이다. 여하튼 이런 경험 덕분에 나는, 우리들이 남의 빚이나 경제적 번민으로부터 벗어나고자 한다면, 당신 자신과의 비즈니스를 하라는 것이다. 먼저 돈을 소비할 계획을 세우고, 그것에 따라서 돈을 쓰는 것이다. 그러나 대개의 사람들은 그렇게 하지를 않는다.

예를 들자면, 내 친구로서 이 책을 출판하고 있는 회사의 사장인 레온 심킨은 대다수의 사람들이 그들의 금전에 대하여 지니고 있는 기묘한 맹점을 지적해 주었다. 그는 자기가 알고 있는 어떤 경리원의 경우를 말해 주었다. 이 사나이는 회사의 사업에 관한 것이라면 숫자의 귀신이었으나, 자기의 개인적 경제를 다루는 데 있어서는 전혀 말이 아니었다.

가령 금요일 오후에 급료를 받는다고 하자. 그는 상점 거리를 걷던 도중에라도 어떤 점포의 쇼윈도에서 자기 마음에 드는 외투를 발견하면 대뜸 그것을 사고 만다. 그는 집세, 전기요금, 그 밖의 온갖 고정비용을 조만간 자기의 봉급에서 지출하지 않으면 안 된다는 것을 전연 생각지 않는 것이다. 우선 당장 호주머니에 돈이 있다는 것밖에는 염두에 없다. 그렇지만 이 사람은 만일 자기가 근무하고 있는 회사의 회계를 이런 무절제한 방법으로 하다가는 회사가 파산하고 만다는 것은 잘 알고 있다.

그런데 여기에서 고려할 것이 있다. 그것은 다름이 아니라, 당신의 금전관계는 당신의 비즈니스라는 것이다. 전적으로 당신이 어떻게 돈을 소비할 것인가 하는 것은 문자 그대로 당신의 비즈니스다.

경제적 번민을 경감하기 위해서는 다음의 법칙을 지키도록 하자.

1. 종이에 사실을 기재할 것.
2. 필요에 따라 그에 적합한 예산을 작성할 것.
3. 돈을 활용할 것.
4. 수입과 더불어 골칫거리를 증대시키지 말 것. 돈을 차용할 경우를 고려하여 신용을 얻어둘 것.
6. 질병이나 화재나 기타 불의의 재난에 대비하여 자기 자신을 지킬 것.
7. 자녀에게 돈에 대한 책임감을 가지도록 가르칠 것.
8. 주부는 적으나마 여분의 수입을 얻도록 노력할 것.
9. 결코 도박을 하지 말 것.

10. 경제 상태를 개선할 수 없을지라도 자기 자신에게 적합한 생활을 하여, 자신을 탓하고 학대하거나, 변화될 수 없는 일을 한탄하지 말 것.

PART 8.

나는 이렇게 번민을 극복했다

(실화 28편)

갑자기 밀어닥친 여섯 가지 큰 번민

— 블랙우드 칼리지 교수 C. I. 블랙우드

1943년 여름, 온 세상 번민의 절반이 내 어깨 위에 떨어지는 것 같 았다.

나이 40이 넘도록 나는 보통 사람이면 누구든지 겪는, 한 가정의 남 편으로서, 아버지로서, 혹은 사업가로서의 노고밖에는 알지 못한 채 단 란한 생활을 해 왔다. 그런데 이러한 노고라면 간단히 처리할 수가 있 었다. 그러나 어찌하랴! 갑작스레 여섯 가지의 큰 번민이 한꺼번에 몰 려왔으니 말이다. 나는 밤새도록 침대에서 뒹굴다가는 날이 밝는 것조 차 무서웠다. 그것도 그럴 것이, 여섯 가지의 번민에 직면했으니 더 말 할 것이 있겠는가.

1. 내가 경영하는 실업학교는 학생들이 차츰 출정(出征)하게 되어 경제적 위기에 직면하게 되었다. 더구나 대부분의 여학생들은 아 무런 훈련을 받지 않고도 군수공장에서 일을 하게 되면, 우리 학 교의 졸업생보다 더 많은 돈벌이를 할 수 있었던 것이다.

2. 내 장남은 군복무 중이었다. 그래서 나는 자식을 전쟁터에 보낸 부모들의 공통적인 걱정을 갖게 되었다.

3. 오클라호마 시는 방대한 토지를 비행장 기지로 수용할 것을 결정 했는데, 우리 집은 그 한복판에 자리 잡고 있었다. 그리고 나는

수용될 토지에 대해서는 시가의 **10**분의 **1**밖에 받지 못한다는 것을 알고 있었다. 더구나 곤란한 것은 우리 가족의 보금자리인 집을 잃게 될 판국이다. 가뜩이나 주택난이 심한 때에, 우리 가족 여섯 식구가 살 집을 구할 수 있을지가 의문이었다. 이러다가는 텐트에서 살게 될지도 모르며, 그 텐트조차 구할 수 있을지 걱정이었다.

4. 우리 집 안에 있는 우물은 집 근처에 배수로를 팠기 때문에 물이 말라 버렸다. 어차피 토지의 수용이 결정된 판에 새로 우물을 판다는 것은 **5**백 달러라는 돈을 버리게 되는 셈이었다. 그래서 나는 두 달 동안을 매일같이 물동이로 가축에게 먹일 물을 날라야만 했는데, 전쟁이 끝날 때까지 이 고역이 계속되지나 않을까 하여 걱정을 했다.

5. 나는 우리 학교에서 **10**마일이나 떨어진 곳에 살고 있었다. 그런데 내 가솔린 카드는 B급이었으므로 새 타이어는 살 수가 없었다. 그래서 만일 중고 포드 차의 낡은 타이어가 못쓰게 된다면 어떻게 학교에 출근할지가 걱정이었다.

6. 내 큰딸은 예정보다 **1**년이 빠르게 고등학교를 졸업했다. 그 애는 대학에 진학하고 싶어 했으나, 나로서는 그 학비를 댈 수가 없었다. 그러자니 나는 딸을 실망시키는 것이 참으로 가슴 아팠다.

어느 날 오후, 나는 사무실 의자에 앉아 여러 가지로 생각에 잠겨 번민을 하다가, 이러한 문제들을 전부 종이에 써 보기로 했다. 이 세상에 나보다 더 많은 걱정거리를 가진 사람은 하나도 없을 것 같은 기분이었기 때문이다. 나는 무엇이든 해결할 만한 문제라면 덤벼들 용기는 가지고 있었지만, 현재의 번민은 도저히 내 힘으로 감당할 수 없을 것 같이 여겨졌다. 그야말로 속수무책이었다.

그래서 나는 이 골치 아픈 번민의 일람표를 치워버리고는, 날이 지나고 달이 바뀜에 따라 그것을 잊어버리고 말았다. 그러고 나서 1년 반 후에 나는 우연히 그 표를 발견했지만, 나는 한때 건강까지 해치게 될 정도였던 그 번민거리의 일람표를 매우 흥미있게 읽었다. 그런데 이러한 번민은 하나도 현실화되지 않았던 것이다. 즉, 사건의 결말은 다음과 같이 맺어졌던 것이다.

1. 학교를 폐쇄해야 하지 않을까 하는 걱정은 불필요하게 되었다. 정부에서 퇴역군인의 재교육에 보조금을 내게 되고, 내가 경영하는 학교도 그들로써 충당되었기 때문이다.

2. 입대한 아들에 대한 걱정도 쓸데없는 것이었다. 그는 손가락 하나 다치지 않고 튼튼한 몸으로 돌아왔다.

3. 비행장을 만들기 위한 토지수용에 관한 번민도 소용없게 되었다. 왜냐하면 내 농장으로부터 1마일 이내의 지점에서 석유가 발견되어 땅값이 폭등했기 때문에 예산관계로 토지매수가 불가능하게 된 탓이다.

4. 가축에게 먹일 우물물에 대한 일도 걱정할 필요가 없게 되었다. 내가 비용을 들여서 새로 우물을 깊이 판 결과 좋은 물이 콸콸

솟아나게 되었기 때문이다.

5. 타이어에 대한 걱정도, 잘 보수하여 조심스럽게 운전함으로써 더 지탱할 수 있게 되었다.

6. 딸의 교육에 관한 걱정도 무용한 것이었다. 대학의 신학기가 시작 되기 두 달 전에, 예상 밖으로 학교 시간 외에 과외로 할 수 있는 회계검사의 일을 내가 맡게 되어 딸을 대학에 입학시킬 수 있게 되었다.

우리들이 번민하고 초조하게 마음을 쓰는 일의 99퍼센트는 결코 일 어나지 않을 것이라고 말한 사람이 많았으나, 지금부터 1년 반 전에 걱 정거리의 일람표를 작성할 때까지는, 그러한 말이 내 귀엔 마이동풍이 었다.

나는 이상의 여섯 가지 번민에 부닥쳐 공연히 애쓴 것을 이제 와서 는 감사하게 생각하고 있다. 그리고 이 경험은 나에게 잊을 수 없는 교 훈을 주었다. 그것은 나한테는 생기지 않을 일, 일어나지 않을지도 모 르는—그럼으로써 인력으로서는 어떻게 할 수도 없는 일에 대하여 걱 정만 한다는 것은 극히 어리석은 일이라는 것을 가르쳐 주었던 것이다.

기억하라. 오늘은 어제 당신이 번민하던 그 내일인 것이다. 스스로 물어보라. 지금 내가 번민하고 있는 일이 정말로 일어날지 어떨지는 아무도 모를 일이 아닌가?

역사책을 읽는다

— 저명한 경제학자 로저 W. 밥슨

나는 현상(現狀)에 대하여 스스로 우울한 생각을 가졌을 때라도, 한시간 이내에 그 번민을 풀어버리고 나 자신을 훌륭한 낙천가로 일변시킬 수가 있다.

그럼 여기서 나의 방법을 소개해 보기로 한다. 나는 내 서재로 가서 눈을 감고, 역사 부문의 서적만을 꽂아둔 서가 쪽으로 걸어간다. 그리고는 눈을 감은 채로 책 한 권을 뽑아 든다. 그것이 프레스코트의 《멕시코 정복》인지, 고대 로마의 역사가 가이우스 스에토니우스의 《12시저 전(傳)》인지는 알지 못한다. 그렇지만 여전히 눈을 감은 채로 무작정 책을 펼친다. 그런 다음에 눈을 뜨고는 한 시간 동안 그 책을 계속해서 읽는다.

나는 많이 읽으면 읽을수록 세계는 언제나 번민의 와중에 있으며, 문명은 항상 위기에 직면하고 있음을 통감하게 된다. 그리고 역사의 각 페이지는 전쟁·기아·빈곤·질병·동포에 대한 비인간성 등의 비참한 이야기로 채워져 있다.

나는 현재의 상태가 결코 좋지는 않으나, 과거에 비한다면 훨씬 나아져 있다는 것을 확실히 알게 된다. 그리고 이러한 사실에 의거해서 나는 전체로서의 세계가 조금씩 나아지고 있음을 알게 될 뿐더러, 나의 현재의 번민에 대해서도 대국적인 견지에서 검토할 수 있게 되었던 것이다.

   이 방법은 1장(章)을 차지할 만한 가치가 있다. 역사를 읽어라! 1만 년의 관점에 서서 사물을 판단하라.

   — 그런다면 당신의 번민 따위는 영원이라는 점에서 볼 땐 전혀 보잘것없는 것임을 알게 될 것이다.

나는 이렇게 열등감을 극복했다

— 오클라호마 주 상원의원 엘머 토머스

열다섯 살 때 나는 번민·공포·자아의식 과잉으로 줄곧 번민을 했다. 나는 나이에 비해 너무 키가 커서 울타리 장대처럼 몸이 가늘었다. 신장은 6피트 2인치였으나 체중은 불과 118파운드밖에 되지 않았다. 나는 이렇듯 키다리였지만 워낙 허약해서 야구나 뜀박질에서는 다른 소년들한테 지기만 했다. 그래서 모두가 나를 바보취급을 했으며, 「도끼 대가리」라는 별명을 붙이기도 했다.

나는 오뇌와 자아의식 과잉으로 사람을 만나는 것이 싫었을 뿐더러, 더구나 만날 사람도 별로 없었다. 왜냐하면 우리 농장은 거리에서 떨어져 있었으므로 옛날부터 도끼 맛을 못 본 원시림에 둘러싸여 있었기 때문이었다. 그리고 우리 집은 도로에서 반마일 가량이나 들어간 곳에 있었기에, 양친을 비롯한 집안 식구들 이외에는 한 주일씩이나 외부인과 접촉이 없던 때도 있었다.

그런데 만일 내가 이러한 번민이라든가 공포에 휘말리고 말았다면 나는 인생의 낙오자가 되었을 것이다.

나는 밤낮 자신이 키다리이면서도 몸이 약한 것을 번민하고 있었다. 그리고 언제나 그 일에만 마음이 쓰였다. 어쨌든 나의 고통과 공포는 필설로 다할 수 없을 만큼 격심한 것이었는데, 우리 어머니는 전에 선생이었기 때문에 내 기분을 잘 알고 계셨다. 그래서 가끔 이런 말씀을 들려주었다.

"얘야, 너는 공부를 해야 돼. 네 몸은 평생 핸디캡일 테니까, 너는 두뇌로 생계를 세워야 한단다."

나의 부모님께서는 나를 대학에 보낼 만한 재력이 없었기 때문에 나는 스스로 길을 개척해야만 될 것을 알고 있었다. 그래서 나는 한겨울 동안에 주머니쥐, 족제비, 밍크, 너구리 등을 덫으로 잡아서 봄에 그 모피를 4달러에 팔아 그 돈으로 새끼돼지 두 마리를 샀다. 나는 그 돼지를 키워서 이듬해 가을에는 40달러에 팔았다. 그리하여 나는 그 돈으로 인디애나 주 단빌에 있는 중앙 사범학교에 입학할 수가 있었다. 나는 매주 1달러 40센트를 식비에, 50센트를 방세로 지불하였다.

나는 어머니가 만들어준 갈색 셔츠를 입고 있었다. 어머니는 될 수 있는 대로 옷의 때가 보이지 않도록 갈색의 옷감을 고르신 것이다. 나는 아버지의 헌 옷을 입었다. 그것은 몸에 맞지 않았고, 오래 신어 온 낡은 반 고무장화도 맞지 않았다. 그 신은 옆이 신축이 있었으나, 고무가 많아서 잘 신축되지 않았기 때문에 걸을 때마다 벗겨질 것 같았다. 나는 다른 학생들과 어울리는 것이 창피해서 내 방에 틀어박혀 공부만 했다. 그 당시의 내게 있어서 최대의 희망은, 내 몸에 잘 맞고 다른 사람에게 부끄럽지 않은 옷을 사 입을 수 있게 되는 것이었다.

그런데 얼마 후에 나의 번민과 열등감을 극복할 수 있는 네 가지 일이 일어났다. 그 중의 한 가지는 내게 용기와 희망과 자신감을 지닐 수 있게 하였고, 내 일생을 일변케 하였다. 그 일들을 간단히 이야기하면 다음과 같다.

　첫째, 이 사범학교에 입학한 지 불과 8주 후, 나는 시험을 쳐서 시골의 초등학교에서 가르칠 수 있는 3학년 수료증명서를 받았다. 이 증명서는 6개월이라는 기한부의 것이었으나, 이것은 지금까지 어머니 외에는 아무도 인정해 주지 않던 나라는 인간을 다른 누가 인정해 주었다는 증거가 되었다.

　둘째, 해피 할로우라는 곳의 교육위원회가 일급 2달러 또는 월급 40달러로 나를 채용해 주었다. 이 일도 어떤 다른 사람이 나를 인정해준다는 증거였다.

　셋째, 나는 최초의 봉급을 받자 곧 남에게 부끄럽지 않은 기성복을 샀다. 지금 누가 나에게 백만 달러를 주었다 한들, 불과 몇 달러의 기성복을 샀을 그 때의 절반도 나를 기쁘게 하지는 못할 것이다.

　넷째, 나의 일생에 있어서의 획기적인 분기점인, 곤란과 열등감과의 투쟁에서 거둔 최초의 큰 승리는, 인디애나 주 베인브리지에서 매년 개최되는 퍼트넘 군(郡) 공진회(共進會)에서 일어났다. 어머니는 내게 거기서 개최되는 연설 콘테스트에 나가 보라고 권고하셨다. 내게 있어서 그러한 생각은 어림도 없는 것으로 여겨졌다. 나는 공중 앞에서는커녕 한 사람을 대하고도 말을 하지 못하고 어물어물하기가 일쑤였다.

　그러나 어머니의 나에 대한 신뢰는 가슴 아프게 느껴지리만큼 대단했다. 어머니는 내 장래에 대해서 커다란 꿈을 그리고 있었다. 나는 어머니의 신뢰에 고무되어 마지못해 그 콘테스트에 출전했다.

　나는 무모하게도 「미국의 학예(學藝)에 대해서」라는 연제를 택했다. 정직하게 말하거니와, 나는 이 연설의 준비에 착수했을 때, 학예란 무엇인지조차도 알지 못하고 있었는데, 그러나 그것은 문제가 아니었다. 청중도 모르고 있었기에 말이다.

나는 그럴 듯한 미사여구를 엮어 맞추어서 연설의 초고를 만들었다. 그리고는 나무나, 소, 말을 상대로 해서 몇 십 번이고 연습을 했다.

나는 다만 어머니를 기쁘게 하려는 일념으로 열심히 지껄여댔다. 그러자니 어찌어찌 1등상을 탔다. 이에는 어안이 벙벙할 수밖에.

청중들 사이에서는 일제히 박수가 터져나왔다. 한때는 나를 얕보고 비웃으며, 내 얼굴이 여위고 뾰족하다고 해서 「뾰동이」라는 별명으로 나를 부르던 친구들마저 내 어깨를 두드리며 말하는 것이었다.

"엘머, 우린 알고 있었어, 너 같으면 할 수 있으리라고."

어머니는 나를 껴안고 기쁨의 눈물을 흐느끼고 있었다. 지금 내가 그 옛날을 돌이켜 보건대, 그 연설의 콘테스트에 입상한 것이 내 일생의 분기점이 되었다는 것을 알 수가 있다.

지방신문은 나에 관한 기사를 제1면에 게재했는데, 거기에는 나의 미래는 크게 기대할 만한 바가 있다는 둥 씌어 있었다. 어쨌든 이 1등상 덕택에 나는 일약 유명인사가 되었거니와, 무엇보다도 중요한 것은 내 자신을 백 배 앙양케 한 사실이었다. 만일 그 때 콘테스트에서 입상하지 않았던들, 나는 아마도 합중국의 상원의원이 되지는 못했을 것이다. 왜냐하면 그 때의 입상에 의하여 나의 시야는 넓어지고, 지금까지 꿈결에도 생각하지 못한 잠재 능력이 있다는 것을 내 자신이 알아차렸기에 말이다. 하지만 그 당시에 있어서 무엇보다도 고마운 것은 연설회의 1등상이 중앙 사범학교의 1년 치 장학금이었다는 사실이었다.

나는 그로부터 더욱 높은 교육을 갈망하기에 이르렀다. 나는 그래서 다음 2, 3년의 내 시간을, 가르치는 시간과 배우는 시간의 두 가지로 갈랐다. 드 파우 대학교의 학비를 벌기 위해서 나는 웨이터 노릇을 하거나 불을 때주거나, 잔디를 깎아 주거나 장부의 계산을 맡아 하거나 하였다. 여름이 되면 밭일을 하는 등 도로공사의 인부노릇도 하며 자갈을 나른 일도 있었다.

1896년 대통령 선거가 시행되었을 때 나는 아직 열아홉 살이었는데, 나는 윌리엄 제닝스 브라이언을 위해서 스물여덟 번이나 지원연설을 했다. 이 브라이언을 응원한 흥분적인 연설이 계기가 되어, 나는 나 자신이 정계에 투신하고자 결심했다. 그러기에 드 파우 대학에 들어갔을 때 나는 법률과 변론술을 배우기로 하였다. 1899년 나는 버틀러 대학과의 토론회에 우리 대학의 대표로 출석하여, 「합중국 상원은 국민투표에 응하라」라는 의제를 들고 토론에 참가했다. 나는 또한 다른 콘테스트에도 입상하여, 1900년의 대학연보 《더 미라지》 및 대학신문 《더 팔라디온(Palladium)》지의 주필로 피선되기도 하였다.

드 파우 대학에서 문학사(文學士)의 학위를 획득한 뒤, 나는 호레이스 그릴리의 충언에 따라 서남부로 갔다. 신천지 오클라호마로 간 것이다. 키오와, 코만치, 아파치 등 인디언을 위한 보호구역이 개설되었을 때, 나는 자작농지법에 의한 권리를 주장하며 오클라호마 주 로우턴에 법률사무소를 개업했다.

나는 오클라호마 주 상원의원으로 13년간, 합중국 하원의원으로 4년간을 근무한 뒤 63세가 되던 해, 마침내 나의 숙원이던 합중국 상원

의원으로 오클라호마 주에서 선출되어 1927년 이래 계속 재직 중에 있
다.

　이상의 이야기는 나의 성공에 관한 자랑을 위해서 한 것이 아니다.
그것은 누구에게나 그리 흥미는 없을 게다. 나는 그 옛날의 나—아버지
의 낡은 옷을 입고, 낡은 신을 신고 있었던 내가 괴로워하던 것과 같은,
번민이니, 겁 많은 소심(小心)이니, 열등감 때문에 번민하고 있는 가엾
은 소년들 마음에 용기와 자신감을 불러일으키게 하고 싶다는 바람에
서 이야기했을 뿐이다.

> *저자 주 : 청년 시절 몸에 맞지 않는 아버지의 낡은 옷을 부끄러워
> 　　하던 엘머 토머스 상원의원은 현재 상원에서 가장 패션
> 　　감각이 뛰어난 사람으로 투표에 의하여 선출되었다는
> 　　것은 지극히 흥미로운 일이다.

사막의 열풍 속에서 깨달은 것

— 옥스퍼드 보드리언 도서관 창설자 알 V. C. 보들레이

1918년, 나는 이 세상을 등지고 북서 아프리카로 가서 알라의 낙원인 사하라 사막에서 아라비아 사람과 같이 7년 동안을 살았다. 나는 유목민의 언어를 배우고, 그들과 똑같은 의복을 걸치고, 그들과 같은 음식을 먹으며, 그들의 생활양식을 따랐다.

그들의 생활양식이란, 근 2천 년 동안을 고수해 온 것이었다. 나는 양치는 목자가 되어 아라비아인의 천막에서 기거했다. 나는 또 그들의 종교를 상세하게 연구한 끝에, 뒤에 《신의 사자(使者) 마호메트 전》을 집필하기도 했다.

그런데 이들 유랑의 목자들과 함께 지낸 7년 동안은 내 일생 중에서도 가장 평화롭고 만족감을 준 기간이었다.

나는 그간에도 변화무쌍한 갖가지 경력을 가지고 살아 왔다. 나의 부모님은 영국인으로 파리에서 태어났고, 프랑스에서 9년간을 살았다. 그 후 명문 이튼 고등학교를 거쳐 샌드허스트의 육군사관학교에 진학했다. 그리고는 영국의 육군 장교로서 인도에서 6년간을 지냈다. 여기서 나는 군무의 여가에 폴로도 치고 사냥도 하며 히말라야 탐험도 할 수 있었다.

나는 제1차 대전에 종군하여 종전 직후에는 강화사절단 전속 부관으로서 파리에 파견되었다. 그런데 나는 여기서 전후의 사태에 대하여 실

망과 쇼크를 받았다. 그것도 그럴 것이, 서부전선에서의 피비린내 나는 사투의 4년 동안, 나는 이 전쟁이 문명을 구하고자 싸우는 것으로 믿어 왔다. 그런데 파리강화회의에 와 보니, 이기적인 정치가들이 제2차 대전의 씨를 뿌리고 있음을 목격했던 것이다.

각국은 제가끔 자국의 이익을 위하여 되도록 많은 것을 탈취하려 들며, 국가적 적대감을 양성하고 비밀외교의 음모를 부활하고자 했다.

나는 여태껏 전쟁과 군대와 사회에 있는 정성을 다 바쳐 왔다. 그 때문에 난생 처음으로 나는 이제 앞으로 어떻게 살아갈지를 번민한 나머지 잠 못 이루는 밤이 많아졌다. 이 무렵 제1차 세계대전 중 전시내각을 이끌었고 베르사유조약을 성사시킨 데이비드 로이드 조지는 나에게 정계에 투신할 것을 권했다.

내가 그의 충고를 받고 망설이고 있을 때, 뜻하지 않은 사건이 일어났다. 이것이야말로 향후 7년간의 내 운명을 결정지어 준 것이었다. 그 것은, 제1차 대전이 낳은 가장 다채롭고 로맨틱한 인물로 알려진 《아라비아의 로렌스》로 유명한 토머스 로렌스와의 겨우 5분 남짓한 대화에서 비롯한 것이다. 그는 아라비아인과 함께 사막에서 지내고 있었는데, 나에게도 그 생활을 권고한 것이다. 생각하면 참으로 기상천외한 일이다.

그러나 나는 이미 군대를 떠날 결심을 한 터라 무엇이든 직업이 필요했다. 그런데 민간 사업가들은 나 같은 군인 출신을 경원했다. 노동시장에는 실업자들로 득시글거리니 그럴 수밖에 없는 노릇이다. 그래서 나는 로렌스의 권고에 따라 아라비아인과 함께 지내보기로 하고 떠났지만, 오히려 그렇게 결정한 것을 다행으로 생각한다. 이것이 인연이 되어, 그네들 아라비아인은 번민을 극복하는 법을 나에게 가르쳐 주었다.

모든 경건한 회교도가 그렇듯이 그들은 숙명론자였다. 그들은 마호메트가 《코란(Koran)》에 기록한 모든 말씀을 알라 신의 신성한 계시인 것으로 믿고 있었다. 그러므로 《코란》, 「신은 너와 너의 행동의 모두를 창조하였느니라.」라고 있으면, 그들은 문자 그대로 그것을 받아들였다. 그들의 생활이 아무리 평화롭든, 아니면 다급해지든, 또 만사가 여의치 않을 때도, 불편부당한 짜증을 느끼지 않는 이유는 바로 여기에 있다.

당초에 명령된 것은 어쩔 수 없는 것이며, 신 이외에는 아무도 그것을 바꿀 수 없다는 것을 그들은 알고 있다. 그렇다고 불행에 직면했을 때 수수방관하는 것은 결코 아니다. 이제 그것을 설명하기 위하여 내가 사하라 사막에 있을 때 경험했던 맹렬한 사막의 열풍(熱風)에 대한 이야기를 하기로 한다.

열풍은 꼬박 사흘 동안 지독히 불어 닥쳤다. 어찌나 그 위력이 강렬한지, 사하라 사막의 모래먼지가 멀리 지중해를 거쳐 수백 마일 저쪽 프랑스의 론 강 유역을 하얗게 덮을 지경이었다. 더구나 바람은 열기가 대단했다. 나는 머리털이 타 벗겨지는 줄로만 알았다. 목은 타는 듯하고, 눈알이 이글거리며, 입 속에는 모래가 가득 찼다. 마치 유리공장의 용광로 앞에 선 느낌이었다. 나는 이제 조금만 더하면 정신을 잃을 지경이었다. 그러나 아라비아인은 불평 한 마디 하지 않았다. 그들은 어깨를 으쓱하며, "멕도우브!……"라고 말하는 것이었다. 맥도우브란 「그것은 이미 전조가 있었다」는 뜻이다.

그러나 열풍이 멎자, 그들은 바로 활동을 개시했다. 우선 새끼 양들을 전부 죽였다. 그것들은 어차피 죽을 것임을 알기 때문이다. 이렇듯 즉시 새끼 양을 죽임으로써 어미 양을 구하자는 것이다. 새끼 양을 없애고 난 그들은 어미 양떼만을 몰고 남쪽지방의 양지바른 물가를 찾아가는 것이었다. 그들은 자기네가 입은 피해를 후회함도 없이 아무런 불평도 걱정도 없다는 듯이 조용히 이것을 실행했다. 아라비아인의 한 족장은 이렇게 말한다.

"언짢을 것도 없지요. 전부를 잃었을지 누가 압니까. 그러나 알라 신의 덕분에 40퍼센트의 양이 남아 있으니, 다시 시작할 수 있습니다."

한번은 또 이런 일이 있었다. 우리가 자동차로 사하라 사막을 횡단하던 중 타이어 하나가 펑크가 났다. 그런데 운전기사는 여분의 타이어로 교체하려 들지를 않았다. 그래서 우리는 세 개의 바퀴로 터덜거리는 차를 타게 되었다. 나는 머리끝까지 화가 나서 아라비아인에게, 대체 어쩔 셈이냐고 물었다. 그러자 그는 흥분한댔자 별수 없으며, 더욱 뜨거워만 질 뿐 펑크 난 타이어는 알라 신의 뜻이니까 하는 수 없다는 것이었다. 우리는 단념한 나머지 타이어의 세 개의 바퀴만으로 전진할 수밖에 없었다. 그런데 이번에는 또 차가 움직이지 않게 되었다. 가솔린이 떨어진 것이다. 족장은 "맥도우브!"라고만 말할 뿐이었다. 이때일동은 가솔린을 충분히 넣어오지 않은 운전기사를 나무라지 않고 조용히 있었다. 별 도리가 없었다. 우리는 노래를 부르며 목적지까지 걸어갔다.

나는 아라비아인과 함께 7년간을 지냄으로써, 신경증 환자, 미치광이, 주정꾼들은 우리네가 문명이라고 부르는 세계에 있어서의 성급하고도 긴박한 생활의 산물이라는 확신을 얻었다.

사하라 사막에 사는 동안 나에게는 아무런 번민도 없었다. 그곳 알라의 낙원에는, 우리네 모두가 거의 필사적으로 찾고 있는 평정한 만족과 육체적 행복이 있었던 것이다.

많은 사람들은 숙명론을 경멸한다. 그들이 옳은지는 모르나, 그것은 그들 자신도 모르고 있다. 그러나 우리의 일생이 가끔 운(運)에 따라 결정되어진다는 사실은 아무도 부정하지는 못할 것이다. 가령, 내가 1919년 무더운 8월의 어느 날 오후, 아라비아의 로렌스에게 말을 건네지 않았다면, 그 후의 나의 생활은 전연 방향이 달라졌을 것이다.

자신의 생애를 돌이켜볼 때, 내 힘으로는 어찌할 수 없을 듯한 사건으로 말미암아 많은 것이 이루어졌음을 알게 된다. 아라비아인은 그것을 맥도우브, 또는 기스메트라고 부른다. 알라의 부르심이란 뜻이다. 그 명칭이야 여러분의 자의에 맡기지만, 어쨌든 인간에 대해서 불가사의한 영향을 주는 것이다. 나는 사하라를 떠난 지 17년이 되는 오늘 겨우 그것을 깨닫게 되었다.

그리하여 나는 아라비아 사람에게 배운 학문에 대한 행복한 인종(忍從)을 가지게 되었다. 이 철학은 수많은 신경안정제보다도 나의 신경을 진정시키는 데 도움을 주었다.

우리는 회교도는 아니다. 숙명론자가 될 생각도 없다. 그러나 맹렬한 열풍이 우리의 생활에 내습했을 때, 우리가 그것을 저지할 수 없다면 불가피를 받아들일 수밖에 없다. 그러고 나서 열풍이 통과한 뒤 활동을 시작하여 남은 것을 주워 모을 일이다.

내가 번민을 극복한 다섯 가지 방법

— 윌리엄 라이언 펠프스

— 나는 예일 대학의 빌리 펠프스 교수가 작고하기 얼마 전, 그와 함께 오후의 한때를 보내는 영광을 가졌다. 다음은 그 때 그와의 대화를 노트한 것이다.
—데일 카네기

1. 내가 스물세 살 되던 해, 갑자기 두 눈이 나빠졌다. 3, 4분 독서를 하고 나면 눈은 바늘에 찔린 것 같았다. 그리고 책을 읽지 않을 때도 몹시 과민해져서 창가를 바라볼 수 없을 지경이었다. 뉴헤븐이나 뉴욕의 유명한 안과 전문의의 진찰도 받았지만 아무런 효험이 없었다.

오후 네 시가 지나면, 나는 방안에서 제일 어두운 구석 의자에 앉아 잠잘 시간이 오기를 기다릴 뿐이었다. 나는 이 생활이 무서워졌다. 그런 나머지 교직을 버리고 서부로 들어가 나무꾼이라도 돼야 하지 않을까 걱정을 했다. 그럴 즈음, 육체적 고통에 대한 정신의 이상한 영향을 예시하는 기묘한 일이 있었다. 나의 두 눈이 최악의 상태에 있던 그 불행한 겨울, 나는 대학 졸업생의 일단을 앞에 놓고 강연을 하게 되었다. 강당은 천정에 매달린 가스등의 불빛으로 휘황하게 밝았다. 그 빛이 어찌나 강한지 단상의 나는 잠시 마룻바닥만 보고 있었다. 그러나 30분 동안의 강연 중

나는 조금도 눈의 고통을 느끼지 않았고, 오히려 또렷이 그 빛을 응시할 수가 있었다. 그런데 강연이 끝나자, 눈은 또다시 아프기 시작했다.

그래서 나는 무엇에든 정신을 강하게 집중시킨다면, 30분이 아니라 한 주일만 그렇게 한다면 내 눈은 나을 것이라고 생각했다. 이것은 곧 육체적 질환에 대한 정신적 앙양의 승리의 일례였던 것이다.

나는 훗날 대서양을 배로 횡단하던 중에도 같은 경험을 했다. 그 때는 심한 요통 때문에 보행이 곤란해지고 말았다. 똑바로 서자면 심한 고통을 느꼈다. 이런 지경에서 선객들에게 무슨 이야기를 들려 달라는 요청을 받았다. 그래도 하는 수 없이 이야기를 시작하자, 당장 아픔과 경직이 몸에서 씻은 듯 사라졌다. 나는 똑바로 서서 연단을 이리저리 거닐며 한 시간 동안이나 강연을 했다. 그리고 강연이 끝나자 성큼성큼 내 방으로 돌아갈 수가 있었다. 그 순간 나는 완쾌된 것으로 생각했다. 그러나 그것은 일시적이며 다시 요통이 시작되는 것이었다.

이러한 경험은, 인간의 정신적 태도가 얼마나 중대한지를 나에게 보여준 것이다. 그것이 가능한 동안에 되도록 인생을 즐기는 것이 귀중함을 나에게 가르쳐 준 것이다. 그러므로 나는 오늘이라는 하루가 인생의 제1이며, 최후의 하루라는 듯이 매일을 생활하고 있다. 나는 인생의 나날의 사건에 흥미를 기울인다. 누구든지 흥분 상태에 있는 사람은 분별없는 번민으로 자신을 괴롭히지는 않을 것이다.

나는 교사로서의 나날의 일과를 사랑하고 있다. 나는 《가르치는 일의 기쁨》이란 책을 썼다. 남을 가르친다는 것은, 나에게 있어서 언제나 예술이나 직업 이상의 것이었다. 그것은 정열적인 것이다. 화가가 그림 그리는 일을 사랑하고, 가수가 노래 부르기를 사랑하듯이 나는 가르치는 일을 사랑한다. 아침에 침대에서 일어나기 전에 나는 언제나 넘치는 기쁨으로써 학생들에 관한 것을 생각한다. 그러므로 인생에 있어서의 성공의 큰 원인은 정열임을 믿어 의심치 않는다.

2. 나는 흥미 있는 책을 읽음으로써 마음의 번뇌를 몰아낼 수가 있다는 것을 알았다. 내 나이 59세 때, 이번에는 만성 신경쇠약에 걸렸다. 이 병을 앓는 동안, 나는 데이비드 알렉 윌슨의 명저 《칼라일 전》을 독파했다. 이것은 병을 회복시키는 데 큰 도움이 되었다. 나는 독서에 전념한 나머지 신병의 고통을 잊었으니 말이다.

3. 한번은 지독한 쐐기벌레에 물린 적이 있었지만, 그 때는 하루 종일 몸을 활동하도록 노력했다. 나는 매일 아침 5, 6세트 정도 테니스를 치고는 목욕을 하며, 점심 후에도 매일 18홀의 골프를 쳤다. 금요일 밤에는 자정이 넘은 한 시 경까지 댄스를 했다. 이렇듯 나는 크게 땀 흘리는 주의에 찬성한다. 많은 땀을 흘리며 열중하면 고통이나 번민도 밖으로 나가 버리고 만다.

4. 나는 상당히 오래 전부터 막연한 초조라든가, 긴장상태에서 일하는 어리석음을 피하는 법을 배웠다. 나는 언제나 윌버 크로스의

철학을 응용하고 있다. 그가 코네티컷 주 지사였을 때 내게 이런 말을 했다.

"나는 꼭 해야만 될 일이 일시에 밀어닥칠 때는 의자에 푹 주저앉아 한 시간 동안 파이프를 입에 물고 아무 일도 않는다."

5. 나는 또 인내와 시간이 우리의 번민을 해결해 준다는 것을 알았다. 가령 어떤 일로 번민하게 될 때, 나는 그것을 넓은 시야에서 관찰하고, 이렇듯 자신에게 타이른다.

"두 달만 지나면 이 번민도 해결되어 있을 것이다. 그렇다면 왜 지금 그것을 걱정하는가. 2개월 후에 가질 태도를 지금 갖는다고 나쁠 것은 없지 않은가."

이상을 요약하면, 펠프스 교수가 번민을 극복한 방법은 다음의 다섯 가지다.

1. 환희와 정열을 가지고 생활한다. "나는 그날그날을 인생의 최초의 하루, 최후의 하루처럼 생활한다."

2. 흥미 있는 책을 읽는다. "만성 신경쇠약에 걸렸을 때 《칼라일 전》을 독파함으로써 병의 고통을 잊을 수가 있었다."

3. 운동을 한다. "독한 쐐기벌레에 물렸을 때, 하루 종일 몸을 움직이도록 노력했다."

4. 일은 하면서도 완전한 태도를 취한다. "막연한 초조감이라든지, 긴장상태에서 일한다는 어리석음을 깨달았다."

5. 넓은 시야에서 번민을 관찰한다. "두 달만 지나면 이 번민도 해결

되어 있을 것이다. 그렇다면 왜 지금 그것을 걱정하는가. 2개월 후
에 가질 태도를 지금 갖는다고 나쁠 것은 없지 않은가."

나는 어제 섰듯이 오늘도 설 수 있다

— 도로시 딕스

나는 빈곤과 질병의 시궁창을 걸어왔다. 그런 내가 어떻게 이 번민을 극복했느냐고 묻는다면, 다음과 같이 대답할 것이다. "나는 어제 섰듯이 오늘도 설 수 있다. 내일 무슨 일이 일어날까, 그런 것은 아예 주저치 않을 작정이다."

나는 가난과 고투, 불안과 실망을 맛보아 왔다. 그러므로 자신의 역량 이상으로 일하지 않으면 안 되었다. 나의 인생을 돌이켜볼 때, 그것은 죽은 꿈, 깨진 희망, 부서진 환영(幻影)의 잔해가 어지럽게 흩어진 싸움터였음을 알게 된다. 나는 언제나 불리한 상태에서 싸우고, 상처투성이의 피를 흘리며 나이답지 않게 조로(早老)했다.

그러나 나는 조금도 자신을 불쌍히 여기지 않는다. 이미 지나간 슬픔을 한탄하지도 않으며, 나 같은 고생을 겪어 보지 않은 부인들을 부러워할 생각도 없다. 그네들은 다만 살아 있을 뿐이지만, 나는 충실한 생활을 해 왔기 때문이다. 나는 생활이라는 잔을 밑바닥 찌꺼기까지 마셨지만, 그네들은 그 평면의 거품만을 핥았을 뿐이다. 또 나는 그 사람들이 알 수 없는 것까지 알고 있으며, 그들에게는 보이지 않는 것도 보아 왔다. 그 눈을 눈물로써 닦아 맑아진 부인들만이 넓은 시야를 가지며 온 세상 사람들의 동포 자매가 될 수 있다.

나는 안일한 생활을 보내는 부인들로서는 결코 체득할 수 없는 철학을 배웠다.

우리들을 겁쟁이로 만드는 것은 어두운 협박의 영상이다. 그러므로 나는 그 공포를 몰아낸다. 왜냐하면, 지난 경험에 의하건대 그렇듯 두려워지는 때가 오게 되면, 이를 대처하기에 필요한 힘과 지혜가 반드시 내게 주어진다는 것을 알고 있었기 때문이다. 그래서 사소한 번민은 내게 영향을 미칠 만한 힘을 갖지 못한다. 이른바 행복이라는 대 건축물이 온통 무너져버린 것을 목격한 뒤에는, 사환이 손 씻을 핑거보울 밑에 수건을 빼놓았거나 쿡이 수프를 엎질렀기로서니 무슨 문제가 될 것인가.

나는 타인에 대해서 많은 기대를 하지 않기 때문에, 그다지 신뢰가 가지 않는 친구라든지 입이 거친 사람들과도 제법 사이좋게 사귈 수 있다. 그뿐 아니라, 나는 또 유머를 잊지 않으려고 한다. 왜냐하면 세상사의 대부분은 울어도 별수 없고 웃어도 신통치 않다는 것을 알았기 때문이다. 히스테리가 되기보다는, 자신의 수고에 대하여 조크를 던질 수 있는 부인이라면 두 번 다시 번민하지는 않을 것이다. 나는 자신이 겪은 곤경을 후회하지 않는다. 왜냐하면 그것을 통하여 인생의 구석구석까지 맛보았기 때문이다. 그러므로 곤경은 내가 치른 만큼의 가치는 충분한 것이다.

도로시 딕스는 「오늘에 산다」 는 것으로써 번민을 극복했다.

나는 내일 아침까지 살아 있을 것 같지 않았다

— 1902년 4월 14일, 한 청년은 와이오밍 주 켄멜러에서 현금 4백 달러를 자본으로 하여, 장차는 백만 달러를 쥐어 볼 결심으로 양복점을 개업했다. 그곳은 인구 1천의 광산촌이었다. 그의 내외는 점포의 다락방에서 기거하며, 빈 궤짝을 테이블삼아 작은 상자는 의자 대용으로 사용했다. 젊은 아내는 갓난애를 모포에 싸서 카운터의 발치에 뉘어 두고 남편의 손님 응접을 거들었다. 그런데 오늘날 전국에 1,600개의 지점을 가진 세계 최대의 의류 체인스토어의 이름이 바로 〈제이 C. 페니〉인 것이다. 나는 최근에 그와 식사할 기회가 있었는데, 다음은 그때 들은 그의 생애의 극적인 대목이다. —

오래 전의 일이지만, 나는 참으로 쓰라린 경험을 했다. 나는 몹시 번민한 나머지 매사에 절망적이었다. 그런데 내 번민은 제이 C. 페니 회사와는 전연 상관이 없는 것이었다. 회사는 그런 대로 기초가 잡혀 번영하고 있었지만, 나 개인은 1929년의 대공황 직전에 심히 어리석은 거래 계약을 맺었던 것이다. 그래서 나는 다른 허다한 사람과 마찬가지로 내 책임이 아닌 경제 정세의 책임을 지게 되었다.

나는 오뇌의 극에 이르러 불면증에 걸렸고, 대상포진인가 하는 고통이 심한 피부병을 앓게 되었다. 그래서 고교시절 친구 엘머 이글스턴 박사의 진찰을 받았다. 이글스턴 박사는 나를 진찰해 보고 나서는, 여간한 중병이 아니라고 경고하는 것이었다. 여기서, 신병에 대한 엄중한 조처가 있었지만 아무런 효과도 없었다.

나는 나날이 쇠약해질 뿐, 정신적으로나 육체적으로나 큰 타격을 받아 거의 의기저상한 지경에 이르러 아무런 희망도 없게 되었다. 이미 내게는 산다는 목적이 없어진 것이다.

나는 친구도 하나 없으며, 가족들까지도 나를 포기하는 것으로 느껴졌다. 그러던 어느 날 밤, 이글스턴 박사는 내게 신경안정제를 먹였다. 그러나 나는 금세 눈을 뜨고, 이것이 자신의 최후의 밤이라고 생각했다. 나는 침대에서 일어나 사랑하는 아내와 자식들에게 작별의 펜을 들어, 밝아오는 내일아침을 볼 수 없을 것이라고 썼다.

그런데 다음날 아침 눈을 떴을 때 나는 자신이 아직도 살아 있는 것을 알고 놀라웠다. 아래층으로 계단을 내려갔을 때, 나는 매일 아침 예배를 드리고 있는 이웃 작은 교회의 찬송소리를 들었다.

나는 지금도 그때 들은 「너 근심 걱정 말아라. 주 너를 지키리」라는 찬송가를 똑똑히 기억한다. 나는 발길이 인도하는 대로 그 교회로 들어가 거룩한 마음으로 찬송가와 성경소리를 듣고 있었다. 그런데 여기서 갑자기 어떤 변화가 일어난 것이다.

나는 그것을 설명할 수 없다. 확실히 기적이라고 할 밖에 없다. 나는 불시에 암흑의 토굴로부터 따뜻하고 밝은 양지 밭으로 인양된 느낌이 들었다. 흡사 지옥에서 천국으로 옮겨간 듯했다. 나는 난생 처음으로 신의 힘을 느낀 것이다.

나는 그 때 자신의 번민에 대한 책임은 오로지 나 자신에게만 있다는 것을 알았다. 하나님의 사랑의 손길이 내게 펼쳐져 있음을 지각한 것이다. 그로부터 오늘까지 나는 번민에서 해방되었다. 내 나이 지금 일흔한 살이다. 그 아침 그 교회에서 보낸 20분은 나의 생애에서 가장 찬란한 극적인 순간이었다.

제이 C. 페니는 일순간에 번민을 깨쳐 이기는 방법을 깨달았다. 그것은 유일하고 완전한 치료법을 그가 발견한 때문이다.

몸을 지치게 함으로써 번민을 해소한다

— 변호사, 전 올림픽 웰터급 권투 금메달리스트, 육군대령 에디 이건

나는 무슨 일로 번민을 하게 되어 머릿속이 이집트의 물방아를 돌리는 낙타처럼 빙글빙글 돌게 되면, 전신을 녹초가 될 정도로 지치게 함으로써 번민을 쫓아버리고 있다. 조깅도 좋고, 야외로 하이킹을 나서거나, 혹은 체육관에 가서 샌드백에 펀치를 먹이는 것도 좋고, 테니스도 무방할 것이다. 무엇이든 운동이 나의 정신적 번민을 처치해 준다.

나는 주말이면 실컷 운동을 한다. 골프장을 뛰어다니고, 테니스를 하거나, 아디롱덕스에 가서 스키를 즐기는 때도 있다. 어쨌든 육체를 피로케 함으로써 내 마음은 법률문제를 떠나 휴식을 얻게 된다. 그리고 재차 법률문제에 신경을 쓰게 될 때는 새로운 열과 힘이 주어진다.

뉴욕에서 일하고 있을 때도 가끔 나는 예일 클럽 체육관에서 한 시간가량 보내는 때가 있다. 테니스를 하거나 스키를 타는 동안은 누구든지 번민을 할 수가 없다. 바쁘다 보니까 그럴 여유가 없는 것이다. 커다란 정신적 번민의 태산도 홀연히 작은 두더지 집으로 화하며 새로운 생각과 행동이 형편을 바로 유지해 주게 된다.

그러므로 번민에 대한 가장 좋은 해독제는 운동이다. 번민이 있을 때는 되도록 두뇌를 쓸 것이 아니라 근육을 움직일 일이다. 그러면 그 효과에 놀랄 것임에 틀림없다. 나의 경우에 비추어 실로 보람찬 나날이 되고 있다. 운동을 시작하면 번민이란 놈은 대번에 달아나 버리고 만다.

나의 소중한 이 한 구절

— 뉴브런즈윅 신학교 교장 조셉 딘 사이즈 박사

여러 해 전, 회의와 환멸의 시대에 나의 일생은 자신으로서는 어쩔 수 없는 어떤 힘에 의해서 조종되어지는 것으로 생각했다. 그러던 어느 아침 우연히 나는 신약성경을 펼치고 다음 구절을 읽었다.

「나를 보내신 이가 나와 함께 하시도다. 나는 항상 그가 기뻐하시는 일을 행하므로 나를 혼자 두지 아니하셨느니라.」 (요한복음 8장 29절)

그때 이래로 나의 인생은 일변했다. 나에게 있어서 세상만사가 영구히 달라진 것이다. 나는 하루라도 이 구절을 되뇌지 않는 날이 없었다. 최근 여러 해 동안에 많은 사람들이 나의 조언을 듣고자 찾아온다. 그럴 때마다 나는 이 한 구절을 들어 그들을 격려했다.

나의 눈길이 이 한 구절을 찾은 이래로, 나는 이 문장에 의지하여 살아왔다. 나는 이 구절과 함께 인생을 걸어가며, 그 속에서 평화와 힘을 찾아내고 있다. 내게 있어서는 이것이야말로 종교의 진수(眞髓)인 것이다. 그것은 인생을 가치 있는 것으로 만드는 온갖 것의 기초가 되고 있으며, 또한 나의 인생의 금과옥조인 것이다.

나는 삶의 밑바닥까지 맛보았다

— 내셔널 에나멜링 엔드 스탬핑 대표이사 데드 엘릭센

나는 전에는 말할 수 없는 침울한 사람이었지만, 지금은 그렇지가 않다. 1942년, 나는 한 가지 좋은 경험을 했다. 그것이 나의 번민을 완전히 추방해 주었고, 그 경험에 비한다면 다른 걱정은 전연 문제가 되지 않을 것 같다.

나는 오래 전부터 알라스카로 가는 어선에서 한여름을 지내고 싶었는데, 1942년 알라스카의 고디악을 출항하는 32피트의 연어잡이 배와 계약을 했다. 이런 작은 배에는 탑승원이 세 사람에 불과하다. 배를 지휘하는 선장, 이를 보조하는 조수와 잡무를 보는 선원 셋이다. 그런데 선원은 대개 스칸디나비아 인인데, 나는 스칸디나비아 인이 아니었다.

연어를 그물로 잡는 어법은 썰물 밀물의 간만의 차에 달렸으므로, 나는 하루 24시간을 줄곧 일하는 때도 있었다. 간혹 이런 고역은 1주일 동안이나 계속되는 수도 있으며, 더구나 남들이 하기 싫어하는 궂은일은 전부 내게 밀어닥쳤다. 배를 청소하는 일로부터 어구의 손질, 모터의 기름 냄새와 열기로 숨 막힐 듯한 비좁은 선실에서, 작은 스토브에 불을 지펴야 하는 취사준비, 게다가 접시 닦기뿐만 아니라 배의 수선도 했다. 잡은 연어를 배에서 텐더에 던져 넣는 것도 내 일이었다. 텐더는 그것을 통조림공장으로 가져간다. 나는 고무장화를 신고는 있었지만, 신발 속에는 언제나 물이 가득했다.

그러나 이런 모든 일들도 「코르크 선(線)」이라 불리는 것을 끌어
올리는 일에 비하면 식은 죽 먹기였다. 이 작업이란 선미에 뻗쳐 서서
어망의 코르크라든가 그물귀를 끌어올리는 일이라 하지만, 실제로는
물에 젖은 그물이 어찌나 무거운지 아무리 당겨도 꼼짝도 않는 것이다.
그러니까 내가 그물을 당기는 것이 아니라, 나와 보트가 함께 그물 쪽
으로 끌려가는 셈이다. 그런 것을 있는 힘을 다해 간신히 보트에 끌어
담는 것이니까, 그 고생이란 이루 말할 수 없었다. 나는 그 지독한 일을
몇 주일씩 계속했기 때문에 나중에는 온 몸이 솜처럼 늘어지고 말았다.
전신이 끔찍이도 아팠으며, 그것은 몇 달이 지나도 가시지가 않았다.

그러다가 겨우 쉴 틈이 생기면, 나는 식료용 반닫이 위의 너절한 매
트리스에서 잠을 잤다. 나는 잔등에서 가장 아픈 언저리의 바닥에 매트
리스의 솜뭉치가 엉긴 곳이 닿도록 하여 독약에 취한 사람처럼 곯아떨
어졌다. 나는 극도의 피로라는 독약에 마취된 것이었다.

나는 이렇듯 고통과 중노동에 단련된 것을 지금도 기뻐하고 있다.
그것은 두말할 것 없이 나에게서 번민을 몰아내 준 때문이다. 이제는
어떤 괴로운 문제가 생겨 번민을 하게 될라치면, 스스로에게 이렇게
자문한다. "엘릭센, 이것과 코르크 인양작업 중 어느 쪽이 견디기 힘
든가?" 그러면, 나는 결국, "아냐, 그것에는 못 당해!"라고 대답한
다. 그래서 나는 몸과 마음을 가다듬어 문제를 해결하게 된다.

나는, 인간은 가끔 반생반사의 지경에 이르러 보는 것도 약이 된다
고 생각한다. 바닥의 그 밑바닥에까지 떨어져 그것을 이겨내는 것이다.
그런다면 일상의 문제쯤은 아무것도 아닌 듯이 여겨질 것이다.

나는 인도에서 신의 소리를 들었다

— 미국의 저명한 선교사이며 웅변가 E. 스탠리 존스

나는 인도에서 내 생애의 40년을 전도사업에 바쳐 왔다. 처음에는 그 무서운 더위와 내 앞에 닥친 험난한 일에 대한 긴장을 참고 견디기에 정신적으로 무척 곤란을 느꼈다. 8년째의 끝 무렵, 나는 심한 정신적 피로에 시달려 여러 번 졸도까지 했다. 그래서 1년 동안 미국에서 휴양하라는 명령을 받았다. 미국으로 돌아가는 배 안에서도 나는 주일 아침 예배에 설교를 하다가 재차 졸도했다. 그러자 선의(船醫)는 귀항할 때까지 나를 절대 안정하도록 했다.

그리하여 미국에서 1년간 휴양한 후 나는 다시 인도로 향했으나 마침 대학생들에게 복음전도 집회를 가질 기회가 있어서 도중에 마닐라에 상륙했다. 그런데 그 집회에 좀 신경을 썼던지 여기서도 나는 또 여러 번 졸도를 했다. 의사는 나에게 인도로 간다면 생명이 위태롭다고 경고했다. 그래서 나는 산악지대로 가서 여러 달 동안을 휴양한 뒤 다시 임지로 돌아가 전도를 계속했다.

그러나 건강은 여전히 좋지 않았다. 나는 거듭 졸도했기 때문에 또다시 산악지대로 들어가 장기 휴양을 할 수밖에 없었다. 그러고 나서 다시 평지로 내려올라치면 또 쓰러지는 형편이어서 완전히 의기저상이 극에 이르렀다. 나는 정신적으로나 육체적으로나 기진맥진해 버렸다. 나는 앞으로의 반생을 폐인으로 지내게 되지나 않을까 적이 두려웠다.

만일 어디선가 구원의 손길이 없는 한, 나는 전도사업을 단념하고 고국으로 돌아가 농사나 지으며 건강을 회복하는 길밖에 없지 않을까 생각했다. 이때는 내 일생에서 다시없는 암흑시대였다. 그 무렵, 나는 르구노에서 연일 집회를 가졌는데, 어느 날 밤 기도를 드리고 있을 때 뜻밖의 사건이 일어났다. 그런데 이것이 나의 일생을 완전히 일변시킨 것이다. 내가 기도를 드리고 있는 순간,

"이 일을 위하여 그대를 불렀는데, 그대는 복종할 마음의 자세를 갖추었는가?"

어디선가 이러한 소리가 들려왔다. 나는 대답하기를,

"주여, 저는 이제 틀렸나이다. 제 힘이 다하였나이다."

그러자 그 음성은 다시 이렇게 말했다.

"만일 그대가 번민하는 것을 내게 맡긴다면, 나는 그대를 보호할 것이니라."

나는 지체 없이 대답했다.

"주여, 당신의 뜻대로 지키겠나이다."

그 순간 형언할 수 없는 평화감이 나의 전신에 가득 차 왔다. 주는 약속을 주신 것이다! 생명—풍요한 생명이 나를 점유한 것이다. 내 마음은 기쁨에 넘쳐날 듯이 그날 밤 집으로 돌아왔다. 나의 좁은 뜰이 모두 성역같이 느껴졌다. 그로부터 수일 동안 나는 육신을 벗어난 듯했다. 밤낮으로 쉬지 않고 일을 계속했지만 조금도 피로하지 않았다. 잠자리에 들 시간이 되어도, 어째서 남들은 자야만 되는지 스스로 의심할 지경이었다. 나는 생명과 평화와 안식이—주 예수 그리스도에 의지해

있는 것 같았다.

나는 이 사실을 남들에게 말해야 좋을지 처음에는 무척 주저했으나 결국 공개하기로 했다. 남들이야 믿거나 말거나 그것은 내가 관여할 바가 아니었다. 그로부터 내 인생에 있어서의 가장 분주한 20여 년이 경과했으나, 옛날의 번민은 두 번 다시 찾아오지 않았다. 나는 지금도 완전한 건강을 유지하고 있다. 그러나 그것은 육체적 감각 이상의 것이다. 나는 육체와 정신에 새로운 생명의 샘터를 발굴한 느낌이 들었다. 그런 경험이 있은 후, 내 인생은 영원히 보다 높은 경지에 도달한 것이다. 나는 묵묵히 그에 순종할 뿐이었다.

그 때 이래로, 나는 세계를 두루 여행하며 때로는 하루에 세 차례씩 설교도 했다. 그리고 여가에는 《인디언 로드의 그리스도》를 비롯한 열두 권의 책을 저술했다. 나는 한 번도 그 때의 약속을 어김이 없이, 63세라는 오늘까지 원기왕성하게 인류에의 봉사를 기뻐하고 있다.

돌이켜 생각하건대, 내가 경험한 육체적 정신적 변화란, 심리학적으로 분석하여 설명할 수가 있을지도 모른다. 그러나 그것은 문제 밖이다.

나는 오로지 한 가지 사실을 알고 있다. 즉 지금부터 31년 전, 인도의 르구노에서 내가 극도로 쇠약하여 번민의 벼랑길을 헤맬 때, "만일 그대가 번민하는 것을 내게 맡긴다면, 나는 그대를 보호할 것이니라." 이 소리를 듣고, 내가 "주여, 당신의 뜻대로 지키겠나이다." 하고 대답하던 그날 밤 나의 인생이 완전히 변화하였고 고양(高揚)되었다는 것을.

신은 죽지 않을 만큼만 고통을 준다

— 소설가 호머 그로이

나의 인생에서 가장 쓰라렸던 순간은, 군 치안관이 현관으로 들어오고, 나는 뒷문으로 몰래 빠져나갔던 1933년의 어느 날의 일이었다. 나는 롱아일랜드의 포레스트 힐에 있는 가옥을 잃었다. ……내 자식들이 태어나고, 우리 가족이 18년이나 살았던 집을. 나는 이런 일이 있을 줄은 꿈에도 몰랐다. 12년 전에는, 아마 이 세상에서 나만큼 행복한 사람도 없을 거라고 자부할 정도였다. 내가 쓴 소설 《금수탑의 서쪽》이 영화화되어 나는 할리우드에서도 최고급의 저작권료를 받았다. 그래서 그 덕분에 가족과 함께 2년 동안의 외유도 했다. 여름은 스위스에서, 겨울은 불령(佛領) 라이베리아에서 그야말로 갑부다운 생활을 누렸다.

나는 파리에서 반년을 지내는 동안 《그들은 파리를 보지 않을 수 없었다》는 신작 소설을 썼는데, 윌 로저스는 그 영화의 주역까지 내게 권하는 형편이었다. 이것은 그의 최초의 토키 영화(유성영화)였다. 그런가 하면 나는 할리우드에 있는 윌 로저스로부터 4, 5편의 영화 각본까지 부탁받았으나, 이것을 모두 거절하고 뉴욕으로 건너갔다. 그런데 여기서부터 번민이 시작된 것이다.

나는 스스로 생각하기를, 나에게는 여태껏 발휘되지 않은 숨겨진 재능이 있다, 나에게는 사업가적인 소질이 있다 하고 우쭐했다. 말하자면 나 자신을 민완한 사업가로 자처하게 된 것이다. 나는 소문에 듣기를,

존 제이콥 애스터는 뉴욕에서 토지를 매점(買占)하여 일약 거부가 되었다는 것이다. 그렇다면 애스터란 도대체 어떤 작자인가! 표준말 한마디도 제대로 못하는 이민 행상인이 아닌가. 그 자가 한 일이라면, 나도 거뜬히 해낼 수 있다. ……옳지, 나도 큰 부자가 되어 보자! 나는 부호가 되기도 전에 호화 요트 잡지부터 보기 시작했다.

나는 무지몽매한 탓인지 용기가 있었다. 그것은 마치 에스키모 인이 석유난로에 대하여 무식하듯이 부동산 매매에 대해서 나는 아무것도 몰랐다. 그래서 일약 실업가로서 소리치고 나서는 데에 필요한 자금을 마련하는 것은 실로 간단했다. 나는 우선 가옥을 저당하여 그 돈으로 포레스트 힐에 빌딩 건설용 부지를 매입했다. 이 부지의 땅값이 시세보다 오르기를 기다려 팔아서 넉넉한 생활을 할 심산이었다. ―인형의 손수건만한 부동산도 매매하여 보지 못한 주제에. 나는 참새 눈물방울 같은 급료를 받고 근근이 사무실에서 일하는 자들이 불쌍해 보였다. 신이 모든 인간에게 고루 경제적 재간을 주시지 않은 것은 오히려 다행스런 일이라는 생각이 들었다.

그런데 갑자기 불경기가 캔자스의 선풍처럼 밀어닥쳐 폭풍이 닭장을 뒤흔들 듯 나를 동요시킨 것이다.

나는 성스러운 대지의 그 큰 입에 매달 2백 20달러씩 틀어박지 않으면 안 되었다. 한 달 한 달이 어찌나 빨리 닥쳐오는지 다급했다. 그런가 하면, 나는 저당 잡혀 있는 가옥에 대해서도 꼬박꼬박 이자를 물어야 되고 생활비도 있어야 했다. 나는 당황하게 되었다. 잡지에 유머물이라도 쓰려 했으나, 그 유머는 예레미야의 애가(哀歌)가 되어버리는 것이었다. 물론 한 편도 팔리지 않았다.

소설도 되지 않고 돈에 쪼들리게 되었다. 이제 돈이 될 만한 것은 타이프라이터와 금이빨뿐이었다. 우유배달도 오지 않고, 가스 회사는 가스를 끊었다. 그래서 가끔 광고에 잘 나오는 그 작은 야외 캠프용 스토브를 사지 않으면 안 되었다.

또 석탄도 떨어지고, 석탄회사는 지불청구소송을 걸어 왔다. 이쯤 되고 보니 우리 집안에 유일한 열(熱)은 난로뿐이었다. 나는 밤에 집을 나가 돈 있는 자들이 짓고 있는 신축 중인 가옥에서 판자조각, 나무토막 따위를 주워 왔다. ……그네들처럼 부자가 되어 보려던 내가 말이다.

나는 번민을 거듭한 나머지 잠을 이룰 수 없는 밤이 계속되었다. 곧잘 한밤중에 일어나 몸을 피로하게 만들어 잠을 이루기 위해 두세 시간씩 걸은 적도 있었다.

나는 땅을 잃었을 뿐만 아니라 여기에 쏟아 넣은 심혈까지 온통 탕진해 버렸다.

마침내 은행은 저당권을 행사하여 우리 가족을 거리로 몰아냈다. 나는 겨우 몇 달러를 마련하여 작은 아파트의 방 하나를 빌렸다. 우리는 1933년 섣달 그믐날 그곳으로 이사했다. 나는 이삿짐 궤짝에 맥없이 주저앉아 사방을 둘러보았다. 어머니가 가끔 말씀하시던 「엎질러진 밀크로 걱정하지 말라」는 속담을 생각해 보았다.

그러나 이것은 밀크가 아니라 내 귀한 피였던 것이다!

잠시 후 나는 자신에게 이렇게 말했다. "나는 밑바닥에 떨어졌으나, 어쨌든 그것을 참아 왔다. 이제부터는 위로 올라가는 길밖에는 없다."

나는 어차피 집은 잃었지만, 아직 여러 가지 것이 남아 있다. 건강이 있고 친구도 있다. 그렇다면 다시 한 번 출발하자. 과거를 후회하지 말기로 하자. 어머니가 가끔 입에 담으시던 그 속담을 매일 생각하기로 하자.

나는 번민에 소비하던 에너지를 일에 몰두시켰다. 그러자 조금씩 상태는 개선되어 갔다. 이제 와서는 그런 비참한 경험이 오히려 감사하다는 생각이 든다. 그것으로 나는 힘과 인내와 자신을 얻을 수 있었기 때문이다.

「신은 죽지 않을 만큼의 고통만 준다」라는 말이 있듯이, 나는 지금 생활의 밑바닥이란 의미를 알고 있다. 그것은 사람을 죽이기까지는 않는다. 인간은 제법 그것을 견디어 내는 능력이 있다. 지금도 사소한 번민이나 불안과 걱정이 마음을 어지럽힐라치면, 나는 언제나 이삿짐 궤짝에 맥없이 주저앉아, "나는 밑바닥에 떨어졌으나 어쨌든 그것을 참아 왔다. 이제부터는 위로 올라갈 뿐이다." 하던 그 때의 일을 생각하고 그것을 떨쳐 버리고 있다.

여기서의 법칙은 무엇일까? 「톱밥을 켜려고 하지 마라!」, 「불가피를 받아들여라!」 그 이상 더 떨어질 수 없이 되면 위로 올라가는 노력은 할 수 있을 것이다.

나의 하나님에게, 고아원에 보내지지 않기를 빌었다

— 가정주부 캐더린 홀더

나의 어린 시절 나날은 두려움으로 가득 차 있었다. 어머니는 심장병으로 하루에도 두세 차례씩 쓰러지셨다. 그래서 우리는 당장이라도 어머니가 돌아가시지나 않을까 걱정을 했다. 나는 어린 마음에, 어머니를 여읜 아이들은 모두 미주리 주 워렌턴의 센트럴 웨슬리언 고아원에 보내지는 것으로 생각했다. 그래서 그곳으로 가는 것이 무엇보다도 두려웠다. 그 때문인지 여섯 살 때 나는 언제나 이런 기도를 드렸다.

"하나님, 제가 어른이 되어 고아원에 가지 않아도 될 때까지 제발 우리 어머니를 살려 주세요."

그로부터 20년 후, 내 동생 마이너는 사고로 큰 부상을 입고 2년 동안 병상에서 고통 받던 끝에 젊은 나이에 세상을 떠났다. 그 때 동생은 혼자 식사를 할 수도 없었으며, 침대에서 돌아누울 수도 없었다. 나는 그 애의 고통을 덜어주고자 밤낮 없이 세 시간마다 모르핀 주사를 놓아줄 수밖에 없었다. 나는 이 일을 2년 동안 계속했다. 그 당시 나는 미주리 주 워렌턴의 센트럴 웨슬리언 칼리지에서 음악을 가르치고 있었다. 동생이 고통에 못 이겨 울부짖는 소리를 듣고, 이웃사람이 전화를 걸어오면 나는 수업을 중단하고 집으로 달려가 주사를 놓아주어야 했다. 매일 밤 잠들기 전에도 나는 자명종을 돌려놓고 세 시간마다 일어났다. 그것도 추운 밤에 깨기란 여간한 고역이 아니었다. 창 밖에다 우유를 내놓으면 아이스크림처럼 얼어버렸다. 자명종이 울리면, 그것도 하나의 일과로 삼고 일어났던 것이다.

이렇듯 걱정 많은 생활을 하면서도 나는 자기연민에 빠지거나 세상을 저주함으로써 자신의 삶을 어둡게 만드는 일이 없도록 하고자 두 가지 일을 실행했다. 그 하나는 하루에 열두 시간에서 열네 시간 동안 음악을 가르쳐 몸을 바쁘게 함으로써 정신을 일에 집중시키는 것이었다. 스스로 자신의 운명이 원망스러워질 때는 몇 번이고 이런 말을 나에게 들려준다.

"육신을 움직이며, 식사를 할 수 있고, 고통을 참고 견디어 나가는 한, 너는 그래도 다행한 인간이다. 네 동생을 보라, 동생의 고통에 비하면 너는 그래도 행복한 거야. 그것을 잊어서는 안 된다."

또 나는 자신에게 베풀어진 갖가지 축복에 대하여 무의식적이면서도 계속적인 감사의 태도를 기르고자 노력하기로 했다. 매일 아침 눈을 뜨면, 저 혼자 일어나서 식탁에까지 걸어갈 수 있고, 제 손으로 아침식사를 할 수 있는 것을 신에게 무한히 감사했다. 나에게는 여러 가지 고역이 있었지만, 미주리 주 워렌턴에서 가장 행복한 사람이 되고자 결심했다. 그런데 이런 결심이 성취되지 못했는지는 모르지만, 적어도 내가 태어난 고향에서 누구보다도 감사한 생각을 갖기로는 뒤지고 싶지 않을 부인이 된 것만은 확실하다. 세상에는 나에 못지않은 번민을 지닌 사람들이 얼마든지 있을 것이다.

이 미주리 주의 음악선생은 이 책에서 말한 두 가지의 법칙을 적용한 것이다. 그녀는 분주함으로써 자신에게 번민할 틈을 주지 않았다. 그녀는 또 자신에게 주어진 축복을 헤아린 것이다. 이와 같은 테크닉은 누구에게나 통용된다.

나는 신경 안정제를 쏟아버렸다

— 잡지기자 캐머론 시프

나는 수년간 켈리포니아의 워너브라더스 스튜디오에서 광고부원으로 근무하고 있었다. 그것은 워너브라더스 소속 스타들의 근황을 여러 신문 잡지에 써 보내는 일이었다.

그런데 갑자기 평사원이던 내가 광고부 부부장으로 발탁된 것이다. 말하자면, 업무 조직이 바뀌어 부관리부장이라는 꽤 높은 직함이 내게 주어진 것이다.

나는 냉방장치가 있는 널찍한 방에서 두 사람의 비서를 비롯하여 75명의 부원을 지휘하게 되었다. 그러니 우쭐해질 수밖에 없었다. 우선 새로 양복을 사 입고, 되도록 의젓한 언동을 하기로 했다. 서류철도 준비시키고 위엄을 갖추어 결재를 했다. 또 식사는 퀵 런치를 들었다.

나는 워너브라더스의 대외정책 전 책임을 한 몸에 지닌 듯한 기분이었다. 베티 데이비스, 올리비아 드 하빌랜드, 제임스 개그니, 에드워드 G. 로빈슨, 에롤 플린, 험프리 보거트 등 인기 배우들의 공사생활이 오로지 내 손안에 있는 것만 같았다. 그런데 한 달도 채 되기 전에 위궤양 같은 증상이 나타났다. 어쩌면 그것은 위암 같기도 했다.

그 당시에 있어서 나의 전시활동(戰時活動)은, 영화 광고인 조합의 전시활동 위원회 의장이라는 직분이 주된 일이었으나, 나는 이런 일이 마음에 들었고 또 회의에서는 친구들과 어울릴 수 있는 것이 무척 기뻤다. 그런데 이런 회합이 점차로 두려워지게 된 것이다. 그것은, 회합의 뒤에는 언제나 격통(激痛)을 치러야 했다. 그래서 돌아오는 길에는 가끔 차를 멈추고 잠시 몸을 쉬고 나서야 다시 차를 달려 집으로 오는 형편이었다. 눈앞에 닥친 일은 산더미 같았으나, 언제나 시간에 쪼들렸다. 그것은 정말 나로서는 사활의 문제였다. 말하자면 이러한 격무에 나는 적응이 되지 못했던 것이다.

나는 솔직히 고백하거니와, 이것은 나의 일생에서 가장 괴로운 병이었다. 내 뱃속에는 뭔지 단단한 응어리가 있는 것만 같았다. 날이 갈수록 체중은 줄고, 충분한 수면을 취할 수가 없었다. 이러한 고통은 연속적이었다. 그래서 나는 광고부에 있는 직원의 권고로 어느 유명한 내과 전문의를 찾아가 진찰을 받았다.

이 의사는 내 병상(病狀)과 직업을 간단히 물었지만, 병상보다는 오히려 직업에 관심을 두는 것 같았다. 그 후 2주일 동안, 의사는 연일 온갖 검사를 했다. 형광투시 검사, 엑스레이 검사, 그 밖에도 여러 가지 정밀검사를 한 후, 마침내 진단 결과를 말해 주는 것이었다.

"시프 씨." 그는 나에게 의자에 앉으라고 하면서 말했다. "그새 두 주일 동안 온갖 검사를 해 보았습니다. 우선 초진에서 위궤양의 증상이 없는 것은 알았지만, 그러나 당신의 성격으로 보나 직업으로 볼 때, 증거를 보여드리지 않고는 납득을 않으실 것 같아서 이렇게 수속이 걸렸습니다. 그럼, 결과를 보여 드리겠습니다."

이렇게 말하고 나서, 그는 몇 개의 도표와 엑스레이 사진을 내놓고 상세하게 설명해 주었다. 그 말을 듣고 보니 위암의 증상은 전연 보이지 않는다는 것이었다.

　의사는 다시 말을 이었다. "좌우간 비용은 상당히 들었지만, 당신에게는 그만큼 효과가 있었습니다. 자 그럼, 처방을 드리지요. ― 걱정하지 마십시오."

　"그런데 저어……" 하고 내가 대꾸하려고 하자, 그는 내 말을 가로막으며, "당장은 이 처방대로 않으실 테니까 알약을 드리지요. 이건 벨라도나니까 좋으실 대로 복용하십시오. 다 드시면 또 드리겠습니다. 부작용은 없으니 안심하세요. 정신을 안정시켜 줄 겁니다. 그런데 실은, 당신에게는 약이 필요치 않습니다. 오히려 필요한 것은 번민을 그만두시는 일이지요. 다시 걱정을 하시게 되면 그 때는 정말 병원에 오셔야 되고, 저는 또 비싼 진찰비를 받게 됩니다. 아시겠습니까?"

　나는 그 날부터 의사의 충고를 실행하여 번민을 않게 되었다고 보고하게 되었으면 좋으련만, 사실은 그렇지가 않았다. 나는 그 후 수주일 동안 벨라도나를 복용해 보았는데 곧잘 들었다. 먹기만 하면 바로 기분이 상쾌해졌다.

　그러나 이러는 동안에 알약을 먹는 것이 어딘지 모르게 내 자신이 모자라 보이는 사람같이 느껴졌다. 나는 보통 사람보다 몸집이 큰 편이다. 신장은 링컨에 못지않으며, 체중은 200파운드에 가까웠다. 덩치에 걸맞지도 않게 신경을 진정시키겠다고 알약을 복용하고 있다. 말하자면 나는 히스테리컬한 여자와 같은 행동을 하고 있었던 것이다. 친구들이 무슨 정력제라도 복용하느냐고 물을라치면, 사실을 말하기가 여간 부끄러운 일이 아니었다. 그래서 점차 나는 스스로를 비웃게 되어버리고 말았다.

"캐머론 시프, 넌 정말 바보짓을 하고 있는 거야. 고지식해도 유분수지, 자넨 사소한 일을 너무 크게 생각하는 버릇이 있어. 베티 데이비스도, 제임스 개그니도, 에드워드 로빈슨도, 자네가 그 광고를 도맡기 이전에 벌써 세계적으로 이름이 나 있는 거야. 만일 오늘밤 네가 죽는대도, 워너브라더스나 스타들은 문제없이 해나갈 거야. 조금도 걱정하지 않네. 아이젠하워, 마샬 원수, 맥아더, 지미 도우리틀, 킹 제독을 보라고. 그들은 전쟁을 지휘하고 있지만, 알약 같은 건 먹지 않아. 그런데 넌 약을 복용하지 않으면 바로 위경련을 일으켜 그네들에 비하면 하잘것없는 영화 광고인 조합의 전시활동위원회 의장 노릇도 못한다는 건가?"

마침내 나는 알약 없이 일하는 데 긍지를 갖기 시작했다. 얼마 후에는 알약을 쏟아버리고 매일 저녁식사 전에 조금씩 자는 습관을 붙였다. 그래서 점차로 정상적인 생활을 회복할 수가 있었다. 나는 그 후 두 번 다시 그 의사를 찾아가지 않게 되었다.

그러나 나는 그에게 많은 신세를 졌다고 생각한다. 그 때는 무척 비싼 진찰비였다고 느꼈지만……. 그는 나에게 자조(自嘲)를 가르쳐준 것이다. 또 그에게 더욱 감사해야 될 것은, 그가 내 어리석음을 비웃지 않았던 점이다. 말하자면, 나에게 대하여 달리 번민할 까닭이 없지 않느냐고 말하지 않고, 오히려 어디까지나 나를 진지하게 상대해 준 것이다. 그는 나를 무안케 하지 않았을 뿐더러, 작은 상자 속에 든 병의 부스럼을 주었던 것이다. 그러나 그는 지금에 와서야 내가 깨달았듯이 모든 병의 치료가 그 상자 속의 알약에 있지 않다는 것을 알고 있었다.

치료란 마음가짐에 달려 있는 것이다.

이 이이야기의 교훈은, 현재 알약(신경안정제)을 복용하고 있는 많은 사람들이 기꺼이 이 책의 제7장을 읽고 기분을 전환하라는 데 있다.

아내가 접시 닦는 것을 보고 깨달았다

— 목사 윌리엄 우드

몇 해 전에 나는 격심한 위장병으로 고통을 받은 일이 있었다. 너무나 심한 아픔으로 잠을 이룰 수가 없어서 밤마다 몇 번씩이나 깨어나곤 했다. 아버지께서 위암으로 돌아가셨기 때문에, 나도 위암이나—적어도 위궤양이 되는 것은 아닌가 하고 염려했다. 그래서 나는 병원을 찾았다. 전문의는 형광투시 검사를 하고 위장 엑스레이 사진을 찍었다. 그리고는 안정제를 주면서 위암이나 위궤양의 증세는 보이지 않는다고 말하는 것이었다. 그는 나의 고통이 감정적인 긴장에 의한 것이라고 지적하면서 이런 질문을 했다.

"당신의 교회 위원 중에 혹시 말썽 많은 사람이 있지나 않습니까?"

그는 내가 지나치게 많은 일을 하고 있다고 말했다. 사실상 내게는 매 주일의 설교, 갖가지 교회활동, 적십자사 위원장, 키와니스 클럽 회장, 게다가 한 주일에 두세 번씩 닥치는 장례식, 그 밖에도 많은 잡무가 있었다. 어쨌든 나는 끊임없이 긴박한 정신상태에서 일하고 있었다. 조금도 마음을 놓을 틈이 없었다. 항상 긴장하고 초조하며 흥분된 상태였다. 그러다가 마침내 모든 일이 다 고통으로 여겨지는 단계에 이르렀던 것이다. 나는 언제나 흥분 때문에 몸이 벌벌 떨리고 있었다. 이러한 고통 속에 있었기 때문에 나는 기꺼이 의사의 충고에 따랐다. 나는 매주 월요일을 휴식일로 정했으며, 또 여러 가지 책임이나 활동을 줄이도록 했다.

그런데 어느 날, 내가 책상을 정리하고 있자니까, 문득 아주 효과적인 생각이 하나 떠오르는 것이었다. 나는 산더미 같은 설교 노트라든가 오래 된 메모를 바라보고 있다가 그것을 하나하나 뭉쳐서 쓰레기통에 던졌다. 그러는 중에 나는 문득 손을 놓고 혼자 중얼거렸다.

"이것 봐, 빌. 어째서 너는 이 노트나 메모를 쓰레기통에 던져버리듯이 네 번민도 던져버리지 못하는 거지? 왜 과거문제에 관한 번민을 구겨 뭉쳐 쓰레기통 속에 던져버리지 않는 거야?"

이것은 실로 놀라운 영감이라고 말할 수 있을 것이다. 나는 대번에 어깨를 짓누르고 있는 무거운 짐을 내려놓은 것 같은 기분이었다. 그날부터 나는 자신의 힘으로는 도저히 어쩔 수 없는 모든 문제를 쓰레기통 속에 던져버리기로 했다.

그러던 어느 날, 아내를 도와 접시를 닦으면서 또 하나의 생각이 떠올랐다. 아내는 접시를 닦으면서 콧노래를 부르고 있었다. 나는 나 자신에게 이렇게 속삭였다.

"보라, 빌. 네 아내는 얼마나 행복한가. 우리는 결혼한 지 18년이 되지만, 그녀는 접시 닦는 일을 한결같이 계속해 왔다. 우리들이 결혼했을 당시, 그녀가 미래를 예견할 수가 있어서, 18년간이나 접시 닦는 일을 해야만 한다는 것을 알았다면, 어떻게 되었으리라고 생각하는가? 산더미처럼 쌓인 더러운 접시의 더미는 곳간보다 더 커졌을 것이다. 그러한 일은 생각만 해도 소름이 끼칠 것이다."

그래서 나는 또 자신에게 이렇게 말했다.

"아내가 접시 닦는 일을 개의치 않는 까닭은 한 번에 하루 분량만의 접시를 닦기 때문이다."

나는 홀연히 내 번민의 정체를 파악했다. 나는 오늘의 접시도 어제의 접시도, 뿐만 아니라 아직은 더럽혀지지 않은 내일의 접시까지 씻으려고 했던 것이다. 나는 이리하여 자신의 어리석음을 깨달았다. 나는 주일 아침마다 강단에 서서 신도들에게는 어떻게 생활할 것인지를 설교하면서도, 나 자신은 긴장하고 번민에 가득 찬 초조한 생활을 해 왔던 것이다.

나는 스스로 부끄러움을 느꼈다. 그러므로 이제는 더 번민하지 않게 되었다. 위장병도 없어지고 불면증도 사라졌다. 지금은 어제의 불안을 구겨 뭉쳐 전부 쓰레기통에 던져 넣고 있다. 그리고 내일 더럽혀질 접시를 오늘 씻으려고도 하지 않는다.

여러분은 이 책의 처음에 씌어 있는 말을 기억하고 있는가? "내일의 무거운 짐을 어제의 무거운 짐에 보태어 오늘 그것을 짊어지려 한다면 아무리 강한 사람일지라도 거꾸러지고 말 것이다." 그렇다면 그런 짓을 누가 하려 들겠는가?

번민할 겨를을 주지 않았다

― 공인 계리사 덴 휴스

1943년 나는 뉴멕시코 주 알버커크에 있는 제대군인 병원에 입원하는 몸이 되었다. 늑골이 세 개 부러지고, 폐에도 부상을 입었던 것이다. 그것은 하와이 제도에서 수륙 양용 보트에 의한 적전 상륙연습 중에 일어난 일이었다. 내가 보트에서 뛰어내리려는 순간 큰 파도가 밀려와 보트를 치올리는 바람에 나는 몸의 균형을 잃고 모래바닥 위에 사정없이 내던져졌으며, 이때의 심한 충격으로 부러진 늑골의 하나가 폐를 찔렀던 것이다.

그리하여 병원에서 3개월을 지낸 후, 나는 난생 처음으로 커다란 쇼크를 받았다. 의사는 말하기를, 내 병세는 조금도 차도가 없다는 것이었다. 나는 곰곰이 생각해 본 결과, 내가 낫지 않는 원인은 번민에 빠져 있기 때문이라는 것을 깨달았다.

나는 여태껏 활동적인 생활을 해 왔으나, 입원 후의 3개월은 하루 24시간 동안을 누운 채로 천정만 쳐다보고 사색하는 것 이외에는 아무것도 하는 일이 없었다. 그러자니 생각하면 생각할수록 나의 번민은 깊어만 가는 것이었다. 다시 사회에 나갈 수 있을 것인가, 이제부터 평생을 불구자로 지내게 되지나 않을까, 결혼을 하여 정상적인 생활을 보낼 수 있을 것인가? 이러한 생각을 하면서 괴로워했던 것이었다.

나는 억지로 군의에게 부탁하여 옆방 병실로 옮기게 되었는데, 그

병실만은 부상병들이 마음대로 행동하도록 허락되어 있기 때문에 컨트리클럽이라고 불리고 있었다. 그래서 나는 이 컨트리클럽에 오면서부터 「브리지(bridge, 카드놀이 게임)」에 흥미를 갖게 되었는데, 나는 6주일 동안이나 걸려 이 게임을 배워 가지고는 다른 패들과 승부를 다투기도 하고, 또 컬버트슨의 브리지에 관한 저서를 읽기도 했다.

그리하여 6주일 후에는 밤마다 이 게임으로 흥을 돋웠지만, 이 놀이는 내가 퇴원할 때까지 계속되었다. 그리고 또 나는 유화(油畵)를 그리는 데도 흥미를 느끼게 되어 매일 오후 세 시부터 다섯 시까지 지도자의 가르침을 받으면서 그림공부를 했다. 그 무렵의 내 작품 중에는 남들이 보아도 무슨 그림인지를 알 만한 것이 몇 점 있게 되었다! 나는 또 비누라든가 나무를 재료로 하여 조각하는 것도 배웠는데, 이에 관한 서적을 읽는 것도 즐거운 일이었다.

나는 매일 이와 같이 바쁜 생활 속에서 지냈기 때문에 신체의 상태에 대하여 번민할 겨를이 없었다. 그런가 하면, 또 적십자사에서 기증한 심리학에 관한 책들도 독파했다. 그리하여 3개월 후에는 군의관들이 모두 찾아와서 "정말 좋아졌다."고 축하해 주는 것이었다. 나는 이 땅에 태어나서 그 때만큼 기쁜 적이 없었다. 어쨌든 너무도 기쁜 나머지 만세라도 부르고 싶을 정도였으니까.

그런데, 내가 지적하고 싶은 것은 바로 이 점이다. 즉 내가 가만히 침대에 누워서 아무 일도 않고 생각에만 잠겨 장래에 대하여 괴로워하고 있었을 때는 내 병은 전혀 차도가 없었다는 사실이다. 나는 번민으로 말미암아 자신의 건강을 해치고 있었으며, 부러진 뼈도 낫지가 않았던 것이다. 그러던 것이, 내가 브리지에 열중하고 유화나 조각 연습에 몰두하기 시작하자 의사들은, "정말 좋아졌다."고 말하면서 기뻐해 주었던 것이다.

지금 나는 남들과 다름없이 건강한 생활을 보내고 있다. 나의 폐도 여러분들과 마찬가지로 건강하다.

조지 버나드 쇼의 말을 기억하고 있는가? "자기가 행복한지 불행한 지를 생각하며 번민할 여가를 가지는 것이 비참하게 되는 비결이다." 그러니 활동하라, 바쁘게 살아라!

시간이 많은 문제를 해결한다

— 판매와 시장 분석가 루이스 T. 몬탄트

나는 번민으로 인해 내 생애의 10년을 잃었다. 그런데 그 10년이란, 가장 결실이 많고 풍요한 시기인 청년시절 — 즉, 18세부터 28세까지였다.

이것은 지금에 와서야 깨달은 사실이지만, 그 시기를 잃은 것은 어느 다른 사람의 과오가 아니라 바로 나 자신의 잘못이었던 것이다. 나는 자신의 직업·건강·가족·열등감 등 온갖 것에 대하여 번민을 했다. 나는 일종의 공포감에서, 길을 횡단할 때도 아는 사람을 만나지나 않을까 가슴이 두근거렸다. 그런가 하면 거리에서 친구를 만나도 모르는 척할 때가 많았다. 혹 상대방이 나를 백안시할까 두려웠기 때문이다.

나는 전혀 모르는 사람을 만나면 말도 제대로 못해 2주일 동안 세 번이나 취직에 실패하였다. 왜냐하면 나를 채용해 줄지도 모르는 세 사람의 고용주에게 자신이 할 수 있는 일을 말할 만한 용기가 없었기 때문이었다.

그런데 8년 전 어느 날 오후, 나는 번민을 극복하는 데 성공하였다. 그리고 그때부터는 여태껏 번민해 본 일이 없다. 그날 오후 나는 나보다 더 많은 고민거리를 가진 사람의 사무실에 있었는데, 그 사람은 실로 쾌활했다.

그는 1929년에 한 재산을 모았으나 곧 다시 무일푼이 되었다. 그러고 나서 1933년에는 다시 재산을 모았지만 그것도 잃고 말았다. 이로부터 3년 후에 그는 세 번째로 부자가 되었으나, 이때도 역시 실패하였다. 그는 파산선고를 받고 채권자들에게 쫓겨 다녔다. 대개의 사람들을 절망케 하고 그들을 자살에까지 이끄는 그러한 고난도, 그에게는 오리 등에 젖는 물이나 마찬가지였다. 그렇지만 그는 항상 명랑하고 쾌활했다.

그런데 지금부터 8년 전 어느 날, 나는 그의 사무실에 앉아서 그를 부러운 듯이 바라보았다. 하나님께서 나도 그 사람처럼 만들어 주셨으면 하고 생각했다. 어쨌든 그날 우리들이 잡담을 하던 중에 그는 아침에 받았다는 한 통의 편지를 나한테 내주면서 읽어 보라는 것이었다. 그 편지에는 노기가 가득 차 있었다. 귀찮은 문제도 포함되어 있었다. 만일 내가 이런 편지를 받았더라면 얼굴이 새파랗게 질렸을 게 틀림없다. 내가 물었다.

"빌, 자넨 어떻게 회답할 작정인가?"

그러자 그는 다음과 같이 대답했다.

"내가 자네에게 하나의 비결을 이야기하겠네. 이제부터 자네에게 어떤 걱정거리가 생긴다면, 우선 종이와 연필을 준비하고 조용히 앉아서, 도대체 무엇이 고민이 되는지를 자세히 종이에 써 보는 걸세. 그리고서 그 종잇조각은 책상 맨 아래 서랍에 넣어두게. 그런 다음 두 주일이 지난 뒤 그것을 꺼내서 읽어 보게. 그래도 아직 번민이 계속된다면, 또 다시 서랍에 넣어두게나. 2, 3주일을 그대로 내버려두어도 아무 탈은 없을 테니 말일세. 그러나 자네를 괴롭히고 있는 문제엔 커다란 이상이 생길 걸세. 내 경험으로 보아서는 끈기 있게 기다리기만 하면 대개의 번민은 구멍 뚫린 풍선처럼 터지고 말 테니까.”

나는 이 충고에 전적으로 탄복했다. 그런 이후로 나는 빌의 충고에 따르고 있다. 그 결과 나는 어떤 난제에 부딪쳐도 번민하는 일이 없어졌다.

시간이 많은 문제를 해결한다. 시간은 여러분이 오늘 번민하고 있는 일까지도 해결해 줄 것이다.

하나님과 다투지 않는다

— 로열 타이프라이터 회사 외국부 부장 조셉 라이언

나는 몇 해 전에 어떤 소송사건의 증인으로 법정에 출두한 일이 있었는데, 그로 인하여 정신적 긴장과 번민을 느끼게 되어, 재판을 마치고 기차로 돌아오는 도중 나는 갑자기 발작을 일으켜 졸도했다. 그것은 심장병 때문이었는데, 나는 심한 호흡곤란을 느꼈던 것이다.

간신히 집에 돌아오자, 의사는 내게 주사를 놓아 주었다. 나는 침대에도 눕지 못하고 겨우 거실 긴의자에 뉘어졌지만, 의식을 회복했을 때는 내 머리맡에 목사가 와 있었다. 아마 나의 임종에 입회하기 위해서였던 모양이다. 내 가족들은 무어라 말할 수 없는 비통한 표정을 짓고 있었다. 나는 이미 가망이 없었다. 이것은 뒷날 아내한테 들은 이야기지만, 의사는 30분을 넘기기가 어렵다고 선언했던 모양이다. 심장은 극도로 쇠약해져 있었으므로, 나는 말을 하거나 손가락 하나 움직여도 안 된다는 경고를 받았다.

나는 원래 신앙이 깊은 편은 아니었지만, 한 가지만은 깨달아 알고 있었다. 그것은 하나님과 다투지 않는다는 것이다. 나는 그래서 눈을 감고 조용히 기도를 했다.

"당신의 뜻대로 하소서. 만일 피할 수 없는 일이거든, 당신의 뜻대로 하소서."

내 마음이 이렇게 정해지자, 곧 온몸의 긴장은 풀리고 두려움은 사라졌다. 나는 이 이상 어떠한 악화된 상태가 일어날 것인지를 조용히 자신에게 물어보았다. 최악의 경우란 아마 발작의 재발, 격통, 그리고 는 만사가 끝나는 것이다. 나는 하나님의 성전에 불려가서 평화롭게 될 것이다.

나는 긴의자에 누운 채 한 시간이나 가만히 있었다. 그러나 진통은 재발하지 않았다. 그러는 중에도 지금 만일 내가 죽지 않는다면 도대체 나는 무엇을 할 것인지를 스스로에게 묻기 시작했다. 나는 온갖 노력을 다하여 건강을 회복하기로 결심하였다. 긴장이나 번민으로 자신을 괴롭히지 않고 에너지를 돌이키겠다고—.

이것은 4년 전의 일이었으나, 의사가 놀랄 정도로 나는 기력을 회복하고 건강을 되찾았다. 나는 이제 더 번민하지 않는다. 인생에 대한 새로운 정열을 가슴에 지니고 있다. 나는 고백하지만, 만일 내가 최악의 사태, 죽음의 마지막 한 발자국 앞까지 직면하지 않았더라면, 그리하여 거기서 회복되려고 노력하지 않았더라면 지금의 이와 같은 삶을 누리지는 못했을 것이다. 만일 내가 최악의 경우를 받아들이지 않았더라면 자기 자신의 공포와 당황으로 죽음의 덫에 걸려들었을 것이다.

라이언 씨는 이 책에서 말한 법칙—즉 「일어날 수 있는 최악에 직면하라」를 적용했기 때문에 지금 살아 있는 것이다.

번민은 항상 꼬리를 문다

— 고등교육 위원회 의장 오드웨이 티드

번민은 습관이다. —나는 이 습관을 오래 전에 이미 타파해 버렸다. 내가 번민을 하지 않고 지내는 것은 주로 다음과 같은 세 가지 사실에 기인한다고 생각한다.

1. 나는 너무나 바빠서 자기 자신을 파괴시킬 만한 불안감에 사로잡혀 있을 수가 없다. 나에게는 중요한 사업이 세 가지나 있다. 그 중의 한 가지만으로도 온 하루를 요할 정도이다. 나는 콜롬비아 대학에서 강의를 한다. 그런가 하면, 뉴욕 시 고등교육위원회 의장이며, 또 하퍼 브라더스 출판사의 경제 사회 서적부의 감독을 담당하고 있다. 이 세 가지 일에 시달리기 때문에, 조그만 테두리 안에서 뱅뱅 돌며 이것저것을 번민할 겨를이 없다.

2. 나는 위대한 추방자이다. 그러므로 한 가지 일에서 다른 일로 옮길 때, 먼저 하던 일에 대해서 생각하고 있던 것은 전부 쫓아버린다. 하나의 활동에서 다른 활동으로 옮기는 것은 매우 자극적이며 상쾌한 일이다. 그것은 나를 휴식케 한다. 내 마음을 맑게 씻어주는 것이다.

3. 하루 일을 마치고 사무실 책상을 치울 때, 나는 모든 문제를 내 마음에서 걷어치우도록 자신을 훈련하여 왔다. 그것들은 항상 꼬리를 달고 있다. 그리고 갖가지 일마다 언제나 미해결의 문제를

가지고 있으며 나의 주의를 필요로 하고 있다. 만일 밤마다 내가 이러한 문제를 집에까지 가지고 가서 번민한다면 내 건강은 손상되었을 것이다. 그리고 그 문제를 수습하는 데 필요한 능력도 파괴해 버렸을 것이다.

오드웨이 티드는 네 가지의 작업습관을 체험한 사람이다. 그것이 무엇 무엇인지를 여러분은 기억하고 있는가.

이튿날까지는 패배에 대해서 논하지 않는다

— 야구계 대원로 코니 마크

나는 63년간 프로야구에 몸담아 왔다. 1880년대에 처음으로 내가 프로야구를 시작했을 즈음에는 보수 같은 것은 조금도 받지 않았다. 우리들은 빈 터에서 시합을 했다. 그러다가는 빈 깡통이라든가 낡은 말고삐 줄에 걸려 넘어지곤 했다. 시합이 끝나면 구경꾼들에게 모자를 돌려 얻은 배당금은 아버지가 돌아가시고 혼자 고생하시는 어머니나 동생들을 돌봐야 할 나에게 있어서는 너무나도 부족한 것이었다. 때로는 선수들도 딸기라든가 구운 조개로 저녁식사를 때우는 수도 있었다.

그런 고통 속에 더욱이나 나에게는 번민거리가 많았다. 7년 동안이나 우리 팀의 감독은 나 한 사람뿐이었다. 그리고 8년 동안 8백 회의 게임에 실패한 감독도 나 하나뿐이었다. 이렇듯 연전연패가 계속되니까, 나는 밥도 먹지 못하고 잠도 잘 수 없을 만큼 번민을 했다. 그러나 나는 25년 전 마침내 번민을 멈추었다. 그러나 실상, 만일 내가 그때 번민하기를 그치지 않았다면, 나는 이미 오래 전에 무덤에 들어가 있었을 것이다.

그러면 이제 나의 긴 일생을 돌이켜 보면서(나는 링컨이 대통령이었을 때 태어났다), 내가 번민을 극복한 방법을 이야기하기로 하자.

1. 나는 번민한다는 것이 전혀 무익함을 깨달았다. 괴로워해도 아무 소용이 없을 뿐만 아니라, 일생을 망치게 됨을 알았다.

2. 번민이 내 건강에 해가 됨을 알았다.

3. 나는 다음 시합에 승리하기 위한 궁리로 머리가 벅차서, 이미 끝나버린 패전을 괴로워할 틈이 없었다.

4. 나는 시합이 끝난 24시간 후가 아니면, 선수 개개인에 대해서 그들이 저지른 과오를 일체 입 밖에 내지 않기로 했다. 초기에는 그들과 함께 기거하면서, 시합에서 패배했을 경우에는 아무래도 선수들을 꾸짖고 패한 원인에 대하여 격론을 벌이지 않을 수 없었으나, 이것이 도리어 내 번민을 증가시킨다는 것을 깨달았다. 다른 사람 앞에서 선수를 비평하는 것은 협동심을 잃게 한다. 실로 나는 선수를 가혹하게 비평했던 것이다. 그래서 나는, 시합에 졌을 때는 말하고 싶은 것도 극력 억제하고, 될 수 있는 대로 선수들의 얼굴을 보지 않기로 했다. 그리하여, 이튿날까지는 그들과 패배에 대하여 논의하지 않기로 했다. 그러다가 다음날이 되면 나도 마음이 가라앉아서 그들의 과오를 대수롭지 않았던 것으로 생각하게 되어 서로 이야기를 나눌 수 있었기 때문이다. 한편 선수들도 화를 내거나 말대꾸를 하려 들지 않았다.

5. 나는 될 수 있는 대로 선수들을 칭찬하여 그들을 격려하는 한편, 과오를 캐내어 그들을 실망시키지 않도록 했다. 나는 그들 한 사람 한 사람에게 뭔가 칭찬의 말을 하려고 노력하였다.

6. 나는 피로하면 한층 더 번민하게 된다는 것을 알았다. 그래서 나는 매일 밤 열 시간을 침대에서 보냈다. 또 날마다 오후에는 낮잠을 잤다. 불과 5분간의 낮잠이라도 그것은 매우 효과가 있었다.

7. 나는 끊임없이 활동함으로써 번민을 방지하고 장수를 누릴 수 있었다고 믿는다. 나는 올해 85세이다. 그러나 나는 같은 이야기를 자꾸 되풀이하게 되는 망령이 들기까지는 절대로 은퇴하지 않으려고 한다. 만일 그러한 상태에 이르게 되면, 나도 나이가 들었나 보다고 생각하게 될 것이다.

코니 마크는 《번민을 해소하는 법》에 관한 책을 읽은 일이 없으므로, 자기 스스로 법칙을 만들었다. 여러분도 과거에 유의했다고 생각되는 법칙의 일람표를 작성해 보지 않겠는가.

염세 · 실패가 전염하듯, 행복 · 성공도 감염한다

— 아든 W. 샤프

5년 전에 나는 번민과 우울에 사로잡혔으며 건강도 좋지 않았다. 의사는 위궤양이라고 진단하면서, 영양 있는 음식으로 섭생(攝生)할 것을 권했다. 나는 밀크를 마시고 달걀을 먹고 했으나 나중엔 싫증이 나서 보기도 싫어졌다. 그렇게 해도 나는 조금도 나아지지가 않았다. 그무렵 어느 날, 나는 암에 관한 기사를 읽고는 내게 그런 증세가 있음을 인정했다. 그 후부터 나는 번민뿐만 아니라 공포심마저 품게 되었다. 위궤양도 한층 악화되었던 모양이다. 그러던 차에 더구나 최후의 타격이 왔다. 24세의 젊은 내가 신체적 부적격자로서 입대를 거부당한 것이다! 육체적으로 가장 건장하지 않으면 안 될 장년기에 폐인선고를 받은 것이다.

나는 절망했다. 나는 아무런 희망도 발견할 수가 없었다. 절망 끝에 나는 도대체 어떻게 해서 이러한 무서운 상태에 빠지고 말았는지를 분석해 보려고 애를 써 보았다. 그랬더니 하나씩 하나씩 사실이 명확히 밝혀졌다.

2년 전에 나는 세일즈맨으로서 행복하고도 건강한 생활을 누렸지만, 그 무렵에는 전쟁으로 인한 상품 부족 때문에, 나는 세일즈맨을 걷어치우고 공장에 들어가지 않을 수가 없었다. 나는 공장 일을 경멸했다. 그리고 더욱이나 좋지 못했던 것은 정말 허무맹랑한 사상을 가진 패들과 사귀었던 것이다. 그들은 모든 것을 부정했으며, 올바른 일이라고는 하나도 없었다. 그들은 항상 자기 일을 저주하고 임금, 노동시간, 계장 등 모든 것을 비난했다. 그러다가 나는 자신도 모르게 그들의 부정적인 사고방식에 물들고 말았다.

나는 점점 내 병이 자기 자신의 부정적인 사고방식이라든가 염세적인 감정에 기인하고 있는지도 모른다는 것을 깨닫게 되었다. 그래서 나는 자신이 바라던 직업인 세일즈맨으로 되돌아갈 것을 결심하게 되었다. 그리하여 건설적이고 적극적인 사고방식을 가진 사람들과 사귀어 보리라고 굳게 마음을 먹었다. 그런데 이 사고의 전환이 내 생명을 구해 주었다. 나는 진보적인 사고방식의 소유자들—행복하며 낙천적이고 번민이나 위궤양으로 괴로움을 받지 않는 친구와 협조자를 찾았다. 그리하여 내가 정신적인 태도를 일변시키자 위의 상태도 돌변했다.

얼마 지나지 않아서 나는 위장병을 앓은 사실조차 잊어버렸다. 나는 번민이나 염세·실패 등이 전염하듯, 건강·행복·성공도 감염하는 것임을 깨달았다. 이것이 내가 배운 가장 귀중한 교훈이다. 하여간에 이 교훈은 이미 오래 전에 깨달았어야 했을 것이다. 나는 이 교훈을 남들한테서 듣기도 하고 책으로 읽은 적도 있지만, 나 자신의 쓰라린 경험을 통하여 그것을 체득했던 것이다. 나는 지금 그리스도께서 말씀하신 대로 "사람은 저희가 마음에 생각하는 바와 같으니라." 가 무엇을 의미하고 있는지를 알고 있다.

녹색 신호등을 찾아서

— 세일즈맨 조셉 **M.** 코터

어린 시절부터 청·장년기를 통하여 나는 직업적인 번민가였다. 나의 번민은 실로 다종다양했다. 그 가운데 어떤 것은 실제적인 것이었으나, 대부분은 상상적인 것이었다. 간혹 번민하지 않고 지낼 때가 있으면 무엇인가 번민해야 할 것을 간과하고 있는 것이나 아닌가 하고 두려워하며 번민하기도 했다.

2년 전에 나는 새로운 생활을 시작하게 되었다. 그런데 여기에는 내게 있는 모든 미덕과 과오에 관한 자기분석을 필요로 했다. 그것은, 나 자신에 대한 「엄밀하고도 기탄없는 양심적인 명세서」를 작성하는 일이었다. 이에 의해서 나는 무엇이 나를 괴롭히고 있는지를 밝힐 수 있게 되었는데, 결국은 오늘만을 위해서 살려고 하지 않은 것이 번민의 원인이었다. 나는 어제의 과오를 쓸데없이 후회하고, 게다가 내일을 두려워했던 것이다.

나는 가끔 "오늘이라는 날은 어제 그것을 번민한 내일이다."라는 말을 들어 왔지만, 나에게는 아무런 소용이 없었다. 나는 또 하루에 24시간만의 계획을 세우고 생활하라는 충고를 받았다. 오늘 하루만이 인간이 지배할 수 있는 유일한 날이므로, 하루를 가장 보람 있게 이용하라는 것이었다. 그러면 생활이 바빠져서, 과거라든가 미래에 대하여 번민할 틈이 없어진다고 가르침 받았다.

그런데 이 충고는 매우 논리에 합당하지만, 이를 실행하기란 여간 어렵지가 않았다. 그러던 중 암흑 속의 총성처럼 갑자기 나는 그 해답을 발견했다. 1945년 5월 21일 오후 7시 노스웨스턴 철도의 플랫폼에 서였다. 내게 있어서는 실로 중대한 시간이었으므로 지금도 확실히 기억하고 있다.

우리는 몇 사람의 친구를 전송하려고 역에 나갔다. 그들은 휴가를 마치고 로스앤젤레스 행 열차로 돌아가려는 참이었다. 전쟁은 아직 계속 중이고, 그 해도 혼란은 심했다. 나는 아내와 함께 승차하지 않고 열차 앞쪽으로 걸어갔다. 나는 잠시 번쩍번쩍하는 커다란 엔진을 바라보면서 우두커니 서 있었다. 이윽고 내가 궤도를 내려다보니 큰 신호기가 눈에 띄었다. 호박색의 빛이 번쩍이고 있었다. 얼마 후에 그 빛은 밝은 초록색으로 변했다. 그 순간 기관사가 벨을 울렸다 "모두 승차해 주십시오!" 라는 귀에 익은 말이 들려왔다. 그러더니 커다란 유선형 열차는 역을 떠나 3천 3백 마일의 여행길에 올랐다.

나의 마음은 돌기 시작하였다. 무엇인가 내게 자각을 촉구했던 것이다. 나는 내 속에 기적이 일어나고 있음을 경험했다. 돌연 그것이 내게 깨달아졌다. 그 기관사가 내게 오랫동안 구하고 있던 해답을 주었던 것이다. 그는 저 유일한 초록색 신호에 의지해서 긴 여행길을 출발하는 것이다. 내가 만일 그의 위치에 있다고 하면, 나는 여행 중에 줄곧 초록색 신호만을 보기를 원할 것이다. 그렇지만 그것이 불가능하다는 것은 알고 있으나, 나는 그것을 내 삶에도 실행해 보려고 결심했다.

나는 역에 앉은 채로 꼼짝하지 않고 먼 철로 끝만을 바라보고 있었다. 내 생각은 계속되었다. 저 기관사는 몇 마일 앞에서 부닥칠지도 모를 곤경에 대하여 번민하지는 않는다. 얼마간의 지연이나 감속이 있을지도 모른다. 그러한 사고를 위하여 신호기가 설치되어 있다. 호박색의 신호—속도를 늦추어 천천히 갈 것. 적색 신호—전방에 위험이 있음, 정지. 이리하여 열차의 운행은 안전하다. 실로 훌륭한 신호체계이다.

나는 왜 내 삶을 위하여 이러한 훌륭한 신호체계를 갖추지 못했는지를 내 스스로에게 물었다. 그에 대한 나의 대답은—나도 가지고 있다. 하나님께서 나에게 그것을 부여하셨다. 그것은 극히 간단하다. 나는 초록색 신호등을 찾기 시작했다. 어디에서 찾을 것인가? 만일 하나님께서 초록색 신호등을 만드셨다면 그분에게서 구해야 할 것이 아닌가?

그날부터 2년 동안, 나는 매일 아침 하나님께 기도함으로써 그날을 위한 초록색 신호등을 얻고 있다. 호박색 등이 보일 때는 속도를 늦춘다. 적신호 때는 정지하여 사고를 일으키지 않도록 한다.

이를 발견한 2년 전의 그날 이후로 내게는 번민이 없어졌다. 이 2년간에 7백 회 이상이나 초록색 신호가 나타났다. 그리하여 나의 인생행로는, 다음 불빛이 무엇인지를 염려하지 않아도 매우 평탄하게 되었다. 신호가 무슨 색이든 간에 나는 내가 할 일을 알고 있다.

록펠러의 삶

존 D. 록펠러는 서른세 살 때 이미 백만 달러의 부를 축적하고 있었다. 43세 때는 세계 최대의 독점사업인 스탠더드 오일을 설립했다. 그러나 53세 때는 어떻게 되었는가? 53세의 그는 온통 번민에 감싸여 있었다. 번민과 극도의 긴장된 생활이 이미 그의 건강을 송두리째 파괴해 버렸다. 53세 때의 그는, "산송장 그대로였다."고 그의 전기 작가의 한 사람인 존 윙클러는 기록하고 있다.

53세 때, 록펠러는 이상한 소화불량성 질환에 걸려 머리털은 말할 것도 없고, 가느다란 눈썹만을 남기고 속눈썹까지 다 빠져버렸다. 윙클러는 다음과 같이 기록하고 있다.

"그의 병세는 악화일로를 걷고 있어, 한때는 사람의 젖을 마시고 지내도록 명령 받았다."

의사의 말에 의하면, 그는 머리가 너무 심하게 벗어졌기 때문에 한때는 두건을 썼다가, 나중에는 하나에 5백 달러나 하는 은색 가발을 만들어 죽을 때까지 쓰고 있었다.

록펠러는 원래 건장한 체격을 타고났다. 농가에서 자라난 그는 억센 어깨, 곧은 자세, 힘 있는 걸음걸이를 지니고 있었다. 그런데 53세라는 한창 왕성한 시기에 그의 어깨는 처지고 걸음걸이는 힘이 없어졌다. "거울에 비치는 그의 얼굴은 마치 늙은이와 같았다."고 또 한 사람의 전기 작가 존 프린은 기록하였다.

「쉴 새 없는 일, 끝없는 번민, 헤아릴 수 없는 비난, 공격, 잠 못 이루는 밤, 운동과 휴양의 부족」이 그에게 벌을 과하여 그를 굴복케 한 것이다. 그는 세계 제일의 부호였지만, 극빈자도 먹지 않는 음식을 섭취하지 않으면 안 되었다. 그의 수입은 한 주일에 백만 달러를 넘고 있었으나, 그의 일주간의 식비는 2달러도 들지 않았다. 소량의 산화 밀크와 두세 조각의 크래커가 의사가 허락한 음식물의 전부였다. 그의 피부는 윤기를 잃고 마치 낡은 양피지로 뼈를 싸 바른 것과 같았다. 그런데 그가 53세로 죽지 않았던 것은, 가장 비싼 값의 치료에 의한 것은 아니었다.

그렇다면, 어떻게 해서 이러한 일이 일어났는가? 고혈압, 극도의 긴장생활, 번민……, 그는 문자 그대로 스스로 자신을 무덤으로 향하여 한 발자국씩 몰아가고 있었다. 그는 23세 때만 하더라도 목적 달성을 향하여 맹진했다. 그를 아는 사람들의 말에 의하면, "무슨 좋은 돈벌이가 있다는 뉴스를 들었을 때 이외에는 결코 웃는 얼굴을 보인 적이 없었다."고 한다. 그는 큰 벌이를 했을 때는 모자를 마룻바닥에 벗어 던지고 춤을 추었으나, 손해를 입었다고 하면 곧 앓아누웠다.

한번은 그가 가격 4만 달러의 곡물을 오대호(五大湖)를 경유해서 실어낸 적이 있었다. 그러나 보험에는 들지 않았다. 보험료 150달러가 너무 비싸다고 생각했기 때문이었다. 그러나 그날 밤, 맹렬한 폭풍이 이리 호(湖)에 불어 닥쳤다. 록펠러는 화물을 잃지나 않을까 하는 번민으로 그날 밤을 꼬박 새운 뒤, 이튿날 아침 동업자인 조지 가드너가 사무실에 들어가자, 록펠러는 방안을 왔다 갔다 하면서 조바심을 치고 있었다. 그는 떨리는 음성으로 재촉하였다.

"빨리, 빨리 가 보게. 지금에라도 보험에 들 수 있는지 급히 가서 알아보게나!"

가드너가 즉시 달려가서 보험에 들고 사무실에 돌아와 보니, 록펠러는 이전보다 더 신경이 악화되어 있었다. 그것은 가드너가 없는 틈에 뱃짐이 아무런 피해가 없이 무사히 목적지에 도착했다는 전보가 도착한 것이다. 록펠러는 150달러를 공연히 허비했다고 말하면서 가슴을 태우고 있었다. 그는 기분이 언짢다고 집에 돌아가 침대에 드러누워 버렸다.

자, 생각해 보라! 그 당시 그의 회사는 1년에 150만 달러 이상의 큰 거래를 하고 있었다. 그러면서도 그 자신은 불과 150달러의 손해로 생병이 나서 자리에 눕다니!

그에게는 운동이나 오락에 허비할 시간이 없었다. 다만 돈벌이와 주일학교에서 가르치는 시간이 있을 뿐이었다. 그런데 그의 동업자인 조지 가드너가 친구 세 사람과 공동으로 중고 요트를 2천 달러에 샀을 때, 록펠러는 매우 기분이 언짢아서 요트에 탈 것을 거부했다. 가드너가 토요일에 사무실에서 일하고 있는 록펠러를 보고, "여보게, 존. 요트나 타러 가세. 틀림없이 기분전환이 될 걸세. 일을 잊어버리고 좀 즐겨 보게."라고 말하자, 록펠러는 화를 내면서, "조지, 자네같이 사치스러운 사람은 처음 보겠네. 자넨 은행에 대한 자네 신용뿐만 아니라 나의 신용까지 손상시키려 하네. 무엇보다도 먼저 자네가 알아야 할 것은, 자넨 우리들의 사업을 망치려 한다는 것일세, 싫네. 자네의 요트엔

안 타겠네. 보기도 싫네!"라고 대답하고는 그날 하루 종일 사무실에서 꼬박 일만 했다.

이러한 유머와 가치 판단의 결핍이 그의 사업가로서의 생애를 통한 특징이었다. 만년에 그는 다음과 같이 술회하였다.

"나는 밤마다 잠자리에 누워서 내 성공이 단지 일시적인 것이 아닌가 하고 생각지 않은 날이 없었다."

몇 백만 달러에 달하는 거부(巨富)를 누리고 있으면서, 밤낮 그것을 날려버리지나 않을까 하는 불안에 감싸여, 그 번민으로 인해 그의 건강이 상한 것은 조금도 이상한 일이 아니다. 그에게는 운동도 오락도 없었다. 극장에도 가지 않고, 카드놀이도 하지 않으며, 파티에도 가 본 일이 없다. 그는 마크 한나가 말한 대로 「돈에 미친 사람」이었다.

"다른 점에 있어서는 분별이 있었으나, 돈에는 미친 사람이었다."

록펠러는 일찍이 오하이오 주 클리블랜드의 이웃사람들에게, "나는 남의 사랑받기를 원한다."고 고백한 일이 있었지만, 그는 너무나 냉혹하고 이기심이 강했기 때문에 아무도 그에게 호감을 갖지 않았다. 유명한 은행가인 모건 씨도 그와의 거래를 회피했다. 모건 씨는 말했다.

"나는 그 사나이가 싫다. 그와는 거래하고 싶지 않다."

심지어 록펠러의 친형제조차도 그를 극단적으로 싫어했다. 그래서 자기 아들의 유골을 록펠러 가(家)의 묘지에서 다른 곳으로 옮기면서, "존 D의 지배하에 있는 땅에서는 아이들도 평안히 잠들 수 없을 것이다."라고 말하였다.

록펠러의 피고용인들이나 동료들마저도 늘 그를 두려워했다. 역설적인 사실은, 록펠러는 록펠러대로 피고용인이나 동료들을 항상 두려워하고 있었다. —그들이 외부인들에게 사업상의 비밀을 누설하지나 않을까 불안했던 것이다. 그는 인간이라는 것을 전혀 신용치 않았다.

한번은 어떤 제유업자(製油業者)와 10년간의 계약을 체결한 일이 있었는데, 그 때에 그는 이 사실을 누구에게건—심지어 아내에게도 이야기하지 않게끔 약속케 하였다.

"입을 다물고 사업을 경영하라."

이것이 그의 신조였다.

그리하여, 그의 전성기—즉, 황금이 베수비우스의 분화구에서 흘러나오는 용암처럼 그의 금고에 들어오고 있을 때, 한편으로 그의 왕국은 붕괴하기 시작했다. 신문, 잡지 등의 간행물들이 일제히 펜을 들어 스탠더드 석유회사의 무자비한 정책을 탄핵하였다. 철도회사와의 비밀협약과 경쟁자에 대한 가혹한 처사를 폭로하고 비난하였다.

펜실베이니아 지방의 유전지대에서는 록펠러만큼 미움을 받은 사람이 없었다. 그의 인형은 그로 인해 파멸된 사람들의 손에 의하여 교수(絞首)되었다. 그들의 대부분은 인간 록펠러의 목에 밧줄을 걸어 나무에 매달고 싶다는 생각을 하고 있었다. 그의 사무실에는 증오와 저주에 찬 무수한 협박장이 날아들었다. 그는 살해당할 것이 두려워 신변에 호위를 거느리고 있었다. 그는 그 증오의 선풍에 대하여 태연을 가장하고 있었다. 그는 냉소적인 말투로 호언하였다.

"사업에 방해만 않는다면, 나를 차든 욕을 하든 마음대로 하라."

그러나 그는 마침내 자기도 하나의 인간임을 깨닫게 되었다. 그는 증오와 번민에 대하여 무관심할 수 없었다. 그의 건강은 차차 쇠약해져 갔다. 그에게는 이 새로운 적, 내부에서 그를 습격하는 적—즉 병, 알수 없는 이상한 병—이 있었다. 처음에는 그도 「때때로 일어나는 신체의 이상을 다른 사람들에게 감추려고」 노력하면서 애써 잊어버리려고 하였다. 그러나 불면증, 소화불량, 머리가 빠지는 등 번민과 붕괴의 온갖 신체적 징후를 부정할 수는 없었다.

마침내 의사들은 그에게 무서운 진실을 통고하였다. 돈이냐, 번민이냐, 생명이냐 중 어느 하나를 선택하라는 것이다. 의사는 그에게 은퇴하든 죽든 둘 중의 하나밖에 길이 없다고 경고한 것이다. 그래서 그는 결국 은퇴하였다. 그러나 은퇴 전에 이미 번민·탐욕·공포가 그의 건강을 파괴해 버리고 있었다. 미국의 가장 유명한 부인 전기 작가 아이다 타벨이 그를 만나보고 깜짝 놀랐다.

"그의 얼굴에는 무서운 노년의 그늘이 깃들어 있었다. 그는 내가 만난 사람들 가운데서 가장 노쇠한 사람이었다."라고 그녀는 기록하고 있다.

노쇠했다고? 천만에. 록펠러는 그 당시 필리핀을 탈환한 맥아더 원수보다 4, 5세 젊었다! 그러나 그는 아이다 타벨의 동정을 살 만큼 폐인에 가까운 상태에 있었던 것이다. 그때 그녀는 스탠더드 석유회사와 그것이 대표하는 독점기업을 탄핵하기 위한 저서의 자료를 모으고 있었으므로, 이 거대한 문어발 기업을 세운 사나이에게 호의를 가지고 있었을 리가 없다. 더구나 그녀는 록펠러가 주위 사람들의 얼굴을 살피면서 주일학교에서 가르치고 있는 모습을 바라보았을 때,

"나는 나 자신도 뜻하지 않은 감정을 품게 되어, 그것이 점점 깊어졌다. 나는 그가 불쌍하게 여겨졌다. 이 세상에 공포만큼 무서운 반려(伴侶)가 없다는 것을 알았다."라고 이야기하고 있다.

의사들은 록펠러의 생명을 구하는 일에 착수했을 때, 그에게 세 가지 규칙을 부과하였다. 그는 이 세 가지 규칙을 일생 동안 문자 그대로 엄수하였다. 그것은 다음과 같은 것이다.

1. 번민을 피할 것. 어떠한 경우에도, 어떠한 일에 관해서도 결코 고민하지 말 것.
2. 쉴 것. 그리고 옥외에서 될 수 있는 대로 가벼운 운동을 할 것.
3. 식사에 조심할 것. 조금 더 먹고 싶다는 정도에서 그칠 것.

존 D. 록펠러는 이들 규칙을 지켰다. 아마도 그것이 그의 생명을 구출할 수 있었을 것이다.

그는 은퇴하였다. 골프를 배웠다. 원예(園藝)를 시작하였다. 이웃사람들과 잡담도 나누었다. 카드놀이도 하고 노래도 불렀다. 하지만 그가 한 일은 그것뿐이 아니었다. 윙클러에 의하면,

"번민의 날과 불면의 밤 사이에 그는 반성의 시간을 가졌다."

그는 다른 사람의 일을 생각하게 되었다. 그는 그 생애 처음으로 얼마만큼의 돈을 벌어들일 수 있을까 하는 생각을 버리고, 돈이 인간의 행복에 얼마만큼 기여할 수 있는지를 생각하기 시작하였다. 결국 록펠러는 그 막대한 재산을 다른 사람들에게 나누어주기 시작하였다. 처음에는 그것도 용이한 일이 아니었다. 그가 교회에 기부할 것을 신청하면, 전국의 설교단에서는 「부정한 돈」에 손을 대지 말라는 외침이 쏟

아졌다.

그러나 그는 계속하여 주었다. 그는 미시간 호반(湖畔)의 조그만 대학이 빚으로 인해 압류를 당하고 폐쇄 직전에 있다는 것을 듣고 수백만 달러를 기부하여 지금은 세계적인 명성을 떨치고 있는 시카고 대학의 기초를 확립케 하였다. 그는 또 흑인들에게도 구원의 손길을 뻗쳤다. 그는 조지 워싱턴 카버의 사업을 계속하기 위하여, 흑인 대학인 터스커기 대학에 기금을 기부하였고, 다른 흑인 대학에도 기금을 기부하였다. 그는 또 십이지장충의 박멸을 위해서도 조력하였다.

십이지장충의 권위자인 찰스 W. 스타일즈 박사가, "남부 대다수 주의 최대의 재액인 십이지장충에 의한 감염은 한 사람에게 50센트의 약만 쓰면 치료할 수 있다. 이 50센트를 낼 사람은 없는가?"라고 호소한 데 대하여 록펠러는 그에 응답했다.

그는 수백만 달러를 희사하여 남부 대부분 주의 고질적이었던 이 질병을 박멸케 하고, 나아가서는 록펠러 재단을 설립하여 전 세계의 질병과 무지의 소탕에 기여했다.

나는 이 재단에 관해 이야기할 때, 어떤 감동을 느끼지 않을 수 없다. 왜냐하면 내 생명도 이 재단에 힘입은 바가 크기 때문이다. 1932년, 내가 중국에 있을 때 북경에 콜레라가 유행하였다. 중국의 농민들은 파리처럼 죽어 갔다. 그러나 그 공포의 한가운데서도 록펠러 의과대학은 콜레라의 면역주사를 시행하고 있었다. 중국인도 외국인도 그것을 맞을 수가 있었다. 나는 그 때에 록펠러의 재산이 얼마나 전 세계에 기여하고 있는지를 알았다.

유사 이래 록펠러 재단과 어깨를 겨눌 수 있는 것은 일찍이 존재하지
않았다. 이는 실로 유일무이한 것이다. 록펠러는 세계 방방곡곡에 이상
(理想)으로 불타는 사람들에 의해 시작된 갖가지 운동이 있는 것을 잘
알고 있었다. 연구가 진행되고, 대학이 설립된다. 의사는 질병의 박멸에
노력하고 있다. 그러나 그러한 유망한 사업은 자금 결핍으로 인하여 중
단되기 일쑤였다. 그래서 록펠러는 이들 인도주의(人道主義)의 개척자
들을 돕기로 결심하였던 것이다. 그들의 사업을 「접수(接收)」하는 것
이 아니라, 자금을 기부하여 그들로 하여금 자립케 하려는 것이다.

오늘날 우리들은 그의 재산의 원조에 의하여 발견된 페니실린을 비
롯하여 많은 기적적 발견에 대해서 감사해야 할 것이다. 병에 걸린 아
이들의 5분의 4까지가 생명을 빼앗긴 무서운 질병—척수염(脊髓炎)도
나을 수 있게 된 사실에 대하여 세상의 부모들은 그에게 감사해야 한
다. 기타 말라리아니, 결핵이니, 유행성 감기니, 디프테리아 등 많은 질
병 치료법의 진보에 대하여 그에게 힘입은 바는 실로 크나크다.

그러면 록펠러 자신은 어떻게 되었는가? 그는 재산을 기부함으로써
마음의 평화를 얻은 것이다. 그렇다. 그는 마침내 만족하게 된 것이다.

"만일 세상 사람들이 1900년 이후에 있어서도 그가 스탠더드 석
유에 대한 비난 공격에 마음을 쓰고 있었다고 생각한다면 그것은 큰
잘못이다."라고 알란 네빈즈는 말했다.

록펠러는 행복했다. 그는 아주 새 사람이 되었고, 전혀 번민하는 일
이 없게 되었다. 그의 생애에 있어서 최대의 패배를 감수해야 할 때조
차 하룻밤의 수면은 방해되지 않았다. 이 패배한 그가 키워낸 거대한

스탠더드 석유회사에 대하여 역사상 최대의 벌금형이 과해진 것을 말한다. 합중국 정부의 견해에 의하면, 스탠더드 석유회사는 반(反) 트러스트 법에 저촉되는 독점기업이라는 것이다.

법정투쟁은 5년간 계속되었다. 전국에서 가장 우수한 법률가들이 전력을 다하여 싸운 이 투쟁은 역사상 가장 긴 것이었으나, 끝내 스탠더드 석유회사는 패소하였다.

판사 킨소 마운틴 랜디스가 판결을 언도했을 때, 피고측의 변호인들은 록펠러가 큰 충격을 받을 것이라고 염려하였다. 그러나 그들은 록펠러가 얼마나 변했는지를 알지 못했다.

그날 밤, 변호사들 중의 한 사람이 록펠러에게 전화를 걸었다. 그는 될 수 있는 대로 부드럽게 사건의 결과를 보고한 후 염려스러운 어조로 말했다.

"록펠러 씨, 이 결과에 대하여 너무 상심 마시기 바랍니다. 오늘밤도 편안히 주무시기를 빕니다."

그 때 록펠러는 어떻게 하였는가? 그는 한바탕 껄껄 웃고는 대답하였다.

"염려해 주어서 고맙소, 존슨 씨. 나는 편안히 잘 수 있습니다. 당신도 걱정 마시고 잘 쉬십시오."

이것이 일찍이 불과 150달러의 손해로 병석에 누운 인간의 대답이었다. 록펠러가 번민을 극복하기 위해서는 오랜 세월이 걸렸다. 그는 빈사상태에 있었으나, 그때부터 98세까지 오래 산 것이었다.

성의 무지에서 오는 결혼생활의 파탄

— B. R. W.

나는 이 고백을 익명으로 발표하기를 원치 않으나, 너무나 사생활에 관한 미묘한 문제이므로 나의 이름을 사용할 수가 없었다. 그러나 결코 허위가 아니라는 것은 데일 카네기 씨가 보증해 줄 것이다. 내가 12년 전에 처음으로 그에게 이 이야기를 했으니까 말이다.

대학을 졸업한 후 나는 어느 큰 기업에 취직하였다. 그리하여 5년 후, 나는 이 회사의 대리인으로서 극동에 파견되었다. 나는 미국을 출발하기 1주일 전, 그지없이 아름답고 귀여운 여성과 결혼하였다. 그러나 우리들의 신혼여행은 두 사람에게, 특히 그녀에게 있어서 실로 쓰라린 실망이었다. 우리들이 하와이에 도착하기도 전에 그녀는 미국으로 돌아가고 싶다고 생각할 정도로 환멸을 느꼈던 것이다. 그러나 그녀가 돌아가지 않은 것은, 결혼에 실패한 것을 친구들에게 고백하기가 부끄러웠기 때문이다.

우리들은 동양에서 2년간 고통스런 나날을 보냈다. 나는 너무나 번민한 나머지, 때로는 자살까지 생각한 적이 있었다. 그런데 어느 날, 우연히 한 권의 책이 눈에 띄게 되어 그 모든 것을 변화시키고 말았다. 나는 원래 독서를 좋아했는데, 어느 날 밤 장서가인 친구의 서재를 둘러보다가 문득 반 데벨데 박사가 저술한 《이상적인 결혼》이라는 책이 눈에 띄었다. 표제는 매우 설교적인 냄새가 풍기는 도덕적인 강의같이 보였으나, 나는 일시적인 호기심으로 열어 보았다. 이 책은 주로 결혼생활의 성적인 면을 취급한 것이었는데, 매우 솔직하고 상세하게 기술하고 있다.

누가 나에게 「성」에 관한 책을 권한다면, 나는 모욕을 받았다고 생각할 것이다. 그런 책을 읽으라고? 그런 거야 나도 쓸 수 있다!

그러나 나 자신의 결혼이 실패했기 때문에, 나는 내 자부심을 죽이고 이 책을 읽어 보기로 하였다. 나는 용기를 내어 그 친구에게 이 책을 빌려주지 않겠느냐고 말했다. 나는 고백하지만, 그때 그 책을 읽은 것이 내 일생의 가장 중대한 전환점이 되었다.

아내도 읽었다. 그 결과 우리들의 고통스런 결혼생활은 행복하고도 즐거운 부부생활로 일변하였다. 만일 내게 백만 달러가 있다면, 나는 그 책의 판권을 인수하여 전 세계의 신혼부부에게 무료로 증정하고 싶을 정도다. 나는 일찍이 유명한 심리학자 존 B. 왓슨 박사가, 「성(性)의 문제는 인생에 있어서 가장 중대한 것이다. 남녀의 행복을 파멸시키는 가장 큰 원인 중의 하나이기도 하다.」라고 쓴 것을 읽은 일이 있다.

만일 왓슨 박사의 말이 옳다고 하면―나는 그것이 매우 대담한 주장이기는 하지만 단연코 옳다고 믿는다―왜 문명국에서는 해마다 성(性)에 관하여 전혀 무지한 수백만의 남녀가 결혼을 하는데, 결혼생활의 행복의 모든 기회를 파괴해 버리는 것을 방치해 두는가? 결혼생활에 어떠한 부조화를 느끼고 있는 사람들에게, G. V. 해밀턴 박사와 켄스 맥고원의 공저 《결혼생활의 재앙의 원인》이라는 책을 권한다.

해밀턴 박사는 이 책을 쓰기 전에 4년간이나 결혼생활에 있어서의 부조화의 원인을 조사하였다. 박사는 말하고 있다.

"결혼생활의 부조화가 성적 불균형에 원인이 있지 않다고 단정하는 정신병의사는 극히 무모한 자이다. 만일 성적 관계가 만족할 수 있는 한, 다른 여러 가지 곤란에서 발생하는 부조화는 대개의 경우 거의 문제가 되지 않는다."

나는 이 말이 진실이라는 것을 알고 있다. 나는 내 자신의 비극적 경험으로 이것을 알고 있다. 나는 《이상적 결혼》이라는 책에 의하여 결혼생활의 파멸에서 구출되었지만, 이 책은 신혼부부에 대한 선물로서는 가장 적합한 것이리라.

나는 나 자신을 자살로 몰아가고 있었다

— 통신판매 광고업자 폴 샘프슨

6개월 전까지만 해도 나는 마차를 끄는 말처럼 인생을 돌진하고 있었다. 나는 끊임없이 긴장하여 조금도 편히 쉬는 일이 없었다. 나는 밤마다 신경을 소모하고는 지쳐버린 몸을 이끌고 직장에서 돌아왔다.

"이봐, 폴. 너는 너 자신을 죽이려 하고 있어. 왜 속력을 늦추어 편히 쉬려 하지 않지?"라고 나에게 말해 주는 사람이 하나도 없었기 때문이다.

매일 아침 나는 황급히 일어나서 허겁지겁 식사하고, 급히 면도를 하고, 서둘러 옷을 입고는 직장에 나갔다. 나는 자동차의 핸들이 창밖으로 튀어 달아나기라도 할까 두려운 듯이 힘껏 매달려서 차를 몰았다. 악착스레 서둘러 일하고, 서둘러 집에 돌아오고, 밤에 잠자는 것조차 급하게 해치우려 하였다.

이런 상태에 있었기에, 나는 디트로이트의 신경과 전문의에게 진찰을 받았다. 그는 나에게 편히 쉬도록 권고했다. 그는 내게 일할 때나, 차를 운전하는 동안이나, 식사 중이나, 또 자려고 할 때에도 항상 편히 쉰다는 것을 잊지 말라고 당부했다. 의사는 또 내가 전혀 쉬지 않기 때문에, 일종의 자기학대라는 형태로 서서히 자신을 자살로 몰아가고 있다고 부언했다.

그 이래 나는 편히 쉬기를 배워 갔다. 밤에 잠자리에 들어서도 호흡을 완전히 고르게 한 뒤 잠에 들어갔다. 그런 때문에 지금은 아침잠에서 깨었을 때 상쾌한 기분을 느낀다. 커다란 진보다. 왜냐하면 전에는 아침에 일어날 때면 몸이 노곤하고 긴장되어 있었다. 지금은 식사할 때도 편히 쉰다.

물론 나는 운전 중에 마음을 놓지는 않는다. 하지만, 신경 대신에 의지로 운전하고 있다. 그리고 내가 편히 쉴 가장 중요한 곳은 직장이다. 나는 하루에 여러 번, 모든 일을 중단하고 자기가 완전히 편히 쉬고 있는지를 반성해 본다. 지금은 전화벨이 울리면 이전과 같이 남에게 새치기당할까 두려워하듯 전화에 달려드는 짓은 하지 않는다. 누가 나에게 이야기하고 있을 때도, 나는 잠든 아기처럼 마음 턱 놓고 듣고 있다.

그 결과는 어떤가? 인생은 훨씬 유쾌하고 즐거운 것이 되었다. 나는 그리하여 신경의 피로나 번민에서 완전히 해방되었다.

나에게 일어난 기적

— 존 버저 부인

나는 완전히 번민에 사로잡히고 말았다. 내 마음은 산산이 흩어져 번민하여 생활에서 아무런 즐거움도 발견할 수가 없었다. 내 신경은 극도로 긴장하여 낮에는 편히 쉴 수가 없고, 밤에는 잠을 잘 수가 없었다. 내 아이들 셋은 먼 데 사는 친척 집에 맡겨졌다. 내 남편은 최근에 군대에서 돌아와 다른 도시에서 변호사 개업을 하려하고 있었다. 나는 전후의 어수선함에서 오는 불만이나 위험한 기분을 깊이 느끼고 있었다. 나는 남편의 장래나 아이들에게 당연히 주어야 할 정상적인 가정생활을 위험한 상태로 빠뜨리려고 하고 있었을 뿐만 아니라, 나 자신의 생활도 위험한 상태로 몰아넣으려 하고 있었다.

남편은 마땅한 집을 발견할 수가 없어서 집을 새로 지을 도리밖에 없었다. 모든 일의 성패가 나의 건강회복에 달려 있었다. 나는 그것을 통절히 느끼고 더 힘껏 노력하려 했지만, 그것은 도리어 나의 실패에 대한 공포감을 증가시킬 뿐이었다. 나는 그래서 점점 책임 있는 온갖 일에 대하여 계획하기를 피하게 되었다. 나는 자기 자신을 믿을 수 없게 되었다. 나는 완전한 실패자라고 느낀 것이다.

눈앞이 캄캄해서 아무런 구제책도 없다고 단념하고 있을 때, 어머니가 나를 위해서 어떤 일을 해주었다. 나는 그것을 평생을 두고 잊지 않으며 감사하고 있다. 어머니는 내게 다시 싸울 힘을 회복시켜 준 것이다. 어머니는 나를 꾸짖었다. 스스로에게 굴복해서 자신의 신경과 마음에 대해서 지배력을 상실한 내가 연약한 바보라고. 자리에서 일어나 남편과 아이를 위하여 왜 싸우지 않느냐고 어머니는 나를 꾸짖었다. 현실에 패배하여, 그것에 직면하려 하지 않고 생활에서 도피하려 하는 게 아니냐고.

이 말에 고무된 나는 그 때부터 싸우기 시작하였다. 주말에는, 지금부터는 내가 모든 일을 맡아서 해 나갈 테니 부모님은 집으로 돌아가시도록 말했다. 그리고 나는 불가능한 일이라고 생각되던 것도 해냈다. 나 혼자서 아이 둘을 돌봐주어야 했으나, 밤에는 잘 자고 식사도 더 잘하게 되어 나는 점차 힘을 회복하게 되었다.

1주일 후, 부모님이 다시 방문했을 때, 나는 다리미질을 하면서 노래를 부르고 있었다. 나는 생활과 싸워 그 싸움에서 승리를 거두어 가고 있었기에 행복감에 넘쳐 있었다. 나는 이 교훈을 결코 잊지 않을 것이다. ……어떤 상태가 극복될 수 없을 듯이 보일 때일지라도 그것에 직면하라! 싸워야 한다! 결코 굴복해서는 안 된다.

그 때부터 나는 힘써 일하기 시작하여 일에 자신을 몰두하였다. 마침내는 아이들을 모두 불러다가, 우리는 남편과 함께 새 가정에서 살게 되었다. 나는 하루라도 빨리 건강한 몸이 되어 내 사랑하는 가정의 튼튼하고도 행복한 어머니가 되겠다고 결심하였다. 나는 우리들의 가정에 관한 계획, 아이들에 관한 계획, 남편에 관한 계획, 모든 것에 관한 계획에 몰두하였다. 자기 자신의 일을 생각할 겨를이 없었다. 그러자 그때 기적이 일어난 것이다.

나는 나날이 건강을 회복하여 아침에 일어날 때도 행복감, 새로운 하루를 위한 계획의 즐거움, 생활의 환희로 넘쳤다. 때때로 피로할 때에는 우울한 기분에 사로잡힐 때도 있었으나, 나는 그것을 염두에 두고 곰곰이 생각지 않도록 스스로 훈계하였다. 그러자니 그러한 기분은 차차 가셔지고 마침내는 사라져 버렸다. 그로부터 1년 후의 지금, 나는 행복하고 성공한 남편과 하루 열여섯 시간이나 일할 수 있는 가정과, 튼튼하고도 행복한 세 아들을 가지고 있다. 또 내게는 마음의 평화가 있다.

벤저민 프랭클린은 어떻게 번민을 극복했는가

> — 이 편지는 벤저민 프랭클린이 조셉 프리스트리에게 보낸 것이다. 프리스트리는 셸번 백작 댁 도서 담당자의 초빙을 받았을 때 프랭클린의 조언을 구했다. 프랭클린은 그에 대하여 번민 없이 문제를 해결하는 방법을 말해 주었다.—

1772년 9월 19일 런던에서,

귀하께서 조언을 구하신 그러한 중대한 사건에 대하여 나로서는 충분한 예비지식을 갖고 있지 않기 때문에, 어떻게 결정할 것인지를 말씀드리는 일은 불가능하나, 어떻게 처리할 것인지에 대하여 몇 마디 드리고자 합니다.

무릇 이런 종류의 난처한 사건이 발생한 경우에 그것이 우리들에게 있어서 곤란한 것은 주로 사고(思考)에 있어서입니다. 즉 찬부(贊否)의 이유의 전부는 동시에 마음에 떠오르는 것이 아니라, 어떤 때는 한편이 나타나고, 또 어떤 때는 다른 편이 나타나기 때문에, 갖가지 목적이나 경향이 서로 우위에 서게 되어, 그 불안이 우리들을 난처하게 하는 것입니다.

나는 이러한 문제를 극복하기 위하여 한 장의 종이를 반으로 접어 그 한편에 찬성의견을, 다른 편에 반대의견을 기재하여 보기로 하고 있습니다. 그래 가지고 3, 4일간을 고려해 보는데, 그 동안에 수시로 마음속에서 생각해 본 여러 가지 동기를 찬부의 항목 별로 간단히 적어둡니다.

이리하여 찬부의 의견을 일람할 수 있게끔 수집한 후 그 경중(輕重)에 관하여 검토를 합니다. 그래서 한편의 하나와 다른 편의 하나가 동등하다고 판단될 때는 그 둘을 지워버립니다. 또 한 개의 찬성이 두 개의 반대에 상당한다고 생각될 경우에는 그 세 개를 지워버립니다. 두 개의 반대가 세 개의 찬성과 동등하다고 판단될 경우에는 이 다섯 개를 지워버립니다.

이 방법에 의하여 마지막까지 남겨진 문제점을 알 수가 있습니다. 이리하여 하루 이틀 더 고려한 후에도 그 쌍방에 하등의 중대한 변화가 일어나지 않는 한에는 그에 결정을 내리기로 하고 있습니다. 일의 대소와 경중을 대수학(代數學)적인 정확성으로 계산할 수는 없으나, 개개에 관하여 비교 검토할 수가 있고, 또 전체를 일목요연하게 나열함으로써 정당한 판단을 내릴 수가 있으며, 성급하게 처리함으로써 일어날 수 있는 과오도 줄일 수 있습니다.

사실 나는 그 도의적 또는 신중주의적(愼重主義的)인 대수(代數)라고도 부를 가치판단법에 의하여 많은 이익을 얻고 있습니다.

나는 귀하가 가장 좋은 결정을 내리시도록 빌어 마지않습니다.

— 벤저민 프랭클린

거듭된 번민으로 18일간이나 먹지 않았다

— 보안관보 캐스라인 H. 파머

석 달 전, 나는 너무나 깊은 번민에 빠져 나흘 밤낮을 전혀 자지 못했고, 18일간이나 아무것도 먹지 않았다. 음식물의 냄새만 맡아도 속이 언짢았다. 그때의 정신적 고뇌는 이루 말로 다할 수 없을 정도다. 온갖 지옥의 괴로움도 그토록 심하지는 않을 것이라고까지 생각하고 있다. 나는 미쳐버리거나 죽을지도 모를 거라고 느껴질 정도였다. 정녕코 그러한 상태만 계속되었다면 나는 지금까지 살아 있지 못했을 것이다.

내 인생의 전환점이 된 날은, 이 책의 신간 견본을 받은 바로 그날이었다. 지난 3개월간 나는 밤낮 이 책과 더불어 생활하였다. 한 페이지한 페이지를 열심히 읽었다. 필사적으로 새로운 생활 방법을 발견하려고 노력하였다. 그 결과 나의 정신면과 감정적 안정에 일어난 변화는 거의 믿을 수 없을 정도이다. 지금 나는 깨달았지만, 과거에 있어서의 나는 오늘의 문제 가지고 미친 듯이 괴로워한 것이 아니라, 어제 일어난 일, 또 내일 일어나지 않을까 하고 두려워한 일에 대하여 괴로워하고 불안을 느끼고 있었다. 그러나 지금은, 나 자신이 무엇에 대해선지 번민하기 시작했다고 느꼈을 때는 곧 반성하고, 이 책을 읽어서 배운 원칙 몇 가지를 적용하기 시작한다. 만일 내가 오늘 중에 해치우지 않으면 안 될 일을 가지고 골똘하여 긴장해진 것 같으면, 나는 즉시 활동을 개시하여 그 일을 해치움으로써 마음의 긴장을 몰아버린다.

나를 반 광란의 상태로 몰아가던 그런 종류의 문제에 직면할 때면, 나는 마음을 가다듬어서 이 책의 제2부 제2장에 적힌 세 단계를 적용하려고 한다.

첫째, 나는 일어날 수 있는 최악의 사태는 무엇인가 자문한다.

둘째, 나는 그것을 정신적으로 받아들이려고 노력한다.

셋째, 그 문제에 정신을 집중하여 이미 과감히 받아들인 최악의 사태를 조금이라도 개선하려면 어떻게 할 것인가를 생각한다. 자신의 힘으로 불가능한 일이나 아무래도 받아들이고 싶지 않은 일로 괴로워하고 있을 때면, 나는 반성하여 다음과 같은 기도를 드린다.

"주여, 제 힘으로 변화시킬 수 있는 지혜를 저에게 주시옵소서."

이 책을 읽은 후로, 나는 진실로 새로운 행복된 생활 방법을 경험하고 있다. 나는 이미 불안으로 인하여 나 자신의 건강과 행복을 파괴하지 않는다. 매일 밤 나는 아홉 시간을 잘 수 있다. 음식도 맛있게 먹는다. 마침내 검은 베일이 내게서 제거되고 문이 열린 것이다. 지금에야 나는 자신의 주위에 있는 아름다운 세계를 보고 즐길 수 있다. 나는 하나님에 대하여, 나의 인생과 이러한 아름답고 좋은 세계에 살고 있는 특권에 대하여 감사하고 있다.

여러분도 이 책을 숙독하도록 권장한다. 항상 머리맡에 두고, 여러분의 문제에 응용할 수 있는 부분에는 밑줄을 그어 표시해 두면 좋을 것이다. 그 여러 가지를 연구하고 이용하라. 이 책은 흔히 말하는 「읽는 책」이 아니다. 새로운 생활로 이끌어 주는 「안내서」인 것이다.

옮긴이 채혜원

한국 신학대학 졸업.
서울대학교 종교학과 대학원 수료.
미국 뉴욕 유니버시티 종교교육과 대학원 졸업.
기독교 장로교 총회 사무처 해외선교국 국장.

어떻게 번민을 극복하고
새 삶을 시작할 것인가

How To Stop Worring & Start Living

개정판 인쇄일 / 2019년 2월 15일
개정판 발행일 / 2019년 2월 20일
★
지은이 / 데일 카네기 Dale Carnegie
옮긴이 / 채혜원
펴낸이 / 김동구
펴낸데 / 明文堂 (창립 1923년 10월 1일)
　서울특별시 종로구 윤보선길 61(안국동)
　우체국 010579-01-000682
　　☎ (영업) 733-3039, 734-4798
　　　(편집) 733-4748
　　　FAX.　734-9209
e-mail : mmdbook1@hanmail.net
등록 1977. 11. 19. 제 1-148호

ISBN　979-11-88020-87-4　03320

값 15,000 원 (낙장이나 파본은 구입하신 서점에서 교환해 드립니다.)